개정판

미래 CEO를 위한

창업경영과 기업가정신

최주철

Start-up Management and Entrepreneurship

박영사

창업가정신은 인류가 탄생한 이후 가장 강력한 경제력이다. 금세기 창업가 혁명은 현재 비즈니스 사고와 혁신을 불러일으키고 있다. Walmart의 Sam Walton, Fed Ex의 Fred Smith, Microsoft의 Bill Gates. Southwest Airlines의 Herb Kelleher, Apple의 Steve Jobs, Intel의 Andy Grove와 같은 이전 수십 년 간의 선구적인 창업자들의 사례에서와 같이, 창업가정신의 근간인 창조성의 적 용, 위험 감수, 혁신성 그리고 창업가의 열정은 누구나 상상할 수 있는 것보다 훨 씬 큰 과학과 경제적 발전에 이르게 했다. 오늘날 우리는 Google, Amazon, Facebook, Twitter, Uber, Tesla 같은 창업가 회사의 놀라운 영향력을 경험하고 있는데, 이들은 지속적인 혁신과 기술의 획기적 발전을 가져오고 있다. 오늘날 우 리는 환경과 관련된 녹색기술, 사회적 기업, 지속가능성, 그리고 사회적 변화의 형태로서 이전보다 더욱 새롭고 때로는 더욱 복잡한 도전과 압력을 계속 받고 있 다. 창조적인 사고를 사업화가 가능한 비즈니스모델로 변화하는 과정은 오늘날 세계 경제에서 지속적인 중요한 힘의 원천이 되고 있다. 성공적인 창업가정신은 단순히 행운에 의존하는 것이 아니라, 그것은 창업가의 기본정신과 기획의 응집 된 결과이다. 창업을 통한 수익의 창출은 개인적으로도 중요할 뿐 아니라 사회 전체의 부를 증가시키는 데 주요한 활동이다. 국가적으로는 경제활동 인구를 늘 리고, 실업문제를 해결하는 데 있어서 가장 근본적이고 중요한 방안인 것이다.

또한 우리나라의 전통적인 직장에 대한 가치관도 변화하고 있다. 지금 일하 고 있는 회사의 최고경영자가 되기보다는 직장의 경험을 바탕으로 언젠가는 자신 만의 회사를 창업하려는 경영자의 꿈을 가진 사람들이 지속적으로 증가하고 있다. 또한, 창업에 대한 학생들의 관심이 고조되면서 각 대학의 창업 교육과 각 기관에서 실시하는 창업 관련 강좌에는 많은 예비 창업자들이 참여하고 있으며 창업 연령도 갈수록 낮아지고 있다.

이처럼 창업에 대한 욕망과 열정에 누구나 창업에 도전할 수는 있지만, 창업 성공적으로 이르는 길은 매우 험난한 것 또한 현실이다. 창업에 대한 명확한 방향 설정과 확고한 창업가정신을 지니지 않은 창업자는 실패할 확률이 높다고 할 것이다. 성공적인 창업의 길로 진입하기 위해서는 체계적인 창업에 대한 준비가 필요하다고 생각한다. 본 교재는 예비 창업자에게 오늘날 창업가정신의 과정을 이해하기 위한 기본 정신과 창업경영에 필요한 필수적인 내용으로 구성하고 기술하였다.

저자 최주철

1부. 창업가적 사고방식

제 1 장 창업가정신의 혁명적인 영향 ··· 4

기업가에 대한 정의 _ 4   창업가와 중소기업 소유주: 차이점 _ 7
창업가정신: 사고방식 _ 8   기업가의 특성 _ 9   기업가정신이란? _ 9
기업가정신(Entrepreneurship)의 중요성_ 9   창업가정신의 진화 _ 11
성공한 기업가의 특성 _ 12   글로벌 기업의 리더가 보여주는 유별난 특성 _ 14
실패한 기업가의 특성 _ 15   창업가정신에 대한 창업 학파 접근법 _ 17
거시적 관점 _ 17   미시적 관점 _ 20   창업가정신에 대한 과정 접근법 _ 22
통합적 접근법_ 22   동적 상태 접근법 _ 24   가젤의 영향 _ 25
가젤과 혁신 _ 26   가젤기업의 생존 _ 26   창업가 특성 _ 28
창업가적 자질 검사 및 해석_ 29

제 2 장 개인의 창업가적 사고방식 ··· 32

창업가적 사고방식 _ 32   창업가는 누구인가? _ 32   창업가의 사고방식과 관련된 특징 _ 33
창업가들은 창업가정신을 야기한다. _ 35   창업가 실패의 대처: 슬픔 회복 과정 _ 35
창업가적인 경험 _ 36   창업가의 위험 직면 _ 37   창업자의 위험회피 _ 38
창업가의 자아 _ 39   창업가의 윤리 _ 40   윤리적 딜레마의 근원 _ 40
윤리적 기업을 위한 전략 수렵 _ 41   윤리적 행동강령 _ 42   윤리적 책임 _ 42
윤리적인 종업원 행동을 촉진하는 것 _ 44   창업가에 의한 윤리적 리더십 _ 44
창업가의 동기부여 _ 46

제 3 장 기업의 창업가적 사고방식 ·· 50

조직내 창업가적 사고방식 _ 50   기업혁신 철학 _ 51   기업 창업가정신과 혁신 _ 52
기업 창업가정신과 혁신의 개념정의 _ 53   기업 창업가정신과 혁신의 필요성 _ 54
기업 창업가정신과 혁신의 장애물 _ 55   사내창업가적 환경의 촉진 _ 56
창업가적 철학의 이점 _ 57   기업 창업가정신의 필요성 _ 57
기업의 창업가정신 전략의 개념 _ 57   기업 창업가정신 전략의 모델링 _ 58
모델의 연결고리 _ 59   기업의 창업가정신 전략의 개념화 _ 59   혁신의 장려 _ 60
기존 기업의 혁신적 도전에 대한 대처 방법 _ 62   혁신할 수 있는 동인의 재건 _ 64
기업 벤처링 _ 64   사내 창업에 대한 보상 _ 66

제 4 장 창업가정신의 사회적 관점과 글로벌 환경 ························· 74

사회적 창업가정신(social entrepreneurship) _ 74   에코비전 _ 76
베네핏 기업(benefit corporation) _ 78   디아스포라 네트워크(diaspora network) _ 79
세계무역기구(World Trade Organization, WTO) _ 79
미국·멕시코·캐나다협정(The United States-Mexico-Canada Agreement, USMCA) _ 79
유럽연합(European Union, EU) _ 80   글로벌벤처(Global Venture) _ 80
점진적인 국제화 _ 81   태생적 글로벌 _ 82

2부. 창업 벤처의 시작

제 5 장 창의성과 혁신 ·· 92

지식 및 학습의 과정 _ 93   창의성 _ 94   전형적인 창의적 과정 _ 96
창의성 개발하기 _ 97   관계 인식 _ 99   혁신 _ 102

제 6 장 기회에 대한 평가 기능 ·· 106

신생벤처의 창업과 도전 _ 106   신생 벤처 선정의 함정 _ 107   제품과 서비스의 생산 _ 108
벤처의 충원 의사결정 _ 109   벤처의 관리 _ 109   벤처의 자금 조달 _ 109
신생벤처 창업의 단계 _ 110

제 7 장   새로운 벤처의 시작 방법 ·· 118

새로운 벤처의 시작 _ 118   벤처를 시작하는 New-New 접근방식 _ 119
벤처를 시작하는 New-Old 접근방식 _ 120   창업의 종류 _ 124
업종에 따른 분류 _ 124   독립사업 & 프랜차이즈 가맹사업 _ 125
혁신적 창업과 모방창업 _ 125   벤처기업 인수 _ 127   프랜차이즈의 정의 _ 135
프랜차이즈 창업절차 _ 136

제 8 장   창업자금의 조달 ·· 142

자금의 조달 _ 142   타인에 의한 자본조달 _ 143   용도별 자금 조달방법 _ 144
부채와 자본조달 _ 144   자본조달 _ 145   부채 조달(debt financing) _ 145
비공식 리스크 자금: 엔젤 금융 _ 155   창업 정책 자금 _ 160

3부. 창업 계획

제 9 장   벤처 창업의 법률과 관련된 도전 ······························ 174

지적재산권 보호 _ 174   개인기업 _ 182   공동기업 _ 185   합명회사 _ 186
주식회사 _ 189   주식회사 설립 _ 191   법인설립등기 _ 195   사업자등록신청 _ 195
협동조합 _ 196   S 주식회사(미국) _ 199   L3C(미국 저수익 유한책임회사) _ 201
법인파산 _ 203

제10장   신생 벤처의 마케팅 관점 ··· 208

창업가를 위한 새로운 마케팅 개념 _ 208   창업마케팅의 개념 _ 211
기술창업 마케팅 _ 213   시장조사 _ 213   자료의 수집방법 _ 214
의사소통방법의 기법들 _ 216   시장조사 종류 _ 226   마케팅 계획의 전개 _ 227
창업가를 위한 가격책정 전략 _ 227   원가기준 가격책정방법 _ 228
수요기준 가격설정방법 _ 228   니치마케팅 _ 229   니치버스터 _ 230
틈새시장의 종류 _ 231   틈새시장의 차별화 _ 232   틈새시장을 분석하라 _ 235
진출산업의 환경 분석 _ 235   SWOT분석 _ 237   SWOT분석 방법 _ 239
마케팅 전략 개발 _ 240   기업의 마케팅 전략수립 _ 243
마케팅 전략을 활용하라: STP 전략 활용 _ 247

포지셔닝 전략 사례 _ 249   마케팅 믹스의 활용 _ 250   마케팅 수명주기별 전략 활용 _ 251
마케팅 수행에 따른 위기관리 _ 261   마케팅의 일곱 가지 심리학 원칙 _ 266

제11장 신생 벤처의 재무제표 ·· 272
재무정보의 중요성 _ 272   주요 재무제표의 이해 _ 273   창업자가 알아야 하는 세금 _ 296
법인사업자가 알아야 하는 세금 _ 302   청년창업기업 세금 면제 _ 305
소득세 및 법인세의 감면 _ 306   인지세 면제 _ 307   부담금 면제제도 _ 307
창업기업에 투자하는 경우 세금감면 _ 310

제12장 신생 벤처를 위한 사업계획서 ······························· 312
사업계획서는 무엇인가? _ 312   피해야 할 사업계획서 _ 314   사업계획서 작성 방법 _ 317
사업계획서 작성시 포함 내용 _ 319   창업사업계획 승인제도 _ 323
투자유치용 사업계획서 작성사례 _ 324

4부. 창업가정신과 전략

제13장 전략적 성장과 창업가정신 ·································· 354
전략계획과 창업기업 _ 354   전략수립계획의 본질 _ 355

제14장 가치평가와 창업가정신 ····································· 368
가치평가의 중요성 _ 368   실전에서는? _ 373

제15장 신생 벤처의 최종수확 ······································ 376
경영승계 _ 376   출구전략 _ 382   IPO를 활용 _ 382   형식적 심사기준 _ 385
M&A란? _ 388   일반적인 매각절차 개요 _ 389   IR의 개념 _ 390
IR의 역할과 범위 _ 393   IR의 범위 _ 396   IR을 위한 준비 절차 _ 396
IR조직의 구성 _ 398

색 인 ·· 403

1부

창업가적 사고방식

제 1 장

창업가정신의
혁명적인 영향

창업가정신의 혁명적인 영향

기업가에 대한 정의

기업가란 그 바라보는 관점에 따라서 기업가에 대한 정의는 다양하지만, 기업가(entrepreneur)라는 용어의 단어는 '떠맡다'는 의미의 프랑스어 'entreprendre'를 어원으로 하고 있으며 기원은 깡띠용(R. Cantillon)이 사후 21년인 1755년에 발간된 저서(Essai sur la nature du commerce en general, 상업일반론)에서 유래되었다고 한다. 여기서 깡띠용은 기업가를 "위험을 부담하는 자"이며 "기업가의 소득은 토지임대료나 임금이 아닌 이윤으로 구성된다."고 정의하고 있다[1] 깡띠용이 정의한 위험부담자로서의 기업가 이론은 나이트(F. H. Knight, 1921)에 의해 기업가정신으로 발전되었다.

기업가가 직면하고 있는 불확실성(uncertainty)은 선험적으로 확률분포를 알 수 없기 때문에 보험으로 대응할 수 있는 위험(risk)과 다르다는 점을 나이트는 강조하고 있다. 기업가와 경영자의 구분은 불확실성을 부담하는 기업가 고유의 정신에 있으며 우월한 판단력과 예견력으로 현재의 생산과 미래의 수요사이의 시차로 인한 불확실성을 줄이는 경영자가 기업가로 변화한다고 나이트는 지적하고 있다.

이후 일찍이 기업가정신의 개념을 정립한 경제학자 조지프 슘페터(Joseph Alois Schumpeter)[2]는 기업가를 '혁신자(Innovator)'라고 본 바 있다. 1934년 슘페터(J. A.

---

1 Hayek, Friedrich A. "Richard Cantillon." The Journal of Libertarian Studies 7.2(1985): 217-247.
2 오스트리아 출신의 미국 이론경제학자. 경기순환에 관한 이론과 역사·통계의 종합적 성과인 "경기순환론"을 저술하였으며 케인스와 더불어 20세기 전반의 대표적 경제학자(1883년 2월 8일~1950년 1월 8일)

Schumpeter)에 의해 경제성장의 원동력은 기업가정신에 의해 발현되는 창조적 파괴과정이라는 점이 강조되면서 일반대중들에게 기업가정신의 개념이 널리 알려지게 되었다. 슘페터는 기업가들이 경쟁적으로 수행하는 창조적 파괴과정(creative destruction) 또는 생산요소의 새로운 결합(new combination)을 자본주의를 자본주의답게 만드는 경제발전의 본질이라고 지적했다. 또한 창조적 파괴로 성공한 기업가는 그의 새로운 결합을 모방하는 기업들이 출현할 때까지 임대료나 임금과 같은 생산요소의 용역에 대한 보상과는 다른 독점적 이윤을 누린다고 지적하였다.

슘페터의 창조적 파괴 이후 일반대중들에게는 잘 알려지지는 않았지만 신오스트리아학파의 미제스(L. v. Mises, 1949)와 커즈너(I. Kirzner, 1973)에 의해 기업가정신의 이론적 배경이 발전되었다.

앞에서 살펴본 기업가와 기업가정신의 정의에 관련된 주요 고전들의 핵심내용들은 대체로 기업가정신은 미래의 불확실성에도 불구하고 이윤을 추구할 수 있는 사업기회를 부단히 탐색하며 필요한 지식을 이용하여 사업기회를 실현하는 기업가의 행동으로 요약된다. 그동안 기업가정신은 경제학의 발전과 함께 오랜 기간 주류 경제학이론에서는 제대로 평가받지 못했다.

과거 외생적 경제성장 패러다임이 주도하던 시기에는 물적 자본의 축적과 노동의 확대가 경제성장을 결정하는 내생변수로 고려됐고 총요소생산성이라고 불리는 기술 변화 및 제도적 변화 등 전체적 생산성을 결정하는 요인은 외생적으로 주어진다고 보았다. 그러나 총요소생산성의 외생성에 대한 회의적 시각은 로머(P. Romer, 1990) 등에 의해 내생적 성장이론으로 발전되면서 연구개발투자, 창조적 파괴, 기술개발, 창의적 아이디어 등으로 표현되는 '새로운 지식'이 경제성장을 결정하는 중요한 생산요소로 인식되어왔다.

내생적 성장이론에 의해 경제발전에 미치는 새로운 지식의 중요성은 강조되었으나 여전히 주류 경제학에서 기업가정신의 역할과 중요성은 부각되지 못했다. Audretch and Thurik(1997), Audretch and Keilbach(2004) 등에 의해 기업가정신이 경제성장에 미치는 영향은 독자적이고 매우 중요하다는 점이 강조되기 시작했다. 이들은 새로운 내생적 생산요소로서 인식되고 있는 신기술과 창의적 아이디어와 같은 새로운 지식은 기업가정신에 의해 활용되지 않으면 성장 동력으로 기능할 수 없다는 점을 지적하고 있다. 이러한 지적은 이윤기회를 실현할 수 있는 궁극적 지식을 가지고 기민하게 행동하는 것으로 규정하고 있는 커즈너의 기업가정신의 본질과 매우 밀접하게 관련된 것으로 볼 수 있다. 기업가정신은 경제성장에 독자적이고 가치 있는 기여를 한다는 점이 강조되고 이후 여러 이론 및 실증연구를 통해 기업가정신은 새로운 지식과 함께 새로운 경제성장의 동력이라는 점이 명시적으로 분석되고 있다.

창업가들은 다른 사람들이 혼란이나 혼동으로 여기는 곳에서 새로운 기회를 발견하는 사람들이다.

그들은 시장 안에서 변화를 위해 적극적인 촉매 역할을 한다. 창업가들은 새로운 기록을 세우려는 운동선수들이나 수십 킬로미터를 뛰면서 극도의 고통을 견뎌야 하는 장거리 마라톤 선수들, 각각의 다른 기량과 소리들을 하나의 응집된 완전체로 균형을 맞춰야 하는 오케스트라의 지휘자들 그리고 지속적으로 비행기 속도의 한계와 자신들의 용기를 시험하는 최고의 파일럿들과 비교되어 왔다. 그 열정이 무엇이든 간에 그것들 모두 어떤 방식으로든 창업가의 열정과 들어맞으므로 창업가들은 오늘날 시장에서의 영웅들이다. 그들은 놀랄만한 빠른 속도로 회사를 설립하고 일자리를 창출한다. 미국의 경제는 창업가들의 끊임없는 노력으로 생기를 되찾았고, 세계는 경제 발전을 위한 하나의 모델로서 자유 기업으로 변화해 왔다. 창업가들의 열정과 추진력은 세계 비즈니스를 앞으로 나아가도록 하고 있다. 창업가들은 개척자처럼 미지의 분야에 도전하고 계속 미래를 창조하고 있다.

어떤 이는 창업가의 현실에 대해 이렇게 말을 한다. "불확실성과 모호성의 깊고 어두운 협곡을 경험하고 싶어 하는 사람이라면 누구든 창업가가 될 수 있다. 또한, 짜릿한 성공의 고지를 걷고 싶어 하는 사람이라면 누구나 창업가가 될 수 있다. 하지만 전자를 경험하기 전까지 후자를 취하려고 하지 마라."

창업가와 중소기업 소유주: 차이점

'창업가(entrepreneur)'와 '중소기업 소유주(small-business owner)'라는 용어는 때때로 호환하여 사용된다. 두 용어들을 포괄하는 경우도 있지만, 명칭의 차이에 주목하는 것이 중요하다. 중소기업들은 독립적으로 소유되고 운영되며, 그들의 분야에서 영향력이 그다지 우세하지는 않고, 일반적으로 많은 새롭거나 혁신적인 관행들에 참여하지 않는다. 그들은 결코 보다 큰 기업으로 성장하지 못할 수 있고, 소유주들은 사업을 보다 안정적이고 덜 공격적으로 운영하기를 선호할지도 모른다. 다시 말해서, 소유주들은 안정적인 매출과 수익 그리고 성장을 기대하며 사업을 운영한다. 중소기업들은 프랜차이즈뿐만 아니라 이미 설립된 회사를 매입하는 경우도 포함하기 때문에, 중소기업 소유주들은 중소기업의 '경영자들'로서 보일 수 있다.

한편으로, 창업 벤처들에 있어서 창업가의 주요 목표들은 혁신, 수익, 성장이다. 그리하여 사업은 혁신적인 전략적 관행과 지속가능한 성장으로 특징지어진다. 창업가들과 그들의 재정적인 후원자들은 일반적으로 빠른 성장과 즉각적인 수익을 추구한다. 그들은 커다란 자본 이익의 가능성을 지닐 때, 그들의 사업체를 매각하려고 힘쓴다. 그리하여 창업가들은 그들의 기업 발전에 대해 중소기업 소유주들과 다른 관점을 가지고 있는 것으로 볼 수 있다.

그리고 시대 흐름과 변천사에 따라서 기업가에 대한 정의가 다를 수 있다. 그러나 현대적인 개념에서 기업가는 상품, 생산방식, 시장, 기술 등에서 혁신을 촉진시키는 사람이라고 할 수 있다.

[표 1.1] 기업가에 대한 정의

고전적 · 전통적 정의	현대적 정의
• 소유경영자(또는 자수성가형) • 사업추진자(자영업자)	• 새로운 상품을 개발하고, • 새로운 생산방식의 도입하며, • 새로운 시장을 개척하고, • 원료와 반제품의 새로운 공급원을 정복하여, • 기술혁신의 기회를 발견하고 실천하는 자

창업가정신: 사고방식

창업가(entrepreneurship)는 단순한 사업의 창출 그 이상이다. 물론 그것은 확실히 중요한 부분이기도 하지만 창업가정신에 대한 완벽한 청사진을 보여 주지는 않는다. 기회를 찾고 안전을 떠나서 위험을 감수하고 꾸준히 아이디어와 현실을 통합하는 속성은 창업가들의 차별화된 관점과 결합된다. 이러한 사고방식은 조직 내부에서나 외부에서, 영리 또는 비영리 기업에서 그리고 창의적인 아이디어를 이끌어내기 위한 사업이나 비사업 활동에서 나타날 수 있다. 그러므로 창업가정신은 혁신적인 방식으로 개인의 사업에 스며들어 있는 통합된 개념이다. 모든 수준에서 그리고 모든 국가에서 비즈니스가 수행되는 방식을 혁신시킨 것이 바로 이 사고방식이다. 세상이 창업가정신과 혁신을 기꺼이 받아들이고 있으며, 우리가 바라보는 사업방식은 결코 이전과 같지 않을 것이라는 것은 분명하다. 경제적 의미에서 창업가적 혁명은 시작되었으며, 창업가적 사고방식이 이러한 혁명의 가장 우세한 원동력이라고 볼 수 있다.

[표 1.2] 창업가의 정의

바라보는 관점	정 의
사전적 정의	기업(사업)을 조직하고 관리하는 사람
경제학자	노동(labor), 물자, 자산 등을 결합시켜 새롭고 더 큰 부를 만들어 내는 사람, 그리고 변화, 혁신, 새 질서를 창조하는 사람
슘페터(schumpeter)	창업의 과정을 이용하여 자원의 신결합과 신사업방법으로 현상유지를 흐트러뜨리는 혁신가(innovator)
자본주의자	남을 위해서 부를 창조하고 자원을 효율적으로 사용하고 낭비를 줄이고 또 일자리를 창조해내는 사람
호감을 갖는 정치가	무슨 일이든지 효율적으로 해낼 수 있는 방법을 아는 사람
비판적인 정치가	다루기 어렵고 정도를 걷지 않는 사람
사회주의자	자원을 낭비하고 노동을 착취하는 약탈자

기업가의 특성

기업가는 다른 사람들이 보지 못하는 사업의 기회를 포착해서 돈을 버는 사람으로서, 모험적·창의적·경쟁적이면서 위험한 선택과 불확실한 사업의 미래에 대하여 낙관적 전망을 해낼 줄 아는 특성을 가지고 있다.

기업가정신이란?

기업가정신(entrepreneurship)이란 '기업의 본질인 이윤 추구와 사회적 책임의 수행을 위해 기업가로서 마땅히 갖추어야 할 태도와 정신'을 의미[3]함이다. 기업가정신(entrepreneurship)이란 말을 처음 사용한 학자는 리차드 드 칸틸런(Richard de Cantillon)이다. 처음에 그는 entrepreneurship(창업가정신)이라는 경영자들의 도전적이고 모험적인 성향으로 정의하였고 그 이후에 1980년대부터 하버드대학교와 뱁슨칼리지 교수를 중심으로 학계에 많은 논의가 있은 후 슘페터가 사용하게 되었다. 기업가정신(entrepreneurship)의 정의는 학자마다 다르지만, 보통은 '새로운 사업 기회를 포착하고 생산 요소를 새롭게 조합하고 조정하고 통제하는 과정'으로 정의된다. 특히 캐롤 무어는 과정으로서의 기업가정신을 기업가적 과정이라는 모형으로 만들어서 연구하였다.

공통적인 요소로 첫째는 비전과 개척자 정신으로 창업(start-up)에 나선다는 것, 둘째는 창의성과 혁신(innovation)을 들 수 있으며, 셋째는 위험부담과 아울러 '할 수 있다(can do spirit)'는 성취동기가 강하다는 것, 넷째는 우수한 기업으로 성장시키려는 창조와 훌륭한 인재양성(건전한 지도자)에 대한 책임감이 강하다는 것, 다섯째는 기업 활동에 있어서 변혁적 리더십을 보인다는 것이다.

기업가정신(Entrepreneurship)의 중요성

기업가정신은 환경의 변화에 대한 신속하고도 유연한 적응력과 함께 혁신적

---

3 두산백과

행위를 가능하게 한다는 것이며 또한 새로운 과학적 지식을 제품과 서비스로 시장화·가치화·생산(실물)화를 해냄으로써 과학기술 발달과 산업의 혁명을 시장에 일으키고 사회로 연결하는 효과적인 수단이 되고 있다.

[그림 1.1] 기업가정신의 중요성

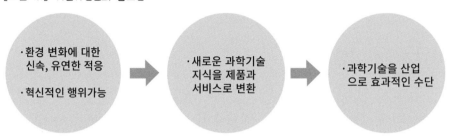

기업가정신이 중요한 이유에는 일자리 창출, 세계 일류상품 창조, 기업과 국가경제 성장 등에 큰 기여를 한다. 우리에게 잘 알려진 테슬라, 아마존, 애플, 구글, 페이스북, 마이크로소프트, 알리바바, 엔비디아, 인텔, AMD, 삼성 등과 같은 혁신적 기업들이 새로운 기술 또는 지식을 경쟁적으로 사업화함으로써 급성장하고 경제성장에 크게 기여하고 있다는 사실만으로 기업가정신이 무엇이고 왜 중요한지 짐작할 수 있다. 그러나 여기서 한 가지 바로잡아야 할 사실은 일반대중들에게 요즘의 기업가정신은 창업활동으로만 여겨지고 있다는 점이다. 창업활동은 불확실한 미래에도 불구하고 새로운 이윤기회를 사업화하는 기업가적 행동의 결과이지만 창업 활동만이 기업가적 행동의 결과는 아니다. 새로운 지식을 이용하여 아직 알려지지 않은 이윤기회를 추구하는 모든 행동이 기업가적 행동이고 기업가정신의 발현인 것이다. 월마트 같은 세계적인 글로벌 기업들도 처음엔 야채가게로 시작한 소상공인이었다. 그럼에도 불구하고 소상공인 수준에 머물지 않고 자신의 기업을 세계적인 규모로 키운 바 있다. 그 원동력이 무엇인가. 그것은 바로 기업가정신에 있었다. 소상공인이 창업을 함에 있어서 기업가정신을 가져야 할 것이다. 창업을 통해, 소상공인도 기업가정신을 발휘한다면 성공한 기업가로 얼마든지 성장할 가능성이 있기 때문이다.

창업가정신의 진화

　　창업가는 사업을 조직하고 관리하며 사업의 위험을 감수하는 사람이다. 최근에 창업가들은 이러한 정의의 확산이 지금 필요하다고 할 만큼 많은 일들을 하고 있다. 오늘날 창업가는 기회들을 인식하고 포착하며 그러한 기회들을 실행 가능한 시장성이 있는 아이디어들로 변환시키고 시간, 노력, 자본, 기술 지식을 통해 새로운 가치를 부여하고 이러한 아이디어를 실행하기 위하여 경쟁적인 시장에서의 위험을 감수하며, 이러한 노력으로부터 보상을 실현하는 혁신가이거나 개발자인 것이다.

　　창업가는 비즈니스의 세계에서 변화에 대한 촉매 역할을 한다. 그들은 일상적인 것에 대해 과감히 다른 관점을 가지려는 독립적인 사상가이다. 창업가 연구에 관한 연구들은 창업가들의 특정에 있어서 어떤 유사점이 있으며, 뿐만 아니라 매우 많은 차이점이 있음을 보여 준다. 자기 주도력, 자원통합 능력, 관리능력, 자율성욕구, 위험감수가 이러한 특정들 가운데 중요한 것들이다. 다른 특정들은 정열, 경쟁, 목표중심, 자신감, 기회포착, 직관, 현실적 행동, 실수에서 배우는 능력, 그리고 인간관계 기술을 사용할 수 있는 능력을 포함한다.

　　논의와 분석을 위한 주제로서의 창업가정신은 18세기 경제학자들에 의해 처음 소개되었으며, 19세기에 이르러 꾸준히 경제학자들의 관심을 끌어왔다. 20세기에 이르러 '창업가정신'이라는 단어는 자유 기업 및 자본주의와 동의어가 되거나 최소한 밀접한 관련을 맺게 되었다. 또한, 창업가들이 변화의 대리인 역할을 하고, 기업을 위한 창의적 및 혁신적인 아이디어들을 제공하며 기업이 성장하고 수익을 내는데 도움을 주는 것으로 일반적으로 인식되었다.

　　20세기의 창업가들은 참여하는 특정한 활동이 무엇이든 자유기업의 영웅으로 여겨지고 있다. 그들 중 많은 사람들은 아주 작은 사업으로부터 수억만 달러의 회사를 만들기 위해 혁신과 창의성을 활용해 왔으며, 일부는 10년도 채 안 걸렸다. 이런 사람들이 새로운 제품과 서비스를 만들어 왔고 모험과 더불어 위험을 감수해 왔다. 많은 사람들은 현재 창업가정신을 사업의 미개척 분야에 대한 '개척자정신(pioneership)'으로 간주하고 있다

21세기에 창업가정신의 진화에 대한 중요성을 인지하고 있는 우리는 이러한 현상에 필요한 결정적인 요소들을 포괄하는 통합적인 정의를 발전시켜 왔다.

창업가정신이란 비전, 변화, 창출의 역동적 과정이다. 창업가정신이란 새로운 아이디어와 창의적인 해결책의 창출 및 실행을 향한 에너지와 열정의 적용을 필요로 한다. 필수적인 요소는 시간, 공정성, 또는 경력의 관점에서 계산된 위험을 감수하려는 의지, 효과적인 벤처 팀을 구성하는 능력, 필요한 자원을 집결시킬 수 있는 창의적 기술, 확실한 사업계획서를 수립할 수 있는 근본적 기술과 지식, 그리고 마지막으로, 다른 사람들이 무질서, 모순, 그리고 혼란으로 보는 곳에서 기회들 인지할 수 있는 비전을 포함한다.

성공한 기업가의 특성

성공한 기업가의 기질적 특성에는 강한 성취욕구, 성장욕구 등을 들 수 있다.

1. 강한 성취욕구와 성장욕구

다른 사람들과 같이 비교되고 평가를 받는 것보다는 스스로가 정한 도전적 목표 달성에 주력하고자 한다. 또한 지속적으로 새로운 목표와 기준점을 혁신하고자 한다. 그래서 도전적이고 진취적이며 무엇보다도 열정적으로 노력한다.

2. 계산된 위험의 감수와 공유

신사업에 대한 도전을 망설이지 않는다. 경영에 적극적이다. 위험을 알고 사전에 계산을 한다. 신중하되 결정은 빨리 내린다. 중요한 것은 위험을 공유할 줄 알고 나아가 분산으로 최소화 시킨다는 것이다.

3. 높은 사업몰입도

신사업의 성공을 위하여 자신의 역량(시간적, 물질적 자원 등)을 투입하고 최선을 다한다.

4. 주도적이고 강한 책임감

주도적으로 문제를 탐색한다. 그러면서 적극적으로 해결방안을 찾아낸다. 또 비즈니스 결과에 따라 책임을 질 줄 안다.

5. 신속한 결단과 인내

기회를 포착하는 것에도 빠르고 능동적이다. 일이 앞으로 불투명, 불가능하다고 여겨지면 단념하고 포기하는 속도가 빠르다. 요컨대 신속한 의사결정 능력과 사업의 실행력이 독보적이다. 사업의 장애요인을 극복하고 걸림돌이 되는 문제에 대한 해결에 포기함이 없이 인내할 줄 안다. 신속한 결단의 뒤에는 사업의 결과가 장기적으로 흐를 경우에 대처할 수 있는 인내심이 자리 잡고 있는 셈이다.

6. 정직과 신용

사업을 단기적으로 보지 않고 중, 장기적인 관점에서 대한다. 정직과 신용을 바탕으로 인간관계와 비즈니스를 균형적으로 유지하고 적극적으로 활동한다.

7. 낙관적인 자세와 유머감각

자신의 장·단점 등에 대한 냉철한 판단을 중시하는 등 매우 현실적이나 매사를 긍정적으로 보며, 어려운 여건에서도 유머를 잃지 않는 정신적인 여유를 가지고자 항상 노력한다.

8. 창의성과 혁신, 자유 실천 의지

항상 새로운 일을 추구한다. 또한 지속적으로 변화를 이루고자 몰입한다. 자기 사업을 함부로 행운에만 기대려고 방관하지 않는다.

일상적이고 사소한 일에 대해서도 엄격하게 자기 통제를 할 줄 안다.

9. 게임메이커

사업에 혼자서 성공하는 법은 없다. 그래서 혼자서 일하는 것을 즐기기보다는 열정적인 팀을 구축하여 함께 일을 추진하는 것을 즐긴다. 자신이 게임메이커 역할을 하되, 절대로 혼자 영웅으로 남지 않으려고 한다. 사업의 길을 함께 걷는 사람들(조직원)을 기꺼이 영웅으로 만들어내기 때문이다. 성과의 분배가 아니라 성과 그 자체를 키우고자 주력하고 집중할 줄 안다.

10. 피드백의 활용과 실패에 대한 적절한 관리

피드백을 효과적으로 활용함으로써 오류를 신속히 파악하고 재빨리 수정하며, 실패에 대하여 실망지도 두려워하지도 않는다. 실패를 통하여 배우려는 자세가 강하다. 어떠한 비관적인 상황에서도 희망을 발견하려고 한다. 이뿐만이 아니다. '위기'를 '기회'로 바꾸는 지혜를 가지고 있다.

글로벌 기업의 리더가 보여주는 유별난 특성

브랜드 전문가인 알 리에스(Al Ries)는 '소기업이 스타기업을 추구해야 하는 이유'라는 글에서 세계적인 기업의 CEO의 매우 독특한 특징을 소개한 바 있다. 기업가정신이 필요한 소상공인에게 좋은 참고가 될 것이다.

1. 변화를 예측하는 빌게이츠   빌게이츠는 1975년 PC 관련 프로그램을 할 때 확실한 건 없었으나, PC가 곧 세상을 바꿀 거라고 믿고 소프트웨어 개발에 매진한 바 있다.

2. 거창한 포부만으로 기숙사에 회사를 차린 '델'   델은 대학생활을 졸업한 1984년에 기숙사에서 회사를 차리면서 경쟁상대로 IBM을 지목했다. 이후 Dell(회사명)은 세계 최대 컴퓨터 회사로 성장했다. 반면에 IBM은 PC사업을 중국에 매각했다.

3. 잘할 수 있는 분야에 집중한 '파파 존 스내터'   대학 문턱도 안 밟은 '존 스내터'는 술집 한 모퉁이에서 샌드위치, 감자튀김, 피자를 파는 패스

트푸드 사업을 시작했으나, 곧 피자 하나로 메뉴를 줄였다. 선택과 집중을 했다. 이것이 피자체인점으로 성장한 배경이 되었다(파파존스 피자). '존 스내터'처럼 실속이 없는 여러 메뉴를 선택하는 것보다 창업자가 가장 잘 할 수 있는 메뉴, 즉 피자 하나에만 집중하는 것이 성공한 기업가로 걷는 길이 된다.

실패한 기업가의 특성

실패한 기업가의 특성은 완벽주의, 독선주의 등을 들 수 있다.

완벽주의　　　완벽한 일처리를 지나치게 강조하다 보니 그만큼 소요되는 비용, 시장의 여건, 타이밍을 고려하지 못한 어리석은 의사결정을 내리기가 쉽다.

독선주의　　　타인으로부터의 조언과 간섭을 기피하는 성향으로 잘못된 의사결정이나 행동을 쉽게 한다. 상품개발을 하더라도 혼자서만 처리한다. 이래서는 성공할 수 없다. 상품개발이 성공하려면 예컨대 주변 사람들(대학·연구소·소비자)의 도움이 있어야 한다. 상품개발은 독선이 아니라 협업에 의한 공동참여가 빨라지고 완벽해지기 때문이다.

과거집착　　　과거에 있었던 작은 성공에만 집착을 한다. 그뿐 아니라 집착으로 인해 자신에게는 실패가 일어나지 않는다는 망상을 하고 일을 처리한다. 따라서 경영이 독단과 편견에 빠진다. 방만한 경영이 된다. 또 경솔하게도 투자, 사업 아이템을 결정하는 실수를 범한다. 이렇게 된 공통의 이유에는 '과거집착'을 빼놓을 수 없다.

사업은 미래를 보는 냉정한 시선을 가져야 한다. 그럼에도 불구하고 하나만 갖고 있는 멋진 선글라스(과거 성공 경험)에 기대어서 시장을 보니 제대로 시장을 볼 수 있겠는가?

우월주의　　　언제나 우월주의에 빠져서 소모적인 경쟁이나 자만에 빠져

이윤 폭, 기술성, 우수성에 대하여 절대적으로 맹신하다가 자신의 문제점을 놓친다. 제대로 파악하지 못한다.

즉흥주의　　　매사를 의사결정 당시의 상황과 기분으로 결정하며, 어떤 행위나 결정에 대하여 궁극적인 의미를 찾아 깊이 파고들지 못한다. 순발력은 있지만 꼭 사업에 필요한 지구력이 없다. 따라서 결과는 끝을 보기 어렵다. 즉흥적으로 하여 합리적이고 우수한 사업의 대안을 찾아내지 못하게 되는 것이다.

관계무시, 관계의존　　　주위로부터 도움이나 협조를 받지 않고 모든 것을 혼자 결정하고 처리하거나, 모든 일을 혈연·지연·학연·인맥 등의 관계 중심에서 벗어나지 못하고 일을 해결하려고 든다.

책임회피　　　잘되면 운이 좋은 것이고, 되지 않으면 운이 나쁜 것으로 생각한다. 열정이 없다. 핑계에 능하고 책임회피를 잘한다.

자만주의　　　타인의 조언을 듣지 않는다. 그리고 문제에 대한 해답을 자신이 모두 안다고 착각하고 있다. 이러한 자세로 일관하니 사람을 대할 때 무시하게 되는 것이다. 만일 사람과 사이에서 상대방에게 겸손하고, 상대방의 이야기에 경청을 한다면 주변에서 많은 조언과 도움을 얻게 될 것이다. 이러한 좋은 기회가 있음에도 불구하고 자만에 빠져서 모두 놓치게 되는 것이다.

비용주의　　　고객을 생각하지 않고 비용중심으로 가격을 책정하는 자세를 가진다. 그러나 현실의 가격결정권자는 고객이라는 점을 명심해야 한다.

지원의존주의　　　지원에만 의존하려는 자세를 가져 주도적이지 못해 새로운 길을 찾지 못한다.

창업가정신에 대한 창업 학파 접근법

창업 학파 접근법은 창업가정신을 거시적 또는 미시적 관점에서 특정한 활동들로 구분하고 있으나, 둘 다 창업가정신의 개념적 본질을 다루고 있다. 우리는 더 나아가 이러한 두 가지 관점 각각을 여섯 가지의 별개의 학파로 세분화하고, 이 중 세 가지는 미시적 관점에 적용되며, 나머지 세 가지는 거시적 관점에 적용된다(그림 1.1 참조). 이러한 제시가 통합 또는 확장으로 변화가 가능하기 때문에, 전부를 포함하지도 않으며, 학파를 여섯 가지로 제한하자고 주장하는 것도 아니다. 하지만 미래가 어떤 모습이든지 너무나도 오랫동안 일반적인 경영적 사고를 괴롭혀온 의미상의 싸움을 피하기 위해서는 창업자정신에 관한 이러한 개념적인 아이디어들에 친숙해지는 것이 중요하다.

창업가정신에 있어서 가용한 지식과 연구가 부상하는 단계에 있지만, 그 분야에 있는 현재의 학파들을 종합하거나 설명하는 것은 여전히 가능한 일이다. 우리는 학파들에 대한 진가를 알고 그것들을 창업 이론의 기초로서 간주할 수 있다. 하지만 경영분야가 분야와 그 능력을 이해하기 위한 토대로서 복잡한 이론들을 사용해 왔던 것처럼 창업가정신 분야도 그 성장과 개발에 있어서 수많은 이론들을 사용해야 한다.

거시적 관점

창업가정신의 거시적 관점(macro view entrepreneurship)은 현대의 창업가적 벤처의 성공 또는 실패와 관련된 광범위한 요인들을 제시한다. 이러한 요소에는 때때로 창업가 개인의 통제 범위를 벗어난 외부 과정들이 포함되는데, 그것들은 강한 외재적 통제위치(external locus of control)의 관점을 나타내기 때문이다.

세 가지의 창업 학파는 거시적 관점의 분류로 (1) 환경 학파(environmental school of thought), (2) 재무/자본 학파(financial/capital school of thought), 그리고 (3) 배제 학파(displacement school of thought)를 제시한다. 이들 가운데 첫 번째가 가장 폭넓고 가장 영향력 있는 학파이다.

[표 1.3] 창업가정신 학파적 접근

거시적인 관점	미시적인 관점
환경 학파 재무/자본 학파 배제 학파	창업가 특성 학파 벤처 기회 학파 전략적 수립 학파

환경 학파　　　　환경 학파는 잠재적인 창업가의 생활방식에 영향을 미치는 외적인 요인들을 주로 다룬다. 이것들은 창업가들의 욕망을 형성하는 데 긍정적이거나 부정적인 힘이 될 수 있다. 중점을 둔 것은 제도, 가치관, 그리고 관습이며, 이들은 창업가들의 발전에 강하게 영향을 미치는 사회정치적인 환경적 틀을 그룹으로 묶어서 형성한다. 예를 들어, 만약 중간 관리자가 아이디어를 개발하고 계약을 착수하거나 새로운 방식을 만들고 실행할 수 있는 자유와 지원을 경험한다면, 근로 환경은 창업가적 경력을 추구하기를 바라는 사람의 욕망을 장려하는 데 도움을 줄 것이다. 창업가들의 잠재적 발전에 영향을 미치는 또 다른 환경적 요인은 그들의 사회 집단이다. 친구 및 친지들의 분위기는 창업가가 되고 싶다는 욕망에 영향을 미칠 수 있다.

재무/자본 학파　　　　재무/자본 학파는 자본을 찾는 과정에 근간을 두고 있으며, 초기 및 성장자본의 탐색이 초점의 전부이다. 어떤 문헌은 이 과정을 특별히 주제로 다루는 반면, 다른 문헌은 그것을 단지 창업가적 벤처의 한 부분으로서 다루는 경향이 있다. 어떠한 경우에도, 벤처 자본 과정은 창업가 발전에 필수적인 일이나 창업가들을 위한 많은 사업계획 가이드 및 책들은 이 단계를 강조하고 있고, 자본 적용 과정에 초점을 맞춘 발전 세미나들은 전국에서 지속적으로 제공되었다. 이 학파는 재무관련 관점에서 창업가적 벤처 전체를 고찰한다. 위의 표 1.3에 명확하게 제시된 바와 같이, 재무를 수반하는 의사결정은 벤처 과정의 모든 쟁점에서 일어난다.

배제 학파　　　　배제 학파는 집단 현상의 부정적인 면에 초점이 맞춰져 있으며 그러한 현상 속에서 누군가 집단으로부터 위화감을 느끼거나 문자 그대로 집단에서 쫓겨난다. 그것은 집단이 한 개인의 진출을 방해하거나 그 개인이 진출하는 데 필요한 어떤 결정적인 요인들을 틀을 제거한다고 주장한다. 그 결과, 좌절한 개인은 성공하려는 자신의 동기에서 창업가적인 일로 생각이 향하게 된다. 연구자들이 언급한 바와 같이, 개인들이 다른 활동들을 하는 데 방해를 받거나 배제될 때 역경과 싸우고 모험을 추구하는 경향을 갖게 된다. 배제의 세 가지 주요 유형은 이러한 학파를 설명한다.

정치적 배제　이는 자유 기업(국제 환경)을 거부하는 정치 체제 전반에서 특정 산업을 제한하거나 새로운 방향으로 돌리려는 정부의 규제 및 정책에 이르는 범위의 다양한 요인들에 의해 발생된다.

문화적 배제　이는 전문직에서 배제된 사회적 집단을 다룬다. 민족적 배경, 종교, 인종, 성별은 소수 민족이 겪는 경험의 원인이 되는 요인들의 예시들이다. 이러한 경험은 점점 더 다양한 개인들을 표준의 비즈니스 직종에서 창업가적인 벤처로 향하도록 한다.

경제적 배제　이는 침체 및 불황의 경기 변동과 관련된다. 실업, 자본 축소, 또는 단순하게 '힘든 시기'가 벤처 발전 및 감소에 영향을 줄 수 있는 것처럼 창업가적인 일을 추구하기 위한 토대를 만들 수 있다.

이러한 배제는 창업가정신의 발전에 영향을 미치는 외부의 힘을 설명한다. 문화적 인식, 정치 및 공공정책의 지식, 경제적 개발은 배제 학파 하에서 창업가적인 이해를 돕고 향상시킬 것이다. 경제학 및 정치학의 교육적 기반이 넓어질수록, 창업가적인 이해도 더 강해질 것이다.

미시적 관점

창업가정신의 미시적 관점(micro view of entrepreneurship)은 창업가정신에 특화되고 내재적 동제위치(internal locus of control)의 일부인 요인들을 살펴본다. 잠재적 창업가는 이 관점에서 각각의 주요 영향의 결과를 이끌어 내거나 조정할 수 있는 능력 또는 통제력을 가지고 있다. 몇몇 연구자들은 이 접근법을 다양한 정의와 부분들로 발전시켜 왔지만 우리의 접근법은 창업가 특성 이론(때때로 '사람학파'로 언급됨)이다. 벤처 기회 이론, 전략 수립 이론을 제시한다. 외부에서 내부를 바라보는 시각으로부터 사건들에 초점을 맞추는 거시적 접근법과 달리, 미시적 접근법은 내부에서 외부를 바라보는 구체적인 특성에 집중한다. 이러한 학파들 가운데 첫 번째 학파가 가장 폭넓게 인식되고 있다.

창업가 특성 학파　　　많은 연구자 및 저자들은 성공한 창업가들의 공통적인 특성을 파악하는 데 관심을 가져왔다. 창업가 특성 학파(entrepreneurial trait school of thought)의 이러한 접근법은 만약에 모방자들이 따라서 한다면 그들의 성공 기회를 늘릴 것으로 보이는 유사한 특성들을 나타내는 정황이 있는 성공한 사람들에 대한 연구에 기반을 두고 있다. 예를 들면 성취, 창의성, 결단력, 기술적 지식은 성공한 창업가들에게 일반적으로 나타나는 네 가지 요인들이다. 가족 개발과 교육적 보육 역시 조사되고 있다. 어떤 연구자들은 창업가들의 교육적 개발이 창업가정신의 창의적 및 도전적 본질을 억제한다고 믿기 때문에 그러한 개발에 대해 반대되는 결론을 나타낸다. 하지만 다른 저자들은 새로운 프로그램과 교육적인 개발이 창업가의 개발에 도움을 준다는 것을 발견했기 때문에 그것들이 증가하고 있다고 주장한다. 가족 개발 아이디어는 창업가의 가정 분위기 내에 존재하는 보살핌과 지지에 초점을 맞추고 있다. 인생 초반에 수립되고 지지된 어떤 특성들은 결국에는 창업가의 성공을 이끌 것이라는 믿음을 증진시킨다.

벤처 기회 학파　　　벤처 기회 학파(venture opportunity school of thought)는 벤처 개발의 기회 관점에 중점을 두고 있다 아이디어의 출처의 탐색,

개념의 발전, 벤처 기회의 실행은 이 학파의 중요한 관심 분야들이다. 창의성과 시장 인식이 필수적인 것으로 간주된다. 게다가, 이 학파에 따르면, 알맞은 틈새시장에 정확한 타이밍을 가진 알맞은 아이디어의 개발이 창업 성공을 위한 중요한 요인이다.

이 학파로부터 또 다른 발전은 앞에서 언급된 '통로 원리(corridor principle)'이며, 이는 창업가들을 다른 방향으로 이끄는 새로운 경로나 기회들이 생겨날 것이라는 것을 말한다. 이러한 기회들이 생겼을 때 그것들을 인식하고 실천을 위한 필요한 단계들을 실행할 수 있는 능력이 핵심 요인들이다. 기회를 맞는 준비 과정이 '행운'이라는 격언은 터널 원리의 근간이 된다. 이 학파의 지지자들은 다른 학문 분야와 제휴하는 경영분야에 있어서 적절한 준비가 벤처 기회들을 인식할 수 있는 창업가의 능력을 향상시킬 것이라고 믿는다.

전략적 수립 학파　　　George Stetner는 "전략적 계획이 경영의 전체 구조와 불가분하게 조화를 이룬다. 즉, 그것은 경영의 과정으로부터 구분되고 완전히 다른 것이 아니다"라고 말한다. 창업가적 이론에 대한 전략적 수립 학파(strategic formulation school of thought) 접근법은 성공적인 벤처 개발에 있어서 계획 과정을 강조한다.

전략적 수립을 고찰할 수 있는 한 가지 방법은 독특한 요인들을 지렛대로 삼는 것이다. 독특한 시장들, 독특한 사람들, 독특한 제품들, 또는 독특한 자원들은 효과적인 벤처 형성을 위해 식별되고, 사용되거나, 또는 구성된다. 전략적 적응에 대한 학제적 관점은 다음의 특정적 요소들과 그들의 상응하는 전략들에 있어서 명백하다.

독특한 시장　　　산 대 산골짜기 전략(mountain versus mountain gap strat-egies)은 거대 시장들에서 발생하는 틈새뿐만 아니라 주요 시장 세분화를 식별하는 것을 말한다.

독특한 사람　　　탁월한 인재 중시 전략(great chef strategies)은 설립된 벤처 주위의 한 명 이상의 기술 또는 특별한 재능을 말한다.

독특한 상품　　　더 나은 위젯 전략(better widget strategies)은 신규 또는 기

존 시장들을 망라하는 혁신을 말한다.

독특한 자원　　　우물 전략(water well strategies)은 장기간에 걸쳐 독특한 자원(토지, 노동, 자본, 원자재)을 모으거나 이용할 수 있는 능력을 말한다.

의심의 여지없이, 전략적 수립 학파는 학제 간 접근법을 요구하는 광범위한 경영 능력을 망라한다.

창업가정신에 대한 과정 접근법

창업가정신과 관련된 활동들을 조사하는 다른 방법은 과정 접근법을 통하는 것이다.

많은 연구 방법들과 모델들이 창업가적 과정과 그의 다양한 요인들을 체계화하고자 시도하고 있지만, 여기에서는 보다 전통적인 과정 접근법 두 가지를 살펴볼 것이다.

첫째, Michael H. Morris, Panmela Lewis, Donald L. Sexton 등이 기술한 바와 같이 우려는 '통합적' 접근법을 논의한다. 그들의 모형은 그들이 창업활동에 영향을 미친 것처럼 이론적 및 실무적 개념들을 통합한다. 둘째, 연구자 Jonathan Levie와 Benyamin B. Lichtensrein에 의해 개발된 복잡한 시스템 관점에 기초한 '동적 상태' 접근법을 탐색한다. 이러한 두 가지 방법은 이 책의 목표인 창업가적 과정을 다양한 요인들의 통합으로서 기술하려 한다.

통합적 접근법

창업가적 과정의 보다 통합적인 그림은 Morris, Lewis, Sexton에 의해 제공된다, 그림 1.2에 제시된 이 모형은 창업가적 과정에 대한 입력과 창업가적 과정으로부터의 결과에 관한 개념으로 만들어진다. 그림 1.2의 입력 요소들은 창업가적 과정 그 자체에 초점을 맞추고 있으며, 과정에 기여하는 다섯 가지 핵심요소들을 구분하고 있다. 첫 번째 요소는 인구통계학적 변화, 새로운 기술의 발전, 또는 현 규제의 변경과 같은 환경적 기회들이다. 다음은 새로운 벤처의 개념화와 실행에 대한 책임이 있는 개성적인 창업가이다. 창업가는 기회를 활용하기 위해 몇 가지 유형외 사업 개념을 개발한다(예를 들면, 특정한 고객 요구를 해결하려는 창의적인 접근법). 이 사업 개념의 실행은 어떤 유형의 조직적 맥락을 필요로 하며, 이는 창업가의 집에서 운영되는 개인 기업 또는 어떤 국가 체인의 프랜차이즈에서 대기업 내 자율적인 사업 부서까지 그 범위가 다양하다. 마지막으로, 매우 다양한 재정적 및 비재정적 자원이 지속적으로 요구된다. 이러한 핵심요소들은 창업가적 과정의 단계들을 통하여 결합된다. 바꿔 말하자면, 이 과정은 창업가적 입력을 체계화하기 위한 논리적인 도구를 제공한다.

[그림 1.2]의 결과 요소는 먼저 달성된 창업가정신의 수준을 포함한다. 다음 장에서 더 자세히 논의하겠지만 창업가정신은 하나의 변수이다. 그리하여 그 과정은 꽤 많은 수의 창업가적 이벤트를 낳을 수 있으며 그들이 얼마만큼 창업가적인지의 관점에서 상당히 다양한 이벤트들을 생산할 수 있다. 이러한 '창업가적 강도'의 수준에 근거한 최종 결과들은 하나 이상의 지속되는 벤처, 가치 창출, 새로운 제품 및 서비스, 과정, 새로운 기술, 수익, 일자리, 경제적 성장을 포함할 수 있다. 게다가, 그 결과는 분명 실패할 수도 있어서 그에 상응하는 경제적, 정신적 그리고 사회적 비용들을 포함할 수 있다.

이 모형은 창업가정신의 본질에 관해 상당히 포괄적인 그림을 제공할 뿐만

[그림 1.2] 창업가적인 입력과 결과에 대한 통합 모형

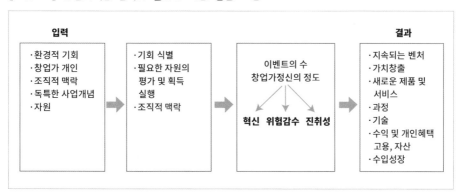

출처: Morris, Michael H., Pamela S. Lewis, and Donald L. Sexton. "Reconceptualizing entrepreneurship: an input-output perspective." SAM Advanced Management Journal 59.1 (1994): 21.

아니라 다른 수준들에서도 적용될 수 있다.

동적 상태 접근법

연구자 Jonathan Levie와 Benyamin B. Lichtenstein은 생존을 위해 환경에 의존하는 벤처를 묘사하는 동적 상태 모형(dynamic states model)을 개발하였다. 동적 상태는 기회 긴장을 벤처 고객을 위한 가치로 전환시키는 관계들 및 시스템들의 네트워크이며, 이들은 동적 상태를 유지하는 새로운 자원을 생산한다. 이 모형은 다수의 개인적, 조직적, 환경적 요소들을 결합하는 보다 과정 지향적인 관점을 갖는다. 기업에 의해 선택된 가치 창출의 전략은 기업의 최근 지배논리로부터 도출된 비즈니스 모델 그 자체에 의해 규정된다. 동적 상태 모형의 이 요소들은 그림 1.3에 제시되어 있다. 동적 상태 모형은 보다 작고 보다 새로운 기업들이 현행의 변화를 일으키는 데 보다 유연성을 가진다는 것을 제시하는 창업가들에게 더 낙관적이다. 그리하여 신생 벤처들이 그들 자신과 그들의 환경 사이에 높은 수준의 상호의존성을 만드는 것이 보다 수월해질 수 있으며, 그들이 시장의 현재 및

[그림 1.3] 동적 상태 접근법

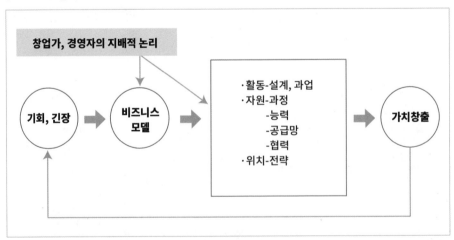

출처: Levie, Jonathan, and Benyamin B. Lichtenstein. "A terminal assessment of stages theory: Introducing a dynamic states approach to entrepreneurship." Entrepreneurship Theory and practice 34.2(2010): 317-350. 재구성.

예상되는 수요에 대해 창업가들이 체계화하는 것을 가능하게 한다.

가젤의 영향

최근 고성장기업은 경제성장과 고용창출 효과가 아주 크기 때문에 관심이 집중되고 있으며, 이에 대한 연구가 활발히 이루어지기 시작하였다. 특히 가젤형 벤처기업에 대한 연구는 혁신적 아이디어와 기술을 기반으로 탄생한 기업이 고성장을 하고 높은 고용을 창출한다는 의미에서 더욱 필요한 연구라 하겠다. 가젤형 기업은 규모는 작지만 성장이 빠른 기업을 의미한다. 가젤(gazelles)이라는 용어는 Birch가 1981년 20명 이하의 종업원을 둔 작은 기업들을 연구하는 과정에서 소개되었다. 이후 가젤형 기업에 대한 연구가 많이 이루어졌으며, 가젤형 기업에 대한 정의 또한 아주 다양하다. Birch는 매출성장률을 기준으로 가젤형 기업을 분류한 대표적인 학자이다. Birch and Medoff는 가젤형 기업을 최소 $100,000 수익을 달성한 해를 기점으로 4년 연평균 20% 이상의 매출증가를 기록하고 성장기업이라고 정의하였다. Autio, Arenius, and Wallenius는 가젤형 기업을 3년 연속 50% 이상의 판매성장을 한 기업으로 정의하였으며, Schreyer는 20명 이상으로 시작한 기업 중 5%(이탈리아, 네덜란드, 스웨덴) 혹은 10%(프랑스, 독일, 스페인) 이상의 성장기업을 가젤형 기업으로 정의하였다. Davidsson and Delmar는 신규기업과 기존기업 모두를 포함한 연구에서 가장 빠른 성장을 보인 기업의 차상위 계층 10%를 가젤형 기업으로 보았다.

또한 가젤형 기업은 적은 규모이면서 고용률이 아주 높은(50~75% 이상) 기업이라는 결론을 내리고 있다. 이와 같이 가젤형 기업의 고용효과에 연구가 집중된 것은 선진국의 경제구조와 무관치 않은 것으로 보인다. 매출성장률을 기준으로 분류한 가젤형 기업의 연구 산물인 고용효과는, 가젤형 기업의 분류기준으로 고용성장률이 이용되는 계기가 되었다. Kirchhoff는 미국 비농업 기업이 고용에 미치는 연구를 하면서 이 기간에 설립된 신생 기업을 포함하여 연구하였다. 이때 성장을 고용인원 수의 변화율로 측정하여 이중에서 상위 10%의 회사를 가젤형 기업으로 분류하였다. Moreno and Casillas는 20명 이상의 종업원을 가진 기업 중 매년

20% 이상의 고용성장률을 기록하는 기업으로 정의하였다. OECD는 가젤형 기업을 최소 10명 이상을 고용한 기점으로, 3년 이상 고용 또는 매출성장률이 매년 20% 이상 성장하는 기업으로 정의했다. 또한 OECD는 특히, 이러한 조건을 만족시키는 기업 중 설립된 지 5년 이하의 신생기업을 가젤형 기업으로 분류해야 한다고 제안했다.

가젤과 혁신

미국의 가젤들은 다음과 같이 혁신에 있어서 리더들이다.

- 가젤형 신생 중소기업들은 서로 다른 사업간 혁신에 있어서 55%를 차지하고 모든 급진적 혁신의 95%를 달성하고 있다.
- 가젤들은 대기업의 2배가 넘는 종업원당 제품혁신을 만든다.
- 신생 중소기업들은 대기업보다 더 많은 판매당 특허권을 획득한다.

가젤기업의 생존

얼마나 많은 가젤들이 생존할까? 간단한 답은 "결국은 아무도 생존하지 않는다"이다. 언젠가는 모든 기업들이 쇠퇴하고 사라진다.

가젤들은 모든 창업가들의 목표이다. 가젤의 생성은 재무적으로뿐만 아니라 직업적으로 가치가 있을 수 있다. 모든 창업가들이 가설의 운영이 유발하는 높은 스트레스 환경에 적합한 것은 아니다. 기업이 성공적일수록, 사회는 경영 행동을 더 조사한다. 일단 세상이 지켜보게 되면 가절의 성장 유지에는 엄청난 압박 하에서 끈기뿐만 아니라 평정심을 필요로 한다.

가젤들은 벤처자본를 받는다. 벤처캐피털(venture capital, VC) 기업들은 가젤들에 투자하는 것을 선호하지만, 많은 가젤들은 VC 자금을 결코 받지 않는다.

가젤들은 쥐들이 아니었다. 정의에 따르면, 가젤들은 고성장과 부를 창출하려는 의도로 만들어진 기업들인 반면, 쥐들은 수익 창출에만 목적을 두고 성장의 의도가 없이 만들어진 기업들이다. 기업은 설립될 때 가젤이 될 수 있다. 가젤들 중에서 20%가 30년 이상 동안 운영 중에 있다.

가젤들은 첨단 기술이다. 가젤로서 분류될 수 있는 기업은 미국 기준으로 최소한 10만 달러의 초기 지본으로 시작하고 최소한 5년 동안 20%의 매출 성장이 있어야 한다. 이는 모든 산업의 기업들을 포함한다. 이러한 통념은 대부분의 기술 기반의 기업들이 누리는 높은 이윤에서 기원할 수 있다. 그렇지만 가젤들은 낮은 기술의 분야에서도 흔히 발견되고 있다. 일반적인 사례들로 Starbucks 등을 들 수 있다.

가젤들은 국제적이다. 사업 범위는 가젤을 구하는데 있어서 아무런 역할이 없으며 일부 가젤들이 글로벌하게 운영되고 있지만, 그것은 필요한 특성이 아니다. 너무 이렇게 해외로 확장하려는 의사결정은 성공을 이끌 수 있지만 그만큼이나 사업의 실패를 초래할 수 있다 신중한 계획이 없다면 글로벌화는 파산을 이끌 수 있다.

모든 기업의 85%가 통상적으로 첫 해에(창업으로부터 1년 이내)에 실패한다는 보편적인 통념은 명백하게 사실이 아니다. 이 통념의 기원은 전 MIT 교수인 David Birch가 모든 기업의 85%가 실패한다고 언급한 연구로 거슬러 올라간다. 이러한 결과가 "모든 작은 창업 기업들의 85% 첫 해에 실패한다"로 확대된 것으로 보인다. 이러한 통념의 근원이 무엇이든지, 보다 정확한 사실은 모든 창업의 약 50%가 창업 후 뒤따르는 경제적 여건에 따라 5년에서 7년 사이를 지속한다는 것이다.

창업가 특성

[표 1.4] 창업가의 자질테스트

번호	질 문 내 용	응답(V)	
		예	아니오
1	나의 생활방식에 관해 구체적으로 설명할 수 있다.		
2	주어진 일을 계획적으로 한다.		
3	일단 일을 맡으면 적극적으로 한다.		
4	어떤 일에 실패를 하더라도 크게 실망하지 않는다.		
5	나는 약속을 잘 지키는 편이다.		
6	나는 창업정보를 수집하고 있다.		
7	내 주위에 친구가 많다.		
8	나와 다른 사람의 의견에도 귀를 기울인다.		
9	문제를 함께 고민해줄 친구(친지가) 세 명 이상 있다.		
10	나는 도전정신이 왕성하다.		
11	내 자신의 의사가 분명한 편이다.		
12	나는 건강에 자신이 있다.		
13	나는 기초적인 재무지식이 있다.		
14	내가 좋아하는 일은 먹고 자는 일도 잊어버린다.		
15	필요시 창업을 위해 가족을 설득할 자신이 있다.		
16	하는 일이 생각대로 잘 안 풀려도 곧 잊어버린다.		
17	즐겁지 않은 모임이라도 참고 즐길 수 있다.		
18	누군가에게 맞는다면 반드시 반격을 한다.		
19	갑자기 모르는 사람이 말을 걸어와도 일단 들어준다.		
20	친한 친구의 성공에 마음에 걸린다.		

창업가적 자질 검사 및 해석

- 20개 문항을 각각 '예' 또는 '아니오'로 체크하고, '예'는 5점, '아니오'는 0점으로 계산한다.

- **60점 이상:** 창업환경이 성숙되어 있고 창업자로서의 자질이 충분하다. 업종 선택과 필요한 정보수집이 끝났다면 언제 창업해도 좋다.

- **35~60점:** 그런대로 창업할 환경이 조성돼 있으나 업종선택에 유의하고 좀 더 넓은 정보를 수집해야 한다.

- **35점 이하:** 창업동기가 명확하지 않으며 과대광고에 현혹되어 크게 손실을 볼 위험이 높다.

제 **2** 장

개인의
창업가적 사고방식

개인의 창업가적 사고방식

창업가적 사고방식

성공한 창업가들과 관련된 가장 일반적인 특징을 기술하며, 창업가정신의 '어두운 단면'과 관련된 요소들 및 창업가들이 직면하는 윤리적 도전을 기술하고 있다.

창업가는 누구인가?

강렬한 몰입과 결연한 인내에 이끌리는 창업가들은 매우 열심히 일하고 있으며 고결성을 위해 분투하는 결연한 낙관주의자들이다. 그들은 탁월하고자 하는 경쟁적인 욕구를 불태우며 실패를 학습도구로 사용하며 실패를 두려워하지 않는 의지의 소유자들이다.

심리적 작용　　이러한 작용은 주의, 기억, 언어의 구사 및 이해, 문제해결, 의사결정을 포함한다.

인지적 적응력　　역동적이며 불확실한 과업 환경이 주어진 사람의 인지에 있어서 역동적이고, 유연하며, 자기조절적일 수 있는 능력이다.

사회인지이론　　지식구조의 아이디어를 소개하는데, 지식구조는 주어진 상황 속에서 개인적 효과성을 최적화하는 방식으로 순서화된 정신모델이다.

창업가적 인지　　　기회평가, 벤처 창출, 그리고 성장에 관여하는 평가, 판단, 또는 의사결정을 위해 사용하는 지식구조이다.

초인지적 모델　　　창업가가 효과적으로 과업의 틀을 잡는 결과를 가져오는 보다 고순위의 인지과정을 연구하는 것이며, 그리하여 특정한 전략이 의사결정 과업에 대한 일련의 대안적 반응에 왜 그리고 어떻게 관련되는지를 연구한다.

창업가의 사고방식과 관련된 특징

결단과 인내　　　창업자 개인의 문제로 그치지 않고 전 가족의 미래의 생활과 관련되는 경우가 많다. 성공한 사업가들은 자기 사업에 대한 몰입도가 높고 결단력과 인내심이 강하다.

성취동기　　　맥클랜드(David McClelland)는 성취동기이론에서 성취욕구란 어려운 일을 성취하려는 것, 물질·인간·사상을 지배하고 조종하고 관리하려는 것, 그러한 일을 신속히 그리고 독자적으로 해내려는 것, 스스로의 능력을 성공적으로 발휘함으로써 자긍심을 높이려는 것 등에 관한 욕구라고 심리학자들은 규정하고 있다. 이러한 성취욕구가 강한 사람은 성공에 대한 강한 욕구를 가지고 있다. 또 그들은 책임을 적극적으로 수용하며, 행동에 대한 즉각적인 피드백을 선호한다.

기회 지향성　　　Stephen Ko & Butler는 기회를 발견하는 것은 창업의 제의 조건이며 신규 사업을 위해 적절한 기회를 확인하고 선택하는 것은 성공한 기업가에게 있어서 중요한 역량 중에 하나이다. 새로운 기회의 발견 및 실현에 대한 연구는 창업가정신에 대한 연구의 한 영역이며 기업이 새로운 가치 창출과 이익의 기반이 되는 창업기회를 어떻게 발전·활용하여야 하는지를 제시하여 주는 매우 중요한 부분이다.

끈질긴 문제해결　　　끈질긴 노력과 근성으로 경영상의 문제를 해결하고 아이디어를 상품화 하는 과정을 거친다.

피드백 추구　　　경험과 고객의 피드백을 기반으로 제품을 발전시키는 역량이다.

내재적 통제위치　　　내재적 통제위치가 높은 사람일수록, 가족역할모델을 높게 지각한 사람일수록 창업 의도는 높게 나타난다.

모호성에 대한 인내　　　모호성의 수용은 불확실한 상황에 대한 인내의 정도를 말하며, Begley와 Boyd는 창업자가 모호성에 대한 인내가 높을수록 기업의 혁신성과에 긍정적 영향을 미친다고 하였다.

계산된 위험감수　　　'계산된 위험(calculated risk)'은 위험이 높으면 위험을 감수한 데에 따르는 보상도 크다는 이야기이다. 위험이 높다는 말은 철저한 준비와 노력이 없다면 창업가가 될 수 없다는 것을 의미한다.

높은 수준의 에너지　　　창업가정신과 문화는 조직 내 높은 에너지, 탁월한 성과와 연결된다. 창업자 정신이 사라져버린 회사에 가보면 그 차이를 쉽게 느낄 수 있다.

창의성과 혁신성　　　창의성은 우선 기존의 것을 거부하는 혁신적 성격을 갖는다. 즉 창의성은 본질적으로 변화에 대한 아이디어와 직접 관련되어 있다.

비전　　　창업가 혹은 창업팀의 비전은 회사 성과를 높여줄 뿐만 아니라 회사가 발전하는 데 필요한 로드맵을 제공해 준다. 이를 통해 내부 직원들에게 동기를 부여한다.

　　열정　　　　새로운 모험에 비전과 열정을 가지고 끊임없이 도전하는 창업가의 원동력이다.

창업가들은 창업가정신을 야기한다.

　　창업가정신은 내적 통제, 계획 및 목표 설정, 위험감수, 혁신, 현실 인식, 피드백의 사용, 의사결정, 인간관계, 독립과 관련된 기술들의 상호작용의 특징을 나타낸다. Singh의 연구에서는 창업에 실패한 창업가들은 슬픔, 불안, 공황발작, 공포증, 분노를 수반한 감정을 경험하고 피로, 고혈압, 불면증, 체중감소 등의 생리적 증상을 경험하고 실패한 기업가는 대부분 문제 중심적인 대처에 초점을 맞춘다. 친구와 가족으로부터 돈을 빌려 재무적 측면의 문제를 해결하려고 한다. 또한 자산을 매각하여 채무로부터 해방되어 안도감을 가지고 싶어 하거나 법적 대안을 위한 여러 시도를 한다. 이와는 대조적으로 감정에 초점을 맞춘 대처 행동이 나타내기도 한다. 보통 창업실패 기업가에게 나타나는 실패의 결과는 현실왜곡과 자기기만의 두 형태로 나타나는데, 이는 죄책감과 무력감으로 이어질 수 있다. 실패한 창업가는 종종 실패자라는 사회적 낙인으로 인한 사회적 비용을 지불해야 할 때도 있는데, 이러한 사회적 비용은 경제적 부분에 영향을 미칠 수 있다. 이러한 사회적 비용을 줄일 수 있다면 기업실패의 재정적 영향도 줄일 수 있다는 것으로 볼 수 있다.

　　Subramanian & Kumar는 자아존중감과 정신건강수준이 크게 대처 전략유형에 유의미하게 작용하는 것으로 나타났으며, 창업실패 기업가의 내적 강화와 내적 능력을 향상시킬 수 있어야 함을 강조하였다.

창업가 실패의 대처: 슬픔 회복 과정

　　손실 지향성　　　　손실이 발생한 이유를 설명하는 답변을 만들기 위하여 특정한 손실에 초점을 맞추고 있다.

회복 지향성　　　　실패 사건에 대한 사람들의 생각을 딴 데로 돌리고 이차적인 스트레스의 원인에 대해 사전 대비를 하는 데에 기초를 두고 있다.

희망　　　　장기적인 심리적 스트레스에 직면하고 있는 사람들에게 필수적으로 필요하며 희망은 불확실한 기간 동안에 불안을 만들어 내는 내적 그리고 대인 관계 모두에 균형을 제공하고 이러한 경우에 있어서 희망은 감정에 초점을 둔 대처 전략으로서 희망전략은 창업성과를 향상시키는 주 요인이 될 수 있다.

창업가적인 경험

창업가들은 예술가가 그림을 그리는 것처럼 무에서 유를 창조하는 벤처를 설립한다. 벤처설립에 대한 생활경험에 의해 창업가적 경험이 형성된다.

지속가능한 기업의 창업가적 본질을 살펴보면 다음과 같은 외적인 현상을 발견할 수 있다. 문헌연구에 널리 퍼져 있는 시각은 창업가들이 벤처를 만든다는 것이다. 그것의 협소한 관점에서 창업가정신의 완벽한 과정과 벤처 및 창업가들이 어떻게 존재하게 되는지에 관한 본질의 상당 부분을 간과하고 있다. 연구자 Michael H. Manis 등은 벤처가 단순히 창업가에 의해 창조되어지는 것이 아니며, 그것이 개인의 창작에 대한 상호작용, 감정, 고민을 기반으로 하여 나타난다고 지적하고 있다. 창업가들은 사전에 존재하지 않는다. 그들은 벤처 창업의 탄생 과정이 지니고 있는 새롭고, 독특하며, 경험적인 작용으로 나타나게 된다. 지속가능한 벤처기업의 창업은 세 가지 평행선의 상호작용인 기회의 출현, 벤처의 출현, 창업가의 출현을 포함한다. 이러한 것은 어떤 것도 미리 결정되거나 고정되어 있는 것이 아니라 서로의 상호작용에 의해서 결정된다. 이러한 창업가들의 경험적 관점은 창업가정신의 탄생에 일시적인 본질을 포함하고 있다. 그것은 정적인 접근법을 넘어서도록 우리들을 이끌고, 수많은 관련자 및 행동들을 포함하는 역동적이며 사회적으로 처한 과정에 대해 깊이 생각 하도록 권장한다. 그것은 벤처가 전개됨에 따라 대처되는 수많은 활동들이 서로 다른 관련자들에 의하여 여러 가지 방식으로 경험된다는 사실을 인식한다. 벤처 창업은 감정, 동기, 그리고 생리적인 반응을 포함하는 모든 합리적인 사고과정을 넘어선다는 것을 인정해야 한다. 하지만 창업가정신의 심리적으로 관점이 어두운 측면도 존재한다는 것을 인식해야 한다. 이러한 관점은 창업가적 행위의 상황적 관점에 관련된 최근 연구와도 일치한다.

창업은 세 가지 상호작용

- 기회의 출현
- 벤처의 출현
- 창업가의 출현

창업가의 위험 직면

흔히들 창업가는 "Risk Taker"라고 이야기한다. 창업가의 이미지는 무모한 도전을 즐기고 위험천만한 도박을 하는 사람들이라는 선입견을 가지고 있는 경우가 있다. 방송을 비롯한 미디어가 만들어낸 창업가의 이미지는 무모해 보이는 도전을 하고 드라마틱한 성공을 만들어 내는 이미지로 그려진다. 하지만 정말 그럴까? 정말 창업가들은 "Risk Taker"일까? 창업가들은 "Risk Taker"가 아니라 "Risk Manager"가 되어야 한다. 특히 기술 혹은 서비스의 혁신을 주도하는 벤처창업은 반드시 불확실성을 마주하게 된다. 그리고 그 불확실성은 수많은 Risk를 만들어낸다. R&D Risk, Team Risk, Market Risk, Competition Risk, 기타 등등 이미 기반을 가지고 있는 기존기업은 겪지 않을 수많은 Risk를 무릅쓰고 사업을 성공시켜야 한다. 이것은 벤처기업을 이끄는 창업가가 반드시 겪어야 할 숙명이다. 이러한 위험을 벤처 사업가가 직면하는 네 가지 기본적인 위험 영역으로 볼 수 있다.

재무적 위험   대부분의 신생 벤처에서 창업가 개인은 상당한 비중의 저축이나 다른 자원들을 위태롭게 하며, 그리하여 심각한 재무적 위험을 일으킨다.

경력 위험   고용 안정성의 손실로 인하여 가족 및 사회적 위험은 일과 삶에서의 경쟁적인 몰입이 요구된다.

가족 및 사회적 위험 새로운 벤처를 시작하는 창업가는 많은 시간과 노력을 요구하며, 결과적으로 가족 및 사회적 위험(family and social risk)을 만들 수 있다. 가족이 있는 창업가들은 이러한 행동이 가족들을 불안전한 가족 경험의 위험과 심리적인 상처를 얻을 가능성이 있다. 그리고 사회적 모임에 빠지게 되어 사회네트워크가 단절될 가능성이 있다.

심리적 위험 창업가의 행복에 대한 실패의 정신적 위험을 초래한다. 사업실패에 따라서 재무적 고통을 겪는 창업가들은 회생이 최소한 즉각적으로 회복되는 것은 불가능하다. 창업가들에게 심리적 충격이 지나치게 가혹하다는 것이 현실적 문제이다.

창업자의 위험회피

구글의 창업자인 래리 메이지와 세르게이 브린은 1996년에 구글의 초기 버전을 개발했지만 그로부터 2년이 지난 후 스탠퍼드 대학원을 휴학하고 사업을 시작한다. 이들은 1997년에는 구글의 초기 모델을 약 200만 달러에 팔려고도 했다. 오늘날 구글의 신화적인 창업자조차도 성공할지 실패할지 모르는 검색 엔진 개발 때문에 박사 과정 연구를 실패할까봐 걱정이 됐었기 때문이다. 나이키 공동 창업자인 필 나이트 또한 1964년부터 자기 자동차 트렁크에 운동화를 싣고 다니면서 팔기 시작했지만 1969년까지 자신의 본업인 회계사 일을 그만두지 않았다. 애플의 공동 창업자인 스티브 워즈니악 또한 1976년 스티브 잡스와 함께 애플을 창업했지만 1977년까지는 원래 다니던 휴렉팩커드에서 계속해서 엔지니어로 일했다. 큰 위험을 무릅쓰는 걸 마다하지 않고 사업을 시작해서 좋은 결과를 얻은 창업자들의 사례도 적지 않지만 이처럼 최대한 위험을 회피하고, 위를 분산시키려한 창업자들도 있다. 그만큼 성공한 창업자들도 위험에 대한 스트레스는 적지 않기 때문이다.

창업가의 자아

창업가는 위험 및 스트레스의 문제에 추가하여, 자만한 자아의 부정적인 효과를 경험할 수도 있다. 즉 창업가들이 성공을 향해 추진하게 만드는 어떤 특성이 극단적으로 표현될 수도 있다. 다음에서는 창업가들에게 파괴적인 네 가지의 특성을 알아본다.

강압적인 통제욕구　　창업가들은 자신들의 벤처 및 운명에 대한 강한 통제욕에 따라 움직인다. 이러한 통제에 대한 내적인 집중은 주위에 모든 것을 통제하고 집착하게 만든다. 창업가들은 다른 사람들에 의한 외부 통제를 위험 또는 자신의 의지에 대한 위반으로 생각할 수 있기 때문이다.

불신적 상태　　창업자가 사소한 일에 집중하도록 만들고 현실적 시야를 흐리게 만든다. 이러한 현상은 현실성과 논리를 왜곡하고, 파괴적으로 행동 하도록 한다.

성공에 대한 과도한 욕구　　창업가의 자아는 성공에 대한 욕구와 연관된다. 비록 오늘날의 많은 창업가들이 존재의 위기감 속에 살고 있다고 믿는다. 그 속에서의 지속적인 긍정적 동인은 역경에도 불구하고 성공하려는 강한 의지이다. 창업가는 무의미한 감정들을 부정하고자 창의적으로 행동하는 도전적인 사람으로서 표현된다. 또한 창업자는 성공을 위해 나아가고 그러한 성공을 입증해 보이는 것을 자랑스럽게 여긴다. 그러나 그 내면에는 성공에 집착하는 잠재적인 파괴의 측면이 있다.

비현실적인 낙관주의　　창업가들에게서 보이는 어려운 시기임에도 잘 될 것이라는 부단한 낙관주의는 성공을 향한 중요한 추진력의 한 요인이다. 창업가들은 대외적인 낙관주의자가 될 수 있도록 높은 수준의 열정을 유지함으로써 어렵고 힘든 시기에도 다른 사람들이 그들을 믿고 따르도록 만든다. 하지만 극단적으로 낙관주의인 태도는 사업에 대한 환상으로 이어질 수 있다. 이러한 상태는 눈에 보이는 현상이나, 사실, 보고서들을 무시하고 모든 게 결국엔 잘 될 것이라는 생각으로 창업자들이 착각할 때 발생한다. 이러한 행동유형은 비즈니스의 현실 세계에 대한 처리 불가능으로 이어질 수 있다.

창업가의 윤리

윤리는 무엇이 좋고 옳으며 또는 무엇이 나쁘고 그른지를 설명하는 행동강령을 규정하는 일련의 원칙들을 말한다. 윤리는 '수용 가능한' 방식으로 어떤 행동을 수행하기 위한 기본적인 규칙이나 조건을 제공한다. 윤리는 철학적인 사고에서 주로 다루어져 왔다. 관습이나 행동양식을 의미하며 '그리스어의 ethos'에서 유래된 윤리는 수세기 동안 무엇이 옳고 그른 행동인지를 결정하는 철학자들의 도전과제였다. "윤리적인 문제를 해결하는 간단하고 보편적인 공식은 존재하지 않는다"는 Adrian Cadbury의 말처럼 우리는 어떤 규칙이 윤리적인 사례에 적절한지 우리 자신의 행동강령으로부터 결정해야 한다. 이러한 선택의 결과가 우리의 윤리적인 본질을 만든다. 즉 윤리는 사회가 어떠한 보편적인 기준들에 동의한다는 것을 함축하고 있는 정적인 기술이다. 오늘날 창업가의 윤리는 기업의 성공과 지속가능성에 대단히 중요한 역할을 하고 있다.

윤리적 딜레마의 근원

현대 사회는 시시각각 변하는 역동적인 환경에서 돌아가기 때문에, 보편적 기준에 대한 합의는 존재하지 않는다. 사실상, 윤리적 의사결정의 본질에 대한 지속적인 갈등은 오랜 기간 상당히 만연되어 있다. 이러한 갈등 구조는 수많은 이유로 발생한다. 첫째, 비즈니스 기업들은 조직 내 종업원을 비롯하여 외부의 주주, 채권자, 고객, 협력업체, 정부, 사적인 이해집단 같은 많은 이해관계자들로부터 나타난다. 둘째, 사회가 극적인 변화를 겪고 있는 가치관, 관습, 사회적 규범들이 지난 수십 년 사이에 급격한 변천을 겪어 왔다. 그렇게 급격하게 변화하는 주변 환경에서 윤리에 대한 정의는 정적인 관계보다는 과정에 접근해야 한다. 창업가에게 합법과 윤리적인 관계 사이에 딜레마는 필수적인 것이다. 윤리는 기본적으로 법이 무엇이 합법적인지에 대한 한계를 제공하지만, 이후 법에 대한 해석이 바뀐다고 하더라도, 윤리적인 고려사항들에 대한 해답을 제공하지는 않는다. 다시 말하면 법적으로는 아무런 문제가 있더라도 윤리적인 측면에서는 사회적 비난을 받을 만한 행위들이 발생하는 것을 흔히 볼 수 있다. 윤리덕 딜레마에 대해 정리 하면 다음과 같다.

- 조직 내·외부 이해관계자들의 압력
- 가치관, 관습, 사회적 규범의 변화
- 윤리적 합리화는 합법적 행위가 관리자들이 미심쩍은 행위를 정당화하는 데 사용됨
- 관리자들이 믿고 사용하는 합리화
- 행동이 '정말로' 불법적이거나 부도덕하지 않음
- 행동이 개인이나 회사의 최대의 관심사임
- 행동이 결코 적발되지 않을 것임
- 행동이 회사에 도움이 되므로 회사가 그것을 용인할 것임
- 의사결정의 복잡성
  - 확장된 결과
  - 다수의 대안들
  - 엇갈린 결과
  - 불확실한 윤리적 결과
  - 개인적인 시사점

윤리적 기업을 위한 전략 수렵

자본주의 기업시스템은 근본적으로 무수한 갈등을 수반하기 때문에, 창업가들은 윤리적 기업을 만들기 위한 확고한 전략을 수립할 필요가 있다.

윤리적 행동강령

행동강령(code of conduct)은 기업이 지켜야 할 기본적인 윤리적 관행이나 지침이다. 행동강령은 산업 내에 보다 널리 보급되고 있으며 외부의 법적 및 사회적 발달 측면에서 보다 더 의미가 있어야 한다. 윤리적 행동은 법률적인 범위의 관점에서 보다 포괄적이어야 한다. 그것을 강화하기 위해 사용된 행정적 절차의 관점에서 실행하기에 더 용이해야 한다. 윤리적 행동강령의 일부는 산업과 관련이 있고, 다른 일부는 기업의 행동과 밀접한 관련되어 있다. 이러한 행동강령들은 기업 자산의 사적인 이용, 이해관계의 충돌, 개인의 이익을 위한 기업 내부정보의 이용, 장부나 기록의 위조, 독점금지 위반행위 등 다양한 문제 사안들을 가지고 있다. 최근의 연구결과에 따르면, 중요한 두 가지의 결론에 도달할 수 있다. 첫째, 윤리 행동강령은 산업 내에 보다 폭 넓게 보급될 것이다. 경영은 단지 윤리와 도덕적 행동에 대해 입으로만 말하는 것은 아니다. 그것은 아이디어를 만들고 조직 내 모든 구성원들이 따르도록 가이드라인을 제시하는 것이다. 둘째, 초기의 윤리행동강령과 다르게 최근에는 외부의 법적 및 사회적 발달 관점에서 보다 더 의미 있어야 하며, 그 범위는 더 종합적이고 그것을 강화하기 위해 사용된 경영 절차의 관점에서는 보다 더 용이하게 실행할 수 있어야 한다. 셋째, 기업의 도덕적 풍토를 고취시킴으로써 회사는 결국 시민사회로부터 높은 신뢰를 얻을 수 있다는 것이 또 다른 이유이다. 오늘날 많은 사람들은 기업들의 도덕과 윤리적 행위에 대해 의심하고 기업인들은 가능하면 책임을 회피한다고 믿기 때문에 이에 대한 전환점이 필요하다. 기업의 윤리 강령이 사업 관행적인 행동을 향상시킬 것인지는 오로지 시간만이 말할 것이다. 하지만 최근의 트렌드는 기업들이 이러한 목표를 달성하기 위해 많은 노력하고 있다는 것을 보여주고 있다.

윤리적 책임

창업가들에게 윤리적 책임을 위한 전략을 수립하는 것은 결코 쉬운 과제가 아니다. 아직까지 조직 윤리에 관한 이상적인 접근법은 존재하지 않는다. 창업가들은 그들 조직의 윤리의식, 윤리적 활동을 향상시킬 수 있도록 창안된 과정과 구조, 그리고 마지막으로 기업 윤리적인 목표를 제도화하기 위해서 자신의 몰입에 대하여 이해와 분석을 해야 한다. 이러한 점들을 염두에 둘 때, 창업가들은 윤리적 책임에 대한 전략수립을 시작할 수 있다. 전략은 윤리의식, 윤리적인 과정과 구조, 제도화의 세 가지 주요한 요소로 구성해야 한다.

윤리의식   윤리의식의 개발은 창업가의 책무이다. 왜냐하면 그의 비전이 윤리적인 기업을 만들어 내기 때문이다. 윤리적 의사결정과 행동에 대한 기초를 설정하는 핵심이 창업가의 사고에서 나온다. 벤처 내에서는 문제와 과정에 대한 공개적이고 수평적인 의견교환, 기업에 만들어진 윤리강령과 창업가의 솔선수범적인 자세는 이것이 어떻게 실행되는지에 대한 사례가 된다.

윤리적 과정과 구조   윤리적 과정과 구조적인 절차, 지위에 대한 행동강령, 그리고 진술의 모호함을 피하기 위해 고안되고 공개된 윤리적 목표를 말한다. 예로서 벤처기업의 구체적인 윤리적 목표를 읽도록 하고 그러한 정책을 따르겠다는 의지가 담긴 윤리강령에 모든 핵심인력이 서명을 하는 것이 좋은 관행이다.

제도화   창업가의 윤리적 목표들을 벤처기업의 경제적 목표들과 결합할 수 있는 단계이다. 창업가는 상황에 따라서 윤리를 침해하는 지나치게 강력한 정책과 운영방식을 수정해야 할 때가 있다. 이것은 창업가들의 윤리성과 도덕적 가치에 대한 책임을 시험하는 것이다. 윤리적 의무를 제도화하기 위해서 경영상의 끊임없는 절차에 대한 검토와 평가 그리고 피드백이 필수적이다.

"항상 옳은 일을 한다."

경영진이 높은 도덕적 강령을 충실하게 지키는 이유:
비윤리적인 관행들은 기업자체뿐만 아니라 자유 기업체제의 생존에 근간이 되는 자유 시장과 거래에 부정적 결과를 초래함. 도덕적 풍토를 향상시킴으로써 회사는 결국 대중의 신뢰를 얻을 수 있음.

윤리적인 종업원 행동을 촉진하는 것

- 유연성, 혁신, 그리고 주도적이며 위험을 감수하는 종업원들에 대한 지원
- 창업가적인 중간관리자들을 위한 장벽을 제거
- 사내 교육훈련에 윤리적 구성요소를 포함시킴
- 소유주/창업가의 가치체계는 윤리적인 조직을 수립하는 핵심
- 윤리강령은 다음의 요소에 대한 명확한 이해를 제공함
- 윤리적인 행정 의사결정
- 종업원들의 윤리적인 행동
- 윤리적 행위를 바탕으로 분명한 상벌 기준

창업가에 의한 윤리적 리더십

창업가들에게 윤리는 복잡한 당면 과제들을 제시하지만, 소유주와 창업가의 가치체계는 윤리적인 조직을 수립하는 핵심 과제이다. 소유주는 모든 주요 의사결정에 있어서 정직, 윤리성을 보여 줄 수 있는 차별적인 기회를 갖는다. 소유주의 행동은 기업에서 모든 다른 종업원들이 따라야 할 중요한 역할을 한다. 벤처기업에서 소유주의 윤리적 영향력은 대기업에서의 그것보다 훨씬 더 크다. 그 이유는 창업자의 리더십이 여러 경영층에 분산되지 않기 때문이다. 종업원들은 쉽게 구별되는 작은 벤처기업에 있는 그들을 수시로 지켜볼 수 있다. 그리하여 창업가들은 모든 사업상의 의사결정 과정에서 높은 윤리적 규범을 확립하는 데 있어 강한 잠재력을 가지고 있다. 기업윤리시작은 미국에서 1960년대에 사회적 책임 운동의 출범 이후에 하나의 경영규칙으로 내려오고 있다. 그 당시에 사회적 자각 운동은 환경보호, 평등권리, 빈곤, 범죄, 국민건강, 그리고 교육향상 등 같은 사회적 문제를 해소하기 위해 대규모의 재정적, 그리고 사회적 영향을 사용하도록 기업의 기

대를 불러 일으켰다. 기업 활동이 점차 복잡하고, 다양화되면서 조직은 공동의 선으로 지지된 거래라는 것을 확실하게 하기 위해 더 많은 지침을 필요하다는 것을 인식하게 되었다. 그런 측면이 대두되어 '기업윤리'가 나타나게 되었다.

　　기업윤리가 가장 먼저 논의된 미국의 경우 1960년대까지는 정부가 주도하는 규범과 법에 의한 사회적 의무만을 준수하는 수준에서 기업윤리가 논의되었다. 1970년대에 있어서 기업윤리는 철학적, 윤리설을 수용하고, 한편으로 고용과 경영에 따르는 사회적인 문제를 수용하려고 하였다. 즉 인종문제나 노사갈등의 문제를 기업윤리를 통하여 해결하려고 했는데, 1980년대에 들어서 기업윤리는 중요한 연구대상이 되었고, 기업들은 윤리강령이나 헌장을 제정하고 기업윤리제도를 도입하였으며 체계적인 윤리교육을 실시하였다. 1990년대 이후에는 기업윤리문화를 정착시키고 발전시키고 있다. 기업윤리에 대한 연구흐름은 두 가지로 구분된다. 첫째, 창업자의 행동이나 태도의 윤리적 판단기준 자체에 초점을 두는 규범적 접근 방법이다. 둘째, 창업자와 기업경영의 윤리적 의사결정에 현실적인 도움을 주려는 실용적 접근방법이다. 오늘날 벤처기업윤리는 규범적 이론에 기반을 두면서도 어떻게 하면 실용적인 측면에서 벤처기업경영이나 창업자의 윤리적 행위 또는 윤리적 의사결정을 이끌 수 있는가도 중요하기 때문에 양 개념을 포괄하는 방향으로 전개되고 있다. 구체적으로 기업윤리에 대한 몇 가지 정의를 살펴보면, 기업윤리란 기업의 의사결정이나 행위에 영향을 받는 이해관계자들이 추구하는 가치이념에 대해서 기업이 어떤 의사결정과 행위를 취할 것인가를 체계적으로 판단하는 기준이며 기업의 정책, 조직, 행동에 적용되는 꼭 지켜야 할 도덕적 기준이다. 기업윤리란 '기업경영이라는 상황에서 나타나는 행동이나 태도의 옳고 그름이나 선과 악을 구분해주는 판단기준과 도덕적 가치와 관련된 기업경영의 의사결정 과정'이라고 정의하고 있다. 즉 기업윤리는 일반적인 윤리의 기본원칙을 벤처기업이라는 특수한 사회적 상황에 적용한 것을 말한다. 기업윤리란 기업경영을 수행하는데 있어서 법과 규정의 준수는 물론 규범적 판단, 윤리적 의사결정으로 종업원, 경영자, 고객, 주주, 투자자, 소비자, 정부, 시민사회 등 모든 이해관계자에 대하여 기업의 사회적, 도덕적 책임을 다하는 경영을 의미한다고 정의할 수 있다. 기업이 경제적, 법적 책임 수행은 물론 도덕적 책임의 수행까지도 다함으로써 이해관계자들에게 신뢰를 얻을 수 있도록 기업경영을 하는 것이다. 벤처기업윤리경영의 궁극적인 목표 역시 기업의 적정이윤 추구에 있다는 것인데, 기업윤리경영은 막연히 도덕적인 개념이라기보다는 잘못된 관행이나 비용구조를 윤리적 기준에 맞도록 바로 잡아 벤처기업의 경쟁력을 극대화하자는데 있다. 21세기 미래사회에서 벤처기업윤리는 기본적인 경영전략으로써 그 필요성이 점점 높아지고 있다. 윤리적인 의사결정은 단 한 번의 실수로 인해 벤처기업이 도산하거나 막대한 피해를 볼 수도 있는 치명적인 위험관리 영역에 속한다. 미국, 일본 등 선진국에서도 비윤리적 행위 때문에 엄청난 손실을 입는 사례가 증가하고 있다. 한국에서도 제조물책임법 발효, 주주대표소송 등 관련 제도들이 지속적으로 정비되면서 이해관계자들의 영향력이 크게 증대하고 있다. 특히 소셜네트워크의 확산으로 인해 집단행동을 도모하는 '사회적 힘'이 형성되어 벤처기업의 윤리적인 의사결정 여부는 고객과 투자자들을 직결시키는 중요한 요소로 부각되고 있다. 최근 벤처기업윤리경영에 대한 필요성이 증대하고 있는 배경은 벤처기업성공의 필수조건, 기업의 사회적 책임에 대한 기대 증가, 경영위험관리의 다양화, 기업윤리경영의 국제표준화 추진 등을 들 수 있다.

창업가의 동기부여

창업가는 새로운 벤처창업의 추진하며, 개인의 개인적 특성, 개인의 개인적 환경, 관련된 사업 환경, 개인의 개인적 목표설정, 실현 가능성이 있는 아이디어의 존재를 포함한다. Lanny Herron과 Harry. J. Sapienza는 "동기부여는 새로운 조직의 설립에서 중요한 역할을 하기 때문에 이러한 개념을 설명하지 못하는 조직설립 이론들은 완벽하지 않은 것이다"라고 하였다. 동기 부여에서 창업가적 과정에 대한 심리적 요소의 기여를 인정하는 것이 중요하다. 새로운 벤처를 설립하는 목표뿐만 아니라 벤처를 유지하려는 의지가 창업가의 동기와 직접적으로 관련되어 있다. 창업가적으로 행동하려는 결정은 몇 가지 동기 요인들의 상호작용의 결과이며 이러한 일련의 행동요인들은 개인적 특성, 개인적 환경, 관련된 사업 환경 등이 바탕을 이루고 있다. 개인창업을 활성화시키고 기업가정신을 고취시키기 위해서는 창업을 하는 이유나 동기를 파악하는 것이 중요하다. 즉, 창업동기 요인을 확인하고 이러한 요인들을 고취시키는 것은 창업의욕을 불러일으키게 될 것이다. Begley and Boyd의 연구에서 창업동기는 창업을 하는 데 있어서 창업 자체의 성공여부 뿐만 아니라 창업 이후에 창업기업이 가지는 특성이나 성공에 영향을 미치는 매우 중요한 요인으로 다루어져 왔다. 개인의 창업동기 요인으로서 주로 연구가 이루어진 것은 창업하는 사람들의 개인적인 특징이다. McClelland은 성취욕구를 가진 사람은 상당히 어려운 목표를 설정하여 어느 정도의 위험을 감수하며, 이런 특성 때문에 강한 성취욕구를 가진 사람은 창업자가 될 가능성이 높다고 하였다. 또한, Begley and Boyd 연구에서 성취욕구는 창업가와 일반적인 경영자를 구분해주는 중요한 특징 중의 하나로서 창업가인 중소기업 최고경영자들의 성취욕구는 다른 최고경영자에 비해 월등히 높은 것으로 나타났다. Leffel는 창업동기에 영향을 미치는 요인을 3가지로 요약하여 '창업이 바람직하다고 느낄수록', '개인 행동성향이 진취적일수록', '창업성공 가능성이 높다고 느낄수록' 창업하고자하는 열망이 높아지고 기업가적인 행동으로 표출할 가능성이 높다고 하였다. 또한, 창업이 바람직하다고 느끼는 정도는 창업을 통해 기대되는 결과가 좋을 것이라는 학습과 확신이 있을 때 높아지며, 스스로의 학습과 교육 및 경험을 통해 인지된 자신감이 높아짐에 따라 창업성공의 가능성을 높게 인지하는 것으로 나타났다. 한편, Gaglio 와 Olim 창업과정에 영향을 주는 환경요인은 크게 개인적 환경요인과 사회적 환경요인으로 구분할 수 있는데, 개인적 환경요인으로서 많이 제시되고 있는 것은 개인적 네트워크라고 할 수 있는 사회적 지원세력이라고 하였다. 사회적 지원세력은 창업에 있어서 지원과 동기부여, 사례와 역할모델, 전문적 조언과 상담, 정보 및 자원에의 접근을 제공한다. 따라서 창업자들은 창업과정에서 발생하는 어려움을 극복하고 창업을 성공적으로 이끌기 위해 초창기 창업단계에서 다른 사업자들이나 관련된 사람과 접촉하고 네트워크를 구축하는 데 상당한 시간을 소요하게 되며, 이는 창업 과정에서 발생할 수 있는 어려움을 극복하고 창업을 성공적으로 이끄는 밑거름이 된다. 창업에 영향을 줄 수 있는 사회적 환경요인으로는 창업 또는 기업가에 대한 사회적 인식을 들 수 있다. 창업이 국가나 사회에 기여한다는 사회적 인식, 그리고 기업가에 대한 긍정적 시각은 창업에 대한 개인의 긍정적 태도 형성에 영향을 주며, 궁극적으로는 개인이 경력을 선택할 때 창업을 적극적으로 고려하는 데 영향을 줄 것이다. 반면에 Gnyawali and Fogel은 창업이나 기업가에 대한 부정적인 사회적 인식은 창업을 저해하는 요인으로 작용한다. 창업동기는 환경적 그리고 사회적인 변화에 따라 크게 달라질 수 있으며 어떠한 분야에 따라서 창업을 하는가도 크게 영향을 미칠 수 있다. 또한, 성별이나 국가에 따라서도 창업동기 요인의 차이를 보일 수 있을 것이다. 다른 관점에서 구체적인 동기부여가 어떻게 그리고 왜 창업가들이 벤처기업을 지속시키는지에 대해 연구하였으며, 창업가적 끈기(entrepreneurial persistence)를 다른 영향력에 대해 발휘되거나 다른 유혹적인 대안에 상관없이 지속적으로 창업의 기회를 노리는 창업가들의 선택이라고 정의하였다. Daniel V. Holland와 Dean A. Shepherd는 이러한 끈기의 결정은 개인적인 성향과 어떤 역정의 한계점과 관련된 환경으로부터의 피드백에 의해 영향을 받는다는 것을 발견하였다.

기업의
창업가적 사고방식

기업의 창업가적 사고방식

조직내 창업가적 사고방식

　　창업가적인 사고는 글로벌 경제에서 전 세계의 기업 및 경제시스템을 통찰력 있게 변화시키고 있으며, 기업들이 생존을 위해서 그들의 비즈니스 목적을 재검토하고 다수한 이해관계자들을 만족시킬 수 있도록 높은 가능성을 지닌 전략들을 선택하도록 만들고 있다. 많은 기업들은 내·외부 산업 환경에 있어서 급격하고, 비연속적인 변화에 적절하게 대응하며 근본적이면서도 의 혁신적인 방식으로 그들의 운영방법을 재설계해 왔다. 이러한 결과로 몇몇 기업들은 수년간에 걸친 구조조정을 실시한 후 사업영역, 기업문화, 경쟁적 접근 방식에서 과거와는 전혀 다른 모습을 보여주고 있다. 벤처기업들은 창의적인 혁신에 크게 중점을 둔 기업 전략을 지향하며 지속적인 변화를 보여 주고 있다. 창업가적 사고에 대한 이러한 사고는 과거 약 40년 동안 창업가적 경제(entrepreneurial economy)로 발전되었다. 경영전문가 Peter Drucker는 창업가정신의 영향력 증가의 이유를 설명하기 위하여 네 가지의 중요한 발전 내용에 대해 기술하였다. 첫째, 지식과 기술의 급속한 발전은 하이테크 분야의 창업의 발전을 촉진시켰다. 둘째, 가구형태의 변화, 교육, 고령화와 같은 인구통계학적 추세는 벤처들의 번성을 이끌어 왔다. 셋째, 새로운 벤처캐피털 시장이 창업벤처들에게는 효과적인 자금 조달 방법이 되었다. 넷째, 글로벌 산업계가 창업가정신을 관리하는 방법을 학습하기 시작하였다.

　　한편으로는 이러한 형태의 활동에 대한 욕구를 기업 내부로 끌어 들였다. 초기 몇몇 연구자들은 창업가정신과 관료조직은 상호배타적이며, 함께 공존할 수 없다고 하였으나, 오늘날 많은 연구자들이 기업 내에서 창업가적 벤처를 연구하고 있는 것을 볼 수 있다, 성공적인 사내에서 기업벤처링(corporate venturing)활동은 3M, google, GE를 포함한 많은 기업들에서 나타나고 있다. 많은 비즈니스 연구들에서 창업가적 사고가 거대한 관료적 구조에 주입된 덕분에 새로운 '기업 혁명'이 발생하는 것이라고 설명하고 있다. 이러한 내용은 기업 창업가정신(corporate en-trepreneurship), 기업혁신 또는 사내 창업가정신(intrapreneurship)으로 언급되고 있다. 기업 창업가정신이 인기를 끌고 있는 이유는 과연 무엇일까? 한 가지 이유는 기업들이 자신의 종업원들과 관리자들에게 혁신적인 능력을 개발하도록 허용했기 때문이다. 혁신은 많은 사람들이 가지고 있는 능력이다. 그러한 능력은 사람들이 회사의 목표달성과 생존에 몰입하고 그들의 능력발휘를 통해서 중요한 일을 할 수 있는 힘을 갖게 될 때 발휘된다. 제품, 프로세스, 일상적인 업무와 구조적인 관점에서 끊임없는 혁신과 세계 시장에서 효과적으로 경쟁할 수 있는 능력은 독보적인 혁신들 사이에 존재한다. 오늘날 최고경영자들은 기업들이 글로벌 환경에서 변화의 속도를 높일 수 있는 가장 중요한 방법은 혁신이라는 점에 공감하고 있다. 사내기업 창업가정신은 혁신하려는 노력을 적극 장려하고 기업들이 글로벌 시장의 경쟁적인 도전을 할 수 있는 과정이다. 선도적인 전략, 제품과 서비스 혁신을 뛰어넘는 과정, 가치사슬, 비즈니스 모델 및 모든 경영기능에서 혁신을 선도하는 방향으로 나아가고 있다.

기업혁신 철학

기업혁신은 종업원들에게 그들의 혁신적 아이디어를 개발할 수 있도록 자율권과 격려를 제공하는 조직에서 성공하며, 최고경영자들이 창업가적 아이디어가 시간 낭비이고 육성될 것으로 믿지 않는다면 그들은 혁신을 방해하는 것으로 알려져 왔다. 혁신적인 사고들이 잠재력을 발휘하려면, 새로운 사고방식으로 경영상의 한계를 극복해야 한다. 혁신 지향적 조직을 만들기 위한 중요한 다섯 가지의 원칙은 다음과 같다.

- 분명한 혁신 목표를 설정한다.
- 피드백과 긍정적인 강화 시스템을 만든다.

- 개인의 책임을 강조한다.
- 혁신적인 아이디어에 대해서는 보상한다.
- 혁신 활동의 실패를 처벌하지 않는다.

모든 기업들은 고유한 기업혁신 철학을 개발해야 한다. 기업혁신 기업혁신에 대한 지원 평가는 다음의 질문들에 대한 대답을 통해 알 수 있다.

- 회사는 창업가적 사고를 적극적으로 장려하고 있는가?
- 회사는 아이디어 개발에 열중하고 있는 혁신자들에게 방법을 제공하고 있는가?
- 회사 사람들은 자신만의 방식으로 직무를 수행하는 것을 허용하는가, 아니면 자신들의 행동을 설명하고, 승인받기 위해 계속 주저하고 있는가?
- 회사는 새로운 아이디어를 시도할 수 있도록 필요한 자원에 접근할 수 있는 신속하고 비공식적인 방식들을 발전시켜 왔는가?
- 회사는 작고 실험적인 다양한 혁신을 관리할 수 있는 방식을 개발해 왔는가?
- 혁신 시스템은 위험감수를 장려하고 실수를 용인하도록 설계되어 있는가?
- 회사 종업원들은 새로운 아이디어 개발에 더 관심이 있는가 아니면 자기영역을 방어하는 데 더 관심이 있는가?
- 기업 환경에서 기능적으로 완전하고, 자율적인 팀을 만드는 것이 어느 정도 쉬운가?

기업 창업가정신과 혁신

기업혁신은 조직의 경계 내부에서 창업가정신을 개발하는 것이며 이를 통해서 혁신적인 분위기를 확산시켜 나가는 데 있다. 이 개념은 혁신적인 결과의 목적으로 조직의 공식적인 승인과 창업가적인 활동을 하는 데 있다.

기업 창업가정신과 혁신의 개념정의

　　Shaker A. Zahra는 "기업 창업가정신은 제품 및 프로세스 혁신 그리고 시장 개발을 통해 기존 회사 내에서 신규 사업 창조를 목표로 하는 공식적 또는 비공식적 활동이다. 이러한 활동은 회사의 경쟁적 위치 확보와 재무적 성과를 향상시키려는 통합의 목표와 함께 기업, 사업부, 기능적, 또는 프로젝트 수준에서 발생한다.

　　창업가정신의 구성과 그것의 여러 가지 차원에 대한 철저한 분석 후, 최근 연구는 기업 창업가정신을 개인이(또는 개인들의 집단) 기존의 조직과 연계하여 새로운 조직을 만들거나 조직 내에서 갱신 또는 혁신을 부추기는 과정으로 정의하였다. 이러한 정의 하에서, 전략적 갱신(주요 전략적 또는 구조적 변화를 포함한 조직의 갱신과 관련됨), 혁신(새로운 것을 시장에 출시하는 것과 관련됨), 그리고 기업 벤처링(기업 조직 내에서 새로운 사업 조직의 창출을 이끌어 내는 기업의 창업가적인 노력들) 모두는 기업 창업가정신 과정에 있어서 중요하며 합법적인 부분들이다.

　　Michael H. Morris, Donald F. Kuratko, Jeffrey G. Covin은 기업 창업가정신의 영역을 구성하는 두 가지의 실증적 현상으로 기업 벤처링과 전략적 창업가정신을 들었다. 기업 벤처링(corporate venturing) 접근법은 공통적으로 기업에 새로운 사업(또는 자기자본 투자를 통한 신규 사업의 지분)을 추가한다. 이것은 세 가지의 실천 방식을 통해 성취될 수 있다. 즉, 내부적 기업 벤처링, 협력적 기업 벤처링, 외부적 기업 벤처링이 그것이다. 그에 반해, 전략적 창업가정신(strategic en-trepreneurship)의 접근법은 공통적으로 대규모로 표현되거나, 그렇지 않으면 경쟁 우위를 추구하는 기업에서 채택된 매우 중대한 혁신들로 채워진다. 이러한 혁신들은 기업을 위한 새로운 사업으로 이어지기도 하고 그렇지 않을 수도 있다. 전략적 창업가정신의 접근법에 있어서, 혁신은 다음의 다섯 가지의 영역 중에 하나가 될 수 있다. 즉, 기업의 전략, 제품의 제공물, 서비스 시장, 내부 조직(예를 들면, 구조, 과정, 역량), 또는 비즈니스 모델이다.

기업 창업가정신과 혁신의 필요성

　　오늘날 많은 회사들은 기업 창업가정신에 대한 필요성을 인식하고 있다. 오늘날 인기 있는 많은 비즈니스 서적에서 보면, 전체 면을 기업 내 혁신에 할애하고 있다. Business Week, Fortune, U.S. News & World Report 등 인기 있는 비즈니스 잡지에 실린 기사들은 창업가적 사고가 거대한 관료적 구조에서 주입되고 있는 것으로 보도하고 있다. 회사와 컨설턴트들은 모두 사내 창업가정신의 중요성과 필요성을 인식하고 있다. 이러한 필요성은 많은 새롭고 뛰어난 경쟁자들의 급속한 성장, 전통적인 기업 경영방식에 대한 불신, 우수한 기업 출신들이 소규모 비즈니스 창업가가 되기 위한 대이동, 글로벌 경쟁, 주요 기업들의 구조조정, 효율성과 생산성을 향상시키려는 전반적인 욕구를 포함한 수많은 긴급한 문제들에 대한 대응에서 제기되어 왔다.

　　이러한 문제들 중 다른 하나는 독립적인 창업에 핵심인재를 빼앗기게 되는 것으로 이는 다음의 두 가지 주된 발전의 결과로 확인되고 있다. 첫째, 벤처창업이 지위, 인식, 경제적 발전의 관점에서 증가하고 있는 추세이다. 이러한 창업의 증가는 청년이나 유능한 종업원에게 다른 선택을 하게 만들었다. 둘째, 최근 몇 년간 벤처캐피털이 이전보다 훨씬 더 많은 새로운 벤처들에게 자금을 조달해 주는 거대한 산업으로 성장하였다. 그리고 '엔젤 투자자'가 강세를 띠고 새로운 벤처창업 자본조달의 기회를 제공하고 있다. 이러한 건전한 벤처 자본조달시장은 새로운 창업가들이 그들이 가진 아이디어를 실행할 수 있게 해 주었다. 그 결과 혁신적인 아이디어를 가진 혁신적인 사람들이 대기업을 떠나 스스로 창업할 가능성이 높다. 따라서 현대의 조직은 사내에서 창업가적인 것을 개발할 수 있는 길을 찾아야 한다. 그렇게 하지 않는 것은 기업의 침체, 인력유출, 쇠퇴를 기다리는 것과 같다. 새로운 '기업 혁명'은 기존의 기업구조 내에서 혁신자들에 대한 공감과 그들을 개발하려는 의지로 나타낸다.

혁신적인 환경을 위한 열 가지 규칙

　1. 혁신 행동을 장려하라.

2. 가능하다면 언제라도 비공식적인 미팅을 적극 활용하라.

3. 실패를 용인하고, 그것을 학습의 경험으로 활용하라.

4. 계속해서 새로운 아이디어를 시장에 내놓아라.

5. 혁신을 위해서 혁신을 보상하라.

6. 비공식적인 의사소통을 촉진하기 위해서 회사의 물리적인 배치를 계획하고 추진하라.

7. 아이디어들의 기발한 밀거래를 기대하라. 즉, 개인시간뿐만 아니라 근무시간에도 새로운 아이디어 개발을 위해서 비밀리에 일할 수 있도록 하라.

8. 미래 지향적인 프로젝트 진행을 위해 사람들을 소규모팀에 배치하라.

9. 엄격한 절차와 관료적 형식주의를 타파할 수 있도록 직원을 장려하라.

10. 혁신적인 직원들은 보상을 하고 승진시켜라.

기업 창업가정신과 혁신의 장애물

기업 창업가정신 프로세스에는 수많은 장애물들이 존재한다. 기업 창업가정신의 장애물은 전통적인 경영기법들이 가지고 있는 비효율성에서 시작된다. 비록 의도적이지는 않을지라도 특정한 전통적 경영기법이 미치는 역효과는 의외로 매우 파괴적일 수 있어서 기업 내의 개인들이 사내 창업가적 행동을 기피하는 경향을 나타낼 것이다.

이러한 장애물들을 이해한다는 것은 기업 창업가정신을 만드는 데 중요하다. 그것들이 다른 모든 동기부여 노력들의 기본적인 요소들로 구성되어 있기 때문이다. 관리자들이 혁신적인 아이디어 개발을 위해 지원을 받거나 흥미를 유발하기 위해서는 인식된 장애물들을 제거해야 하고 대안이 될 만한 경영활동을 찾아야 한다. 장애물들을 인식한 후, 경영자들은 성공적인 혁신적 기업들의 원리들에 적용할 필요가 있다. 성공적인 혁신을 보여 주는 대기업에서 혁신분야의 전문가인 James Brian Quinn은 다음과 같은 요소들을 발견하였다.

분위기와 비전   혁신적인 기업들은 혁신적인 분위기에 대한 명확한 비전을 가지고 있으며 알려진 지원을 한다.

시장에 대한 지향성   혁신적인 기업들은 그들의 비전을 시장에서 현실과 결부시킨다.

작고수평적인 조직   대부분의 혁신적인 기업들은 조직 전체를 수평적으로 운영하고 소규모의 프로젝트 팀을 유지한다.

다수의 접근방식   혁신적인 경영자들은 여러 가지 프로젝트들이 서로 나란히 발전할 수 있도록 장려한다.

상호작용적 학습   혁신적인 조직 환경 내에서 상호작용적 학습 (interactive learning)과 아이디어의 연구는 조직의 전통적인 기능상의 경계선을 초월한다.

비밀 실험실(Skunk Works)   아이디어를 위해 노력하는 소규모 집단들에 부여된 별명으로 혁신적인 모든 기업들은 전통적인 권위의 범위를 뛰어넘어 기능을 하는 집단들을 이용한다. 이는 관료체제를 없애고 높은 집단 정체성과 충성도를 주입한다.

사내창업가적 환경의 촉진

조직들이 기업의 사고를 재설계하고, 창업가적 환경을 촉진하는 데 도움이 되는 방법
- 잠재적 혁신가들의 조기 발견
- 혁신적 프로젝트에 대한 최고경영진의 후원
- 전략적 활동에서의 혁신적 목표의 창조
- 실험을 통한 창업가적 사고의 촉진
- 혁신자와 대규모 조직 사이의 협력 개발

창업가적 철학의 이점

새로운 제품 및 서비스의 개발로 이어지고, 조직의 확장과 성장을 도움을 주고 기업이 경쟁적인 입지를 견지할 수 있게 해주는 직원을 만들어 낸다. 그리고 높은 성취자에게 도움이 되는 분위기를 촉진시키고 회사가 우수한 직원들에게 동기를 부여하고 그들을 유지하는 데에 도움을 준다.

기업 창업가정신의 필요성

기업의 창업가정신에 대한 필요성을 정리하면 다음과 같다.

- 새롭고 세련된 경쟁자들의 급속한 성장
- 전통적인 기업 경영방식에 대한 불신
- 우수하고 총명한 몇몇 기업 출신들이 소규모 비즈니스 창업가가 되기 위한 대탈출
- 국제적 경쟁
- 주요 기업들의 구조조정
- 효율성과 생산성을 향상시키려는 전반적인 욕구

기업의 창업가정신 전략의 개념

전략과 기업가정신은 종종 대립관계에 있다고 본다. 전략은 신중하게 선택된 활동들의 조합을 통해 규정된 경로를 추구하는 행동으로 보는 반면, 기업가정신은 시장이 빠르게 변화함에 따라 벤처들이 새로운 방향으로 선회하도록 요구하는 기회주의적 태도로 인식한다. 하지만 이 둘은 서로를 필요로 한다.

우리는 기업의 창업가정신 전략을 목적의식을 가지고 끊임없이 조직에 활력을 되찾게 하고 창업가적 기회의 인식과 활용을 통해 조직의 운영 범위를 결정하는 창업가적 행위에 대한 비전 지향적이고, 범조직적인 의존이라고 정의한다. 모든 전략과 마찬가지로, 기업의 창업가정신 전략(corporate entrepreneurship strategy 또

는 CE strategy)은 양분된 관점보다는 지속적인 관점에서 고려되어야 한다. 보다 직접적으로 언급하면, 기업의 창업가정신 전략은 그들의 창업가적 강도의 정도에 따라 다양해진다. 기업의 창업가정신 전략 자체는 앞에서 인용한 세 가지 요소, 즉 조직 전반을 통해 나타나는 창업가적인 전략적 비전, 친 창업가적 조직구조, 창업가적 과정 및 행동에 반영된다. 기업의 창업가정신 전략은 의식적으로 선택될 수 없고, 인수와 같은 몇몇 전략이 할 수 있는 방식으로 신속히 수립될 수 없으므로 결정, 실행, 또는 사건 그 이상의 것이 필요하다. 그것은 친 창업가적 조직구조의 존재를 통해 촉진되기에 조직 리더들의 창업가적 비전과 조직전반에 걸친 창업가적 행동 사이의 조화를 필요로 한다. 기업의 창업가정신 전략은 조직 전반에 존재하는 창업가적 잠재성의 촉발과 집중을 통해 스스로 재생하는 조직을 만드는 것에 관한 것이다. 그것은 또한 접근방식의 일관성과 행동의 규칙에 관한 것이다. 기업의 창업가정신 전략에 참여하는 기업들은 비교적 정기적이거나 지속적으로 창업가적인 행동을 장려해야 한다. 분명하게는, 기업의 창업가정신 전략의 존재가 제기되기 전에, 기업들이 얼마나 광범위하게 창업가적인 행동에 관여해야만 하는지는 정도의 문제이다. 연속체의 한쪽 끝은 안정성, 또는 혁신의 부재이며 다른 한쪽 끝은 혼돈, 또는 압도적인 혁신이다.

기업 창업가정신 전략의 모델링

Jeffrey G. Covin, R. Duane Ireland, 및 Donald F. Kuratko에 의하여 개발된 것으로 기업의 창업가정신 전략이 다음의 세 가지 요소의 출현에 의해 어떻게 나타나는지를 설명하는 모델을 제시한다. 이 세 가지는 조직의 위계를 통해 나타나는 창업가적인 전략적 비전, 친 창업가적 조직구조, 그리고 창업가적 과정 및 행동이다. 정리하면 기업의 창업가정신 전략은 다음의 세 가지 요소의 출현에 의해 제시되고 있다.

- 창업가적인 전략적 비전
- 친 창업가적 조직구조
- 창업가적 과정 및 행동

모델의 연결고리

이 모델은 몇 가지 연결고리를 지니고 있고, 그것은 (1) 조직 구성원의 개별적인 창업가적 인지, (2) 창업가적인 활동으로 이끄는 외부 환경 조건, (3) 회사에 대한 최고경영진의 창업가적 전략 비전, (4) 창업가적 과정과 행동을 장려하는 조직 구조, (5) 창업가적 행동에 반영된 창업가적 과정, (6) 창업가적 행동을 통해 얻은 조직의 성과이다.

기업의 창업가정신 전략의 개념화

기업이 기업의 창업가정신 전략을 계획하는 첫 번째 단계는 기업의 리더들이 성취하고자 하는 혁신에 대한 비전을 공유하는 것이다. 비전은 조직의 리더들에 의해 명확하게 표현되어야 한다. 하지만 구체적인 목표들은 조직의 관리자들과 종업원들에 의하여 개발된다. 사내 창업가적 활동은 조직 내에 있는 사람들의 창의적인 재능에서 비롯되는 것으로 제시되고 있기 때문에, 종업원들은 이러한 비전에 대해 알고 이해해야 한다. 공유된 비전은 높은 성취를 추구하는 전략에서 중요한 요소이다.

기업의 창업가정신 전략의 중요한 단계

- 비전의 개발
- 혁신의 장려
- 창업가적 풍토를 위한 조직화
- 기업혁신을 위한 개별 관리자들의 대비
- 벤처 팀의 개발

[표 3.1] 벤처개발을 위한 목표와 프로그램

목표	프로그램
현재의 구조 및 관행이 혁신에 필요한 융통성과 신속한 조치에 대해 극복할 수 없는 장애물을 제공하지 않도록 한다.	불필요한 관료제를 줄이고, 부서 및 기능 전체에 걸쳐 의사소통을 장려한다.
사내 창업가적 프로젝트를 위한 인센티브와 필요한 도구를 제공한다.	내부의 '벤처캐피털'과 특별한 프로젝트 예산을 이용한다.(이 자금은 사내 창업가적 프로젝트를 위한 특별 자금을 의미하는 사내 자본이라 한다.)
새로운 기회가 새로운 조합에서 발견되도록 전 사업 영역에 걸쳐 시너지를 추구한다.	사업부, 부서, 회사 간의 공동 프로젝트와 벤처를 장려하고, 종업원들이 새로운 아이디어를 논의하고 브레인스토밍을 할 수 있도록 장려한다.

출처: Adapted by permission of the publisher from "Supporting Innovation and Venture Development in Established Companies," by Rosabeth Moss Kanter, *Journal of Business Venturing*(winter(1985): 56-59. Copyright © 1985 by Elsevier Science Publishing Co., Inc

혁신의 장려

급진적 혁신　　　　최초의 획기적 발전의 착수로 이러한 혁신들은 실험을 하고 결연한 비전을 갖는다. 반드시 관리될 필요는 없지만 인식되고 육성되어야 한다.

점진적 혁신　　　　더 새롭거나 더 큰 시장으로 제품이나 서비스의 체계가 발전하고 많은 경우에, 점진적 혁신은 급진적인 혁신이 돌파구를 연 후에 이어간다. 두 가지 다른 형태의 혁신, 즉 급진적 혁신과 점진적 혁신에 초점을 맞추는 것이다.

급진적 혁신(radical innovation)은 진적 혁신에 박차를 가하기 위해서는 실험정신, 창의성, 상상력 그리고 개발자를 위한 즉흥적인 조직 형태 등이 필요하다. 따라서 기업은 실험적이고 장난스러워 보이는 행동들을 허용하게 된다. 이런 행동들이야말로 커다란 도약을 위한 원천이기 때문이다.

급진적 혁신은 현 상태의 개선만으로는 부족하다. 급진적 혁신은, 잘못된 곳을 고치는 수리활동도 다음 단계를 위한 개선 작업도 아니다. 도약, 단절, 변혁이 급진적 혁신의 키워드이다. 구체적으로 말하자면 새로운 생산라인, 새로운 시장의 개척, 비즈니스 프로세스의 급진적 개선 또는 새로운 비즈니스 모델을 통한 성장을 말한다. 실패할 가능성도 크고 혁신 활동을 수행하는 것이 매우 까다롭지만, 성공하면 획기적인 성장의 계기가 된다.

급진적 혁신을 수행할 때 큰 어려움 중 하나는 단기적으로 이윤을 기대할 수 없음에도 오랜 기간 후에나 이뤄질 비즈니스 프로젝트를 위해 충분한 자원을 투입해야 할 수도 있다는 점이다. 소셜 네트워킹, 모바일 컴퓨팅, 클라우드 저장장치, 온라인교육, 녹색기술과 같은 최초의 획기적 발전의 착수이다. 이러한 혁신들은 실험을 하고 결연한 비전을 갖는데, 반드시 관리될 필요는 없지만 인식되고 육성되어야 한다.

점진적 혁신(incremental innovation)은 점진적 혁신 프로세스에서 창업자는 혁신 동력을 지원하고, 방향을 바꾸거나 제동을 거는 코치 역할을 한다. 따라서 창업자가 현재 사업을 발판으로 미래를 강화하거나 혹은 제동을 거는 중요한 역할을 맡고 있다는 사실을 인식하는 것이 중요하다. 기업 전반에 걸쳐서 혁신 동력을 파악하고 그것을 더욱 확대 발전시킬 수 있는 능력을 경영시스템 내에 구축해야 한다. 경영층에 의해 조율되는 작은 발걸음을 통한 전진방식은 매우 효율적이지만, 경쟁에서 진정한 우위를 확보하기 위해서는 이런 개선 형태로는 충분하지 않을 때도 있다. 더 새롭거나 더 큰 시장으로의 제품이나 서비스의 체계적인 발전을 말한다. 전자레인지용 팝콘, 포장재에 사용되는 팝콘(스티로폼의 대용), 냉동 요구르트 등이 이러한 사례에 해당한다. 많은 경우에, 점진적 혁신은 급진적인 혁신이 돌파구를 연 후에 이어간다. 기업의 구조, 마케팅, 재무, 공식적인 시스템들은 점진적 혁신을 실행하는 데 도움을 준다. 조직은 구성원을 통해서 1,000% 더 나은 한 가지 일을 하기 위해 기다리기보다 1% 더 나은 1,000가지 일을 할 수 있다고 말한다.

기존 기업의 혁신적 도전에 대한 대처 방법

런던 경영대학의 전략전문가 콘스탄티노스 샤리투와 콘스탄티노스 마키데스 교수는 경쟁적 관점에서 급진적 혁신을 연구하였으며, 이들은 전통적 기업, 혹은 업계를 선도하는 기업들이 혁신적 도전을 어떻게 대처하는지를 연구하고 패턴을 찾아냈다.

1. 기존 비즈니스에 집중한다.   전통적 기업은 일단 기다리면서 지금까지 진행해온 자신의 길을 계속해서 가게 된다. 그러면서 도전해오는 기업이 시장에서 어떻게 활동하고 고객들은 어떻게 반응하는지 관찰하게 된다.

2. 혁신을 무시하라.   도전 기업이 다른 가격 세그먼트와 다른 목표그룹을 대상으로 하기 때문에(예를 들어 전통적 항공사와 대비되는 저가항공사) 이들의 비즈니스 모델을 매력적이라고 보지 않는다. 전통적 기업들은 혁신을 거부하는 경향이 있다.

3. 반격하라 그리고 더 급진적이 되어라.   도전 기업이 지속적인 성공을 거둘 경우 전통적 기업이 혁신적 비즈니스 모델로 선회하는 시점이 오게 된다. 이를 위해 대부분의 기업은 특별한 비즈니스 부서나 자회사를 설립하게 된다. 비교적 독립적인 조직단위가 도전자처럼 행동하기 쉽기 때문이다. 소셜커머스의 급성장에 따라 전통적인 백화점이나 마트에서 동일한 소셜커머스 사업에 진출하는 것이 하나의 사례이다.

4. 두 분야 모두 진행하라.   조심스럽게 접근하는 적응전략은 두 가지 '게임'을 모두 진행시키는 것이다. 고객의 입장에서는 옛 것과 새 것의 차이가 흐릿해지게 된다. 그럼에도 이런 전략은 그에 상응하는 커다란 마케팅 지원을 통해서 실현시킬 수 있게 된다. 이 전략을 실천한 한 가지 예를 들면 저렴한 조건으로 보험 상품 다이렉트 마케팅을 하는 보험회사를 들 수 있다.

5. 프로젝트를 묵살하지 마라. 3M은 종업원들이 아이디어들을 발굴하도록 장려하는 일련의 혁신적인 규칙을 따르고 있다. 주요 규칙은 다음과 같다. 어떤 아이디어가 3M 사업부의 어느 하나에서 발상지를 찾지 못하면, 직원은 자기 시간 중 15%를 그것이 실행 가능한 것인지를 입증하는 데 쓸 수 있다. 종잣돈이 필요한 종업원들에게는 90 Genesis에 해당하는 보조금 50,000달러가 매년 주어진다.

실패를 용인하라. 많은 실험과 위험감수의 장려가 신제품이 히트칠 수 있는 더 많은 기회를 허용한다. 목표: 사업부들은 지난 5년간 출시된 상품으로부터 매출의 25%를 확보해야 한다. 어떤 경우에는 목표가 30%까지 올라가기도 한다.

사업부를 작게 유지하라. 사업부(division)의 관리자들은 각 종업원의 이름을 알아야 한다. 사업부가 너무 커질 때, 매출이 약 2억 5천만~3억 달러에 도달하는 경우 그 사업부는 분리된다.

챔피언들에게 동기를 부여하라. 3M의 종업원이 제품 아이디어를 가지고 있을 때, 그는 그것을 개발하기 위해 실행 팀을 모집해야 한다. 급여와 승진은 제품의 진척과 연결되어 있다. 챔피언은 훗날 그의 제품 집단이나 사업부를 운영하는 기회를 갖는다.

고객과 늘 가까이 지내라. 연구원, 마케팅 담당자, 관리자들은 고객들을 방문하고 일상적으로 그들을 초대하여 제품 아이디어들을 브레인스토밍하는 데 도움을 준다.

부(wealth)를 나누어라. 기술이 어디에서 개발된 것이든 그것은 모든 사람에게 속한다.

오늘날 기업에서 혁신을 추진하려고 할 때, 가장 중요한 단계 중 하나는 혁신적인 환경에 집중적으로 투자하는 것이다. 최고경영자의 직무는 혁신과 창업가적 행동에 도움이 되는 업무 환경을 만드는 것이다. 그러한 환경에서 각각의 종업원은 '행동을 추진할' 기회를 가지게 된다. 혁신 전략의 다른 요소들과 관련될 때, 이러한 개념은 종업원들이 벤처 개발자가 될 수 있는 잠재성을 향상시킬 수 있다.

혁신할 수 있는 동인의 재건

기업들은 혁신 자원으로 종업원들을 개발하기 위해서 더 많은 보육과 정보 공유 활동을 제공할 필요가 있다. 게다가, 기업들은 혁신적인 마인드를 가진 사람들이 그들의 잠재력을 최대로 발휘하는 데 도움을 줄 수 있는 환경을 개발할 필요가 있다.

혁신적 환경에 대한 종업원의 지각은 조직원들 뿐만 아니라 혁신적인 프로젝트에 대한 경영진의 몰입의 중요성을 강조하는 데 매우 중요하다. 기업은 혁신적인 마인드를 가진 사람들이 그들의 잠재력을 최대로 발휘하는 데 도움을 줄 수 있는 환경을 개발할 필요가 있으며 혁신적 환경에 대한 종업원의 지각이 중요하다.

기업 벤처링

장기적인 전망을 강조하면서 혁신적인 제품, 프로세스, 기술 개발을 통해 성장 목표를 수용하는 과정을 제도화 하는 것이다. 기업 창업가정신 평가도구(Corporate Entrepreneurship Assessment Instrument, CEAI)는 Donald F. Kuratko와 Jeffrey S. Hornsby가 주요 창업가적 풍토 요소들의 심리측정 수단을 제공하기 위해 개발하였다. 5개의 요인들은 경영자들이 혁신적 활동을 하도록 추구하는 조직의 내부 환경에 있어서 매우 중요하다.

경영진 지원   이는 경영진 구조 자체가 종업원들로 하여금 혁신이 실제로 모든 조직구성원들을 위해 설정된 역할의 일부라는 믿음을 갖도록 권장하는 정도이다. 경영진의 지원을 반영하는 몇 가지의 구체적인 조건들은 종업원 아이디어의 빠른 수용, 아이디어를 제시하는 사람에 대한 인식, 소규모의 실험적 프로젝트에 대한 지원, 프로젝트들을 진척시킬 수 있는 종잣돈을 포함한다.

자율/업무 재량   근로자들은 그들이 가장 효과적이라고 믿는 방식으로 그들 자신의 업무를 수행하는 것에 대해 결정할 수 있는 정도의 재량권을 지닌다. 조직들은 종업원들이 업무 과정을 결정할 수 있도록 허용하고 혁신하는 과정에서 그들의 실수를 비난하지 말아야 한다.

보상과 강화   보상과 강화는 혁신적 행동에 참여할 수 있도록 개인에 대한 동기부여를 증진시킨다. 조직은 성과에 따른 보상을 제공하고, 도전과제를 제공하고, 책임감을 늘리고, 혁신적인 사람들의 아이디어가 조직 위계구조 내의 다른 사람들에게 알려지는 특징을 지녀야 한다.

시간 가용성   새롭고 혁신적인 아이디어의 조성을 위해 개인들이 아이디어를 숙고하는 시간을 필요로 한다. 조직은 사람들의 업무량을 조절하고, 개인 직무의 모든 관점에서 시간적 제약을 주는 것을 피하며, 사람들이 장기적인 문제 해결관점에서 다른 사람들과 일할 수 있도록 허용해야 한다.

조직의 경계   실질적이고 상상화된 경계들은 자신의 업무 외적인 문제를 볼 수 없도록 만든다. 사람들은 폭넓은 관점에서 조직을 바라볼 수 있도록 장려되어야 한다. 조직은 모든 주요 직무에 대한 표준 운영 절차를 갖는 것을 피하고, 좁은 직무기술서와 엄격한 성과기준에 의존하는 것을 줄여야 한다.

창업가적 행동에 대한 조직의 준비태세를 결정하는 주요 내부의 풍토 요인들
- 경영진 지원
- 자율/업무 재량권
- 보상과 강화
- 시간 가용성
- 조직의 경계

Vijay Sathe는 기업의 창업가적 행동을 촉진하기 위해 기업들이 집중해야 하는 많은 영역들을 제안하였다. 첫째는 혁신적인 활동을 지시하는 것이 아니라 장려하는 것이다. 경영자들이 기업 창업가정신을 장려하기 위해서는 규칙이나 엄격한 절차 대신 재정적 보상과 강한 회사의 인정을 활용해야 한다. 이는 전통적인 조건보다 실질적으로 더 강한 내면적 통제이며 지시 수단이다. 또 다른 관심 영역은 인적자원 정책의 적절한 통제이다. 경영자들은 하나의 산업과 특정 분야를 배울 수 있을 만큼 충분히 직위에 남아있을 필요가 있다. 많은 기업에서의 사례와 같이, 경영자들이 여러 직위를 옮겨 다니는 것보다는 다르지만 관련된 영역에 노출되는 '선택적 순환'을 제안한다.

세 번째 요소는 가속도가 붙을 수 있도록 충분히 경영자가 혁신적 프로젝트에 대한 몰입을 유지하는 것이다. 실패는 불가피하게 발생하며, 학습은 그러한 실패의 중요한 여파임에 틀림없다. 그러므로 지속적인 몰입은 기업 창업가정신을 관리하는 데 있어서 중요한 요소이다.

마지막 요소는 분석이 아니라 사람에게 투자하는 것이다. 분석은 프로젝트의 진행을 판단하기 위해 중요하지만, 강제적인 방식보다는 지원적인 방식으로 이루어져야 한다. 지원받는 도전은 혁신가들이 자신들의 실수를 깨닫고, 그들의 확신을 시험하고, 자체 분석을 달성하도록 도움을 줄 수 있다.

사내 창업에 대한 보상

사내 창업을 위한 정확한 보상에 관하여 연구자들 간에 합의된 것은 없다. 어떤 사람들은 발명자가 신생 벤처를 책임지게 하는 것이 최고의 보상이라고 믿는다. 다른 사람들은 사내 창업가에게 미래의 프로젝트에 일할 수 있는 보다 많은 자유재량의 시간을 허용하는 것이라고 말한다. 여전히 다른 사람들은 사내 창업가들이 미래의 연구 아이디어를 사내자본(intracapital)이라고 부르는 특별 자본을 위해 투자금이 필요할 때마다 사용할 수 있도록 확보해 두어야 한다고 주장한다.

이러한 풍토의 관점에서 보면, 혁신적인 활동이 존재하고 성장하려면 기업구조의 변화가 불가피하다는 점이 분명하다. 변화 과정은 일련의 사람, 기업 목적, 기존 욕구로 구성된다. 요컨대, 조직은 통제를 포기하고 전통적인 관료제적 구조를 변화시킴으로써 혁신을 장려할 수 있다.

창업가적 행동에 대한 조직적 차원들이 잘 인지되고, 널리 알려지고, 보편적으로 수용될 때, 한 기업 내의 관리자들과 종업원들은 창업가적 행동에 참여할 가능성이 가장 크다. 개인들은 창업가적 활동과 관련된 일련의 조직자원, 기회, 장애물에 대한 그들의 인식을 통하여 그들의 창업가적 능력을 평가한다. 일단 창업가적 행동을 촉진하는 환경의 가치가 모든 다른 조직 행동의 가치를 뛰어넘는 것으로 판단되면, 경영자들은 그러한 혁신 친화적인 환경을 계속해서 옹호하고, 촉진하며, 육성할 것이다.

1. 혁신을 위해 당신의 직무를 기꺼이 포기하고 매일 업무에 임하라.
2. 혁신을 멈추게 하려는 목적의 어떠한 관료적 명령도 회피하라.
3. 직무기술서를 무시하라. 혁신을 위해 필요한 어떤 직무도 수행하라.
4. 혁신의 '불'을 지피게 만드는 활발한 혁신 팀을 만들어라.
5. 기업 경영진들에게 입증할 준비가 될 때까지 당신의 혁신을 감추어두어라.
6. 당신과 당신의 아이디어를 믿고 당신의 혁신 후원자가 될 수 있는 핵심 고위 관리자를 찾아라.
7. 허용은 조직에서 거의 주어지지 않는다. 당신이 보여 주게 될 규칙에 대한 '무지'를 위해 항상 용서를 구하라.
8. 혁신 목적을 달성할 수 있는 방식에 대하여 항상 현실적으로 되라.
9. 팀원 모두와 성취의 영광을 공유하라.
10. 강력한 벤처 계획을 통해 혁신의 비전을 전달하라.

'실패를 통한 학습'에 대한 아이디어는 사내 창업가적 공동체에서 자명하다. 하지만 개인적인 수준에서 실패를 다루는 것은 최근까지도 완전히 조사되지 않았다. 연구자 Dean A. Shepherd, Jeffrey G. Covin, Donald F. Kuratko는 프로젝트 실패로부터 비롯된 슬픔 관리의 중요성에 대해 저술하였다. 행동적, 심리적, 생리적인 증상을 유발하는 슬픔은 중요한 어떤 것을 상실한 데에 대한 부정적인 감정적 반응이다. 그러므로 프로젝트 성공에 필수적인 몰입의 양은 대개 프로젝트가 실패할 때 나타나는 슬픔에 대한 반응 수준과 일치하기 때문에, 슬픔의 관리는 기업 창업가정신 관행의 맥락에서 특히 핵심적인 과업으로 대표된다. 조직의 일상과 의식은 실패한 프로젝트에 관여한 사람들의 슬픔 회복에 영향을 미치기 쉽다. 조직의 사회적 지원 시스템이 부정적인 감정을 효과적으로 전달할 정도로, 프로젝트 실패로부터의 더 많은 학습과 동기부여적 산출물들이 분명 가능하다. 프로젝트 실패의 불가피성은 사회적 지원 메커니즘과 실패에 대한 기업 경영자들의 대처 기량을 시험하며, 슬픔을 다루기 위한 적당한 사회적 지원을 받는 헌신적인 혁신 부서들에게 대처를 위한 개인들의 자기효능감을 강화시키는 경영상의 우위를 제공한다.

"실패를 통한 학습"

- 프로젝트 실패로부터 비롯된 슬픔 관리의 중요성을 인식하는 것
- 조직의 일상과 의식이 실패한 프로젝트에 관여한 사람들이 어떻게 슬픔 회복에 영향을 미치는지 이해하는 것
- 조직의 사회적 지원 시스템이 더 많은 학습을 촉진하고, 동기부여적 산출물을 조성하고, 헌신적인 혁신 부서들에게 대처를 위한 개인들의 자기효능감을 강화시키는 것

기업혁신 훈련 프로그램(corporate innovation training program)은 6개의 모듈로 구성되며, 각각의 모듈은 참가자들이 그들의 업무 영역에서 기업혁신을 지원할 수 있도록 훈련시키기 위해 설계되었다. 모듈과 그 내용은 다음과 같다.

1. 창업가적 경험   창업가적 경험에 대한 열정적인 개관에서, 그동안 전 세계에서 일어난 창업가적 혁명들이 참가자들에게 소개된다. 참가자들은 혁신적으로 생각하고 오늘날의 조직에 있는 과거의 패러다임에서 탈피할 필요성을 인식하도록 도전을 받는다.

2. 혁신적 사고   혁신적으로 사고하는 과정은 대부분의 전통적인 조직과는 동떨어진 것이다. 혁신적 사고에 대한 오해를 살펴보고, 가장 일반적인 억제 요인이 제시된다. 혁신의 목록을 완성한 후, 관리자들은 그들의 혁신적 사고를 촉진하도록 고안된 몇 가지의 훈련에 참여한다.

3. 아이디어 촉진 과정　　경영자들은 하고 싶은 일에 대한 일련의 구체적인 아이디어를 발굴한다. 이 과정은 구조적인 장애물과 촉진제를 비롯한 회사의 수많은 측면을 조사하는 것을 포함한다. 아울러, 경영자들은 자신의 프로젝트를 완성하는 데 필요한 자원을 결정한다.

4. 혁신적 사고의 장애물과 촉진제　　혁신적 행동에 대한 가장 일반적인 장애물에 대해 검토하고 논의한다. 경영자들은 직장에서의 장애물을 다루는 데 도움이 되는 몇 가지 훈련을 마치게 된다. 이 밖에도, 기업의 장애물을 성공적으로 다루었던 실제 기업혁신가들의 비디오 사례들이 제공된다.

5. 혁신 팀(Innovation Teams) 유지　　특정한 혁신에 집중할 수 있는 혁신 팀(innovation team) 구성의 개념을 조사한다. 경영자들은 집단 전체에서 회자되고 있는 아이디어들을 바탕으로 팀을 구성하기 위해 함께 일한다. 각 그룹이 이해할 수 있도록 팀의 역학관계를 살펴본다.

6. 혁신 실행 계획　　경영자들이 조직에서 혁신적으로 행동하게 만드는 촉진제와 장애물의 여러 측면을 조사한 후, 팀들은 실행계획을 완성하는 과정을 시작한다. 그 계획은 목표 설정, 혁신 팀 설립, 현재 상황 평가, 프로젝트 완성을 위한 단계별 일정표 개발, 프로젝트를 평가를 포함한다.

기업 혁신 훈련 프로그램
- 창업가적 경험
- 혁신적 사고
- 아이디어 촉진 과정
- 혁신적 사고의 장애물과 촉진제
- 혁신 팀(Innovation Teams) 유지
- 혁신 실행 계획

혁신 팀(innovation team)은 공식적으로 새로운 조직의 소유권을 만들고 공유하는 둘 이상의 사람으로 구성된다. 그 부서는 광범위한 가이드라인 내에서 결정할 자율을 지닌 리더뿐만 아니라 자체 예산을 가진다는 의미에서 반자치적이다. 때때로 리더를 '혁신 챔피언' 또는 '사내 창업가'라고 부른다. 그 부서는 대개 회사의 다른 파트들과 분리되며, 특히 일상적인 활동에 관여하는 파트와 분리된다. 이것이 그 부서가 혁신적인 활동을 억누를 수 있는 절차에 관여되지 않게 막아준다. 하지만 혁신이 성공적이라고 입증되면, 결국은 조직이 생산하는 다른 산출물과 동일하게 다루어진다. 그리고 나서 그 부서는 더 큰 조직으로 통합된다. 집단적 창업가정신에 있어서, 개별 기술은 집단에 통합된다. 말하자면, 이러한 혁신할 수 있는 집단적 역량은 그 부분의 합보다 더 큰 어떤 것이 된다. 시간이 흐름에 따라, 집단 구성원들은 다양한 문제들과 접근 방식을 통해 일하면서, 서로의 능력에 대해 알게 된다. 그들은 서로 더 나은 성과를 낼 수 있는 방법이 무엇이고, 각자가 특정한 프로젝트에 무엇을 기여할 수 있는지, 서로의 경험을 최대로 활용할 수 있는 방법이 무엇인지를 배우게 된다. 각 참가자는 전체의 변화를 진척시키고 순조롭게 하는 작은 조정들을 지속적으로 경계한다.

혁신 팀(Innovation Team)   공식적으로 새로운 조직의 소유권을 만들고 공유하는 반 자율적 자기 결정, 자기관리, 그리고 높은 성과를 내는 둘 이상의 사람들로 구성된 집단. 리더를 '혁신 챔피언' 또는 '사내 창업가'라고 부름

집단적 창업가정신   개별 기술은 집단에 통합됨. 이런 집단적 역량은 그 부분의 합보다 더 큰 어떤 것이 됨

모델의 첫 번째 부분은 이전의 전략과 창업가정신 연구로부터의 이론적 기반에 기초하고 있다. 모델의 두 번째 부분은 창업가적 활동의 지속성에 영향을 주는 인지된 및 실질적인 조직성과에 대한 개인적 및 조직적인 수준에서 만들어진 비교들을 고려한다. 모델은 발생할 수 있는 변화를 일으키는 기업 내적 또는 외적인 어떤 변혁적 자극제가 전략적 적응이나 변화에 대한 필요성을 유발한다는 것을

설명한다. 선택될 수 있는 그러한 변화는 기업의 창업가적 활동이다.

지속적인 기업 창업가정신의 모델

- 이전의 전략과 창업가정신 연구로부터의 이론적 기반에 기초하고 있다.
- 창업가적 활동의 지속성에 영향을 주는 인지된 및 실질적인 조직성과에 대한 개인적 및 조직적인 수준에서 만들어진 비교들을 고려한다.
- **변혁적 자극제**: 발생할 수 있는 변화를 일으키는 기업 내적 또는 외적인 어떤 것이다.

기업의 창업가정신 전략을 추구하는 조직들은 고위급, 중간급, 일선급의 경영 단계에서 연쇄적이지만 통합된 창업가적 행동들을 나타내기 쉽다.

고위급의 관리자들은 효과적인 수단을 식별하기 위하여 회사 전반에 걸쳐 다른 사람들과 협력하며 이를 통해 새로운 사업이 시작되거나 기존의 사업이 재조정될 수 있다. 기업 창업가정신은 환경적인 기회와 위협의 관점에서 추구되며, 회사와 그 외부 환경에 있는 조건 사이에서 보다 효과적인 정렬을 목적으로 한다.

중간급 관리자들에게 기대되는 창업가적 행동은 이 집단이 회사를 위해 새로운 사업을 수립하거나 현재의 사업 영역에서 회사의 경쟁력을 증가시킬 수 있는 창업가적 기회를 제안하고 해석하려는 필요성을 중심으로 구상된다.

일선 관리자들은 혁신적인 개선을 위한 운영 아이디어를 발굴하면서 '실험하는' 역할을 보여 준다. 선행 연구의 중요한 해석 하나는 관리자들이 모든 경영 차원 특히 일선 및 중간급으로부터의 창업가적 행동을 위해 아이디어를 표면화시킬 것이라는 신념이다. 그러므로 모든 차원에 걸친 관리자들은 조직의 창업가적 행동에 대해 공동의 책임을 진다.

사내 창업에 대한 조직 노력의 지속 여부는 혁신적인 활동을 계속하여 책임지고 있는 개별 구성원에 달려 있으며, 조직 경영진의 활동에 대한 긍정적인 인식 여하에 달려 있으며, 이러한 인식은 차례로 필요한 조직의 선행요인에 대한 향후의 할당을 지원할 것이다. 사내 창업을 지속하기 위한 조직적 및 개인적 차원에서의 지각된 실행/산출물 관계들의 중요성을 설명한다. 이 모델의 첫 번째 부분은 이전의 전략과 창업가정신 연구로부터의 이론적 기반에 기초하고 있다. 모델의 두 번째 부분은 창업가적 활동의 지속성에 영향을 주는 인지된 및 실질적인 조직성과에 대한 개인적 및 조직적인 수준에서 만들어진 비교들을 고려한다. 모델은 변혁적 자극제(발생할 수 있는 변화를 일으키는 기업 내적 또는 외적인 어떤 것)가 전략적 적응이나 변화에 대한 필요성을 유발한다는 것을 설명한다. 선택될 수 있는 그러한 변화는 기업의 창업가적 활동이다. 전략적 방향에 대한 이러한 선택에 기초한, 제안된 모델은 창업가적으로 행동하기 위한 개인의 결정에 초점을 맞춘다. 지속된 창업가적 활동은 최고경영진의 지원, 자율성, 보상, 자원, 및 유연한 조직의 경계와 같은 몇 가지의 조직적인 선행요인들의 존재에 대해 지각한 결과이다. 이러한 창업가적 활동으로부터 실현된 결과들은 개인적 및 조직적 차원 둘 다에서 이전의 기대와 비교된다. 그리하여 기업의 창업가적 활동들은 개인과 조직 둘 다에 의한 공평성 지각의 결과이다.

창업가정신의 사회적 관점과
글로벌 환경

창업가정신의 사회적 관점과 글로벌 환경

사회적 창업가정신(social entrepreneurship)

혁신, 위험감수, 그리고 대규모 변화에 대한 민간부문 초점을 사회적 문제 해결에 결부시키는 창업가정신의 한 형태로서 비영리, 정부, 사업의 특성을 나타낸다. Mair와 Marti는 "사회적 창업가정신을 자원을 새로운 방식으로 결합함으로써 가치를 창출하는 과정이라고 생각한다. 이러한 자원 결합은 사회적 변화를 자극하거나 사회적 요구를 충족시킴으로써 사회적 가치를 창출할 수 있는 기회를 탐구하고 활용할 의도를 근본적으로 지니고 있다. 중요한 것은, 사회적 창업가정신이 새로운 조직 또는 기존에 설립된 조직에서 동일하게 적절히 발생할 수 있으며, 여기에서는 '사회적 사내 창업가정신'으로 불린다. 사회적 창업가정신의 과정은 기업의 개념으로 전환된 지각된 사회적 기회와 함께 시작하며, 그러고 나서 기업의 목표를 실해하기 위하여 자원들이 확인되고 획득된다.

사회적 지지는 창업자에 있어서 중요한 자원이자 창업성공의 중요한 요인으로 간주된다. 사회적 지지를 많이 받는 창업자는 창업에 관한 정보와 자원을 많이 얻게 되고 창업에 대한 자신감을 얻게 된다. 따라서 사회적 지지를 받는 창업자는 상대적으로 그렇지 못한 사람들에 비해 어려움을 극복하는 능력이 강하며 창업의 성공에 대해 큰 희망을 갖고 있다. 뿐만 아니라 사회적으로 제공받은 지지가 누구로부터 제공된 것인가, 즉 지지원이 무엇인가와 제공받은 사회적 지지가 어떤 것인가, 즉 지지의 유형이 어떤가에 따라 사회적 지지가 개인의 안녕과 적응에 어떻게 기능한지가 달라질 것이다.

사회적 창업가정신의 과정

- 지각된 사회적 기회의 인식
- 사회적 기회를 기업의 개념으로 전환
- 기업의 목표를 실행하기 위하여 자원의 확인과 획득

사회적 창업가는 때때로 '대중 창업가(public entrepreneur)', '시민 창업가(civic entrepreneur)' 또는 '사회적 혁신가(social innovator)'로서 언급된다. 사회적 창업가들은 새로운 기술, 공급원, 유통 판로, 또는 생산방식을 포함할 수 있는 혁신을 위해 노력하는 창의적인 사상가들이다. 혁신은 또한 새로운 조직을 시작하거나 새로운 제품 또는 서비스를 제공하는 것을 의미할 수 있다. 혁신적 아이디어는 완벽하게 새로운 발명이거나 기존의 발명품에 대한 창의적인 개선일 수 있다. 사회적 창업가들은 변화의 주도자들이다. 그들은 패턴을 깨는 아이디어를 사용하여 대규모의 변화를 창출하며, 사회적 문제들의 근본원인에 대처하며, 새로운 아이디어를 소개하여 다른 사람들이 이를 채택하도록 설득함으로써 시스템적 변화를 창출하려는 야망을 소유하고 있다.

사회적 창업가

- 사회적 창업가정신과 관련된 조직이나 계획을 만들거나 이끌어나가는 사람 또는 개인들의 소집단이다.
- '대중 창업가', '시민 창업가' 또는 '사회적 혁신가'로서 또한 언급된다.
- 새로운 기술, 공급원, 유통 판로, 또는 생산방식을 포함할 수 있는 혁신을 위해 노력하는 창의적인 사상가이다.
- 패턴을 깨는 아이디어를 사용하여 대규모의 변화를 창출하며, 사회적 문제들의 근본원인에 대처하는 변화의 주도자이다.

Arthur C. Brooks는 사회적 창업가를 특징짓는 활동들을 다음과 같이 설명하였다.

- 사회적 가치(개인적 가치를 넘어서)를 만들고 유지할 수 있는 사명의 선택

- 사회적 가치의 기회에 대한 인식과 끈질긴 추구
- 지속적인 혁신과 학습에의 참여
- 사용 가능한 한정된 자원을 넘어서는 활동
- 높아진 책임감

지속가능한 창업가정신(sustainable entrepreneurship)은 "이익을 위해 미래의 제품, 과정, 서비스를 창출할 수 있는 지각된 기회를 실현하는 데 있어서 자연의 보존, 생명 유지, 공동체에 중점을 두는 것"으로 정의되며, 여기서 이익은 개인, 경제, 그리고 사회에 대한 경제적·비경제적 이익을 포함하는 것으로 광범위하게 해석된다.

지속가능한 창업가정신은 다음을 포함한다.
- **생태 창업가정신(ecopreneurship)**: 지구, 생물다양성, 생태계를 포함한 자연 환경을 보존하는 데 도움을 주는 창업가적 행동을 가진 환경적 창업가정신이다.
- **사회적 창업가정신**: 신생 벤처를 창출하거나 기존의 조직을 혁신적인 방식으로 관리함으로써 사회적 부를 높일 수 있도록 기회를 발견하고, 정의하며, 활용하기 위해 진행된 활동과 과정을 포함한다.
- **기업의 사회적 책임**: 기업의 이익을 넘어서, 일부 사회적 이익을 조성하며 법에 의해서 요구되고 종종 조직의 사회적 개입을 뜻하는 행동을 말한다.

에코비전

진화하는 사회적 요구에 대한 관심과 함께 종업원, 조직, 환경을 포함하는 개방되고 유연한 구조를 장려하는 리더십 유형이다.

Hawken과 McDonough에 의해 추천된 환경적 전략의 핵심 단계들은 다음과 같다.

1. 낭비의 개념을 제거하라. 새로운 생산 및 재활용 방식을 추구하라.

2. 책임감을 회복시켜라. 기업을 책임감 있게 만드는 데 있어서 고객 관여를 장려하라.

3. 비용을 반영한 가격을 만들어라. 환경보존을 장려하기 위해 에너지, 원자재, 서비스에 '녹색 요금(green fee)'이 포함될 수 있도록 시스템을 재편하라.

4. 다양성을 장려하라. 진화하는 제품 및 발명품의 양립성에 필요한 연구를 계속하라.

5. 보존의 수익성을 만들어라. 생산과정을 줄이기 위해 '저가격'을 요구하기보다는 환경적 책무에 대한 새로운 비용을 허용하라.

6. 국가의 책임을 주장하라. 강화된 지속가능한 개발이 관세에 의해 강화될 수 있도록 모든 무역 국가에 대한 계획을 발전시켜라

경제적 측정기준은 소득, 지출, 세금, 사업 환경 요인, 고용, 그리고 사업의 다양성 요인들과 같은 수익과 소득 흐름을 다룬다.

환경적 측정기준은 천연 자원들과 관련되며 그 생존력에 대한 잠재적 영향을 반영한다. 공기 청정도와 수질, 에너지 소비, 천연 자원, 고체 및 유해 폐기물, 토지 이용이 그 예이다. 환경적 변수들에 대한 광범위한 트렌드는 조직이 프로젝트나 정책이 그 지역에 미치는 영향을 확인하는 데 도움을 준다.

사회적 측정기준은 교육, 사회적 자원, 건강과 웰빙, 삶의 질과 같은 커뮤니티 또는 지역의 사회적 차원을 말한다.

[표 4.1] 에코비전 성과요소

경제적 성과	환경적 성과	사회적 성과
• 개인적 소득 • 불완전 고용의 비용 • 설립 규모 • 일자리 증가 • 부문별 고용 분배 • 부문별 기업의 비율 • 지역 전체의 생산에 기여하는 부문별 수익	• 유해 화학 물질의 농도 • 우선순위 오염물질 • 소비 전력 • 화석 연료 소비 • 고체 폐기물 관리 • 유해 폐기물 관리 • 토지 이용/토지 피복의 변화	• 실업률 • 중간 가구 소득 • 상대적 빈곤 • 중고등과정 이후의 학위 또는 인증서를 가진 인구 비율 • 평균 통근 시간 • 인당 강력 범죄 • 조정 기대 수명

베네핏 기업(benefit corporation)

베네핏 기업은 회사 이익과 공공 이익을 균형 있게 고려하는 것을 지향한다. 베네핏 기업으로 인정받으면 기업이 사회적 공익과 환경보호를 위해 주주 이익에 다소 반하는 결정을 내려도 법적으로 보호받을 수 있다. 예를 들어 외국인 노동자가 아닌 인건비가 다소 비싼 지역주민채용, 그리고 지역산물 이용 등이 이런 기업의 활동에 포함된다.

미국에서는 주주들이 자신들의 이익에 반하는 결정을 한 기업 경영자를 상대로 소송을 제기하는 사례가 많아 경영자들은 사회적 책임을 소홀히 한 채 이익만을 추구한 경우가 적지 않았다.

베네핏 기업은 정부나 NGO그룹보다 자본주의 사회를 이끌어가는 기업이 사회 문제해결의 주역으로 나설 수 있다는 생각에서 출발했다. 미국 내 베네핏 기업은 빠르게 늘고 있는 추세다. 베네핏 기업이 되려면 사회적 공익실천을 위한 방침을 회사강령에 명기하고 이를 주 과세평가국(SDAT)에 제출해야 한다. 또 기업은 독립적 관리자를 통해 공익과 이익을 모두 충족했는지 연간 보고서를 작성해 주주 및 기업 외부에 알려야 한다.

이런 까다로운 절차에도 베네핏 기업이 되려는 것은 이미지 개선뿐 아니라 미래의 지속가능한 기업 운영방침에 적합하다는 인식이 확산되고 있기 때문이다. 기업 광고나 문구를 액면 그대로 믿는 소비자들은 많지 않지만 베네핏 기업 인증마크에 대해서는 상대적으로 많은 소비자들이 신뢰한다는 발표도 있다. 등산용품 전문 업체 파타고니아의 창업자 이본 쿠리나르는 "100년 이상 지속되는 기업을 만드는 것이 목표. 현재의 기업 패러다임은 5~10년 후에는 무용지물이 될 것"이라며 베네핏 기업을 미래형 기업모델이라고 강조했다.

글로벌 창업가들(global entrepreneurs)은 기회에 관심이 많으며 열린 사고를 가지고 있고, 다른 관점들을 볼 수 있으며 다른 관점들을 통일된 초점으로 합칠 수 있다. 그들은 자신의 국적을 포기하지 않으면서 글로벌 경쟁의 큰 그림을 보기 위하여 국가주의적인 차이를 초월한다. 그들은 핵심 언어능력과 함께 다른 사람들에 대한 실용적 지식을 가지고 있다. 그들은 정면으로 언어장벽으로 인한 학습의 어려움을 직면하며, 그러한 무지가 만들 수 있는 장벽을 인식하고 있다. 글로벌 창업가들에게는 다양한 임무를 떠맡고, 다양한 나라에서 경험을 체득하고, 다른 국적 및 문화적 유산을 가진 사람들과 상호작용할 수 있는 기회를 포착하는 등의 많은 역할수행이 요구된다.

디아스포라 네트워크(diaspora network)

문화적 및 사회적 규범을 공유하는 인종 집단 간의 관계이다. 디아스포라가 수천 년 동안 세상의 일부분이었듯이, 그들은 새롭지 않으며, 새로운 글로벌 경제는 그들을 소통과 신뢰에 있어서 강력한 수단으로 만들었다.

세계무역기구(World Trade Organization, WTO)

WTO는 1995년 1월 1일에 발족되었다. WTO는 국제 무역 시스템을 관리하는 상부 기구이다. 이 기구의 직무는 국제 무역협정을 감독하는 것이나, 일반적인 생각과 달리, WTO는 관세 및 무역에 관한 일반협정(General Agreement on Tariffs and Trade, GATT)을 대신하지 않는다. 그 기능들은 WTO 무역협정의 관리, 무역 협상인 무역 분쟁의 처리, 국가 무역정책의 감시, 그리고 개도국에 대한 기술적 지원 및 교육훈련을 포함한다.

미국·멕시코·캐나다협정(The United States-Mexico-Canada Agreement, USMCA)

USMCA는 미국·멕시코·캐나다가 지난 1994년에 체결한 북미자유무역협정(NAFTA)를 대체할 무역협정이다. USMCA 수정안에는 기존 NAFTA에는 없던 새로운 노동 기준과 이행 강제 내용이 포함됐다. 이것은 무역비용을 줄이고, 이는 특히 창업가적 사업에 대한 투자와 성장을 자극하였다. 관세철폐는 또한 수입 비용을 감소시킴으로써 인플레이션을 낮춘다. 그리하여 북미지역에서 창업가들을 위한 새로운 기회가 발생하였다. 이 협정의 중요성은 이 세 파트너 국가들 간의 수입과 수출에 대해 조사할 때 명확하게 보일 수 있다. NAFTA가 맺어지고, 무역 장벽이 줄어들면서 이 세 협력국 간의 무역량은 지속적으로 증가하고 있다. 아마도 더욱 중요한 것은, 무역 장벽의 제거로 창출된 경쟁이 창업가적 기업들의 품질과 전반적인 경쟁력을 한층 강화시키고 있다는 것이다. 결국, 이것은 아시아, 남아메리카, 유럽, 그리고 다른 국제 시장에서 사업을 할 때 기업들을 더 경쟁적일 수 있게 만들었다.

유럽연합(European Union, EU)

1957년 유럽의 경제 공동체로 설립되었으며 1992년 완전한 경제 연합이 되었다. EU는 유럽에 주로 위치하는 27개 회원국의 경제적 및 정치적 연합이다. EU의 목표는 (1) 모든 회원국가들 간의 관세 의무의 제거, (2) 모든 회원국들 간의 상품 및 서비스의 자유로운 흐름, (3) EU 밖의 모든 국가들에 대한 공동무역정책의 수립, (4) 이 블록 안에서의 자본과 인력의 자유로운 이동, (5) 블록 전반에 걸친 경제적 개발의 격려, (6) 모든 회원국 간의 통화 및 재정적 조정에 있다.

글로벌벤처(Global Venture)

글로벌화의 진전 및 정보기술의 발달로 인한 초국경 시대에는 위기 못지않게 기회요인도 많이 있어, 연구개발(R&D) 밀집도와 경쟁 밀집도가 높은 하이테크 산업에서 이른바 태생적 글로벌 벤처기업들이 많이 나타나고 있다. 따라서 좁은 국내시장보다 훨씬 많은 기회를 제공하는 글로벌 시장을 통해 생존은 물론 지속 가능한 성장동력을 확보하기 위해서라도 글로벌 역량은 창업자들에게 매우 중요 한 부분이 되고 있다. 특히 킥스타터나 인디고 등의 글로벌 크라우드펀딩 플랫폼은 상대적으로 기술 역량은 풍부하지만, 마케팅과 학습역량이 부족한 글로벌벤처의 경우 금융상의 제약뿐만 아니라 언어 문화적인 장벽, 목표 고객 선정의 어려움, 외국 파트너사 발굴 및 해외시장에 회사 설립과 관련된 제약이나 장애가 더 클 수밖에 없는데 이러한 문제점을 완화할 수 있다.

점진적인 국제화

창업가들의 동기가 순수한 경제적 이익이거나 지식과 자원의 공유이든지, 그들은 합리적인 방식으로 행동하는 경향이 있다. 그들은 가장 풍부한 곳에 있는 원자재와 자본을 획득하며, 임금과 기타 비용이 가장 낮은 곳에서 제품을 생산하며, 그리고 가장 수익성이 클 수 있는 시장에서 판매한다. 만일 모두가 그들에게 주어진 과업들을 수행한다면, 비교우위의 경제적 법칙은 모두에게 이익을 줄 것이다. 국제화는 기업 및 기업 환경의 변화하는 조건들에 대한 점진적인 적응의 순차 과정의 결과물이라고 볼 수 있다. 이 과정은 위험과 몰입이 증가하고 창업가들이 경험을 통해 더 많은 지식을 획득함에 따라 단계적으로 진행된다. 국제화의 위험 및 보상에 대한 창업가의 인상(impression)은 달성될 수 있는 잠재적 이익에 대한 실행 가능성 연구들에 의하여 결정될 수 있다.

학습곡선 개념(learning curve concept)에 의하면, 증가된 판매는 비용곡선을 따라 훨씬 큰 효율성을 이끌어 내며, 이는 차례로 수익의 증가를 가져올 것이다(학습곡선은 본질적으로 더 많은 생산단위들이 생산될수록, 단위들의 생산에 있어서 더 효율적이 되며, 그로 인해 단위당 비용이 낮아지게 된다고 말한다. 그리하여 더 낮아진 단위비용은 기업이 시장에서 더 효과적으로 경쟁하는 것을 가능하게 한다).

국가들은 그들이 보유한 자원의 양과 비율이 다양하며, 이는 국가들의 경쟁우위에 대한 기초를 형성한다.

자원이 풍부한 국가들(resource−rich countries, 채굴자산을 가진 국가들)은 OPEC 국가들과 아프리카의 많은 지역들을 포함하며, 노동력이 풍부하며 빠르게 발전하고 있는 국가들(labor−rich, rapidly developing countries)은 브라질, 인도, 필리핀, 그리고 남미와 중앙아메리카에 있는 상위 국가들을 포함한다.

유럽, 브라질, 멕시코, 인도, 중국, 그리고 미국과 같은, 시장이 풍부한 국가들(market rich countries)은 구매력을 가지고 있다. 각각의 국가는 다른 국가들이 필요로 하는 것을 가지고 있으며, 그리하여 상호의존적인 국제 무역시스템의 기초를 형성하고 있다.

태생적 글로벌

일부 창업가적 사업들은 즉시 국제화된다. 그들은 '태생적 글로벌'이다. 시작부터 다국적인, 이러한 기업들은 사업이 국제무대에 점차적으로 진입해야 하며 글로벌화는 사업이 더 오래되고 더 효율적일 때만 가능하다는 전통적인 기대를 깨뜨린다. 연구원 Ben Oviatt와 Patricia P. McDougall에 의하면, 성공적인 글로벌 창업들의 일곱 가지의 특징들은 (1) 초기부터의 글로벌 비전, (2) 국제적으로 경험이 풍부한 경영진, (3) 강력한 국제 비즈니스 네트워크, (4) 선제적인 기술 또는 마케팅, (5) 독특한 무형자산, (6) 연계된 제품 또는 서비스, (7) 탄탄한 전 세계적인 조직적 제휴이다.

수입(importing)   국내 소비를 위하여 해외에서 생산된 제품들의 구매와 선적이다. 매년 미국이 수입하는 양은 증가하고 있다. 창업가들은 어떻게 수입 기회를 인식하는가? 한 가지 방법은 기업들이 그들의 제품과 서비스를 전시하기 위해서 모인 상품 전시회 및 박람회에 참석하는 것이다. 이러한 상품 전시회들 가운데 몇몇은 국제적 특색이 있어 다른 나라들에서 온 기업들이 그들의 제품과 서비스를 전시한다.

수출(exporting)   국내에서 생산한 제품을 소비를 목적으로 해외지역으로 선적하는 것이다. 창업가적 기업이 구매자보다는 판매자로서 국제무대에 활발하게 참가하기로 결정할 때 수출업자가 된다. 수출은 대개 시장 잠재력의 증가를 의미하기 때문에 창업가들에게 중요하다. 기업이 그 시장을 미국으로만 한정하는 대신, 지금의 기업은 보다 폭넓은 판매 영역을 가지고 있다.

국제무대에 있는 창업가들에게 가용한 다른 대안은 국제적 제휴(international alliances)이다. 이러한 전략적 제휴의 세 가지의 주요 유형은 비공식적 국제적 협력제휴, 공식적 국제적 협력제휴, 국제합작투자이다. 표 4.2는 이러한 제휴에 대한 요약을 제공한다.

일반적으로, 비공식적 제휴는 2개 이상의 국가들로부터의 기업들 사이의 협

[표 4.2] 국제적 제휴의 형태

제휴 유형	관여 정도	해산의 용이성	법인
비공식적 국제적 협력제휴	범위와 시간의 제한	양사 모두에 쉽고 편리함	없음
공식적 국제적 협력제휴	더 깊은 관여; 소유 지식의 교환	법적 의무와 몰입으로 해산이 더 어려움	없음
내부의 합작투자	깊은 관여, 재무정보, 소유지식 및 자원의 교환이 요구됨	양쪽 회사의 상당한 투자와 법인체의 존재로 인해 해산이 가장 어려움	분리된 회사

출처: Adapted from John B. Cullen and K. Praveen Parboteeah, *Multinational Management: A Strategic Approach*, 5th ed.(Mason, OH: Cengage/South-Western, 2011), p. 352.

정이며, 그들은 법적인 구속력이 있는 것은 아니다. 계약이 법적인 보호를 제공하지 않기 때문에, 대부분의 창업가들은 그들의 개입에 제한을 두거나 전적으로 개입을 피한다. 공식적인 제휴는 대개 각각의 회사가 기여해야 하는 것이 무엇인지에 관한 세부사항을 가진 공식적인 계약을 요구한다. 그리고 나서 협정은 소유한 정보를 가진 각 기업에 의한 훨씬 큰 몰입을 수반한다. 이러한 형태들은 내부 연구 및 개발에 따른 고비용으로 인하여 첨단기술 산업에서 한층 인기를 얻고 있다. 합작투자(joint venture)는 보다 전통적인 자립형의 법인체이다. 합작투자는 2개 이상의 기업들이 관계형성을 통한 이익을 분석하며, 그들의 자원을 모으고, 생산적인 경제활동을 맡을 수 있는 새로운 독립체를 만들 때 생긴다. 그리하여 합작투자는 자산, 이익, 위험, 그리고 벤처 소유권을 1개 이상의 기업과 공유하는 것을 의미한다.

   합작투자   기업은 여러 가지 이유로 합작투자의 참여를 결정할 수 있다. 하나는 기업이 시설이 위치한 현지 조건들과 정부에 대해 상세한 지식을 얻을 수 있기 때문이다. 다른 하나는 각 참여자가 투자와 관련된 다른 기업들의 자원을 활용할 수 있다는 점이다. 이는 참여 기업들에게 그들이 소유할 수 있는 약점을 보완할 수 있는 기회를 허용한다. 마지막으로, 초기 자본 지출과 총체적인 위험은 기업이 단독으로 사업을 시작할 때보다 더 낮아진다.

[표 4.3] 합작투자의 이점과 약점

이점	약점
• 기업이 시설이 위치한 현지 조건들과 정부에 대해 상세한 지식 • 투자에 관여하는 다른 기업들의 자원을 사용함 • 초기 자본 지출과 총체적인 위험이 더 낮아짐	• 투자 운영에 대한 분열된 경영통제의 문제 • 서로 다른 국적을 반영하는 의견의 차이 • 참여 기업의 예상치 못한 철수

합작투자의 약점   합작투자와 관련된 약점들 가운데 하나는 분열된 통제의 문제이다. 예를 들면, 신중하게 계획된 물류 흐름이 기업들 중 하나가 새로운 장비의 획득을 저지하기로 결정할 때 방해 받을 수 있다.

해외직접투자(direct foreign investment)는 국내에서 통제하는 해외 생산설비이다. 이는 기업이 사업체의 대부분을 소유하고 있다는 것을 의미하지 않는다. 몇 가지 경우에는, 50% 이하의 소유권도 주식 소유권이 넓게 분산되기 때문에 효과적인 통제를 구성할 수 있다. 한편으로, 창업가는 100%의 주식을 소유하나 회사를 관리하지 못할 수 있다. 몇몇의 사례에 있어서, 정부는 기업에게 누구를 고용하며, 기업이 어떤 가격구조를 이용해야 하며, 그리고 수익이 어떻게 배분되어야 하는지에 대하여 지시할 수 있다.

기업은 여러 가지 방법으로 해외직접투자를 할 수 있다. 하나는 운영 중인 해외 조직의 지분을 획득하는 것이다. 이것이 초기에는 기업에 있어서 적은 지분일 수 있으나 사업체의 경영에 영향을 미치는데 충분하다. 두 번째 방법은 해외 기업의 많은 지분을 획득하는 것이다. 이러한 경우에 있어서, 이 회사는 인수 기업의 자회사가 된다. 셋째, 인수 기업이 직접투자를 수립하기 위하여 해외 사업체의 자산의 일부를 단순히 구매할 수 있다. 직접투자는 시장에서 그들의 판매와 경쟁적 위치를 향상시키기 위하여 노력하는 창업가적 기업에 있어서 흥미로운 투자가 될 수 있다. 하지만 기업이 해외에 직접투자를 하는 것은 때때로 현실적이지 않다. 만약 기업이 독특하거나 제조 판매의 독점권을 가진 제품 또는 제조공정을 갖고 있다면, 기업은 라이센싱의 개념을 고려하기를 원할 것이다.

라이센싱(licensing)은 지정된 로열티 또는 다른 지불금에 대한 대가로 제품의 생산자(또는 특정한 기술이나 상표에 대한 소유권을 가진 기업)가 몇몇의 다른 집단이나 개인에게 그 제품을 생산할 수 있도록 허가해 주는 사업협정이다. 국제 라이센싱 프로그램을 발전시키기 위해서는, 세 가지의 기본 유형의 프로그램이 가용한다.

1. 특허　　　　만약 창업가가 특허(patents) 접근법을 사용하기로 결정한다면, 유효한 해당 국가 특허로 시작하여야 한다. 창업가는 그런 다음에 일 년 이내에 비즈니스가 거래되는 국가들에서 특허를 신청하여야 한다.

2. 상표　　　　직접적인 해석의 어려움 때문에, 창업가가 동일한 제품에 대한 1개 이상의 상표(trademark) 면허를 갖는 것이 바람직하다. 하지만 창업가가 명심할 것은 만일 제품이 국제시장에서 충분히 인식되지 못한다면, 협상 단계에서 제품의 주요 이점을 사용할 수 없을 것이라는 점이다.

3. 기술적인 노하우　　　　이 종류의 라이센싱은 대개 비밀계약의 보안 문제 때문에 시행하기에 가장 어렵다(라이선스 사업자는 라이선스 사용자의 기업 비밀의 합법적 누출을 막기 위하여 합의서에 서명하여야 한다).

해외시장에 진입하기 전, 잠재고객의 독특한 문화에 대하여 연구하는 것이 중요하다. 제품 사용법에 대한 다른 개념, 인구통계학적 특성, 사이코그래픽스(psychographics), 그리고 법적 및 정치적 규범들은 대개 다른 국가와 상이하다. 그러므로 이러한 중요한 변수들을 확인하기 위하여 시장조사를 수행하는 것이 필요하다.

- 정부 규제(government regulations): 제품에 영향을 미칠 수 있는 수입규제나 특허, 저작권, 또는 상표법을 따라야 하는가?
- 정치적 풍토(political climate): 현지 국가에 있어서 정부와 사업 간의 관계 또는 정치적 사건들 및 국민들의 태도가 외국인의 기업거래, 특히 미국과의 거래에 영향을 미치는가?
- 인프라(infrastructure): 수출품에 대한 포장·운송·유통 시스템이 항공, 육로, 또는 해상과 같은 현지 교통 체계에 의해 어떻게 영향을 받을 것인가?

- 유통 채널(distribution channels): 도매와 소매 수준 둘 다에 있어서 일반적으로 허용되는 거래 조건들은 무엇인가? 일반적인 수수료와 서비스 에이전트의 비용은 얼마인가? 유통 계약과 관련된 법은 무엇인가?
- 경쟁(competition): 얼마나 많은 경쟁자들을 가지고 있으며 그들은 어느 나라에 위치해 있는가? 나라별 기준으로, 경쟁자들 각각은 얼마나 많은 시장점유율을 가지고 있으며, 얼마의 가격을 부과하는가? 그들은 제품을 어떻게 판촉하고 있는가? 그들은 어떤 유통채널을 사용하는가?
- 시장규모(market size): 제품시장은 얼마나 큰가? 그것은 안정적인가? 나라별로 그 규모는 어떠한가? 어느 나라의 시장이 개방되고, 확장하고, 성숙되고, 또는 쇠퇴하고 있는가?
- 현지의 관습 및 문화(local customs and culture): 당신의 제품은 문화적 금기를 위반하는가? 창업가적 비즈니스가 어떻게 국제 문화를 배우며 그리하여 무엇이 용인되고 그렇지 않은지를 알 수 있는가? 수많은 접근법들이 사용될 수 있다. 가장 도움이 되는 것 중 하나는 국제 비즈니스여행이다.

정치적 위험(political risks)　　　불안정한 정부, 영토분쟁에 의한 분열상태, 전쟁, 지역주의, 불법 점령, 정치적인 이념적 차이를 포함한다. 감시되어야 하는 경제적 위험은 세법의 변화, 비용의 빠른 증가, 파업, 원자재의 급상승, GNP의 주기적이며 극적 변화를 포함한다. 사회적 위험은 계층 간의 적대감, 종교적 갈등, 불평등한 소득분배, 노조의 호전성, 내전, 폭동을 포함한다. 재무적 위험은 변동환율, 이익 및 자본의 본국 송금, 계절적인 현금 유동성을 포함한다.

국제 시장조사는 해외시장에서의 창업가적 사업의 성공에 매우 중요하다. 창업가적 사업주들은 다음의 세 가지 질문에 답하는 데 필요한 정보를 얻기 위하여 많은 출처를 활용할 수 있다.

1. 왜 기업은 국제화에 관심을 가지는가? 이 질문의 답은 기업이 국제화 목표를 설정하고 시장조사 노력을 쏟는 데 도움을 줄 것이다.
2. 해외시장 평가는 조사를 받는 시장의 본질과 기능에 대하여 어떤 점들을 밝히

고 있는가? 종종 범위에 있어서 포괄적인 이 질문에 대한 답변은 시장기회를 인식하고 이러한 개별 시장들의 특정한 활동들에 대한 통찰력을 제공하는 데 도움을 준다.

　3. 어떤 특정 시장 전략이 이 시장의 잠재력을 이용하는 데 필요한가? 이 질문에 대한 대답은 마케팅 믹스, 즉 제품, 가격, 유통, 판촉에 대한 신중한 검토와 관련된다.

2부

창업 벤처의 시작

창의성과
혁신

창의성과 혁신

기회 포착(opportunity identification)은 창업가정신분야의 핵심이다. "그 중심을 보면, 창업가정신은 미래의 제품 및 서비스의 창출을 위한 기회가 왜, 언제, 그리고 어떻게 경제에서 발생하는지에 대한 질문들에 초점을 맞춘다. 그리하여 기회인식(opportunity recognition)은 개인적 및 사회적 부를 창출하는 시점이다." 이 장에서는 창업가적 기회를 이해하는 데 핵심이 되는 두 가지 주요 주제인 새로운 아이디어의 창의적 추구와 혁신 과정을 다룬다.

[표 5.1] 혁신적 아이디어의 원천

원 천	사 례
예기치 못한 사건	• 예기치 못한 성공: 줌(Zoom) • 예기치 못한 비극: 코로나바이러스감염증 − 19(COVID − 19)
불일치	• 익일 배송 서비스
과정 요구	• 무설탕 제품 • 무카페인커피 • 전기차
산업과 시장의 변화	• 의료 산업: 원격의료산업으로의 변화
인구통계적 변화	• 노인을 위한 마을 공동체
인식의 변화	• 운동 및 건강에 대한 관심 증가
지식 기반 개념	• 스마트폰 기술, 바이오산업, 로봇공학

트렌드   트렌드 신호가 대부분의 사람들의 현 패러다임(또는 생각)에 있어서 바뀌고 있다. 사회적, 기술적, 경제적, 또는 정부적 트렌드이든지 간에, 트

렌드에 대한 면밀한 평가와 그 과정에서 생기는 소중한 통찰력이 잠재적인 창업가적 아이디어에 대한 풍성한 원천이 된다.

- **사회적 트렌드**: 노령화 인구통계, 체력 개선, 질병
- **기술 트렌드**: 모바일(스마트폰) 기술, AI, 바이오산업 발달
- **경제적 트렌드**: 가처분 소득 증가, 1인 가구, 성과에 대한 압력
- **정부 트렌드**: 규제 강화, 유가, 테러, 정책

지식 및 학습의 과정

창업가들은 아이디어가 실질적인 기회로 이용될 수 있도록 일, 경험, 교육으로 습득한 기존의 지식 기반을 활용하여야 한다. 일반적인 산업지식, 기존의 시장지식, 기존의 고객 이해, 특정 관심분야 지식, 또는 기타 기존의 지식들은 창업가들이 이례적인 혁신적 아이디어의 원천들이 잠재적 기회로 변화시키는 데 도움을 준다.

창업가들은 상상력이 풍부하면서 창의적인 사고를 체계적이면서 논리적인 처리능력과 융합한다. 이러한 융합은 성공적인 혁신을 위한 핵심이다. 게다가, 잠재적 창업가들은 항상 필요로 하거나 원하는 것을 충족시킬만한 독특한 기회를 찾는다. 이들은 "…면 어쩌지?" 혹은 "…하지 그래?"라는 질문을 계속적으로 던지면서, 사업상의 문제에서 경제적 잠재성을 감지한다. 이들은 다른 사람들이 문제만 찾는 상황에서 기회를 보고, 인식하고, 만드는 능력을 발전시킨다. 창업가의 비전을 개발하기 위한 규칙은 수요가 공급을 의미하듯이 문제가 해결방안이라는 것을 인식하는 것이다. 문제들을 가용한 모든 시각에서 볼 수 있도록, 창의적인 사고와 체계적인 탐구를 융합하는 분석이 창업가적인 상상력의 특징이다. 문제가 무엇인가? 누구에게 영향을 미치는가? 그들에게 어떻게 영향을 미치는가? 어떤 비용이 포함되는가? 그것은 해결될 수 있는가? 시장은 해결방안에 대해 값을 치를 것인가? 창업가들은 상상력을 가지고 계속해서 이러한 유형의 질문들을 던져보아야 한다.

창업가적인 통찰력과 노하우로 전환하기 위해 필요한 것
- 창의적인 사고＋체계적인 탐구＝성공
- 필요로 하거나 원하는 것을 충족시킬만한 독특한 기회를 찾음
- 문제를 기회로 바꿈
- 수요가 공급을 의미하듯이 문제가 해결방안이라는 것을 인식함

혁신적 과정에서 창의적 사고의 역할을 인식하는 것이 중요하다. 창의성(crea-tivity)이란 어떤 시스템의 효율성 및 효과성을 개선시킬 수 있는 아이디어의 생성을 의미한다. 창의적인 문제해결의 두 가지의 중요한 구성요소는 과정과 사람이다. 과정은 목표지향적이며, 문제에 대해 궁극적으로 해결방안을 마련하는 것이다. 사람들은 해결방안을 결정하는 자원이다. 과정은 같지만 사람이 문제해결을 위해 취하는 접근법은 다양하다. 하나의 방안에 적응하는 사람들이 있고, 굉장히 혁신적인 해결방안을 고안해내는 사람도 있다.

창의성

어떤 시스템의 효율성 및 효과성을 개선시킬 수 있는 아이디어의 생성

창의성의 두 가지의 중요한 구성요소
- **과정**: 목표지향적이며, 문제에 대해 궁극적으로 해결방안을 마련하는 것
- **사람**: 해결방안을 결정하는 자원

[표 5.2]는 적응자와 혁신가를 비교한 것이다. 혁신적인 창업가와 적응적인 창업가를 구분할 수 있는 두 가지 접근법의 타당성을 살펴본 연구가 있는데, 그들의 적용은 매우 효과적이었다. 개인의 문제해결 지향성을 이해하는 것은 그들의 창의적인 능력을 개발하는 데 도움을 준다.

[표 5.2] 창의적 문제해결에 대한 두 가지 접근법

적응자(Adaptor)	혁신가(Innovator)
예리하며, 정확하고, 체계적인 접근법을 사용한다.	특이한 관점으로 과업에 접근한다.
문제를 찾는 것보다 해결에 관심을 둔다.	문제와 해결방안을 찾아낸다.
현재의 관행을 개선하려 시도한다.	현재의 관행과 관련된 기본적인 가정에 의문을 갖는다.
수단에 집중하는 경향이 있다.	수단을 중시하지 않으며, 결과에 더 관심을 둔다.
길어진 세부 업무에 능숙하다.	일상적인 업무를 지루해 한다.
집단 응집성과 협력에 민감하다.	합의에 무관심하고, 다른 사람에게 냉담하다.

출처: Michael Kirton, "Adaptors and Innovators: A Description and Measure," Journal of Applied Psychology (October 1976): 623.

　　창의성은 개발되고 향상될 수 있는 과정이다. 모두가 어느 정도는 창의적이다. 하지만 운동선수, 예술가 등과 같이 많은 능력과 재능을 가진 사례가 있듯이, 어떤 개인들은 남들보다 창의성에 있어서 뛰어난 소질을 갖는다. 또한, 어떤 사람들은 창의성을 배양할 수 있는 환경에서 자라거나 교육을 받는다. 그들은 창의적으로 행동하고 사고하도록 교육을 받는다. 이러한 환경에서 성장하지 못한 사람들에게는 창의적인 과정이 더 어렵기 마련인데, 창의적인 사람이 되기 위해서는 창의적인 과정을 실행하는 방법을 배워야 한다.

　　창의적 과정(creative process)은 흔히 공감하는 네 가지의 단계로 구성된다. 대부분의 전문가들은 이러한 단계들을 다양한 명칭으로 언급하지만 일반적인 본질이나 단계들 간의 관계에 대해 동의한다. 전문가들은 또한 이러한 단계들이 항상 모든 창의적 활동에 대해 동일한 순서로 일어나지 않는다는 것에 대해 동의한다. 창의성이 발생되기 위해서는 혼란이 필요한데, 구조화되고 초점이 맞춰진 혼란이어야 한다. 우리는 가장 일반적인 구조적 개발을 이용하는 네 가지 단계의 프로세스를 살펴본다.

전형적인 창의적 과정

우리는 가장 일반적인 구조적 개발을 이용하는 네 가지 단계의 프로세스를 살펴본다.

- **1단계. 배경 또는 지식의 축적**: 성공적인 창작품들은 일반적으로 조사 및 정보수집에 의해 선행된다. 이는 보통 광범위한 읽기, 현장 종사들과의 대화, 전문가 회의 및 워크숍 참석, 그리고 연구 중인 문제 또는 이슈와 관련된 정보의 일반적인 습득을 포함한다. 관련성의 유무를 떠나서 전 분야에 대한 추가조사가 포함된다.

- **2단계. 인큐베이션과정**: 창의적인 사람들은 그들의 잠재의식이 준비 단계에서 수집된 방대한 양의 정보를 숙고할 수 있게 한다. 이러한 인큐베이션과정은 주제나 문제와 전혀 무관한 활동에 참여했을 때 종종 발생한다. 심지어 잠자는 동안에도 가능하다.

- **3단계. 아이디어 경험**: 창의적 과정에서 이 단계가 대개는 가장 흥미로우며, 개인이 찾고자 하는 아이디어나 해결방안이 발견되는 단계이기 때문이다. 때로는 '유레카요인'으로서 언급되는 이 단계는 일반적으로 보통 사람들이 창의성을 결정짓는 유일한 단계라고 착각하는 단계이기도 하다.

- **4단계. 평가와 실행**: 이 단계는 창의적 노력이 가장 어려운 단계이며 많은 용기, 자기훈련, 인내심을 필요로 한다. 성공적인 창업가들은 실행 가능하고, 스스로 실행하는 데 필요한 기술을 갖춘 아이디어를 찾을 수 있다. 가장 중요한 것은, 그들이 일시적인 문제에 봉착해도 포기하지 않는다는 것이다.

다음은 우리가 매일 듣는 열 가지의 아이디어 '킬러들'이다. 사람들이 고의적으로 창의적인 아이디어를 묵살하지는 않지만, 부정적인 표현들은 종종 창의적인 아이디어의 발전을 저해한다.

많은 사람들은 천재들만이 창의적일 수 있다고 착각하고 있다. 대부분의 사람들은 일부만이 태생적으로 창의적이며, 재능이 있거나 지능이 뛰어난 사람들만이 창의적인 아이디어와 통찰력을 생성할 수 있다고 잘못된 추정을 한다. 창의적인 사고에 있어서 실질적인 장애물은 무의식적으로 대화에서 흔하게 말하게 되는 '킬러프레이즈(Killer Phrase)'이다.

[표 5.3] 아이디어를 막는 가장 흔한 말들

1. "됐거든."
2. "못해." (단호한 태도로 말하는)
3. "말 같지도 않은 소리를 한다."
4. "그래, 그런데 만약 네가 하게 된다면…" (극단적인 사례를 들며)
5. "몇 년 전에 이미 시도해 본 일이야."
6. "지금 우리 방식에는 아무런 문제가 없어 보이는 걸."
7. "해 본 적이 없는 일이야."
8. "마감일이 얼마 남지 않았어. 그것을 고려할 여유가 없어.
9. "그런 걸 할 수 있는 예산이 없어."
10. "이런 기이한 아이디어는 어디서 나온거니?"

출처: Adapted from *The Creative Process*, ed. Angelo M. Biondi(Hadley, MA: The Creative Education Foundation, 1986).

　　창의적 사고과정의 네 가지 단계에서, 이 과정의 진행 중에 중요한 문제에 직면했다면, 때로는 이전 단계로 돌아가서 다시 시도하는 것이 도움이 된다. 예를 들어, 개인이 아이디어나 해결방안을 마련할 수 없다면(3단계), 대개는 1단계로 돌아가면 도움이 된다. 개인이 데이터에 몰두함으로써 잠재의식이 다시 데이터를 처리하고, 인과관계를 세우며, 그리고 잠재적인 해결책을 마련하게 된다.

창의성 개발하기

　　자신의 창의적 재능을 향상시키기 위하여 수많은 일을 할 수 있다. 가장 도움이 되는 방법 가운데 하나는 창의성을 억누르는 몇 가지의 습관과 심리적 장애물을 인식하는 것이다. 물론, 많은 과정이 그랬듯이, 창의적 능력을 키울 수 있도록 설계된 연습을 규칙적으로 한다면, 개발이 훨씬 효과적일 수 있다. 다음 절은 창의성을 제한하는 몇 가지의 사고 습관을 인식할 수 있는 능력을 개선시키고 맞춤형 창의성 개발 프로그램을 개발하는 데 도움을 주기 위하여 작성되었다.

관계 인식   많은 발명품들과 혁신들은 사물, 과정, 재료, 기술, 사람들 간의 새롭고 다른 관계를 볼 줄 아는 발명가 능력의 산물이다. 광범위한 예들이 있으며, 그 예로 (1) 슬라이스(Slice)를 만들기 위해 과일주스를 청량음료에 추가하는 것, (2) 전기자동차를 만들기 위하여 배터리와 모터기술을 바퀴와 결합하는 것, (3) 약 150kg의 미식축구 수비선수를 러닝백이나 패스 리시버로 활용하는 것을 들 수 있다. 만약 당신이 창의성을 향상시키고 싶다면, 당신 주변의 요소와 사람들 간의 다르거나 비정통적인 관계를 찾아보는 것이 도움이 된다. 사물과 사람들이 다른 사물 및 사람들과 상호보완적 또는 병렬적 관계(appositional relationship)에 있다고 여길 때, 당신은 창의성을 개발할 수 있다.

기능적 관점의 개발   생각의 범위를 확대해 보면, 관계적 모드에서 인식하려는 원칙은 사물과 사람에 대한 기능적 관점(functional perspective)을 개발하는 데 도움이 된다. 창의적인 사람은 사물과 사람이 그들의 니즈를 어떻게 만족시키며 프로젝트를 완성하는 데 도움이 될 수 있는지의 차원에서 사물과 사람을 관찰한다. 만약에 좀 더 혁신적이고 창의적이기를 원한다면, 세상의 사물과 사람들 간의 상호보완적 관계에서 당신 자신을 마음에 떠올릴 줄 알아야 한다. 당신은 그들이 당신의 욕구를 만족시키고 프로젝트를 완성시키고자 하는 시도를 어떻게 완전하게 하는지의 차원에서 그들을 바라보는 법을 배워야 한다.

분할 뇌 연구가 1950~60년대에 시작된 이래, 창의성, 혁신, 자기개발에 대한 전문가들은 뇌의 두 반구와 관련된 기술 개발의 중요성을 강조해 왔다. 우뇌반구(right brain hemisphere)는 개인이 유추를 이해하고, 사물을 상상하고, 정보를 통합하는 것을 도와준다. 좌뇌반구(left brain hemisphere)는 개인이 문제해결에 대한 합리적인 접근법을 분석하고, 언어로 표현하며, 사용하도록 도움을 준다. 비록 두 반구가 정보를 다르게 처리하더라도 다른 뇌 활동 및 기술에 대한 책임이 있다.

관계 인식

주변의 요소와 사람들 간의 다르거나 비정통적인 관계를 찾아보는 것이다.

기능적 관점의 개발　창의적인 사람은 그들의 니즈를 어떻게 만족시키며 프로젝트를 완성하는 데 도움이 될 수 있는지의 차원에서 사물과 사람을 관찰한다.

두뇌의 사용　우뇌반구는 개인이 유추를 이해하고, 사물을 상상하고, 정보를 통합하는 것을 도와준다. 좌뇌반구는 개인이 문제해결에 대한 합리적인 접근법을 분석하고, 언어로 표현하며, 사용하도록 도움을 준다.

우리 사회와 교육기관은 논리적, 분석적, 및 합리적 좌뇌 기술을 개발하는 데에 성공적인 사람들에게 보상한다. 하지만 우뇌 기술을 훈련하고 사용하는 것은 거의 강조되지 않는다.

혼란스러운 사고방식(muddling mindsets)은 창의적 사고과정을 방해하는 경향이 있으며, 창의적 사고를 향상시키기 위해서는 다른 사고과정이 사용되어야 한다.

- **양자택일의 사고(either or thinking)**: 현대 세계의 변화속도 때문에, 개인의 삶은 불확실성과 모호성으로 가득하다. 사람들은 종종 그들의 삶 속에서 불합리한 확실성을 찾느라 꼼짝 못하게 된다.
- **안전 추구(security hunting)**: 많은 사람들은 올바른 결정을 내리거나 매번 올바른 조치를 취하고자 한다. 사람들은 그런 과정에 있어서 위험을 최소화하기 위해 평균, 고정관념, 확률 이론에 의지한다. 종종 이러한 전략이 적절하지만, 때로는 창의자나 혁신가는 일부의 계산된 위험을 감수해야만 한다.
- **고정관념(stereotyping)**: 아이러니하게도 평균과 고정관념은 사람이 만든 추상적 개념이지만, 마치 이것들이 현실세계에 존재하는 자료인 것처럼 그

것들을 바탕으로 행동하고 의사결정을 한다.

- **확률적 사고(probability thinking):** 많은 사람들은 또한 안전을 얻으려고 고군분투하는 과정에서 확률적 사고 이론에 의존하여 의사결정을 내리는 경향이 있다. 하지만 이러한 의사결정방식에 지나치게 의존하다 보면, 현실을 왜곡할 수 있으며 계산된 위험을 감수하지 못하게 하여 창의적인 노력을 어렵게 만들 수 있다.

혼란스러운 사고방식의 제거
- 양자택일의 사고(확실성에 대한 관심)
- 안전 추구(위험에 대한 관심)
- 고정관념(실제의 추상화)
- 확률적 사고(예측가능한 결과의 추구)

조직에 있는 사람들은 그들의 창의성에 대한 노력을 일곱 가지의 서로 다른 분야에서 쏟을 수 있다.

- **아이디어 창의성:** 새로운 제품이나 서비스를 위한 아이디어 또는 문제를 해결하는 방법과 같은 새로운 아이디어나 개념을 생각하는 것
- **물질 창의성:** 제품, 광고, 보고서, 또는 사진과 같은 유형의 물건을 발명하고 만드는 것
- **조직 창의성:** 사람이나 프로젝트를 조직화하고, 새로운 조직 형태나 사물의 구조화 접근법을 구상하는 것. 그 예로 프로젝트 구성, 새로운 유형의 벤처 착수, 작업집단의 형성 또는 재구성, 집단에 대한 정책 및 규칙의 변경
- **관계 창의성:** 협력, 협동, 타인들과의 원원관계를 달성하기 위한 혁신적인 접근법. 어려운 상황을 잘 처리하거나 특정한 사람을 특별히 효과적인 방식으로 다루는 사람은 관계나 일대일 맥락에서 창의적임
- **이벤트 창의성:** 의식, 팀 야유회, 연차 회의와 같은 이벤트를 만드는 것. 여기서 창의성은 또한 장식, 사람이 관여하는 방식, 의식순서, 세팅 등을 포괄함

- **내적 창의성**: 내적 자아를 바꾸는 것, 일처리의 새로운 접근법에 대한 개방 및 자신에 대해 다른 방식으로 생각하는 것, 의견을 바꾸거나 전통적으로 사물을 바라보았던 시각에서 완전히 탈피한 새로운 관점 또는 방법을 찾는 것
- **자발적 창의성**: 회의 중 재치 있는 답변을 떠올리기, 즉석 연설, 신속하며 간단한 방식으로 분쟁 해결하기, 또는 판매를 마치기 위한 혁신적인 호소와 같이 자발적이거나 순간적인 방식으로 행동하는 것

창의성은 기업 풍토가 좋을 때 발휘되기 쉽다. 올바른 풍토가 조성되거나 육성되지 않는다면 기업은 오랫동안 창의적인 소유주나 경영자를 갖지 못할 것이다. 다음은 이러한 풍토가 갖는 몇 가지의 중요한 특징들이다.

창의적 풍토의 특징
- 인력을 과도하게 통제하지 않는 신뢰적인 경영진
- 모든 기업 구성원들 간의 개방된 대화 채널
- 사외 관계자들과의 중요한 접촉 및 커뮤니케이션
- 매우 다양한 성격 유형
- 변화에 대한 수용 의지
- 새로운 아이디어 실험 즐기기
- 실수의 부정적인 결과에 대한 작은 두려움
- 장점에 근거한 종업원 선발 및 승진
- 제안제도 및 브레인스토밍을 포함하여 아이디어를 장려하는 기법의 사용
- 목표 달성을 위한 충분한 재정적, 관리적, 인적, 그리고 시간의 자원

혁신은 창업가적 과정에 있어서 핵심적인 기능이다. 혁신(innovation)은 창업가들이 기회(아이디어)를 시장성 있는 해결방안으로 전환시키는 과정이다. 혁신은 수단으로서 이를 통해 창업가들이 변화를 위한 촉매제가 된다. 이 장의 초반부에 혁신 과정은 좋은 아이디어로 시작한다고 설명하였다. 아이디어의 기원은 중요하며, 창의적인 사고의 역할이 아이디어의 개발에 중요하다. 단순한 추측으로 생겨

난 아이디어와 확장된 사고, 연구, 경험, 업무의 산물인 아이디어 간에는 상당한 차이가 있다. 더 중요한 것은 유망한 창업가는 개발 단계를 통해 좋은 아이디어를 가져오려는 갈망이 있어야 한다는 것이다. 그리하여 혁신은 좋은 아이디어를 생성하려는 비전 그리고 실행을 통해 개념을 유지하려는 인내와 헌신의 조합이다.

혁신

- 창업가들이 기회(아이디어)를 시장성 있는 해결방안으로 전환시키는 과정
- 좋은 아이디어를 생성하려는 비전과 실행을 통해 개념을 유지하려는 인내 및 헌신의 조합
- 창업가적 과정에 있어서 핵심적 기능
- 창업가정신의 특정한 기능

혁신에는 네 가지의 기본적 유형이 있다. 이들은 완전히 새로운 것에서부터 기존의 제품 및 서비스에 수정을 가하는 것까지 확장되었다. 다음의 네 가지 유형은 독창성의 순서로 나열한 것이다.

발명(invention)　　　새로운 제품, 서비스, 또는 과정의 창출. 대개는 참신하거나 시도된 적이 없다. 그러한 개념은 '혁명적'이기 쉽다.

확장(extension)　　　기존의 제품, 서비스, 또는 과정의 확장. 그러한 개념은 현재의 아이디어에 대해 다른 방식을 적용하는 것이다.

복제(duplication)　　　기존의 제품, 서비스, 또는 과정의 복제. 하지만 복제의 노력은 단순한 카피가 아니라 창업가 고유의 손질을 더함으로써 개념을 향상 및 개선하고 경쟁에서 이기는 것이다.

통합(synthesis)   기존의 개념과 요인들을 새로운 공식에 결합. 이는 기존에 이미 발명된 수많은 아이디어나 아이템을 취하고 새로운 적용을 구체화할 수 있는 방법을 찾는 것을 포함한다.

혁신의 전반적인 개념은 많은 생각과 오해를 떠오르게 한다. 혁신이 무엇을 수반하는지에 관하여 모든 사람들이 의견을 가지고 있는 것처럼 보인다. 이 절에서는 흔히 용인되는 오해 몇 가지를 개관하고 왜 이들이 사실이 아닌 오해인지 그 이유를 제시한다. 잠재적 창업가들은 혁신 원칙이 존재한다는 사실을 인식할 필요가 있다. 이러한 원칙들은 기회와 결합될 때 학습될 수 있으며 개인들로 하여금 혁신적일 수 있도록 한다. 주요 혁신의 원칙들은 다음과 같다.

혁신의 원칙
- 행동 지향적으로 되라.
- 제품, 과정, 또는 서비스를 간단하고 이해할 수 있게 만들어라.
- 제품, 과정, 또는 서비스를 고객 지향적으로 만들어라.
- 작게 시작해라.
- 목표를 높게 잡아라.
- 시도, 테스트, 수정해라.
- 실패로부터 배워라.
- 이정표 일정을 준수하라.
- 영웅적인 활동을 보상하라.
- 계속 일하라.

기회에 대한
평가 기능

기회에 대한 평가 기능

신생벤처의 창업과 도전

지난 40년 동안, 많은 신생 벤처 창업들이 지속적으로 증가하였다. 1990년대 중반 이후로 매년 미국에서 60만 개 이상의 새로운 기업들이 생겨났고, 매일 약 1,500개의 사업이 시작되고 있는 것으로 보고되고 있다. 게다가, 잠재적인 새로운 사업에 대한 아이디어들 또한 기록적인 수치로 표면화되고 있다. 미국 특허상표청은 현재 매년 대략적으로 50만 건 이상의 특허신청서를 받는다.

창업가들이 신생 벤처 창업을 시작하는 데는 많은 이유가 있다. 한 연구는 신생 벤처동기의 일곱 가지 구성요소로서

- 인정받고 싶은 욕구,
- 독립의 욕구,
- 개인적 개발의 욕구,
- 복지(자선적인) 고려,
- 부에 대한 인식,
- 감세와 간접적 이득,
- 롤 모델을 따르는 것을 제시하였다.

연구자들은 벤처를 시작하는 데 많은 이유가 존재한다는 것에 동의하지만, 개인들의 창업가적 동기는 보통 창업가의 개인적 특징, 환경, 벤처 그 자체와 관련된다. 이러한 요인들의 복잡성은 신생 벤처에 대한 평가를 매우 어렵게 만든다. 최근 한 연구는 벤처 설립을 시도하는 잠재적 창업가들에 대한 창업활동의 중요

성을 조사하였다. 사업을 성공적으로 시작한 창업가들은 그들의 사업을 실현하는 데 보다 공격적이었다. 말하자면, 그들은 사람들에게 그들의 사업이 감지될 수 있도록 하는 활동을 착수하였다.

　　Arnold C. Cooper가 지적한 바와 같이, 신규기업 성과를 예측하는 데 따른 도전과제는 환경적 효과인 새로운 제품 또는 서비스의 위험, 좁은 시장, 희소자원 등, 창업가의 개인적 목적 및 설립과정, 벤처 자체의 다양성을 포함한다. 최근의 몇몇 연구들은 창업가의 조직에의 '적합성'의 중요성을 강조하고 있으며, 이는 개인의 인지적 능력이 그가 발전시키려는 조직이나 벤처와 일치해야 한다는 아이디어이다.

신생 벤처 선정의 함정

　　수많은 결정적인 요인(critical factors)들이 신생 벤처 평가에 중요하다. 체크리스트를 이용하여 그것들을 확인하고 평가하는 것이 한 가지 방법이다. 하지만 대부분의 경우에 있어서 질문지 접근법은 너무 일반적이다. 평가는 특정 벤처에 맞춰져야 한다.

- 객관적 평가의 부족
- 시장에 대한 현실적인 통찰력의 부재
- 기술적 요건에 대한 부족한 이해
- 부실한 재정적 이해
- 벤처의 독특성 부족
- 법적 이슈에 대한 무지

신생 벤처 아이디어 체크리스트

벤처의 기본적 타당성

- 제품 또는 서비스를 만들 수 있는가?
- 그것이 합법적인가?

벤처의 경쟁우위

- 제품이나 서비스가 어떤 특정한 경쟁우위들을 제공할 것인가?
- 사업을 하고 있는 기존 기업이 가진 경쟁우위들은 무엇인가?
- 경쟁사들은 어떻게 반응할 것인가?
- 초기의 경쟁우위는 어떻게 유지될 수 있는가?

벤처에 있어서 구매자의 의사결정

- 누가 고객이 될 것인가?
- 개별 고객들이 얼마나 구매할 것이고, 얼마나 많은 고객들이 있는가?
- 이러한 고객들이 어디에 위치해 있는가? 그리고 그들은 어떻게 서비스를 받을 것인가?

제품과 서비스의 마케팅

- 광고와 판매에 얼마나 많은 광고비용이 들 것인가?
- 기업이 얼마만큼의 시장점유율을 차지할 것인가? 언제까지?
- 누가 판매 기능을 담당할 것인가?
- 가격을 어떻게 책정할 것인가? 이 가격을 경쟁사의 가격과 어떻게 비교할 것인가?
- 위치가 얼마나 중요하며, 그것을 어떻게 결정할 것인가?
- 도매, 소매, 중개상, 광고 우편물 중에 어떤 것을 유통 채널로 이용할 것인가?
- 판매 대상은 누구인가? 언제까지 그들에게 제공되어야 하는가?
- 사업 시작 전에 주문을 받을 수 있는가? 얼마나 주문받을 수 있는가? 총량은 얼마인가?

제품과 서비스의 생산

- 기업은 판매할 것을 제조할 것인가, 아니면 구매할 것인가? 또는 두 가지 전략을 결합하여 사용할 것인가?

- 합리적인 가격에 공급처는 이용가능한가?
- 공급하는 데 얼마나 오래 걸릴 것인가?
- 부지를 위한 적절한 임대계약이 이루어져 있는가?
- 필요한 장비들은 제때에 사용할 수 있을 것인가?
- 공장설립, 철거, 또는 보험과 관련된 특별한 문제가 있는가? 어떻게 그것들을 해결할 것인가?
- 어떻게 품질을 관리할 것인가?
- 어떻게 반품과 서비스를 처리할 것인가?
- 어떻게 상품 결손, 낭비, 손상, 불량을 처리할 것인가?

벤처의 충원 의사결정

- 어떻게 사업 각 분야에서의 능력이 보장될 것인가?
- 누가 고용되어야 하는가? 언제까지 고용할 것인가? 그들을 어떻게 찾고 모집할 것인가?
- 자금 담당, 변호사, 회계사, 또는 다른 조언자가 필요할 것인가?
- 핵심 인재가 떠난다면 어떻게 대체인물을 구할 것인가?
- 특별한 복리후생 계획이 마련되어 있는가?

벤처의 관리

- 언제, 어떤 기록이 필요할 것인가?
- 어떤 특별한 관리가 필요할 것인가? 그것들은 무엇인가? 누가 그것들을 책임질 것인가?

벤처의 자금 조달

- 제품이나 서비스의 개발에 얼마나 많은 비용이 필요할 것인가?

- 운영체계 구성에 얼마나 많은 비용이 필요할 것인가?
- 운영 자본은 얼마나 필요할 것인가?
- 자금은 어디에서 구할 것인가? 만약 더 필요하다면 어떻게 할 것인가?
- 재정 예측에서 어떤 가정이 가장 불확실한가?
- 자기자본 수익률 또는 매출액 수익률은 얼마로 예상하고 있으며, 그리고 그것을 산업 내 수익률과 어떻게 비교할 것인가?
- 언제 그리고 어떻게 투자자들이 그들의 자금을 회수할 것인가?
- 은행으로부터 무엇이 필요할 것인가? 그리고 은행의 반응은 무엇인가?

신생 벤처는 창업 전 단계, 창업 단계, 창업 후 단계라는 세 가지의 특정한 단계를 거친다. 창업 전 단계는 벤처에 대한 아이디어로 시작하고, 사업을 위한 문이 열릴 때 끝난다. 창업 단계는 제품과 서비스의 판매활동 및 배송으로 시작하고, 사업이 확실하게 수립되고 생존에 대한 단기간의 위협을 넘어섰을 때 끝난다. 창업 후 단계는 벤처가 종료되거나 조직적 실체의 존재가 창업가에 의해 더 이상 통제되지 않을 때까지 지속된다.

신생벤처 창업의 단계

창업 전 단계

벤처에 대한 아이디어로 시작하고, 사업을 위한 문이 열릴 때 끝남

창업 단계

제품과 서비스의 판매활동 및 배송으로 시작하고, 사업이 확실하게 수립되고 생존에 대한 단기간의 위협을 넘어섰을 때 끝남

창업 후 단계

벤처가 종료되거나 조직적 실체의 존재가 창업가에 의해 더 이상 통제되지

않을 때까지 지속됨

이 장의 주요 초점은 창업 전 단계와 창업 단계에 있으며, 이 단계들이 창업
가들에게 결정적인 부문이기 때문이다. 이 두 단계들이 진행되는 동안, 결정적인
다섯 가지 요인들은

- 벤처의 상대적 독특성,
- 창업의 상대적인 투자 규모,
- 벤처가 창업 단계로 이동할 때 기대되는 판매와 수익의 성장,
- 창업 전 단계와 창업 단계 동안 제품의 가용성,
- 창업 전 단계와 창업 단계 동안 고객의 가용성이다.

각 국가에서 매년 신생 벤처가 창업되고, 이렇게 새로 시작하는 벤처들 중 대
부분이 1년 또는 2년 안에 사라지고 단지 적은 수의 벤처들이 성공한다. 대부분의
연구들은 신생 벤처들의 실패의 근간을 이루는 요인들이 대부분의 경우에 창업가
들의 통제 범위 내에 있다는 것을 발견해 왔다. 신생 벤처들의 주요 실패 이유 몇
가지를 들면 다음과 같다. 한 연구는 250개의 하이테크 기업을 분석하여 실패 원
인들에 대한 세 가지의 주요 범주, 즉 제품/시장 문제, 재정적 어려움, 경영상의
문제를 발견하였다.

제품/시장 문제들

- 좋지 않은 타이밍
- 제품 디자인 문제들
- 부적절한 유통 전략
- 불명확한 사업 정의
- 한 고객에 대한 지나친 의존

재정적 어려움

- 초기의 불충분한 자본 공급

○ 너무 빠른 부채 발생

○ 벤처캐피털 관계 문제

경영상의 문제들

○ 팀 접근법의 개념

○ 인적자원의 문제

[표 6.1] 첫 해에 발생하는 문제들의 유형과 등급

1. 외부자금 조달	**6. 일반적 관리**
① 성장을 위한 자금 조달 획득	① 관리 경험의 부족
② 다른 또는 일반적인 자금 조달 문제	② 1인기업/시간의 부재
2. 내부의 재무관리	③ 관리/통제의 성장
① 부적절한 운전자본	④ 행정적인 문제
② 현금흐름 문제	⑤ 일반적인 관리 및 기타 문제
③ 일반적인 재무관리, 기타 문제	**7. 인적자원 관리**
3. 판매/마케팅	① 모집/채용
① 낮은 판매	② 이직/유지
② 소수의 고객/소비자에 의존	③ 만족/사기
③ 마케팅 또는 유통 채널	④ 종업원 개발
④ 판촉/홍보/광고	⑤ 다른 또는 일반적인 인적자원 관리 문제
⑤ 일반적인 마케팅 및 기타 문제	**8. 경제적 환경**
4. 제품 개발	① 경기 침체/불황
① 제품/서비스 개발	② 일반적인 경제적 환경 및 기타 문제
② 일반적인 제품 개발 및 기타 문제	**9. 규제 환경**
5. 생산/운영 관리	① 보험
① 품질관리 수립 또는 유지	
② 원자재/자원/공급업체	
③ 일반적인 생산/운영 및 기타 관리 문제	

출처: David E. Terpstra and Philip D. Olson, "Entrepreneurial Start-up and Growth: AClassificationof Problems," *Entrepreneurship Theory and Practice*(spring 1993): 19.

새롭게 설립된 기업의 실패 과정을 보면

1. 극단적으로 높은 채무비율과 작은 규모

2. 너무 느린 자본의 회전율, 너무 빠른 성장, 너무 열악한 수익성, 또는 이러한 것들의 조합

3. 예상치 못한 수익 자금관리 부족, 열악한 정적인 유동성과 채무대응능력이 원인이 되고 있어 실패의 위험은 초기 자금 조달에서 보다 적은 부채를 사용하고 초기 단계에서 충분한 수익을 창출함으로써 감소될 수 있다.

'실패' 또는 '문제' 연구는 새롭게 설립된 벤처들로부터 수집된 재무자료에 기초하여 제안된 실패 예측 모델(failure prediction model)을 다루었다. 이 연구는 재정적 실패과정이 너무 많은 초기의 채무와 너무 적은 수익구조에 의해 특징지어진다고 가정하였다. 게다가, 이 연구는 위험이 개발되고 있는 벤처의 초기 규모와 관련된다는 것을 인식하였다.

1. **수익성과 현금흐름의 역할**   창업가와 경영자는 제품이 첫 해에 긍정적인 수익성과 현금흐름을 산출할 수 있도록 확실하게 해야 한다.

2. **부채의 역할**   창업가와 경영자는 미래의 손실을 완화하기 위해 주주들의 충분한 자본이 초기의 재무상태표에 있도록 해야 한다.

3. **두 가지의 조합**   창업가와 경영자는 만약 초기의 재무상태표에 있는 주주자본의 지분이 낮거나 첫 해에 좋지 않은 마이너스의 현금흐름이 예상된다면 사업을 시작하지 말아야 한다.

4. **초기 규모의 역할**   창업가와 경영자는 초기 재무상태표에 있는 마이너스의 현금흐름이 예상되고 부채 지분이 커질수록, 사업의 초기 규모가 더 작아질 것이라는 것을 이해해야 한다.

5. **자본회전율의 역할**   창업가와 경영자는 마이너스의 현금흐름의 위험이 높다면 초기 연도에는 빠른 자본회전율을 위해 예산을 세우지 말아야 한다. 자본과 비교하여 더 많은 판매는 더 많은 현금흐름과 수익성 악화를 초래한다.

6. **통제의 역할**   창업가와 경영자는 첫 해의 재무 비율, 특히 총부채대비 현금흐름률을 감시하여야 한다. 비율의 위험한 결합, 특히 마이너스의 현금흐름, 총자본 대비 낮은 주주의 자본비율, 높은 자본회전비율은 감시

되어야 하며 산업의 기준과 비교되어야 한다. 창업가는 비율이 좋지 않은 이유를 확인하기 위해 노력해야 하며, 계획된 수준(통제 비율과 함께)에서 수익성을 유지하는 데 특별한 관심을 기울여야 한다.

프로필 분석 접근법　　　프로필 분석은 수많은 핵심 차원들이나 변수들을 가지고 벤처의 강점과 약점을 판단함으로써 창업자로 하여금 사업 벤처의 잠재성을 판단할 수 있도록 하는 도구이다. 단일의 전략적 변수는 좀처럼 신생 벤처의 궁극적인 성공이나 실패를 구체화하지 않는다. 대부분의 경우에 있어서, 변수들의 조합은 결과에 영향을 미친다. 그러므로 신생 벤처에 자원을 충당하기 전에 이러한 변수들을 확인하고 조사하는 것이 중요하다. 내적 프로필 분석은 신생 벤처에 가용한 재무적, 마케팅, 조직적, 및 인적 자원의 상대적인 강약점을 판단할 수 있도록 체크리스트 형식으로 틀을 제시한다.

타당성 기준 접근법　　　다른 평가방법인 타당성 기준 접근법(feasibility criteria approach)은 다음의 질문들에 기초한 기준 선택 리스트이며, 이로부터 창업가들은 그들 벤처의 생존가능성에 대한 통찰력을 얻을 수 있다.

포괄적인 타당성 접근법　　　좀 더 포괄적이며 체계적인 타당성 분석인 포괄적인 타당성 접근법(comprehensive feasibility approach)은 위에서 인용한 기준에 대한 질문들에 포함된 요인들에 추가하여 외적인 요인들을 결합한다.

　　다른 평가방법인 타당성 기준 접근법(feasibility criteria approach)은 다음의 질문들에 기초한 기준 선택 리스트이며, 이로부터 창업가들은 그들 벤처의 생존가능성에 대한 통찰력을 얻을 수 있다.

벤처의 생존가능성에 대한 평가
- 상표등록이 되었는가?
- 초기 생산 비용이 현실적인가?
- 초기 마케팅 비용은 현실적인가?

- 제품은 매우 높은 마진에 대한 잠재성을 가지고 있는가?
- 시장에 진입하여 손익분기점에 도달하기 위해 필요한 시간이 현실적인가?
- 잠재적인 시장은 큰가?
- 제품이 성장군의 첫 번째인가?
- 초기의 고객이 존재하는가?
- 개발비용과 기간이 현실적인가?
- 성장하고 있는 산업인가?
- 제품과 제품에 대한 수요가 시장에서 이해될 수 있는가?

신생 벤처기업의 포괄적인 타당성 연구와 관계있는 요소들을 세분하여 나타낸 것이다. 여기에 나타난 다섯 가지의 영역은 모두 중요하지만, 기술적인 면과 시장에 더 특별한 관심을 두어야 한다.

[그림 6.1] 신생 벤처의 타당성 평가를 위한 핵심 영역

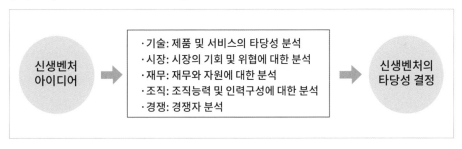

기술적 타당성　　　　신생 벤처 아이디어의 평가는 잠재적인 고객들의 기대를 만족시킬 제품이나 서비스를 생산하기 위한 기술적 요건, 즉 기술적 타당성 (technical feasibility)을 파악하는 데서 시작해야 한다. 가장 중요한 기대들은 다음과 같다.

- 제품이나 서비스를 생산하기 위한 기술적 요건
- 제품의 기능적 설계와 매력적인 외형
- 소비자 수요 또는 기술적 및 경쟁적 변화를 충족시킬 수 있는 제품의 외적인 특징에 대해 변경을 허용하는 준비된 유연성

- 제품이 만들어지는 소재의 내구성
- 기대되는 성능을 보장하는 일반적인 운영 조건에서 신뢰성
- 어떤 잠재적인 위험을 야기하지 않는 일반적인 운영 조건에서 제품 안전성
- 수용 가능한 진부화 비율, 즉 합리적인 유용성
- 쉽고 낮은 유지비용
- 불필요한 다양성 제거를 통한 잠재적으로 교체할 수 있는 부품들 간 표준화
- 제조 및 공정의 용이성
- 취급 및 사용의 용이성

시장 타당성 분석   시장 타당성 분석을 위해, 일반적인 자료들은 다음을 포함하여야 한다.

- **일반적인 경제적 트렌드**: 새로운 주문, 공급, 재고, 소비자 지출과 같은 다양한 경제적 지표들
- **시장 자료**: 소비자, 소비자 수요 유형(예를 들어, 수요의 계절적 변화, 수요에 영향을 미치는 정부의 각종 규제)
- **가격 자료**: 동일한·상호보완적·대체적 제품에 대한 가격의 범위, 기준단가, 그리고 할인 구조경쟁력 자료(주요 경쟁사들과 그들이 가지고 있는 경쟁우위)

새로운 벤처의
시작 방법

새로운 벤처의 시작 방법

새로운 벤처의 시작

신사업 아이디어를 착안한 동기는 창업기회는 사업에 있어서 중요한 조건이
다. 창업을 준비하는 사람들은 창업기회를 어떻게 이용하느냐에 따라 사업의 성패
를 좌우할 수도 있다. 창업기회의 발견을 위한 아이디어의 획득은 사업에 있어서
중요한 첫 단계의 조건이다. 좋은 사업 아이디어는 체계적인 방법을 이용해 탐색
되거나 정상적인 과정과 수단으로만 얻어지는 것은 아니다. 사업 아이디어는 수많
은 시행착오를 거쳐 무심코 발견되고, 의도적으로 열심히 찾는 과정에서 보다 부
지불식간에 또는 뜻하지 않게 얻어진 사례가 더 많다.

이 장에서는 벤처를 어떻게 시작하는 일반적인 방법들을 설명한다. 즉, 새롭
게 벤처를 시작, 기존에 벤처를 인수, 프랜차이즈 가입 등의 방법이다 이들은 각
각 서로 다른 장단점이 있다. 각 방법에 관련된 내용을 설명을 하겠다. 롱제넥커(J.
Longenecker) 등은 창업을 위한 기회의 유형을 새로운 제품과 서비스로 새로운 시
장을 형성하는 방법, 새로운 기술에 의해서 새로운 제품과 서비스를 제공하는 방
법, 개선된 방식으로 기존제품과 서비스의 기능을 제공함으로써 고객에게 새로운
혜택 을 제공하는 방법으로 구분하여 설명하고 있다. 전자는 New－New 접근방
식이라 하고, 후자는 New－Old 접근방식이라고 한다.

벤처를 시작하는 New-New 접근방식

　　시장에 새로운 제품과 서비스는 자주 등장한다. 전형적인 예는 스마트폰, OLED TV, 전기차 등이다. 이들 제품은 기업의 끊임없는 연구개발 노력의 결과로 시장에 등장하였다. 혁신적인 신제품의 등장은 앞으로도 계속될 것이다. 그러나 이러한 독창적 아이디어가 전통적인 대기업의 전유물이 아니라 개인들도 창조할 수 있다.

　　이러한 신제품을 어떻게 발명할까? 신제품을 발명하는 하나의 방법은 주위 환경을 항상 주의 깊게 관찰하는 것이다. 일상생활에 불편을 주는 것이나 기존 제품/서비스가 가지고 있는 문제점들을 기록하다 보면 혁신적 아이디어를 구상하게 된다. 이용하기 힘든 물건, 반복적이고 귀찮은 일, 보관이 힘든 물건 등이 새로운 벤처를 태동시킨 생활의 문제점들이었다. 예로서 매일 집안을 청소하는 일은 시간을 뺏기고 귀찮은 일이다. 이러한 불편한 점에서 착안한 2001년 출시된 '트릴로바이트(Trilobite)'는 세계 최초의 로봇청소기이다. 고대 수중 생물인 삼엽충을 뜻하는 트릴로바이트는 사람이 조작하지 않고 완전 자동으로 움직이고, 장애물을 피해 가며 청소할 수 있어 혁신적인 제품으로 주목을 끌었다. 출시 이후 로봇청소기의 모태가 됐다.

　　창업의 실패는 돌이킬 수 없는 결과를 초래한다. 따라서 예비창업자가 자신에게 맞는 창업업종을 선택함에 있어 실패율을 낮출 수 있는 점검 항목은 다음과 같다.

　　첫째, 자신의 성격을 먼저 파악하고 그에 맞는 업종을 선택한다.

　　둘째, 자신의 경력, 특히 전문지식이나 네트워크를 활용할 수 있는 업종이면 더욱 좋다.

　　셋째, 자금 및 기술 등 경영자원의 관점에서 이상적인 기준과 너무 큰 차이가 없는 업종이 좋다. 즉, 현실성이 있어야 한다.

　　넷째, 시대 변화를 반영하되 자신이 따라잡을 수 있는 업종이 좋다.

　　다섯째, 상기의 성격, 경력 및 경영자원이 동시에 만족된다면 더욱 이상적인 업종선택이 될 것이다.

벤처를 시작하는 New-Old 접근방식

대부분의 소규모 벤처는 완전히 새로운 아이디어로 시작하지 않는다. 대신에 다른 사람의 아이디어를 개선하거나 변경하는 방식이 많다. 즉, 제품을 개선하거나 현재는 없는 서비스를 부가적으로 제공방식으로 시작하므로 이것을 New-Old 접근방식(New-Old approach)이라고 한다. 전형적인 예를 들면, 주위에서 흔하게 볼 수 있는 식당, 소매유통점, 커피숍, 패션 등 이런 점포들이 많지 않은 신도시 지역에 창업하는 방식이다. 물론 이러한 방식은 경쟁자도 쉽게 창업할 수 있으므로 매우 위험할 수 있다. 이런 사업을 하려는 창업자는 제품/서비스를 모방하기 어렵게 만들도록 노력해야 한다. 때로는 좋은 사업을 다른 창업 회망자들이 항상 기회를 보고 있다는 점을 간과하고 있을지도 모른다. New-New 접근방식이든 New-Old 접근 방식이든, 창업 회망자가 단지 느낌이나 직관만으로 무모하게 사업을 시작해서는 안 된다. 적절한 계획과 분석이 성공적인 벤처창업의 기본이다.

오늘날 대부분의 사업 아이디어는 경험으로부터 나온다. 미국독립사업전국협회(National Federation: independent Business)에서 수행한 조사에 따르면 회원을 대상으로 지금 하고 있는 사업의 아이디어를 어디에서 얻었는가?라는 설문의 조사 결과 이전 일의 경험이라는 비율이 45%이었고, 16%가 취미 또는 관심사였으며, 다음으로는 우연한 기회로부터가 11%, 어떤 사람의 제안에 의한 아이디어의 획득이 7%이었다.

그리고 베스퍼(Karl H. Vesper)의 좋은 사업 아이디어 창출을 일곱 개의 유형으로 나누어 설명하고 있다.

1. 기대치 않았던 초대(unanticipated invitation)

어떤 사업 아이디어는 제안이나 부탁의 형태로 오면서 발생하는 경우

2. 전직(prior employment)

창업 아이디어가 예비창업자가 몸담고 있었던 이전 직장의 업무와 관련하여

얻어지는 경우이며 잘 다니고 있던 직장에서 퇴사하고 창업하는 경우를 종종 보게 된다.

3, 권리의 획득(obtaining rights)

아이디어 개발권자로부터 권리를 사는 경우와 아이디어 창안자와 상호 협력 관계를 맺는 경우

4. 자기고용(self-employment)

하나의 사업을 우선 시작하게 됨으로써 이어서 또 다른 형태의 사업기회를 만나게 되는 경우

5. 취미(hobbies)

취미로 시작하게 된 것이 사업으로 이어지는 경우로, 단순한 관심에서 출발해 취미가 되고, 취미가 전문가 수준으로 발전한 사람들이다. 좋아하는 일에 몰입하면 그만큼 성공할 확률이 높아진다. 최근 창업 시장의 글로벌 트렌드도 하비프러너(hobby－preneur), 즉 취미를 발전시킨 창업이다. 예전에는 전문가 수준의 취미 생활을 하더라도 직업이나 창업으로 연결하기가 쉽지 않았다. 하지만 모든 것이 연결되는 모바일 시대를 만나면서 상황이 반전됐다. 인스타그램, 페이스북, 블로그, 포스트, 오픈몰 등 취미 활동의 산물을 마케팅하거나 팔 수 있는 수단이 다양해지면서 창업으로 이어지는 사례가 많아진 것이다.

6. 사회적으로 만난 사람들(social encounters)

사회활동을 통해 만난 사람들로부터 아이디어나 사업기회를 얻는 경우

7. 단순한 관찰(pedestrian observation)

주변상황을 단순히 관찰함으로부터 새로운 창업아이디어를 얻게 되는 경우

창업을 시작함에 있어서 창업아이디어는 매우 중요한 요소이다. 사업아이디

어의 바탕에서 사업구상을 체계화할 수 있고, 또 효과적인 사업계획서를 만들어 낼 수 있는 것이다. 이러한 창업아이디어를 얻는 원천으로 다음과 같은 사항이 있다.

전 직장　　　　많은 사람들이 기업에 입사하여 직장생활을 하게 되며, 독립적인 경제생활을 위해 창업을 하는 경우 그러한 직장 경험을 바탕으로 사업아이디어를 얻는 것이 일반적이다. 직장에서 전문화된 작업을 수행하다보면 해당 업무나 제품 및 서비스의 기술적 현황과 문제점 및 발전 가능성에 대해 잘 파악할 수 있다. 그리고 시장에 나와 있는 제품이나 서비스의 장·단점에 대해서도 분석적인 시각을 지니게 된다. 브랜드나 명성이 중요하지 않을수록 이러한 직장 경험에 바탕을 둔 창업이 성공적일 수 있다. 또한 직원으로서 퇴사 후 창업할 경우 자신이 취득한 지식이나 기술을 활용할 수는 있지만 그것이 과거의 직장에서 회사의 투자나 비용으로 얻어진 재산권일 때 회사는 그것에 대한 보호할 권리를 가지는 것이며, 업무상의 기밀, 전 직장의 내부발명 등에 대해서는 법적인 문제에 대하여도 각별한 주의가 필요하다.

사업에 초청　　　　어떤 경우 주변의 인물이 사업기회를 인식하고 그것을 성사시키기 위해 사업동업자나 투자자 등을 초청해서 창업 사업계획서에 의거하여 사업설명회 및 투자설명회 개최를 통해 동업자 또는 투자자의 협력을 얻어 창업을 추진하게 될 수 있다. 이 경우 사업기회의 포착이 상당히 소극적이지만 실제로 그것을 사업화 할 수 있다고 판단하고 추진을 결정한 창업자의 사후적인 노력과 적극적인 추진력이 필요하다.

권리의 취득　　　　다른 사람이나 단체가 개발한 제품/서비스의 특허 등에 대해 라이센스 등의 제작·판매권을 취득하는 것은 사업을 신속히 전개할 수 있는 방법이다. 이러한 권리를 취득할 수 있는 원천에는 전 직장, 타 회사, 개인발명가, 정부기관 등이 있다. 특허의 경우, 특허 소유권자를 대행해서 라이센싱 계약을 알선해 주는 국내외 브로커도 존재하고, 이들은 때로 특허권을 매입하여 재판매하는 경우도 있다. 제품에 대한 라이센싱은 기업체, 대학, 비영리 연구단체 등의 연구개발 결과로부터 얻을 수 있다. 기업체는 특정 제품 아이디어를 직접 개발하기는 했으나 기업의 규모에 비해 그 제품의 잠재시장이 너무 협소하다든지, 그것과 관련되지 않은 특정 시장에 특화해서 집중하려 한다든지 하는 여러 가지 이유로 라이센싱을 하게 된다.

자영업   독립적 경제활동을 영위하는 사람들이 그 활동과 경험으로부터 사업기회를 찾아낼 수 있다. 프리랜서 등 개별 활동 등을 통해 고객의 욕구를 잘 알 수 있어 그것을 충족시키는 새로운 사업을 추진할 수도 있고, 어떤 경우는 특정한 업종에 종사하다가 우연치 않게 새로운 상품 아이디어를 개발하게 되기도 하는데, 이러한 종류의 사업기회 발견을 샛길효과(side-street effect)라고 부른다.

취미생활   자신이 즐겨하는 취미생활로부터 사업아이디어를 구체화할 수 있다. 자신이 좋아하는 특정한 아이템을 잘 만들어 사용하다 보면 주변 사람들이 관심을 가지고 동일한 것을 만들어 달라는 주문을 하게 된다. 그러한 분류의 사람들이 일반 소비자화 될 수 있다는 판단을 할 수 있고 창업의 기회가 되기도 한다. 단, 취미생활은 자신이 좋아서 하는 것이고 자신의 돈을 기꺼이 투자하기 때문에 일에 대한 만족도는 높은 반면에 수익성 자체에 관심을 두지 않을 수 있다는 단점이 있다.

네트워크   직장 및 사회생활로부터 여러 부류의 사람들과 접촉한다. 이렇게 형성된 인맥이 상호 교류의 과정을 통해서 좋은 사업아이디어를 일깨우는 계기를 마련해 준다. 업무상 전문가집단, 예컨대 법조인, 회계사, 금융가, 투자가 등과의 주기적인 접촉을 통해서 그들이 알고 있는 특허의 라이센싱 기회나 매각 업체 등에 대해 정보를 입수할 수 있다. 또한 업계나 관련 협회 등과의 공식, 비공식적 네트워킹을 통해서 최근의 업계 현황과 사업 가망성 등을 타진해 볼 수도 있다.

계획적 탐색   대부분의 사업기회가 체계적인 탐색보다는 자연 발생적으로 발견된다고 해서 예비 창업자들이 우연적인 발견을 마냥 기다릴 수는 없는 것이다. 우연적인 발견도 적극적으로 탐색하는 자에게 높은 확률이 있기 때문에 무언가 아이디어 탐색의 방안을 모색해야 한다. 예비 창업자들이 적극적이고 체계적인 방법으로 사업아이디어를 얻을 수 있는 정보원천이 사실상 다양한 경로에 존재한다.

예컨대, 대형 장난감 제조업체의 경우 매년 대부분의 매출을 신제품 판매를 통해서 올리는데, 이는 장난감이 경쟁업체에 의해 쉽게 모방될 수 있고, 유행을 타서 시장 수요기간이 짧아 지속적으로 신제품을 개발할 수밖에 없기 때문이다. 이를 위해 장난감 회사는 각종 다양한 신제품 아이디어 개발 기법을 총동원하는데, 이에는 브레인스토밍, 라이센싱, 경쟁사 제품의 모방과 수정, 내부 인센티브와 압력, 고객조사, 신기술 적용, 경진대회 등이 포함된다.

끝으로 창업 기업가의 가치관과 생활습관을 습득하는 것이 중요하다. 창업 기업가는 늘 투자할 사업기회를 모색하며, 주변의 네트워크를 항상 자신의 자원으로 활용하고 도움을 받을 자세를 갖고 적극적인 활동을 통하여 성공적인 창업 기회를 적극적인 행동으로 추구하는 실천가라고 할 수 있다.

창업의 종류

창업의 종류에는 어떤 것들이 있을까? 창업은 그 기준에 따라서 여러 가지 분류할 수 있다. 업종에 따라서 제조업, 서비스업, 도소매업 등으로 구분하고 사업 분류 기준으로는 얼마나 새로운지 새로운 정도와 경영의 독립성, 그리고 소유자의 수 등으로 나눌 수 있다.

일반적으로, 창업은 창업의 목적, 창업의 특징, 창업 기업의 법적 구조, 창업의 형태에 따라서 다양하게 분류될 수 있다.

업종에 따른 분류

사업 분류 중에서 보편적으로 사용하는 기준은 통상 제조업과 서비스업, 도소매업이 있다. 창업 역시 이것과 같은 기준으로 분류를 해볼 수 있다.

제조업 창업　　　원료를 투입해서 새 제품을 만드는 사업이다. 제조업의 경우 경제에 미치는 승수효과가 크기 때문에 굉장히 중요하다.

서비스 창업　　　형태가 굉장히 다양하기 때문에 정의를 내리기는 어려운 분야로 제공한 서비스를 원상태로 환원하는 것이 어렵다는 특수성이 있다. 서비스 업의 창업은 사회가 산업화되면서 그 비중이 점차 증가하고 있다.

도소매업 창업　　　유통업 창업으로 주로 제품 판매와 관련한 도매나 소 매점을 창업하는 것이다. 특히 스마트폰 등 정보통신 기술과 사회적 변화의 가속 화에 따라 글로벌 창업이 빠르게 진행되고 있다.

독립사업 & 프랜차이즈 가맹사업

　최근 창업 유형으로 프랜차이즈 가맹점을 많이 볼 수 있다. 프랜차이즈 가맹 점은 프랜차이즈 본사에서 상품과 경영 등의 지원을 받고, 그 대신에 사업 경영을 하는데 체결한 계약에 따라서 제약을 받는다. 그 예로 맥도날드 햄버거가게는 맥 도날드 상호를 사용하고, 원자재를 공급받고, 경영기술을 지도 받게 되는데 그 대 신 경영을 하는 데 있어서는 본사와 약속한 것들을 지켜야만 하는 것이다. 프랜차 이즈 가맹점 사업은 많은 점포가 같은 물건을 취급하게 되면서 규모 경제성이 커 지게 된다. 그리고 경영기술을 본사와 가맹점이 효과적으로 협력해서 수익성을 비 롯한 경쟁력을 높일 수 있어서 사업이 계속해서 성장하는 것이다.

혁신적 창업과 모방창업

　혁신적 창업　　　기존에 있는 사업과 다른 기술, 경영, 제품 등의 창업을 말한다. 그 예로 특허나, 발명품을 사업화한다거나 크게 새로운 제품을 생산하고

자 하는 창업이 있다. 반면에 기존 기업들과 거의 같거나 굉장히 유사한 형태를 가진 기업들이 창업되는 것도 많이 볼 수 있다. 소매점이나 서비스 사업체, 음식점과 같이 제품과 기술, 경영기법 등이 기존에 있는 사업체와 크게 다르지 않은 것들을 모방창업이라고 한다. 그렇다고 혁신적 창업은 우수하고, 모방창업은 그렇지 않은 것이라고 볼 수는 없다. 또한 창업되는 많은 기업들 중 '혁신이냐' '모방이냐'로 구분할 수 없는 것들도 많다는 한계점이 존재한다. 대부분의 기업들은 모방창업처럼 보이긴 해도 나름대로 혁신적 요소를 많이 포함하고 있는 경우도 많이 있다.

개인중심 창업과 공동 창업   개인이 창업을 주도해서 제품을 결정짓고, 자금조달을 하고 경영 등을 스스로 주도 하는 것이 개인중심 창업이다. 그러나 이것과 다르게 2명 이상인 사람들이 함께 창업을 하는 경우 이것을 바로 팀 중심 공동 창업이라고 한다. 개인중심 창업은 책임과 권한이 분명히 있고, 의사결정은 신속하다는 장점이 있다. 그렇지만 자본이나 경영기술 등을 개인에게만 의존하게 되면서 한계가 올 수 있다. 공동 창업은 구성원들 간에 의견 차이가 생기면 의사결정을 하는 데 시간이 오래 걸린다. 그리고 책임 소재도 불명확한 부분이 발생할 수 있다. 반면에 전문화 등의 장점이 있다.

무점포 창업과 점포 중심형 창업   창업을 하면 공장을 세우거나 점포를 가지게 되는 등의 일정한 격식을 갖추고 하는 경우가 많이 있다. 반면에 점포 또는 공장이 거의 없다거나 거주하는 공간을 이용해서 격식을 갖춘 공간이 없더라도 창업할 수 있는 경우도 있다. 이런 창업을 무점포 창업이라고 한다. 무점포 창업은 점포를 확보하는 고정비용이 나가지 않기 때문에 자금에 관해서는 굉장히 효율적인 창업이 될 수 있다. 사업자금 조달이 어려운 초기 소자본 창업자의 경우 특별히 관심을 가지고 고려할 가치가 있는 창업형태이다.

벤처기업 인수

벤처기업 인수는 이미 세워진 기업을 매수해 사업 시작을 하는 방법도 있다. 사업을 하는 것은 창업 목적보다는 이윤 추구를 위한 것이기 때문에 기업을 매입해서 사업 시작을 하는 방법 역시 창업 관련한 좋은 대안이 될 수 있다. 장점으로는 첫째, 새롭게 창업해서 무에서 유를 창조하는 미래의 성공적 운영에 대한 불안 감소와 기존의 자산과 사업기반을 확보하여 안정적으로 경영할 수 있다. 새로운 사업은 두 가지 큰 위험요소를 안고 있다. 하나는 제품/서비스를 판매할 시장에 대한 경험 부족이고, 다른 하나는 재무적 통제의 실패이다. 둘 중의 하나라도 문제가 되면, 창업은 실패한다. 둘째, 사업이 안정되기까지 걸리는 시간이 단축되어 좋다. 기존 회사는 이미 경영을 위해 필요한 고객, 재고, 인적 자원, 시설 등을 확보한 상태이다. 대부분 창업자가 새롭게 창업하여 이런 부분을 모두 해결하려면 상당한 시간이 필요하다. 기존 기업은 효율을 최대화하기 위하여 우수한 인력을 확보와 가지고 있는 문제점 해결을 위해 이미 많은 시행착오와 시간과 노력을 투자했다. 기업을 인수하면 대부분 기존 직원이 근무하는 것이 일반적이다 따라서 직원들의 처우가 바뀌지 않는다면, 별도의 인력 채용, 교육, 훈련, 배치 등을 걱정하지 않아도 된다. 아울러, 기존 기업의 외부 이해관계자들(고객, 협력업체, 금융기관, 지역사회 등)과 적절한 관계는 인수자에게 도움을 주는 경우가 있다. 협력업체는 그 회사의 거래형태와 상황을 잘 알고 있으며 운영 관리에 대한 조언을 얻을 수 있다. 또한 주거래한 은행이 있다면 회사의 자금 수요를 알고, 전 사업자의 경우와 유사한 신용한도와 도움을 줄 수 있다. 기존에 거래하는 법률회사나, 회계사 등 다른 전문가들도 인수하는 창업자에게 도움을 줄 수가 있다. 셋째, 경우에 따라서는 창업자의 건강악화나 승계자 문제 등으로 불가피한 상황에서 매각하는 기업을 발견하는 경우 좋은 가격으로 인수 가능하다. 물론 좋은 벤처기업을 지나치게 낮게 매각하는 경우는 없다. 현재 기업가치보다 높은 프리미엄을 피하는 것이 중요하며 충분한 인수 기업에 대한 가치평가로 이런 실수를 사전에 방지할 필요가 있다. 기업인수의 단점으로는 초기투자가 직접 창업을 시작하는 것보다 크게 될 수도 있고, 전 사업자의 나쁜 평판이 계속 될 수 있으며 인수시 재무상태를 충분히 검토하지 않을 경우 우발적인 채무가 발생할 우려가 있다.

창업자 개인적 선호도　　　창업자는 개인적 특성 요인들을 잘 파악하여 인수 대상 벤처의 범위를 축소할 필요가 있다. 창업자의 기본적인 배경, 전공, 기술, 흥미, 경험 등이 인수할 사업의 유형을 결정하게 되는 중요한 요인이 된다. 또한, 기업의 소재지에 대한 선호도, 사업의 규모 등도 선택 과정에 중요한 역할을 한다.

회의검증　　　인수할 벤처를 찾는 창업자는 다양한 경로를 통해 가능한 사업기회를 충분히 검증해야 한다.

- **협회/업종 정보:** 공급업체, 제조업, 유통업체, 전문잡지, 업종별 협회, M&A 지원기관(중소벤처24) 등에서 매각 희망 회사의 정보를 얻을 수 있다.
- **사업중개인(business broker):** 사업기회에 특화된 전문가로서, 매각을 희망하는 벤처를 찾을 때 조언과 안내를 할 수 있다. 그러나 인수자는 중개인의 평판, 거래실적, 서비스, 관계 등을 감안해야 한다. 또한, 중개인은 보통 매각 측을 대변한다는 것을 반드시 기억해야 한다.
- **전문가정보:** 경영 컨설턴트, 변호사, 회계사 등도 인수가 가능한 업체에 대한 정보를 가지고 있다.

인수 대상 벤처의 평가　　　매각 기업의 다양한 정보를 고려한 후, 창업자는 인수 대상 벤처를 여러 가지 측면에서 평가하게 된다.

사업 환경　　　현재의 위치를 활용하는 경우에는 지역적 환경을 충분히 분석해야 한다.

- **수익 매출, 운영비용:** 사업에 대한 잠재적 수익은 벤처의 매력도와 인수가를 결정하는 핵심 요인이다. 사업이 가지는 수익 잠재력을 측정하기 위하여, 창업자는 과거에 달성한 이익, 매출, 운영비용에 대해 검증하고, 향후 1~3년의 매출과 이익을 추정해야 한다. 이 부분은 인수 대상 기업의 매력도

와 가격 프리미엄 그리고 사업의 성패를 결정하는 매우 중요한 요소이다.

기업 자산　　　　사업의 유형(고정자산 등)과 무형(예: 지적재산권 등) 자산을
평가해야 한다. 특히 다음의 자산에 대해 확인(실사)해야 한다.

- 재고, 품질, 판매가능성, 상태
- 설비, 시설, 가치, 상태, 임대/소유여부, 집기, 비품
- **외상매출금(채권)**: 미수채권기간, 수금기간, 고객의 현재 신용도
- 상표, 특허, 저작권, 브랜드가치, 라이센스, 사업성공에 대한 기여도, 경쟁력 기여도
- 영업권, 평판, 확보한 고객, 기업의 신뢰도

기존벤처의 인수는 많은 이러한 문제점을 미리 피할 수 있다. 하나의 예를 들면, 사업의 초기의 중요한 문제점들을 전 경영자가 이미 해결했을 것이다. 더불어 인수자가 검증할 수 있는 매출액, 수익, 판매제품의 유형, 점유율 등에 대한 자료가 있다. 그러나 보이지 않는 잠재적 위험 요인도 있다. 예를 들면, 기업의 성공이 소유주나 경영자의 개성과 역량에 의한 경우, 기업매각을 위해 기업의 성과를 최고치로 달성하였거나 시장에서제품의 수요가 이미 최대에 도달하였을 경우, 인수자가 다수 존재하는 경우에는 인수 가격이 너무 높아지는 상황이 발생할 수 있다. 무리한 인수는 실패로 향하는 지름길임을 반드시 명심하여야 한다.

주요점검사항

기업의 인수여부를 고려할 때, 창업자는 사전에 일련의 '핵심 질문'을 작성한 후에 주요 점검사항들은 결과에 따른 의사결정에 많은 도움을 준다.

사업을 왜 매각하는가?

첫 번째로 점검할 사항은 "왜 사업을 매각하는가?"이다. 인수 희망자가 들은 매각이유와 실제 이유가 다른 경우가 빈번하다. 교과서적인 대답은 아마도 "은퇴를 생각한다", "나는 이 사업의 성공했고 그래서 새로운 도전으로 다른 사업을 해볼까 한다", "해외로 이주하려고 한다" 등이다.

위의 대답이 객관적이라면, 그 사업은 인수가 타당하다. 그러나 이에 대한 확인에 필요한 개인 정보를 얻기가 어려운 경우가 많다. 대안은 회사에 관련된 정보를 다양한 경로를 통하여 입수하는 것이다. 소유주가 협력업체와 중대한 문제가 있는가? 자가 사업장이 아닌 경우 임대료나 임대기간에 문제가 있는지, 도시계획이나 재개발에 대한 문제가 있는지, 강력한 경쟁자(예: 대형쇼핑몰)가 있는지, 지역 인구의 급격한 감소가 있는지, 사업을 제한하는 정부의 규제나 조례가 제정되는지 확인할 필요가 있다. 특히 우발적인 채무나 기업매각 후 전 창업자가 인근에 유사한 사업을 창업하는 경우를 방지하기 위해 법적 거래 제한(legal restraint of trade), 비경쟁약속 혹은 경쟁금지합의(non-compete agreement)라고 불리는 내용을 계약서에 다음과 같이 합의조항으로 추가해야 한다. "사업 매도인이 현재 위치로부터 합리적 거리 이내에 최소 3년 이상의 기간 동안 동일한 사업을 하지 않는다". 이러한 조항은 기업 인수자가 기존 고객을 유지하고 영업권을 확보하는 데 많은 도움을 준다.

사업의 현재 물리적 상태는 어떤가?

사업의 희망 매각가격이 적정한 것처럼 보여도, 자산의 물리적 상태에 대한 확인이 필요하다. 회사가 소유하고 있는 건물이나 시설, 보유설비에 대한 물리적 상태가 어떠한지 실질적인 조사가 필요하다. 장부상 잔존가치가 많이 남았더라고 하더라고 과도한 사용이나 관리부실로 잔존 가치를 다하거나 사용이 불가능한 경우가 많다. 특히 중대한 하자가 있거나 보수, 철거비용이 크게 발생하는 경우는 가격 협상에 적절히 반영할 수가 있다.

재고의 상태는 어떠한가?

현재 기업이 보유하고 있는 재고와 장부재고를 확인할 필요가 있다. 상품이나 원자재 재고가 실제로 존재하는지, 재고는 상태가 양호한지, 가치를 지니고 있는지에 대한 검증이 필요하며 특히 운영되고 있는 기업의 재고와 가치는 수시로 변하기 때문에 인수인계 시점의 재고 가치를 명확히 할 필요가 있다.

회사의 다른 자산의 상태는 어떤가?

대부분의 벤처기업들은 물리적인 자산 이외에 다른 자산을 보유하고 있다. 연구개발 성과물, 제품에 대한 고객의 평판, 임대차 권리와 비용, 라이센스 등 무형적인 자산에 평가가 필요하다. 특히 인수자는 영업권(goodwil)이라고 불리는 무형자산을 확인해야 한다. 영업권은 장부 외에 회사가 가지고 있는 비즈니스 가치로 정의된다. 영업권이란 기업의 브랜드 가치나 평판·인적 네트워크(영업망) 등 기업경영을 하면서 쌓인 성장 잠재력을 의미한다. 평판과 인맥이 좋다는 건 돈으로 가격을 매기기 어렵기 때문에 평소에는 이 자산이 회계장부에 드러나지는 않는다. 일반적으로 기업을 인수하는 과정에서 시장가격보다 더 많은 돈을 지불하고 사게 될 경우, 기업의 성장 잠재력을 '웃돈'을 주고 산 것으로 보고 인수자의 회계장부에 '영업권'이 무형자산으로 나타나게 된다. 영업권은 식별할 수 없는 무형자산으로서 사업결합시 인수자가 지불한 이전 대가가 이전 사업자의 순자산 공정가치보다 큰 경우 그 초과액과 기업이 동종 산업의 다른 기업보다 더 많은 이익을 창출할 수 있을 때 초과이익을 자본화한 것이다. 즉, 영업권은 경쟁기업에 비해 초과이익을 얻을 수 있는 능력이라고 할 수 있다.

총괄평가법　　　사업결합시 영업권의 평가 방법
- **의의**: K−IFRS에 의한 영업권
- **방법**: 피취득자의 순자산 공정가치(자산 공정가치 − 부채 공정가치)와 이전대가와의 차이를 영업권으로 인식
- **회계처리**: 피취득자의 자산과 부채의 공정 가치를 취득자의 회계장부로 이전시키고, 이전대가를 대변에 기록하여 차변과 대변의 차이를 영업권으로 기록

초과이익할인법　　　이론적인 영업권 평가방법
- **의의**: 영업권의 본질에 근거한 방법
- **방법**: 피취득자의 초과이익을 할인하여 영업권 가치를 산정
- **과정**
  (1) 정상이익 = 피취득자의 순자산 공정가격*정상이익률

(2) 예상이익＝피취득자의 과거 당기순이익의 평균

(3) 초과이익＝예상이익－정상이익

(4) 영업권＝초과이익*자본화계수

얼마나 많은 직원이 남는가?

만약에 유능한 직원들이 새로운 인수자와 같이 일하려 하지 않는다면, 기존 고객이 기대하는 좋은 서비스를 제공하기가 곤란하다. 특히 첨단 기술형 벤처기업을 인수하는 경우 인수 후 직원이 떠나면 빈껍데기인 기업을 인수하게 되는 경우가 빈번하다. 벤처기업을 인수하는 경우 직원도 소유주와 마찬가지로 회사의 중요한 자원이다. 직원은 인수한 기업의 성공에 중요한 역할을 담당한다. 따라서 인수자가 반드시 확인해야 할 사항은 "만약에 일부가 떠난다면, 남은 직원만으로 고객이 친숙한 정도의 서비스를 제공하기에 충분한가?"이다. 특히 인수자는 퇴직하려는 핵심 인력에 신경을 써야 한다. 핵심 인력은 기업의 사업가치의 일부이다. 만일 이들의 퇴직이 확실시 된다면, 인수 희망 가격을 어느 정도 낮춰야 한다. 그 액수는 매출의 감소와 핵심 인력을 대체할 비용을 고려해서 결정된다.

다만 기존 사업을 인수할 때 인수희망자는 각 직원들의 현재의 업무성과와 기여도를 평가하고, 현 사업주와 논의를 해야 한다. 인수 기업의 핵심 직원을 유지하는 좋은 방법은 기업을 완전히 인수하기 이전에 모든 직원들과 면담을 하여 계속 고용 여부를 결정하는 것이 타당하다.

사업이 어떤 유형의 경쟁을 하고 있는가?

기업이 어떤 제품이나 서비스를 제공하더라도, 고객의 수와 구매금액은 제한적이다. 따라서 경쟁이 높을수록 고수익을 올릴 확률은 그만큼 낮아진다. 경쟁자의 수가 증가하면 경쟁비용 역시 증가한다. 더 많은 돈을 광고비로 쓰게 되고 가격 경쟁이 심화되고 가격 경쟁은 수익의 감소로 이어진다. 아울러 경쟁의 품질 또한 고려해야 한다. 지배적인 경쟁자가 있을 경우 나머지는 시장에 작은 영역을 두고 경쟁해야 한다. 그리고 시장에서의 경쟁 관행도 고려할 필요가 있다. 경쟁 분석에서 비윤리적 관행(unscrupulous practices)을 고려해야 한다. 경쟁이 어느 정도

치열한가? 상상하기 힘들 정도로 치열하다면, 인수희망자는 가격담합이나 불공정한 리베이트를 주는 관행 등을 감안해야 한다. 특히 신규 인수자에게 불공정 행위를 하는 비윤리적인 경쟁자가 있다면 사전에 인지할 필요가 있다. 그리고 고객들이 특정 지역에 있는 사업자들에게 부정적 인상을 갖게 될 경우 그 지역의 아무하고도 거래를 하지 않게 되는 경우가 발생하여 전체 사업자가 몰락하는 결과를 초래하게 된다.

인수 기업의 재무적 상황은 어떠한가?

기업의 인수희망자는 재무장부를 검증할 회계사가 필요한 경우가 많다. 회사의 재무적 관점에서 어느 정도 성과를 나타내고 있는지를 아는 것이 중요하다. 제일 중요한 지표 중의 하나는 유동성 비율로, 이는 기업이 단기 채무를 상환할 수 있는 상태를 보여준다. 둘째는 순이익율이다. 순이익률은 매출액 중 주주에게 돌아가는 순이익이 몇 퍼센트인가를 나타내는 수익성 지표이다. 예로서 매출액이 100일 때 순이익이 10이라면 순이익률은 10%이다. 이 말은 매출액 중 10%가 주주에게 최종적으로 돌아가는 이익이라는 의미이다. 순이익에는 일회성 손익이 포함되어 자산 처분 등의 이슈가 발생하면 그 변동성이 커져서 순이익률 역시 급변하게 된다. 따라서 한 해의 순이익률만으로 기업의 수익률을 평가하면 오류가 발생하게 된다. 이러한 오류를 피하게 위해서는 장기적인 순이익률 추이를 파악하고 매출총이익률, 영업이익률 등의 다른 수익성지표와 함께 기업을 평가해야 한다. 다시 말하면 수익성을 일시적으로 왜곡시키므로 인수시에는 이 점을 주의해야 한다. 세 번째 지표는 순자산 수익률(Return on Net Assets)이다 순자산 수익률은 순이익을 고정 자산 및 순 운전 자본으로 나눈 값으로 계산된 재무성과의 척도로, 기업에서 성과를 잘 파악하는 데 사용할 수 있다. 회사와 경영진이 자산을 경제적으로 가치 있는 방식으로 배포하고 있는지 또는 회사가 다른 회사와 비교하여 실적이 우수한지 저조한지를 알 수 있다. 이러한 지표들이 높게 나타난다면 인수자에게 더 높은 가격을 요구할 것이다.

거래의 협상

인수하려는 창업자는 최종적으로 거래를 마무리 하는 협상을 해야 한다. 협상과정은 다양한 요소를 포함하고 있다. 그 중에 협상에 필요한 정보, 시간, 압박, 대안이라는 네 가지 핵심 요소들을 정확히 파악해야 한다. 이중에서 정보는 협상의 가장 중요한 요소로 볼 수 있다. 앞에서 언급한 회사의 성과, 경쟁의 특성의 상황, 핵심 실사사항의 결과 등이 사업의 실질 잠재력을 결정하는 핵심 요소이며 신뢰할 수 있는 정보가 없다면 인수협상에서 상당한 불이익을 감수해야 할 것이다. 기본 협상의 규칙은 기능한 모든 정보 출처를 파악하는 것이다. 시간 또한 중요한 요소이다. 만약 매각자가 이미 다른 사업체를 인수하거나 건강 등의 이유로 시간이 부족하다면 충분히 유리한 조건을 이끌어낼 수 있다. 시간은 상대방보다 여유 시간이 많을수록 유리한 속성을 가지고 있다. 기업의 인수희망자가 유일하다면 상대방에게 상당한 심리적인 압박을 주게 될 것이다. 반대의 경우라면 인수하려는 창업자는 불리한 협상테이블에 이끌려가게 될 것이다. 마지막으로 협상에는 반드시 대안을 가지고 있어야 한다. 불리한 협상의 경우 인수자의 대안은 인수를 자체를 포기하거나 아니면 다른 기업인수 기회를 기다리는 것이다. 어느 경우이든 협상 상대방의 대안을 예측하고 있어야 한다. 이것이 독이 든 성배를 마시지 않고 협상의 성공 가능성을 높이는 데 큰 영향을 주기 때문이다.

벤처기업을 인수할 때 고려할 추가 사항을 정리하면 다음과 같다.

- 매도자가 사업의 일부의 지분이라도 유지하거나 혹은 최종 인수가격을 사업의 향후 3~5년간의 경영성과에 연계하도록 요구하라.
- 문서로 확실하게 입증되지 않는 모든 약속을 조심하라.
- 인수 후 실제로 사용 가능한 현금자산 액수의 파악에 충분한 시간을 투자하라.
- 현재 기업 소유주뿐만 아니라 협력업체, 경쟁자, 고객, 직원, 지역사회까지 면담하라.

프랜차이즈의 정의

프랜차이즈의 본래 의미는 프랑스어로 '특권을 주다'에서 유래했다. 중세 유럽 시대 부르주아들이 '부르(Bourg)'의 소유권을 가진 영주들에게 돈을 주고 자치권을 산 행위에서 비롯되었으나, 지금은 특정 프랜차이즈(가맹기업)가 다수의 영업점인 직영, 가맹 모두를 포함하는 방식을 취하는 형태를 뜻한다. 프랜차이즈가 꼭 외식업에서만 쓰는 말은 아니지만, 국내 프랜차이즈는 대부분이 유통, 외식업에 치우쳐있으며, 국내법에서는 "가맹업" 또는 "가맹사업"이라는 용어로 지정되어 있다.

상법 제168조의6(의의) 자신의 상호·상표 등(이하 이 장에서 "상호등"이라 한다)을 제공하는 것을 영업으로 하는 자[이하 "가맹업자"(加盟業者)라 한다]로부터 그의 상호등을 사용할 것을 허락받아 가맹업자가 지정하는 품질기준이나 영업방식에 따라 영업을 하는 자를 가맹상(加盟商)이라 한다.

가맹사업 진흥에 관한 법률 제2조(정의) 이 법에서 사용하는 용어의 뜻은 다음과 같다.
1. "가맹사업"이란 가맹본부가 가맹점사업자로 하여금 자기의 상표, 서비스표, 상호, 휘장(徽章) 또는 그 밖의 영업표지[이하 "영업표지(營業標識)"라 한다]를 사용하여 일정한 품질기준이나 영업방식에 따라 상품(원재료 및 부재료를 포함한다) 또는 용역을 판매하도록 하면서 이에 따른 경영 및 영업활동 등에 대한 지원·교육과 통제를 하고, 가맹점사업자는 이에 대한 대가로 가맹본부에 금전을 지급하는 계속적인 거래관계를 말한다.

가맹사업거래의 공정화에 관한 법률 제2조(정의) 이 법에서 사용하는 용어의 정의는 다음과 같다.
1. "가맹사업"이라 함은 가맹본부가 가맹점사업자로 하여금 자기의 상표·서비스표·상호·간판 그 밖의 영업표지(이하 "영업표지"라 한다)를 사용하여 일정한 품질기준이나 영업방식에 따라 상품(원재료 및 부재료를 포함한다. 이하 같다) 또는 용역을 판매하도록 함과 아울러 이에 따른 경영 및 영업활동 등에 대한 지원·교육과 통제를 하며, 가맹점사업자는 영업표지의 사용과 경영 및 영업활동 등에 대한 지원·교육의 대가로 가맹본부에 가맹금을 지급하는 계속적인 거래관계를 말한다.

프랜차이즈의 장점은 가맹본부와 창업자 역량을 혼합하여 창업자의 부족한 부분을 보완하고 시너지를 높이는 혼합형 방식이라는 것이다. 예로서 창업자의 낮

은 인지도를 극복하기 위해 별도의 광고비용이 요구되지 않으며 가맹기업의 브랜드 활용하여 높은 수준의 인지도와 모든 관리와 영업 방식 등의 노하우를 얻을 수 있으며, 프랜차이즈를 이용하지 않고 개인이 외식 서비스 부분에서 창업을 시도할 시 입지 결정, 인테리어, 영업 방식, 조리법, 재료 조달, 홍보, 세무 처리 등 수많은 사항들을 창업자 개인이 홀로 처리해야 하므로 이는 대부분의 초보 창업자에게는 적지 않은 부담으로 다가온다. 이러한 부담을 프랜차이즈 업체를 활용한다면 상당부분 해소할 수 있다. 특히, 자본은 있으나 해당 분야에 대한 경험이 부족하고 해당 분야의 창업 지식이 부족한 중장년층 은퇴자들에게 있어서 체계적인 매뉴얼을 통해 사업을 시작할 수 있는 프랜차이즈는 매우 매력적으로 다가올 수밖에 없다.

하지만, 위의 장점이 곧 업주의 리스크(Risk)가 될 수 있다는 단점을 내포하고 있다. 가맹점주가 리스크(Risk)를 피하기 위해 맺는 갑을 관계로 인한 피해를 볼 수 있으며, 이를 구제할 법의 미흡으로 보호받기 어렵기 때문이다. 갑을관계에서 갑인 프랜차이즈 업체는 리스크(Risk)를 줄이기 위해 가맹기업이 기본 마진을 가져가는 비율을 적용하고 있으며, 이는 곧 창업자의 실마진율 저하로 이어지고, 간혹 매출이 좋지 않더라도 본사(가맹기업)에는 일정량의 수익을 줘야 하므로 결국 피해를 보는 쪽은 가맹점에 한정되는 경우가 많으며, 일방적인 인테리어 교체나 물품 강매 등의 악덕 업체로 인한 피해도 종종 발생하고 있으므로 가맹본부의 평판과 계약에 많은 주의를 요한다.

프랜차이즈 창업절차

| 창업문의 | • 가맹점 창업에 대한 궁금한 사항을 프랜차이즈 본사에 문의
  - 전화문의/홈페이지 게시판 문의/홈페이지 실시간 문의/이메일 문의
  - 유명한 아이템 중 최소 3개 이상의 FC브랜드 상담 필요
  - 창업의 환경(자금, 인력지원, 적성, 운영시간 등)에 맞는 업종점검
• 프랜차이즈 창업을 위해 다양한 루트(광고, 홍보, 마케팅, 지인소개, 직접매장방문, 기사나 TV등)를 통해 본사에 상담문의한다. 보통 T/M, D/M 그리고 미팅을 통해 해당브랜드의 경쟁력, 차별성, 수익 |

	성, 정체성 등을 확인하고 각종자료나 수치에 대한 상담과 점검기능을 의미한다. • 반드시 사전 점검할 사항은 공정거래위원회로부터 정보공개서가 등록된 브랜드인지 확인해야 하며 정보공개서 내용을 꼼꼼히 사전 확인 점검 후 연락 상담해야 한다.

창업상담	• 프랜차이즈 본사 담당자와 미팅(회사소개, 사업설명, 창업지용, 수익성 등의 상담)
	    − 정보공개서 제공요청(계약이전이라도 본사의 정보공개서 요청 가능)
	    − 정보공개서 수령(열람) 14일 이후부터 본 계약 체결 가능
	    − 해당브랜드의 가맹계약서 사전점검 필수
	    − 공정거래위원회 사이트에서 정보공개서 열람점검 필요
	    − 현 운영 중인 가맹점 최소 1개 이상 방문 점검
	• 프랜차이즈 가맹을 위한 상담은 크게 본사임직원과 가맹점 운영주와의 상담으로 구분한다.
	• 본사임직원과의 상담 시에는 브랜드의 특징, 규모, 성장 동력, 차별성, 수익성, 본사 지원 사항, 가맹점의무사항, 개설비용, 교육내용, 사후관리시스템 등 제반 운영에 대한 사항을 문의·확인해야 하며 가맹점 운영주와의 상담 시에는 본사의 진실성, 능력, 지원 사항, 계약이행내용 등 실질적 본사역량과 임직원의 역량을 점검해야 한다.

가계약	• 창업자가 희망상권에 대하여 프랜차이즈 본사로부터 상권을 우선하여 독점권을 가질 수 있는 (가)계약
	    − 일정기간 상권에 대한 우선 창업권리 부여
	    − 상원내 입지 및 브랜드 출점에 따라 선지위 확보계약
	    − 프랜차이즈 본사에 따라 제도 기준 상이(해당본사 문의)
	    − 계약파기 시 계약금 환불규정에 대한 점검 필수
	• 흔히 F/C계약 시 가계약이라 하면 브랜드계약에 따른 상권보호계약과 계약 전 브랜드계약에 대한 의지의 표현으로 구분한다.
	• 가계약은 해당지역에 대한 입점의사와 브랜드사용과 협업에 대한 의지를 표현하며 그에 따른 가계약금을 전달해야 한다.
	• 가계약 이후 본 계약까지 일정은 점포색인, 점포계약 등 실제적인 계약에 따른 행위가 마무리되어야 계약으로 완료된다.
	• 가계약 후 실제적인 본 계약이 이루어지지 않을 경우 계약 시 지불한 금액은 사용경비를 제외한 금액만큼 돌려받을 수 있다.

상권분석 및 점포개발	• 개설 희망지역, 가맹점 창업가능지역, 본사 추천지역 상권입지조사, 상권 및 시장분석, 본사추천점포, 창업자 직접 점포작업 등을 통한 후보 점포선정

	– 추천점포에 대한 판정표와 전수조사 자료 요청 검토 – 최소 3개 이상 점포 수익성 분석 예상 자료 점검 • 대부분의 FC 창업 시 해당 점포색인 및 위치선정은 본사영업부 직원이나 본사와의 협력업체(부동산개발회사)가 대행해 준다. 따라서 본사에서 색인한 해당점포에 대하여 상권판점표를 근거로 수치와 물건의 경쟁력을 현장에서 반드시 확인해야 한다. 특히 금액(권리금, 보증금, 임대료)에 대하여 투명성과 자본성이 필요함에 따라 철저한 점검과 확인이 필요하다. 또한 해당 점포에 대한 질권설정과 권리분석의 정확도가 필요함에 따라 전문가들의 조언이 필요하다고 판단될 경우 권리증명서를 직접 확인하거나 정식 컨설팅을 통해 점검해야 한다.

점포 본 계약	• 점포계약조건(매매, 임대가격, 임차료, 권리금 등) 확인, 점포 등기부등본 열람 이상유무 확인, 점포 본 계약(임차기간, 명도일, 점포 특약사항 등)
	    – 창업기초사항 점검(정화조, 전기용량, LNG/LPG, 상하수도 등)
	    – 간판규격 규제 등 심위구역 여부 점검
	    – 점포가 상가일 경우 상가번영회의 업종이상 유무 점검
	• 가계약 이후 상권분석과 점포개발 후 해당점포에 대하여 본 계약을 시행해야 한다.
	• 본 계약 시에는 반드시 계약일 기준 발행한 건축물관리대장을 점검하여 점포에 대한 권리분석을 명확히 해야 하며, 점포시설에 따른 원상복구, 시설A/S, 계약기간, 재계약조건, 임대료인상시기, 양도양수조건 등 다양하게 발생될 내용에 대한 계약사항이 점검이 필수다. 때론 전기용량, 가스용량, 불법건축물, 정화조용량 등 인허가 사항에 위배되는 내용의 사전 미점검을 통해 불이익을 당하는 경우로 발생할 수 있다.

본사 가맹 본 계약	• 프랜차이즈 가맹계약서 내용확인, 인테리어 설계(인테리어 설계 및 시공내용 점검), 프랜차이즈 본사 가맹 본 계약체결(계약금 납부, 중도금, 잔금일정 확인)
	    – 가맹계약기간 등 가맹사업 공정화에 대한 법률 조항 점검
	    – SUPERVISOR 활동 점검
	    – 시설이나 원재료에 대한 공급의 범위 점검
	    – 점포회생전략 프로그램과 폐점지원프로그램 가동유무 검토
	    – 양도양수 시 규제사항 점검
	• 브랜드 계약 체결 시 본사와의 갑을관계를 떠난 실질적인 계약 내용을 점검해야 한다.
	• 브랜드 사용에 따른 금액과 기간, 내용에 대한 조건을 점검하고 각 부분별 지원 사항과 역할의무를 세부적으로 점검해야 한다. 또한 물적, 인적 지원의 범위 및 규제, 기간과 활용의 범위를 계약서 내용에

	존재해야 하며 계약서의 내용 또한 공정거래위원회에서 권유한 표준계약사항임도 점검대상이다. • FC 본사계약은 특히 상권의 범위, 계약기간, 재계약 또는 계약파기 조건, 양도양수, 시설주체, 원부재료 구입의 범위 등 실제 계약에서 필요한 요건들을 세부적으로 판단 점검해야 한다.
인테리어 및 시설공사	• 인테리어 시공(목공사－전기공사－배관공사－바닥공사－도장공사－인테리어 간판공사, 감리, 준공) 　－ 전반적 인테리어 관련 허가, 신고사항은 FC본사와 상의 후 시공업체에서 수행 검토 • FC 인테리어는 보통 "갑" 또는 "갑"이 지정한 업체에서 실시하는 것이 보통이다. 이때 창업자는 반드시 본사로부터 시방서와 일정표 그리고 도면(평면, 측면, 천장, 3D) 등을 사전 조율을 거쳐 확정해야 한다. 또한 각 공정별 마감확인서를 받으므로 공사 후 발생할 분쟁을 사전에 차단하는 process를 준수해야 한다. 또한 각 공정별 하자 보수나 A/S에 대하여 사전에 본사 시설담당자나 책임자에게 문의 점검해야 한다.
직원 및 가맹점주 교육	－전 가맹점주 프랜차이즈 시스템, 매뉴얼 조리실습교육 －업종별 관련허가(위생교육, 사업자등록증 신청 등) －직원선발 및 교육(시스템, 메뉴, 접객, 서비스교육) －세부교육(부가가치세, 종합소득세 등) 실시 점검 • 가맹점 창업 시 사전 OJT교육이나 보수교육은 정말 중요하다. • 점포개점 전 교육인 OJT교육은 이론과 실무, 체험으로 구분하여 점포운영에 대한 모든 사항 직·간접교육을 실시해야 한다. • 제품, 시설, 세무, 종업원 교육, 매장운영, 서비스 등 직접운영관리교육과 기업가정신 등 기업가 역량을 병행 실시한다. 종업원이나 직원에 대한 접객실무교육 또한 필요하며 운영 중 필요시 보수교육도 정기·부정기적으로 실시해야 한다.
시설집기 입고	－시설기기(주방잡기, 상품집기, 조리기계 등) －원부자재(초도물류, 비품), 홍보물 입고 매장 －전체 시설에 대한 예비가동과 직접 점검기능 필요 －집기비품 및 초도상품 이상 유무 점검 • 가맹점 OPEN에 따라 사전 5~3일전 시설과 집기가 점포에 입고된다. 이때 인테리어 전반에 대한 점검과 각 시설, 집기별 이상 유무를 확인해야 하며 특히 전기기구에 대한 콘센트의 위치 및 전력량, 승압에 대한 유효성 등을 점검해야 한다. 또한 본사에서 입고된 원부재료에 대한 수량, 중량, 규격의 검수와 확인, 도면에 맞춘 집기 정확도의 점검이 필요하다.

가오픈	– 매장 현장시스템 시뮬레이션을 통한 영업시스템 점검 및 문제점 보완개선 – 매뉴얼 교육 미숙지시 재교육 요청 – 최소 3일차, 2일차, 1일차 교육 요청 – 시설, 물품 등 전체적인 준비, 가동상태 점검 • 가오픈이란 오픈 전 사전 점검기능을 의미한다. • 실제 OPEN에 따른 전반적 점검과 고객접객을 통해 사전 검토기능 이며 그에 따른 역량과 효율성의 검토 기간을 의미한다. 전반적인 매뉴얼 숙지에 대한 점검과 실행프로그램의 정확도, 균형, 전문성 습득정도의 점검기능을 의미한다.
오픈 및 영업개시	– 오픈 이벤트 홍보행사, 고객 판촉행사 실시 – 사은품 및 판촉계획의 지원여부 점검 – 이벤트 프로그램 검토 • OPEN 행사에 따른 EVENT용품과 사은품은 계절과 장소, 업종에 따라 상이하게 준비해야 한다. 또한 지나친 고성방가와 현란한 음향, 조명으로 주변업장이나 고객들에게 부담을 주는 행위는 점포의 안 정적 운영전략을 문제를 야기시킬 수 있다. 정식 OPEN을 위해선 잔돈과 홍보물을 미리 점검하고 첫인상의 좋은 기억을 고객에게 주기 위한 사전 예행연습과 친절한 서비스를 시행해야 한다. 철저한 준비와 실천이 운영성공의 필수요소임을 점검한다.
오픈 후 관리	– 본사 슈퍼바이저의 정기방문 영업지도 및 직원현장교육영업현황 점검 및 개선방안 제시 – 신메뉴 개발 능력검토(R&D 연구소) – 브랜드 홍보 전략실행점검 • 점포운영의 성공은 고객만족에 있다. • 철저한 준비와 실행만이 성공창업을 보장하듯이 충성고객 만들기와 표적고객, 소비성향분석을 통해 지속적인 고객관리와 서비스의 실행 이 적극적으로 필요하다. 또한 지역 한정 고객에 대한 영업이므로 지역 환원적 측면의 다양한 마케팅과 지원행사 또한 고려해야 한다.

창업자금의
조달

창업자금의 조달

자금의 조달

새로운 벤처를 계획하는 창업자는 창업자금 조달이라는 한결 같은 고민에 빠진다. 어디에서 창업에 필요한 자금을 조달할 수 있을까? 그러나 현대의 창업자금 조달에는 과거와 달리 수많은 방법이 있으며, 한 자금원천보다는 여러 가지 다양한 조합방법이 더 적절하다는 것을 모르는 경우가 많다. 따라서 다양한 창업자금 원 외에도 각자의 기대와 요구에 대한 정확한 정보와 이해가 필요하다.

창업자금에는 전통적인 금융기관대출 이외에 정부의 창업정책자금, 기업공개 (IPO), 사모펀드(private placement), 전환사채(convertible debenture), 벤처투자자금 (venture capital), 비공식 리스크 자본(risk capital) 등은 주요 자금 조달 방법의 일부분에 불과하다. 각 방법이 정확히 어떤 것이고 다양한 유형의 창업자금이 가지고 있는 장·단점과, 창업자에게 어떤 요구를 하는지에 대한 이해가 필요하다.

창업자들이 선호하는 다양한 자금원에 관한 여러 연구 결과가 있다. 창업자금 조달의 유형에 따라 자기자본부터 부채부터 이르기까지 다양하다 창업자는 벤처가 창업하고 성장하면서 단계별로 필요한 다양한 자금 조달 방법을 활용할 수 있다. 자금 조달의 위험 수준과 회사의 성장 단계에 따라 창업 벤처에 적합한 자금 조달 방법이 달라진다는 점을 유의해야 하며 최적의 자금 유형을 찾는 것이 매우 중요하다.

이 장에서는 신생 벤처에게 조달 가능한 자금원의 종류와 이들이 창업자에게 기대하는 것들을 설명하겠다.

타인에 의한 자본조달

타인에 의한 자본조달은 개별적인 금전소비대차계약에 의한 차입과 사채를 발행을 통한 자금조달로 분류할 수 있다. 이에 반해, 자기자본에 의한 조달은 신주를 발행하여 자금을 조달하는 방법으로서 오늘날 기업사회에서 기업의 공개와 더불어 신주발행의 문제가 큰 관심을 끌게 된 것도 기업의 성장과정에서 나타나는 필연적인 논리의 귀결이라 할 수 있다.

간접금융은 다시 정부 각 부처에서 실시중인 정책금융으로부터 조달과 은행 등 일반금융으로부터 조달과 불특정 다수인으로부터 사채발행을 통한 자금조달로 구분된다. 사채 중 전환사채, 신주 인수권부 사채는 기업의 재무구조를 개선하는 효과가 크다.

직접금융은 일반투자자를 주주로 끌어들이는 방법을 통하여 기업이 필요로 하는 자금을 조달하는 방법이다. 직접금융은 다시 신주를 발행하여 자금을 조달하는 방법과 최근에 각광을 받고 있는 거래소시장(증권거래소, KOSDAQ)에 기업을 공개하여 대규모 증자자금을 조달하는 방법과 해외 벤처 산업계에서 유행중인 MBO, MBI, 트레이드 세일즈(Trade Sales), Buy-Back, M&A를 통한 자금을 조달하는 방법으로 분류된다. MBO 등은 벤처창업자가 투자한 자본을 회수하는 방법이기도 하다.

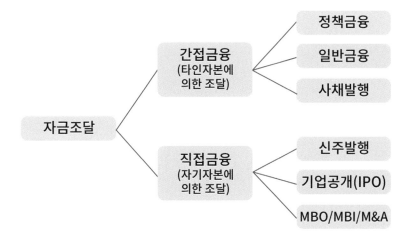

용도별 자금 조달방법

　1. 초기자금(창업자금): 기본적인 자금(사무실 임차료, 인건비, 사무용품비, 기타활동비 등)은 창업자 자금으로 조달하고 그 외 자금은 창업보육센터, 지자체 등을 통한 정부의 간접지원 활용(특허출원비, 홍보·마케팅비 등 사업지원비)

　2. 개발자금(개발단계): 자기자금, 정부출연자금(개발 후 제품화하여 성과를 실현하려면 장기간이 소요되므로 단기간에 상환해야 하는 부담이 없는 자금 활용)

　3. 운전자금(사업단계): 자기자금, 정책자금 차입(운전자금), 금융권 자금 차입(1년 내외의 단기간에 성과를 실현할 수 있는 분야에 필요한 자금이므로 만기에 상환계획을 수립해도 무방한 자금 활용)

　4. 공장설립 및 시설자금(성장단계): 자기자금, 정책자금 차입(설비 자금), 투자유치(부지매입, 건축, 설비도입, 정상생산 등 비교적 장기간에 걸쳐 이루어지므로 성과가 발생할 때까지 상환의 부담이 없는 자금 활용)

부채와 자본조달

　신생벤처에서 자금조달은 크게 두 가지가 있다. 자기 자본 조달과 돈을 빌리는 차입금으로 나눌 수 있다. 자기자본 조달은 외부로부터 투자를 받는 것을 의미하며, 차입금은 기업을 운영하기 위해 타인으로부터 자금을 빌려오는 것을 말한다. 이 장에서는 차입 등의 형태로 자금을 조달하였다가 추후, 상환시 등에 주식으로 전환할 수 있는 권리를 부여하는 전환사채 등에 대해서는 설명을 생략하기로 한다. 차입, 즉 부채(debt)를 사용하면 사용한 자금에 대한 원금 상환과 이자의 지불이 필요하다. 반대로 자본 조달은 창업자에게 경영권의 일부의 포기를 뜻한다. 다시 말해서 창업자의 선택은 두 가지이다. 벤처의 소유권을 포기하지 않는 대신 채무를 지거나, 소유권의 일부를 포기하고 채무 부담을 피한다. 채무는 기업이 파산시에도 창업자에게 승계가 되므로 신중하게 선택해야 한다. 현실적으로 대부분의 창업자금의 경우, 부채와 자본의 적절한 조합이 가장 효과적인 선택이다.

자본조달

자본조달은 회사를 공동으로 소유하거나 경영하는 개념이다. 즉, 소규모의 투자자들이 모여 대자본을 만들고 이 자본으로 사업을 경영하는 것으로서, 사업의 성취여부에 따라 큰 수익을 얻을 수 있으나 실패 시 원금손실을 가져다주는 전형적인 투자를 말한다.

누구나 각자가 사업을 경영하였다면, 자기의 능력에 따라 경영의 성패가 좌우될 것이며 이의 결과를 본인이 책임져야 하는 것이므로 자본 조달의 개념도 이와 동일하다.

부채 조달(debt financing)

많은 신생 벤처에게 부채 조달(debt financing)은 통상적으로 금융기관에서 자금조달 수단이다. 1년 이내 단기부채는 기업운영 자금의 확보를 위해 자주 활용된다. 이것은 판매 수익으로 상환한다. 1~5년 사이의 시설·설비금융(term loan) 또는 5년 이상의 장기 대출 장기부채는 주로 시설과 설비의 구입에 사용한다. 이 경우, 구입한 자산을 대출의 담보로 이용한다. 그러나 금융기관 대출은 대부분 창업자의 신용이나 채무이상의 담보를 요구하고 있어 신용도나 담보제공 여건이 부족한 신생벤처기업에게는 대출을 받기가 어려운 것이 현실이다.

금융기관

한국의 금융기관은 제공하는 금융서비스의 성격에 따라 은행, 비은행예금취급기관, 보험회사, 금융투자회사, 기타 금융기관, 금융보조기관 등으로 분류할 수 있다.

은행에는 은행법에 의해 설립된 일반은행과 개별 특수은행법에 의해 설립된 특수은행이 있다.

일반은행은 예금·대출 및 지급결제 업무를 고유 업무로 하여 시중은행, 지방은행, 외국은행 국내지점으로 분류된다.

시중은행은 각각 2016년, 2017년에 은행업을 인가받아 운영 중인 인터넷전문은행 2개사(케이뱅크, 카카오은행)를 포함한다. 특수은행은 일반은행이 재원의 제약, 수익성 확보의 어려움 등을 이유로 필요한 자금을 충분히 공급하기 어려운 부문에 자금을 원활히 공급하기 위하여 설립되었으며, 한국산업은행, 한국수출입은행, 중소기업은행, 농협은행 및 수협은행이 있다.

대출을 얻기 위해서 창업자는 다음 질문을 고려해야 한다.

1. 대출금으로 무엇을 할 것인가? 은행 대출로 고위험 벤처에 투자 계획을 세우면 안 된다. 은행은 대출 검토 대상 벤처 중에서 원금과 이자를 상환 가능한 가장 안전한 곳에 대출을 하는 경향이 있다.

2. 얼마나 많은 자금이 필요한가? 창업자는 필요한 대출금액에 대한 명확한 계획이 필요하다.

3. 언제 필요한가? 대출을 절대 급하게 금융기관에 요구하지 말라. 계획을 잘 세우지 못하는 사람은 결코 금융기관을 설득할 수 없다.

4. 얼마나 오래 필요한가? 대출을 상환하는 시점은 사업계획서 상의 주요 단계(milestone) 일정과 일치해야 한다.

5. 어떻게 대출을 상환할 것인가? 가장 중요한 질문이다. 만약 계획이 어긋나면 어떻게 할 것인가? 다른 수익을 대출 상환에 사용할 수 있는가? 담보는 있는가?

6. 신용평가점수는 얼마인가? 신용점수 관리는 필수적이다. 어떠한 금융기관도 신용도가 나쁜 창업가나 기업에게는 결코 대출을 해주지 않는다. 평소에 개인 창업자와 기업의 신용점수를 높게 관리하는 것이 대단히 중요하다.

- **상위누적구성비**: 전 국민 대비 백분위 순위이며, 수치는 0~100%의 최대 세 자리 자연수로 이뤄진다. 상위누적구성비는 0%에 가까울수록 신용도가 좋다고 평가된다.

- **장기연체가능성**: 같은 점수를 가진 1000명이 대출했을 때, 앞으로 1년 안에 90일 장기연체를 할 것 같다고 예상되는 인원의 숫자를 나타내는 통계적

지표이다. 0.01~2.00% 사이의 소수점 둘째 자리의 수로 표기되며, 숫자가 작을수록 신용도가 좋다고 표기된다.

부채 조달의 장점과 단점을 요약하면 다음과 같다.

부채조달의 장점
- 창업자의 소유권의 제한이나 포기가 필요하지 않다.
- 재무적으로 부채의 증가가 자산의 수익률을 높일 수 있다.
- 낮은 이자율은 대출의 기회비용을 낮춘다.
- 부채는 경영악화나 자금사정이 좋지 못할 경우 채무불이행으로 부도 위험이 있으나 이자비용에 대한 법인세 절감효과를 얻을 수 있다

크라우드펀딩(crowdfunding)

크라우드펀딩(crowdfunding)이란 군중 또는 다수를 의미하는 크라우드(crowd)와 자금조달을 뜻하는 펀딩(funding)을 조합한 용어이다. 창의적 기업가를 비롯한 자금수요자가 인터넷 등의 온라인상에서 자금모집을 중개하는 자, 즉 온라인 소액투자중개업자를 통하여 불특정 다수의 소액투자자로부터 자금을 조달하는 행위를 의미한다. 이러한 크라우드펀딩은 자금모집 및 보상방식에 따라 통상 기부형, 후원형, 대출형, 증권형(투자형) 등으로 구분된다. 크라우드펀딩은 은행과 같은 기존 금융이 해결하지 못하는 다양한 영역에 새로운 금융 통로로 작용하며 '대안금융'이라는 이름으로 세계적으로 성장하고 있다. 사업을 시작하고 성장시키기 위해 필요 자금을 은행에서 대출하거나, 엔젤 투자를 받는 것이 기존 금융방식이라면, 크라우드펀딩은 온라인 공간에서 필요 자금을 수많은 사람들에게 소액씩 모집하는 방식이다. 아직 성공사례가 부족한 기업이나, 유명하지 않은 예술가들이 자신의 이야기를 온라인 공간에서 소개하고, 대중들의 공감과 참여를 만들어 가는 방식이라고 할 수 있겠다.

크라우드펀딩 종류

기부형　　　후원 형식의 소셜 펀딩과 유사하지만 후원자들에 대한 보상을 조건으로 하지 않고 순수 기부의 목적으로 지원하는 유형이다.

후원형　　　다수의 후원자들이 모금자가 추진하는 프로젝트에 자금을 지원하고 금전적 보상 이외의 형태로 일정 부문 보상받는 유형이다. 공연, 음악, 영화, 교육, 환경 등의 분야에서 주로 활용한다.

대출형　　　인터넷 소액대출을 통해 자금이 필요한 개인 및 개인사업자에 자금을 지원하는 유형으로 대출에 대한 이자 수취가 목적이다. 온라인 마이크로크레딧, P2P 금융(Peer to peer finance) 등이 이에 해당한다.

지분투자형　　　신생 기업 및 소자본 창업자를 대상으로 엔젤 투자 형식으로 자금을 지원하는 유형으로 투자금액에 비례한 지분 취득과 수익 창출이 목적이다. 투자형 크라우드펀딩이 대출/보상/기부형 크라우드펀딩과 가장 차별되는 것은 펀딩에 참여한 대중과 펀딩의 주체인 기업의 관계가 가장 장기적이고 지속적이라는 점이다. 물론 투자형 크라우드펀딩에 투자한 대중들이 빠르게 수익을 실현하고 펀딩으로 맺어진 관계가 조기에 종료되는 것도 나쁘지 않지만, 투자자들의 주요 수익회수(EXIT) 수단이 IPO 또는 M&A를 통한 것이고 각각 장시간이 소요되거나 인수합병 시장의 부재로 인해 비교적 오랜 시간이 소요된다는 특징을 가진다. 정해진 만기 이내에 원리금을 돌려주는 대출형, 약속된 제품이나 콘텐츠를 제작기간 종료 후 제공하는 보상형과는 확연히 다른 관계가 맺어지는 것이다. 또 다른 투자형 크라우드펀딩만의 특징은 엄청난 수익의 기회가 존재한다는 점이다. 일례로 미국의 VR(가상현실) HMD(Head Mount Display) 기기를 제조하는 오큘러스(Oculus)는 자사의 초기 제품을 보상형 크라우드펀딩을 통해 대중에게 알리면서 제작비용을 조달한 바가 있다. 이 기업은 훗날 페이스북에 2.5조원의 가치로 인수되면서 투자자들에게 큰 수익을 안겨준 바가 있다. 만약 오큘러스의 크라우드펀딩이 보상형이 아닌 투자형이었다면, 크라우드펀딩에 참여한 소액투자자들도 상당한 수익을 거둘 수 있었을 것이다.

증권형 크라우드펀딩　　　증권형 크라우드펀딩은 크라우드펀딩의 한 유형으로, 기업이 투자자에게 증권을 발행하는 조건으로 온라인 플랫폼업체(온라인소액투자중개업자)를 통해 자금을 조달하는 방식이다. 발행 종류는 지분증권(주식), 채무증권(채권), 투자계약증권 세 종류다.

　　신생 · 창업기업에 대한 투자에 관심을 가진 사람이라면 누구나 증권형 크라우드펀딩의 투자자가 될 수 있다. 자본시장법에서는 투자자들이 과도한 금액을 투자하여 큰 손실을 입는 것을 미리 예방하기 위해 투자한도를 정하고 있으며, 투자자의 전문성, 위험감수능력에 따라 투자한도를 차등 적용하고 있다.

　　크라우드펀딩을 통하여 증권을 발행할 수 있는 자(온라인소액증권발행인)는 비상장 중소기업으로서 창업 후 7년 이내이거나 프로젝트성 사업을 수행하는 기업이어야 한다. 다만 비상장 벤처기업 또는 기술혁신형 중소기업(이노비즈기업)이나 경영혁신형 중소기업(메인비즈기업), 사회적 기업은 업력이 7년을 초과하더라도 크라우드펀딩을 통한 증권발행이 가능하다.

　　지분증권(주식)은 가장 일반적인 형태의 보상으로, 기업의 자본에 투자하는 것이다. 투자자는 주식의 매매, 배당, 기업공개(IPO), 기업합병(M&A) 등을 통해 수익을 얻을 수 있다. 채무증권(채권)은 지급청구권이 표시되어 있는 증권으로, 채권에서 보장하는 이자율만큼의 수익을 투자자에게 제공한다. 투자계약증권은 주식과 채권 이외의 증권으로, 투자자는 공동사업에 투자한 후 그 결과에 따라 손익을 배분받는다.

　　증권형 크라우드펀딩은 다른 유형에 비해 자금수요자(창업자)는 많은 자금을 확보할 수 있고 투자자는 높은 위험을 감수함에 따라 고수익을 기대할 수 있다는 특징을 지닌다. 투자자의 입장에서는 창업이나 성장초기의 기업은 투자위험성이 매우 높다. 증권형 크라우드펀드 역시 '고위험 고수익'의 투자 유형이라고 볼 수 있다.

　　크라우드펀딩의 중개를 담당하는 온라인소액투자중개업자(온라인 플랫폼업체)를 온라인상에서 채무증권, 지분증권, 투자계약증권의 모집 또는 사모에 관한 중개를 영업으로 하는 투자중개업자로 규정하고 있으며, 자본금 5억 원 이상 등의 등록요건을 갖추고 금융위원회에 등록하면 운영할 수 있다.

크라우드펀딩의 잠재적 위험

크라우드펀딩은 소액투자자들을 보호하고 올바른 창업 생태계를 조성하기 위한 하나의 장치로서 모집금액을 제한하고 있다.

2019년 1월부터 개정(안)이 시행되어, 연간 15억 한도로 모집이 가능하다. 이는 분할하는 것이 가능하고 1년마다 한도가 갱신된다.

크라우드펀딩은 목표 금액과 기간을 설정하여 80% 이상으로 모집되면 성공이 된다. 목표 금액의 증액과 기간 연장/단축은 가능하나 목표 금액 감액은 불가능하다.

- 자금 조달의 낮은 성공확률. 자금모금 성공율이 낮으므로 대부분의 대출이 성사되지 않는다.
- 사업계획의 공개. 창업자의 사업계획이 모두에게 공개되어 경쟁자가 활용할 수 있다.
- 지속적인 자문관계의 부재. 창업자는 대출자로부터 어떤 자문이나 경험을 얻을 수 없다. 또한 추가적인 대출이나 투자의 기회가 없다.
- 잠재적 세금 문제. 경우에 따라서는 크라우드펀딩 투자를 증여행위로 간주하여 세금을 부과할 수 있다.
- 제도적 환경의 불확실성. 대출 사이트의 관리에 대한 정책과 제도가 아직 미흡하다.

사회적금융

한국의 사회적금융의 실태를 공급측면에서 살펴보면, 정부·공공재원을 중심으로 기존 중소기업·서민 정책금융 지원체계 내에서 수행 중으로 미소금융과 중소기업정책자금 중 일부를 사회적기업에 대출을 시행하고 있다. 또한 여러 지방자치단체에서도 다양한 사업을 실시 중이며, 서울시의 경우 사회투자기금을 별도의 기금으로 조성하여 저리융자제도를 실시하고 있다. 신용보증기금와 각 지역의 신용보증재단에서 사회적기업·협동조합에 대해 일반기업에 비해 보증비율을 높인 특례보증제도를 제공하고 있다. 이러한 투자방식으로는 모태펀드 내에 사회적기업 펀드를 별도로 조성하여 민간자금과 매칭을 통해 사회적기업에 투자하고 있다. 민간재원을 활용한 자발적인 사회적금융은 다양한 시도가 있지만 절대적인 규모는 크지 않는 편이다. 특정 대기업은 사회공헌활동의 일환으로 사회적기업 및 전문인력 육성과 함께 사회적금융관련 사업을 실시하고 있다. 일부 사회적금융중개기관은 공공자금 이외에도 민간부문에서 재원을 조달하여 자금지원뿐만 아니라 재무·회계, 경영, 마케팅 등에 대한 컨설팅을 병행함으로써 사회적경제기업의 성공가능성을 제고하는 등 상업적 원리에 기반한 투자를 수행하고 있다. 또한 각 사회적경제단체가 공제형태의 자조기금을 조성하여 회원사인 사회적경제기업에 대해 자금을 지원하는 사업도 존재한다.

부채 조달의 단점
- 정기적으로 대출 이자를 지불해야 한다.
- 대출원금 상환에 대한 책임으로 현금흐름의 문제가 악화될 수 있다.
- 과다한 부채는 벤처기업의 성장과 개발에 장애가 될 수 있다.

창업자금조달의 중요성
- 사업성과 수익성에 대한 기대에 따른 조달능력
- 최소한 창업자본 중에서 자기자본 50% 이상 있어야 창업이 용이
- 창업 후 3년까지가 창업자금 조달이 어려운 시기
- 초기에는 자기자본에 의존하고 이후 벤처캐피털이나 엔젤 투자 유치
- 예산편성은 창업자금, 운영자금, 시설자금 등으로 구분하여 계획
- 수확전략으로 IPO를 고려

기타부채조달방법

창업 기업에는 앞에서 열거한 방법 이외에 다른 형태의 자금차입 방법이 있다. 예를 들어 기업간 신용거래(trade credit), 외상매출채권 팩토링(factoring), 리스금융, 상호저축은행, 보험회사 등이 있다.

기업 간 신용(trade credit)은 흔히 외상거래로 알려진 공급업체가 주는 신용

대출의 형태이다. 이것은 창업자의 대차대조표에 외상매입금(accounts payable)으로 표시하며, 대금지급 계약기간 이내에(대부분 30－90일) 지불해야 한다. 많은 중소창업기업이 다른 자금 조달 방법이 없을 때 이 방식을 흔히 사용한다. 또한 공급업체가 새로운 고객을 확보하기 위한 전형적이며 유용한 수단이다. 구매자 입장에서는 외상거래 기간만큼 단기 자금을 활용하는 효과가 있다.

'매출채권 금융(accounts receivable financing)'는 단기 대출로서 외상매출채권을 시중은행이 담보로 대출하는 방식이거나, 혹은 투자금융회사나 팩토링 회사가 매출채권을 판매(팩토링)하는 방식을 의미한다.

팩토링은 금융기관을 포함하는 팩토링회사(factor)가 어음이나 수표, 외상매출금, 계약채권 등 실물의 지급결제 방식을 양도받거나 담보를 설정해서 신용조사, 채권관리, 대금회수 업무 등을 통해 금융서비스를 제공하는 업무다. 물품이나 서비스 판매자(client)가 상품 또는 서비스를 제공한 후 구매자인 제조회사, 중소벤처기업, 소상공인, 서비스 제공자 등으로부터 수령하는 매출 관련 채권을 팩토링회사에게 양도하고 팩토링회사는 이를 근거로 채권을 회수해 서비스 판매자에게 돌려주는 금융서비스다.

팩토링은 기존의 어음보다 상거래에서 정보의 비대칭성을 해소하고 어음을 할인할 때 보다 거래비용이 낮아 유리하다. 즉 팩토링이 어음보다 신용정보 제공, 신용위험 인수 등 판매자의 심리적 부담을 완화해 줘 안정된 영업을 지원한다는 장점을 가지고 있다.

미국, 영국, 일본, 독일, 이탈리아 등 여러 국가의 중소기업은 내부 자금을 조달할 때 상환청구권 없는 매출채권 팩토링 제도를 보편적 방법으로 활용하고 있다.

미국 투자금융회사(finance company)에서는 외상매출채권이나 재고자산, 설비 등과 같은 자산을 담보로 은행이 하지 않는 대출도 가능하다는 것이다. 이자율은 은행 이자율에 가산금리가 적용된 고금리이나 은행이나 팩토링 회사에서 대출을 받을 수 없는 신생 벤처들이 자주 투자금융회사를 활용한다.

리스금융(financing lease)은 리스 회사가 시설을 구입한 후 기업에 일정 기간 임대하는 방식이다. 따라서 리스 기간의 시설 소유권은 리스 회사가 갖는다. 설비 등과 같은 자산을 담보로 대출한다.

자본에 의한 자금 조달

자본 조달(equity financing)은 창업자가 금융기관에 원금 상환이나 차입금 이자 지불에 대한 법적인 의무가 없는 직접투자유치를 의미한다. 따라서 자본조달은 채무의 상환과 이자지급이 필요하지 않은 반면, 소유권과 이익을 공유해야 하고 지급이자에 대한 법인세 절감의 효과가 없다. 그러나 원금 상환이 필요하지 않기 때문에, 신생 벤처기업에는 자본 조달이 부채 조달보다 위험도가 낮다. 자금 투자자에게 지분을 허용하는 방식은 다음과 같다. 특히 우선주, 전환사채, 신주인수권부 사채 3가지 방식의 투자는 상환 의무가 주어지므로 이른바 '대출형 투자'로 불린다.

- 신주인수권부 사채(warrant): 투자자에게 미래에 정해진 가격으로 주식을 인수할 수 있는 권리를 부여한다. 전환사채와 마찬가지로 만기에 상환이 가능한 권리를 갖춰 상환 의무가 있다.

- 전환 사채(convertible debenture): 사채와 주식의 중간 형태 채권이다. 투자자가 원할 때 채권을 주식으로 바꿔 주가 상승에 따른 차익을 노릴 수 있다 전환가격, 이자율, 대출조건 등은 협상에 의해 결정된다. 기본적으로 전환사채도 채권이기 때문에 통상 회사채처럼 약정한 만기에 투자원금과 약정이자를 상환 받는 것을 속성으로 한다.

- 우선주(preferred stock): 투자된 우선주는 상환전환우선주로 채권처럼 만기에 투자금 상환을 요청할 수 있는 상환권이다. 국제회계기준(IFRS)에서는 우선주를 상환 의무가 있는 부채로 인식한다. 특히 벤처의 청산 시, 다른 채권자보다 우선권을 부여받는 투자를 의미한다. 우선주는 배당을 받으며, 주가가 상승까지 기대할 수 있으며 투자자에게 더 큰 이익을 줄 수 있다 어떤 우선주는 보통주로 전환이 가능하기 때문에 투자자에게 더 매력적인 주식이 될 수 있다.

- 보통주(common stock): 소유권의 가장 일반적인 형태로 기업이 발행하는 일반적인 형태의 주식을 의미한다. 의결권을 가지고 있어 주주총회를 통해, 부분적으로 경영에 참여할 수 있다는 특징이 있다. 보통주 투자자는 훌륭한 투자 수익을 얻을 수 있으며, 주식은 공개 혹은 비공개(장외)시장에서

거래한다.

사람들로부터 자금을 조달하여 다른 회사에 투자하는 조합 또는 회사를 펀드라고 한다. 펀드 설립은 해당 펀드가 어떤 종류로 분류되는지에 따라 적용되는 법률이 다르고 설립 절차 및 추후 규제도 달라진다. 따라서 투자 대상, 목적 및 특징에 따라 어떤 종류의 펀드를 결성할 것인지 선택하고 해당 펀드에 적용되는 법률에 따라 설립을 진행하여야 한다.

기업공개(initial public offering)

IPO란 외부 투자자가 공개적으로 주식을 매수할 수 있도록, 기업이 자사의 주식과 경영 내역을 시장에 공개하는 것을 의미하며, 영업에 의한 자금조달이 시간이 오래 걸리는데 비해 주식시장에서 기업의 사업성과 실적을 평가받아 지속적인 성장을 위한 대량의 자금을 마련하고 공개기업으로 전환되는 중요한 관문이다. 기업공개에 따르는 장점은 다음과 같다.

- **자본 조달**: 상장 후, 신주 발행/증자를 통해 기업의 성장을 위한 자본을 마련할 수 있음
- **투자금 회수**: 기존에 장외거래 등으로 해당 기업에 투자했던 주주들이 공개시장에서 투자금과 수익을 회수할 기회가 발생
- **세재 혜택**: 공개 기업은 주식 양도 시 양도소득세가 발생하지 않고, 비상장 주식보다 상속·증여세 혜택이 있음
- **종업원 보상과 사기 진작**: 종업원들에게 월급 대신 스톡옵션을 지불가능하여 우수한 인재 유치 효과. 이때 시장가격이 스톡옵션의 행사가보다 높게 형성될 경우 스톡옵션 보유자 이득발생
- **PR 효과**: 기업공개를 통과하였다는 점에서 기업의 신뢰도 및 평판이 상승

기업공개는 다양한 장점으로 인해 투자자와 창업자들에게 꿈이기도 하지만 기업이 공개적으로 거래될 수 있는 시장에 진출하기 때문에 다양한 위험요소에 노출되게 된다.

하지만, 기업 경영과는 상관없이 수익만을 목적으로 투기를 벌이는 집단(투기세력)으로부터 언제든 기업 경영의 위기를 맞이할 가능성이 존재한다. 더 나아가 투기 세력들은 주가를 조작하는 행위를 통해 회사의 존폐위기를 좌우하기도 하고, 기업 경영에 참여한다는 명분으로 회사 주요위치에서 회사의 중요한 자산을 매각하거나 회사의 경영에 해를 끼치는 경우도 많이 발생하고 있다. 그렇기 때문에 일정한 경영 능력과 위기 대처능력이 준비되어 있지 않은 벤처기업은 오히려 기업공개(IPO)가 큰 위기를 초래할 수 있다는 점을 간과해서는 안 된다.

사모펀드

기업 투자에 사용되는 대표적인 사모펀드로는 PEF와 벤처투자조합(VC)이 있다. PEF는 자본시장과 금융투자업에 관한 법률(이하 "자본시장법")에 따라 결성되는 경영참여형 사모집합투자기구(Private Equity Fund, PEF)를 의미한다.

PEF는 비공개적으로 소수의 투자자를 모집하여 자금을 조달한 후, 투자를 진행한다. PEF의 구성원으로는 펀드를 운용하며 무한책임을 지는 사람이나 법인인 업무집행조합원 또는 업무집행사원(General Partner, GP)와 펀드에 투자를 한 사람이나 법인인 유한책임조합원 또는 유한책임사원(Limited Partner: LP)이 있다.

벤처투자촉진에 관한 법률(이하 "벤처투자촉진법")에 의해 규율되는 벤처투자조합(Venture Capital, VC)은 2020. 8. 12.부터 시행된 법으로서 기존에 흩어져 있던 중소기업창업투자회사, 창업기획자, 벤처투자조합(중소기업창업투자조합, 한국벤처투자조합), 개인투자조합에 관한 규정들을 하나의 법률로 통합하는 법이다. 대표적인 VC펀드였던 중소기업창업투자조합과 한국벤처투자조합에 관한 법률이 별개의 법률로 나뉘어 규정되어 있었고 규제에 차이가 다소 존재하여 VC를 설립 및 운영할 때 주의가 필요하였으나 이와 같은 불편함을 해소하기 위하여 중소기업창업투자조합과 한국벤처투자조합이 벤처투자조합으로 통합되었다.

비공식 리스크 자금: 엔젤 금융

모든 벤처가 기업공개, 사모와 같은 공식 경로를 통해 자금을 조달하지는 않는다. 많은 금융 자본가들은 투자기회를 찾고 있다. 이들을 흔히 비즈니스 엔젤 (business angels) 또는 공식 리스크 자본가(informal risk capitalist)라고 부른다. 이들은 거대한 잠재적 투자자들 그룹임을 알 수 있다. 한국에서 벤처창업자가 선호하는 자금 유치 방법에는 정부창업지원금, 벤처캐피털, 개인투자의 방법이 있다. 이 중 정부창업지원금은 일부는 원금상환의무가 없는 직접지원금이나 대부분 이자를 지원해주는 저금리 금융 상품이 대부분이다. 벤처캐피털의 경우 CEO가 사업 성공 경험이 있거나 특별한 경우(객관적인 원천 기술 보유, 높은 매출 증가, 유명 경영진의 구성)에 해당된다. 벤처캐피털의 경우 투자자금이 최소한 10억 내외의 비즈니스여야 하고, 어느 정도 성장 단계에 있는 경우에 해당된다. 초기 벤처기업의 경우 현실적으로 쉽지 않은 자금 조달 수단이다.

몇 천만 원에서 몇 억 원 수준의 자금 조달이 필요한 대다수의 벤처창업자의 경우 개인 투자, 즉, 엔젤 투자를 받는 방법밖에 다른 대안이 없다고 봐야 한다.

엔젤 투자자(angel investor)는 기술력은 있으나 창업을 위한 자금이 부족한 초기 단계의 벤처기업에 투자해 첨단산업 육성에 밑거름 역할을 하는 투자자금을 제공하는 개인이다. 이에 대한 투자 자금을 엔젤캐피털(angel capital)이라고 부른다. 엔젤캐피털은 보통 개인투자자와 클럽 형태로 조직되며, 직접 벤처기업에 투자하거나 벤처기업에 대한 투자만을 전문으로 하는 창업투자회사(벤처캐피털)에 위탁해 운영되기도 한다. 투자한 벤처기업이 성공하면 단기간에 고수익을 올릴 수 있지만 실패하면 단시간에 투자금을 잃을 수 있는 대표적인 고위험 · 고수익(High Risk, High Return) 투자 방식이다. 전문엔젤 투자자 관리규정(중소기업벤처부 고시 제2014−41호)에 근거하여 한국엔젤 투자협회가 자격을 부여한다. 전문엔젤 투자자가 투자한 기업에 2배수 매칭펀드 신청 자격이 부여되는 등 다양한 혜택이 부여된다. 전문엔젤 투자자 자격의 유효기간은 2년이며, 전체 전문엔젤 투자자 명단은 한국엔젤 투자협회의 홈페이지에 공개되어 있다.

적격엔젤 투자자는 최근 2년간 2천만 원 이상의 투자실적을 보유했거나 그 외 한국엔젤 투자협회가 인정하는 기업가 또는 경력 보유자이다. 한국엔젤 투자협회가 실시하는 적격엔젤양성과정을 통해서도 적격엔젤자격을 갖출 수 있다. 적격엔젤 투자자가 투자한 기업에는 1배수 매칭펀드 신청자격이 부여되며 연간매칭한도는 2억 원이다.

벤처캐피털리스트나 엔젤 투자자가 기업에 투자를 하고 투자 수익을 얻으려는 기본적인 목표는 동일하다. 하지만 엔젤 투자자는 직업적 투자자에 해당하는 벤처캐피털리스트와는 조금 다른 특징을 가지고 있다. 그러한 특징을 알아보고 어떻게 엔젤 투자자를 대하는 것이 좋을지 살펴본다. 벤처창업자는 엔젤 투자자들의 투자 동기에 대해 알아야 할 필요가 있다. 즉 고객을 알고, 고객이 원하는 상품을 만들어야 상품을 팔 수 있듯이, 투자를 받으려면 투자자를 아는 것이 중요하다.

1. 진정성 있는 경영자를 원한다.

투자 의사결정에 있어서 1차적으로는 사업 아이템을 본다. 하지만 경험이 많은 엔젤 투자자들은 아이템이 좋다고 그것이 성공과 직결되지 않는다는 것을 알고 있다. 벤처창업 그 자체의 성공 가능성이 낮다는 것을 이미 알고 있고, 국내에서 투자 회수도 그다지 쉽지 않다는 것도 잘 알고 있다. 이들은 스타트업 경영진이 사업에 대해 진실성이 있는지, 정말 해보고자 하는지를 가장 중요하게 본다. 사업이 잘 되던, 잘되지 않던 투자자에게 사실을 이야기해 줄 수 있는 사람들일지를 본다. 투자를 받을 때는 투자자에게 모든 정보를 제공하던 창업자도 투자 이후에는 오히려 투자자를 귀찮아한다던지, 정확한 정보를 제공하는 데 태만한다든지 하는 경우를 종종 보게 되기 때문이다. 엔젤 투자자는 돈을 벌 수 있는 아이템도 중요하지만, 정말 도와주고 싶은 경영자인지가 더 중요하다. 경영자의 진정성이 중요한 기준이 된다.

2. 사회적 기여를 원한다.

엔젤 투자자가 아무리 자금의 여유가 있는 사람들이라고 하더라도 돈을 버리기 위해서 투자하는 것이 아니라, 수익을 내기 위해서 투자를 하는 것이다. 그래야 회수된 수익금으로 또 다른 투자를 할 수 있기 때문이다. 하지만 이들이 엔젤 투자를 하는 목적은 돈과 함께 사회적 기여를 하기 원하는 성향의 사람들이기 때문이다. 돈을 버는 것만이 목적이라면 엔젤 투자를 할 리 없기 때문이다.

이들이 생각하는 사회적 기여는 첫째, 젊은 사람들이 무언가를 시작하는 것을 돕는 것이고, 둘째, 사회적으로 가치 있는 상품이나 서비스가 세상에 나오는 것을 돕는 것이다. 때때로 이들은 사업성이 부족해 보이더라도 소액의 경우 투자를 하는 경우가 있다. 그 일을 하는 것 자체가 사회적으로 의미가 있다고 생각되고, 그 일을 하기 위해 땀 흘리는 창업가들의 모습을 보기 때문이다. 최근 크라우드펀딩으로 소액의 사업 자금을 모으는 데 투자하는 투자자들도 큰 이익을 기대해서라기보다 사회적 기여를 한다는 생각에서 투자를 한다.

3. 벤처기업의 열정을 공유하기 원한다.

벤처기업에 투자할 정도의 엔젤 투자자라면 사회 경험도 어느 정도 있고, 나이도 벤처 창업가보다 많은 경우가 대부분 이다. 엔젤 투자자는 열심히 하려고 하는 젊은 후배를 돕는 데 큰 의미를 두고 있는 사람들이 많다. 열정을 가지고 일에 매달리는 젊은 벤처 창업가를 보며 투자자는 자신의 그 시절 모습을 떠올리기도 한다. 그러한 모습을 지켜보는 것은 또 한 번 가슴 뛰게 하는 일이기도 한다. 스타트업이 가진 열정은 그것을 가까이서 지켜보는 사람에게도 긍정의 에너지가 된다. 열정을 공유하는 것이다. 엔젤 투자자는 스타트업이 무언가 이루어가는 과정에 통해 대리만족을 느끼기도 하고, 이들을 도운 사람이 자신이라는 생각에 뿌듯함을 느끼게 된다.

4. 자본 투자 이외에도 도움을 주고 싶어 한다.

자본 투자 이외에도 도움을 주고 싶어 하는 엔젤 투자자의 마음을 이해할 수 있을 것이다. 그들은 스타트업이 잘 되도록 하는 데 누구보다 강력한 지원군이다. 그들이 가진 인적 네트워크, 사회 경험을 조언해 주고 싶어 한다. 도움될 게 별로 없어 보이면 스타트업 구성원들에게 식사라도 한 끼 사주고 싶어 한다. 실제로 미국의 경우 엔젤 투자자의 57%가 창업 경험이 있는 40대 후반의 사람들이었고, 스웨덴은 96%가 창업 경험이 있는 50대 초반의 사람들이라고 한다. 자신이 가진 경험을 공유하길 원하는 사람들이다.

5. 다른 사람들에게 이야기하고 싶어 한다.

아무래도 사람은 끼리끼리 만나고 모이는 경향이 있으므로 엔젤 투자자가 만나는 사람들도 비슷한 성향을 가진 사람들이 적지 않게 있다. 이런 경우 본인이 투자한 기업에 대해서 다른 사람에게 소개하기도 하고, 그들이 하고 있는 일에 대해 자랑스럽게 이야기하기도 한다. 마치 자신이 그런 위대한 과업을 수행하고 있는 것처럼 말이다. 그런 경우 영향력 있는 투자자라면 다른 사람에게 영향을 미쳐 또 다른 투자를 끌어낼 수 있는 기회를 얻을 수 있다. 물론 추가적인 투자가 필요한 경우에 투자를 받겠지만 말이다. 투자를 받는 여부와 상관 없이라도 벤처기업이 좋은 이미지로서 회자될 수 있는 기회가 될 것이다.

벤처기업의 편견

- **편견 1**: 벤처투자회사는 벤처기업의 통제권 소유와 운영권 지배를 원한다.
  → 벤처투자회사가 원하는 것은 창업자와 경영진의 효율적 경영이다. 전략적인 결정에 대해서는 협의하기를 원하나, 일상적 운영에 대해서는 보고나 의사결정에 관여하지 않는다.
- **편견 2**: 벤처투자가는 합리적인 투자수익에 만족한다.
  → 벤처투자가는 지나치게 높고 비합리적이면서 비상식적인 고수익을 기대한다. 모든 벤처투자회사는 고수준의 위험에 노출되어 있다. 따라서 이에 상응하는 고수익을 회수해야 한다.
- **편견 3**: 벤처투자가는 투자를 신속하게 한다.
  → 벤처투자가는 수많은 사업계획서 중에서 투자회사를 선택하는 과정은 상당히 많은 시간이 소요된다. 하나를 찾아내도 실제 투자를 하기 전에, 벤처투자가는 투자결과를 추정하고 조사하기 위해 충분한 시간을 소비한다.
- **편견 4**: 벤처투자가는 참신한 아이디어 혹은 첨단 발명품에 흥미를 가지고, 경영은 부차적이다.
  → 벤처투자가는 좋은 경영진을 지원한다. 창업가 훌륭한 아이디어를 가지고 있지만 경영 경험이 부족하고 업계의 경험도 없다면 경험이 많은 사람

을 경영진에 포함시켜야 한다.

o **편견 5**: 벤처투자가는 투자하기 전에 기본적인 요약정보만을 요구한다.
→ 상세하고 체계적인 사업계획만이 벤처투자가들의 관심과 투자를 결정
하는 유일한 방법이다.

[그림 8.2] 벤처투자 절차

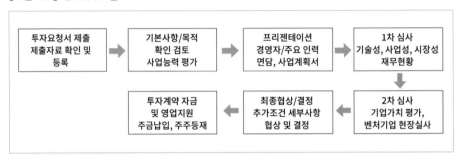

창업 정책 자금

정부는 국가의 예산으로 벤처기업의 창업과 성공을 위하여 창업, 기술개발,
생산성 향상, 공장 확보 등에 필요한 재정자금을 지원하거나 대출하며, 이러한 자
금은 지원 원금상환의 의무가 없거나 보통 융자금리가 저리이고 기간이 비교적
장기이므로 업종별로 해당 요건을 잘 갖추어 활용하면 창업자금의 중요한 원천으
로 활용할 수 있다.

기술신용보증기금 · 중소기업진흥공단을 통한 창업자금 융자 지원

1. 지원방식

o 기술신용보증기금을 통한 창업자금 지원

– 기술신용보증기금이 기술력과 사업성이 있는 창업자를 적극 발굴하여 보
증서를 발급하고, 창업자는 보증서를 담보로 하여 중소기업진흥공단으로
부터 창업자금 융자 추천을 받을 수 있다.

◦ 중소기업진흥공단을 통한 창업자금 지원

– 창업자의 사업성, 기술성 및 지원의 타당성 등을 평가하고 창업사업에 대한 담보대출 또는 보증 부 대출(신용보증기관과의 부분보증제도)을 병행하여 자금을 지원한다.

2. 지원 대상

◦ 창업을 준비 중이거나 사업개시일로부터 3년 이내에 있는 기업

◦ 중소기업창업지원법 및 벤처기업육성에 관한 특별조치법상의 업종에 해당하는 기업

3. 지원조건 및 금액

◦ **지원한도**: 동일기업 당 5억 원 이내(단, 운전자금은 3억 원 이내)

◦ **상환조건**: 5년 이내(거치기간 2년 포함, 시설자금은 7년)

◦ **신청서**: 자금신청서 및 첨부 서류(사업계획서 등)

4. 지원 절차

◦ 기술신용보증기금을 통한 자금지원

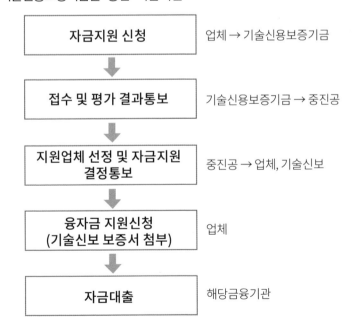

◎ 중소기업진흥공단을 통한 지원

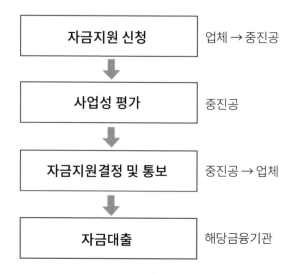

자금지원 신청	업체 → 중진공
사업성 평가	중진공
자금지원결정 및 통보	중진공 → 업체
자금대출	해당금융기관

5. 자금의 사후관리

◎ 창업 지원 자금을 받은 자에 대하여는 자금의 사용여부 및 경영상의 상황 확인 등을 위하여 필요시 관련서류를 제출하게 하거나 소속직원으로 하여금 현장 점검을 실시

◎ 창업자금을 지원받은 자가 허위 또는 부정한 방법으로 지원을 요청한 사실이 발견되거나 지원된 창업자금을 다른 목적으로 사용한 것이 확인되는 경우 즉시 지원중단 및 지원 자금회수 등 필요한 조치를 실시

소상공인지원센터를 통한 소상공인창업자금의 조달

1. 지원 대상

◎ 소상공업을 현재 영위하고 있는 자 또는 창업하고자 하는 자

※ 소상공업이란

　－ 제조업, 광업, 건설업, 운송업을 영위하는 경우로서 상시종업원이 10인 이하인 사업자

　－ 전기·가스 및 수도 사업, 도·소매업 및 소비자용품 수리업, 숙박 및

음식점업, 운수·창고 및 통신업, 부동산 임대 및 사업서비스업, 교육
서비스업, 개인서비스업을 영위하는 경우로서 상시종업원이 5인 이하
사업자

– 소상공업을 영위하는 사업자로서 기존 사업체 인수, 이전·확장, 업태·
종목변경, 사업장 시설개선 또는 설비구입 등 경영개선을 하고자 하는
경우

2. 지원 대상 제외

- 금융보험업 및 사치 향락적 소비나 투기를 조장하는 업종
- 금융기관의 불량거래자 또는 불량거래처로 규제중인 자

3. 지원 조건

- **대출한도**: 5천만 원 이내
- **상환기간**: 4년(거치기간 1년 포함)
- **상환방법**: 1년 거치 후 3년간 대출금액의 70%는 3개월마다 균등분할상환
  하고 30%는 상환기간 만료 시에 일시상환

4. 자금신청 절차

- **신청기관**: 전국 약 50개 소상공인지원센터
- **구비서류**: 사업계획서(센터에 비치), 사업자등록증사본 등

5. 추천절차

- **추천 처리기간**: 자금지원 신청서 접수일로부터 7일 이내
- **추천심사**: 신청인의 경영능력, 사업계획의 실현가능성, 자금조달능력, 신청
  금액의 적정성 등을 평가

6. 대출취급 금융기관

- 시중은행, 농협, 상호신용 금고 등
- 센터는 취급 금융기관을 신청인과 협의하여 취급금융기관(지점)에 추천서
  발송

7. 자금지원 사후관리

- 지원 실적 보고, 지원 실적 지도·감독, 자금의 용도의 사용방지 및 지속적
  경영지도

○ 취급금융기관은 대출을 받은 소상공인이 지원 자금 유용, 불법 사용 등의 사실이 있는 경우 대출자금의 조기회수

8. 금융기관 대출조건의 주요내용은

○ 대출 금리는 신용보증서, 담보, 신용에 차등적용

○ 상환조건은 1년 만기, 2년 만기, 1년 거치 3년 분할상환, 마이너스 대출 등 금융기관별로 다양

○ 대출한도는 1개 업체당 5,000만 원 이내로 제한하고 있으나 일부 금융기관의 경우에는 지원한도를 1억 원까지 확대

○ 금융기관자금으로 소상공인을 지원함으로써

○ 소상공인의 금리부담의 완화가 가능하며

○ 정책자금의 경우는 상환방식이 단일화(1년 거치 3년 분할)되어 소상공인 자신에게 적합한 상환방식을 선택할 기회가 없었다.

○ 금융 기관 자체 자금 대출은 상환방식의 다양화로 오히려 정책자금보다 소상인에게 유리한 부분도 있으며 대출한도의 확대로 자금수요가 큰 일부 소상공인의 경우도 지원이 용이

○ 소상공인이 금융기관별 대출조건(금리, 상환조건)을 비교하여 자신에게 가장 유리한 조건을 선택할 수 있어 금융정보의 부재로 불리한 조건으로 대출받는 사례를 줄일 수 있고, 또한 금융기관의 경쟁촉진을 통해 최대한 소상공인에게 유리한 조건으로 지원

생계형창업특별보증 지원안내

1. 시행취지

신용보증기금에서 정부의 생계형 창업지원을 통한 중산층 육성 및 서민생활 안정 시책의 원활한 추진을 위하여 운용하고 있다.

2. 보증대상기업

창업일(사업자등록일)로부터 보증 신청일까지 1년 이내의 생계형 신규창업 중소기업. 다만, 아래의 기업들은 대상기업에서 제외된다.

○ 비영리기업 및 협동조합

- 신용보증기금 및 기술신용보증기금의 기보증 기업
- 배우자 및 보증신청기업 대표자의 주민등록등본상 기재되어 있는 자가 영위하는 사업을 승계한 기업
- 법인 전환 후 동종 사업을 계속하는 기업
- 폐업 후 동종 사업을 계속하는 것으로 인지된 기업
- 대표자(경영실권자)가 다른 사업을 영위하는 것으로 인지된 기업

3. 대상 업종

- **기금직접취급**: 광업, 제조업, 건설업, 운수업, 정보처리 및 기타컴퓨터운영 관련업
- **은행위탁취급**: 기금 취급 대상 업종 이외의 업종(일부업종제외) 국민, 기업, 신한, 대구은행 등은 기금과 업무위탁계약을 체결하여 보증업무와 대출업무를 동시에 수행하다.

4. 대상채무

- 운전자금(영업양수를 위한 권리금, 사업장 인테리어비용, 원재료 구입비용 등 일체의 부대비용을 포함)
- 임차자금
- 사업장 취득 및 시설구입 자금
  - 보증상대처: 은행 및 농·수협
  - 부분보증운용: 85%
  - 같은 기업당 보증한도
- 최고 보증한도(1억 원): 사업장·시설 구입자금 및 임차자금 1억 원, 운전자금 5천만 원(시중상황에 따라 변동)
- 타 기관(중소기업청, 근로복지공단 등)의 창업자금을 이미 지원받은 경우에는 지원받은 금액을 차감함

5. 제출자료

- 사업자등록증 사본
- 영업신고(허가)증 앞·뒷면 사본(영업신고 및 허가가 필요한 경우에 한함)
- 주민등록등·초본(대표자, 공동대표자, 경영실권자)

- 부동산등기부등본(사업장, 대표자·공동대표자, 경영실권자 거주주택)
- 임대차계약서 사본(사업장 및 대표자 거주주택, 임차인 경우에 한함)
- 재무제표(법인기업에 한함)
- 금융거래확인서(기금양식)
- 법인등기부등본(법인기업에 한함)
- 사업계획점검표(기금양식)
- 대출금상환계획서(기금양식)
- 부채현황표(기금양식)
- 지방세 국세완납 증명서
- 4대보험 가입증명
- 기타 보증심사 등에 필요한 증빙자료

6. 보증료

- **기금 직접 취급분**: 연0.8%~0.9%

7. 채권보전

- **사업장 구입자금**: 보증금액이상 근저당권을 설정
- **기계·시설 구입자금**: 양도담보 취득
- **사업장 임차자금**: 질권 설정 또는 전세권에 대한 근저당권 설정조건
  - 부실자료 제출기업에 대한 보증취급 제한
- 부채현황표상의 차입금내역과 전산을 통한 은행거래내역(은행연합회의 개인 대출 정보 등)을 조회·비교하여 허위자료 및 부실자료를 제출한 기업에 대하여는 보증취급을 제한한다.

중소기업창업투자회사

1. 지원 대상

- 창업한지 7년 이내의 중소기업
- 벤처기업 육성에 관한 특별조치법에 의한 벤처기업

2. 지원 대상 제외

- 대규모 기업집단의 소속계열회사, 창업투자회사와 동일한 기업집단의 소속

계열회사, 숙박 및 음식점업, 부동산업, 무도장 운영업, 골프장 운영업, 도박장 운영업, 게임장 등 기타 서비스업을 영위하는 기업은 지원 대상에서 제외

3. 투자방식

◦ **주식인수**: 원칙적으로 의결권주의 50% 이내

◦ **확정수익(금리)에 의하지 아니한 자금지원**: 투자회사 및 투자업체 간 계약에 의해 투자조건을 결정하는 투자 방법으로 투자원금에 대한 확정이자(이율)를 정하지 않은 경우로서 원칙적으로 개인사업자인 경우에 한함

* 법인기업에 대하여는 통상 주식투자금액의 범위 내에서 지원

4. 투자회사의 투자심사 일반절차

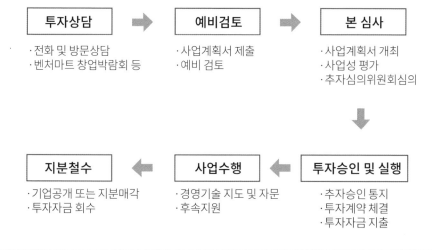

※ **투자심사시 준비할 사항**
- 상담시에는 사업계획서(최근 타 금융기관 제출분도 가능), 회사소개자료(안내책자, 법인등기부등본, 사업자등본증사본, 주주명부, 최근 재무제표 등), 제품소개 등을 준비
- 사업계획서에는 가장 중요한 자료로서 회사의 일반개요, 연혁, 주주현황, 경영진 구성 및 이력사항, 기술인력 현황 등과 사업내용으로 구분하고 현실성 있는 자료를 근거로 작성한다.
* 사업내용에는 기술, 시장현황 및 전망, 생산 및 판매계획, 총 소요 자금 및 조달계획 등을 기술
- 향후 5년 정도의 사업계획 및 추정재무제표작성은 투자를 받고자 하는 회사의 사업의지 및 비전, 기획력을 판단하는 데 중요한 요소가 된다.

신기술사업금융회사

1. 지원 대상
- 기술을 개발하거나 이를 응용화하여 사업화하는 중소기업
- 다음에 해당하는 기업
  - 제품개발 및 공정개발을 위한 연구사업
  - 연구개발의 성과를 기업화·제품화하는 사업
  - 기술도입 및 도입기술의 소화·개량사업
  - 기술 집약형 중소기업
  - 기타 생산성향상, 품질향상, 제조원가 절감, 에너지 절약 등 현저한 경제적 성과를 올릴 수 있는 기술을 개발 또는 응용하여 기업화·제품화하는 사업

2. 지원방법
- 일반융자
  - 융자한도: 소요자금의 90~100%
  - 융자기한: 10년 이내(거치기간 3년 이내 포함)
- 조건부 융자
  - 일정기간 실시료(Royalty)를 납부하되, 사업이 성공하는 경우에는 원리금 상환하고 사업실패 시는 최소 상환금만 상환하면 됨

입지지원 사업

중소기업 전용공단 및 아파트형 공장에 입주 시 분양대금 등을 저리로 융자해준다.

1. 지원 대상
- 중소기업진흥공단 조성공단 및 아파트형 공장 입주기업

2. 취급기관: 중소기업진흥공단

3. 지원범위
- **전용공단**: 입주자의 용지 매입비, 건축비 및 부대시설비

◦ **아파트형공장**: 입주자의 분양대금

4. 융자조건

◦ **융자기간**: 8년 이내(거치기간 3년 포함)

◦ **융자비율**: 토지, 건물 소요자금 및 분양대금의 70% 이내

협동화사업

3개 이상 중소기업이 공동으로 공장 등을 설립하는 경우 시설자금을 저리로 융자해준다.

1. 지원 대상

◦ 제조업, 정보처리업 또는 도소매업종 분야의 3개 이상 중소기업이 공동으로 공장, 설비, 창고, 전시판매장 설립을 추진하는 경우

◦ 참가업체 요건

  – 독립재산으로 운영되는 법인 또는 개인기업

  – 일정비율의 자금조달능력 보유

  – 진단 신청일 현재 1년 이상 가동 중일 것 등

2. 취급기관: 중소기업진흥공단

3. 지원범위: 시설자금 및 운전자금

◦ **융자기간**: 공동시설 10년 이내(거치기간 5년 포함), 개별시설 8년 이내(거치기간 3년 포함), 운전자금 3년 이내(거치기간 1년 포함)

◦ **융자비율**: 토지, 건물 소요자금의 70% 이내, 기계설비 소요자금의 100% 이내, 1회전 운전자금 소요의 100% 이내

3부

창업 계획

벤처 창업의 법률과
관련된 도전

벤처 창업의 법률과 관련된 도전

　　창업가가 법률적 전문 지식을 가지고 있을 거라는 기대는 크게 할 수 없지만 벤처 사업과 관련 있는 어느 정도의 법적 개념에 대해서는 충분히 알고 있을 것이다.

　　개념들은 크게 (1) 벤처 설립과 관련된 개념, (2) 진행 중인 벤처, (3) 벤처의 성장과 지속성과 관련된 개념이라는 세 가지 그룹으로 분류될 수 있다.

지적재산권 보호

　　지적재산권(intellectual property rights)은 독점금지법의 영향을 받아 과거에는 법률가 또는 기업 등에서 "무형재산권(immatetrial U″terrecht)"이라는 용어로써 사용되어졌으나, 1967년에 설립된 세계지적재산권기구(world intellectual property organization, WIPO)가 지적재산권이란 용어를 처음으로 사용한 후 지금까지 이어지고 있다. 지적재산권을 압축적으로 표현하면 "인간의 지적 활동으로부터 생기는 성과 중 법률적 보호대상이 되는 권리"를 말하며 또 다르게는 "인간의 사상으로부터 창출된 모든 권리, 즉 지적재산을 소유하는 권리"라고 할 수 있다. WIPO 설립조약 제2조 2)에서는 지적재산권을 "① 문예·미술 및 학술저작물, ② 실연가의 레코드 및 방송, 인간 활동과 관련된 모든 분야에서의 발명, ③ 과학적인 발견, ④ 의장(물품의 형상, 모양, 색채 또는 이들의 결합한 것으로 시각을 통하여 감지될 수 있는 것), ⑤ 상표·서비스표시 및 상호, 기타 상업상의 표시로서 부정경쟁을 방지함으로써 보호되어야 할 권리 또는 산업·학술·문예 및 미술 분야에 있어서의 지적활동으로부터 생기는 권리"로 정의하며 그 대상범위는 광범위하다. 지적재산권은 "물권", "채권"에 이은 제3의 재산권으로서 인공적인 권리이며 그 중요성은 21세기에 들어 매우 높아지고 있다.

특허권(palent)　　　Patent의 어원(語源)은 14세기 영국에서 국왕이 특허권을 부여할 때, 다른 사람이 볼 수 있도록 개봉된 상태로 수여되었으므로 특허증서를 개봉된 문서, 즉 Letters Patent라 하였으며 그 후 "Open"이라는 뜻을 가진 Patent가 특허권이라는 뜻으로 사용되게 되었다. 최초의 특허법(1474년)은 르네상스 이후, 북부 이탈리아 도시국가 베니스에서 모직물공업 발전을 위해 법을 제정하여 제도적으로 발명을 보호하는 갈릴레오의 양수, 관개용 기계에 대한 특허(1594년)로 시작되었으며 현대적 특허법의 모태는 영국의 전매조례(Statute of Monopolies: 1624~1852), 선발명주의, 독점권(14년), 공익위배 대상 특허 불인정하고 산업혁명의 근원이 되는 방적기, 증기기관 등이 탄생 소유주에게 소유권, 소유권 이전, 생산과 특허 받은 상품이나 공정 절차를 판매할 수 있도록 허가하는 독점권을 제공한다. 특허는 유일무이한 발견의 결과이며 특허 보유자는 다른 사람에 의한 침해에 대한 보호를 제공받는다. 일반적으로 수많은 물품들이 특허 보호를 받을 자격이 있는데 공정, 기계, 제품, 설비, 성분 구성(화학적 화합물) 및 이미 존재하는 물품의 개선 등이 이에 해당된다. 특허권의 주목적은 소유자/보유자에게 새로운 발명품에 대한 일시적인 독점을 제공하기 위해서이다. 그리하여 창조와 새로운 아이디어 그리고 발명품들을 장려한다. 하지만 특허권을 획득하기란 결코 쉬운 일만은 아니다.

특허권을 받기 위하여 출원발명이 갖추어야 할 요건은 다음과 같다.

1) 출원발명은 산업에 이용할 수 있어야 하며(산업상 이용가능성)
2) 출원하기 전에 이미 알려진 기술(선행기술)이 아니어야 하고(신규성)
3) 선행기술과 다른 것이라 하더라도 그 선행기술로부터 쉽게 생각해 낼 수 없는 것이어야 한다(진보성).

[그림 9.1] 특허 출원 흐름도

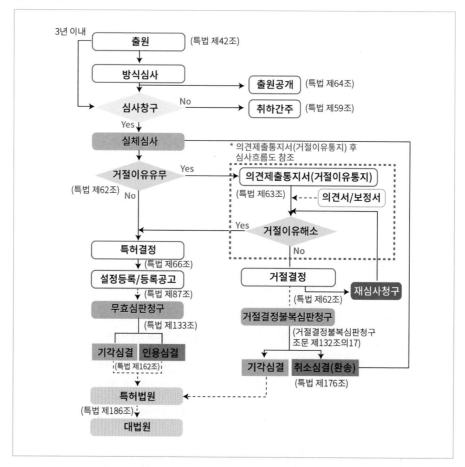

특허권의 효력은 특허권은 설정등록을 통해 효력 발생하며 존속기간은 출원일로부터 20년(실용신안권 10년) 권리를 획득한 국가 내에만 효력이 발생한다.

여기서 우리가 생산 또는 판매할 제품의 시장이 한국과 미국이라면, 한국에서만 특허등록을 받아도 되지 않을까? 한국에서 특허등록을 받았는데, 미국에서도 다시 특허등록을 받아야 할까? 정답은 국가별로 특허를 따로 받아야 한다. 각국의 특허는 특허독립(속지주의)의 원칙을 따른다. 따라서 원하는 국가 내에서 발명 기술에 관한 독점 배타적인 권리를 획득하기 위해서는 그 나라에 특허 출원을 하고 특허권 등을 취득해야 한다. 만약 한국에서 특허를 등록받고 미국에서는 특허를 등록 받지 않았다면, 다른 사람이 나와 동일한 기술로 미국에서 제품을 생산 또는 판매하는 등 실시하는 행위에 있어서 어떠한 권리도 주장할 수 없다. 다시 말해, 특허권을 확보하고자 하는 나라에 출원을 해 특허권을 취득해야만 해당국에서 독점 배타적 권리를 확보할 수 있다. 먼저, 국가별 직접 출원방법은 특허획득을 원하는 모든 나라에 각각 개별적으로 특허출원하는 방법으로 '산업재산권 보호를 위한 파리협약'에 근거하기 때문에 파리(Paris)루트를 통한 출원이라고도 하다. 이 경우, 선(先)출원의 출원일로부터 12개월 이내에 해외에 출원하여야 우선권을 인정받을 수 있다. 우선권은 선출원으로부터 1년 이내 출원 시 우선권이 적용되어 신규성, 진보성 등을 판단함에 있어서 한국(선출원)에서 출원한 날을 출원일로 인정해주는 제도이다. 다음으로 PCT를 이용한 출원방법이 있다. PCT(Patent Cooperation Treaty), 특허협력조약은 동일한 발명에 대해 여러 나라에서 보호를 받고자 할 때 선택할 수 있는 방법이다. PCT 협약국가는 2019년 기준으로 153개 국가이며, 세계 대부분의 국가가 가입되어 있지만, 대만 등 일부 국가는 가입되어 있지 않다. PCT 회원국이 아닐 경우, PCT 국제출원제도로는 해당 국가를 진입할 수 없으므로 해외출원 시 PCT 회원국을 반드시 확인해야 하며, 회원국은 세계지적소유권기구 홈페이지(www.wipo.int)를 통해 확인할 수 있다. 대만의 경우, PCT 조약에 가입되어 있지 않으므로, 대만 출원 계획이 있을 경우에는 직접 출원 절차를 진행해야 한다. PCT 출원은 국적국 또는 거주국의 특허청에 하나의 PCT 출원서류를 제출하고, 그로부터 정해진 기간 이내에 특허획득을 원하는 지정국가에 진입하는 제도로 PCT 국제출원의 출원일을 지정국가에서의 특허 출원일로 인정받을 수 있다. 또한, 선(先)출원에 대한 우선권을 주장하여 12개월 이내에 PCT 출원을 한다면 선출원의 출원일을 특허 출원일로 인정받을 수 있다. 이처럼 PCT 국제출원은 다수의 국가를 지정해 여러 국가에 진입을 간편하게 할 수 있는 특허 제도다. 그러나 PCT는 특허를 단순 출원하는 것으로 등록받는 시스템이 아니라는 점을 반드시 명심해야 한다.

실용신안권(utility model rights)　　　연필과 지우개가 분리되어 있던 것을 일체로 하여 편리하게 한 것과 같은 물품의 형상·구조·조합에 관한 고안을 의미하며, 실용신안법(제2조)상 고안은 자연법칙을 이용한 기술적 사상의 창작을 말하며 실용신안권의 등록출원일로 부터 15년을 초과할 수 없다. 이 권리는 실용신안법 및 시행령·시행규칙, 실용신안 등록령 및 시행규칙 등의 관련 법규에 따른다.

디자인(의장)권(design rights)　스마트폰을 반구형이나 네모에 둥근 모서리꼴로 한 것과 같이 물품의 외관에 대한 형상이나 모양 또는 색채에 관한 디자인을 의미한다. 의장법(제2조)상 의장이란 물품의 형상·모양·색채 또는 이들을 결합한 것으로서 시각을 통하여 미감을 일으키게 하는 일체의 행위를 총칭하며 의장권의 존속기간은 15년이다. 관련법규로는 의장법 및 시행령·시행규칙, 의장 등록령 및 시행규칙 등이 있다. 현대에는 의장이란 용어보다는 디자인 이라는 용어가 일반적으로 사용되고 있다.

디자인(의장)권은 다음과 같은 경우 등록을 제한하고 있다.

1) 국기·국장·군기·훈장·포장·기장 기타 공공기관 등의 표장과 외국의 국기·국장 또는 국제기관 등의 문자나 표지와 동일 또는 유사한 의장
2) 공공의 질서나 선량한 풍속을 문란하게 할 염려가 있는 의장
3) 타인의 업무에 관계되는 물품과 혼동을 가져올 염려가 있는 의장
4) 물품의 기능을 확보하는데 불가결한 형상만으로 된 의장

상표권(trademark rights)　'상표(brand)'의 어원은 소나 말 등의 목축물에 화인(火印)하는 노르웨이의 고어 'brandr'로부터 유래하였다. 중세시대에 길드(Guild)라는 상인단체나 동업조합원이 상품생산활동에 대한 독점과 상품의 질과 양을 통제하는 수단으로 상품에 "생산표(production mark)"를 사용하였다. 그러나 이 당시의 '생산표'는 소비자에 대해 자신의 상품을 식별하도록 하는 것이 아니어서 오늘날의 상표제도와는 차이가 있다.

오늘날과 같은 상표제도는 산업혁명 이후 프랑스에서 1857년 6월 23일 상표의 기탁제도를 정한 사용주의 및 무심사주의를 내용으로 하는 '제조표 및 상품표에 관한 법률'이 세계 최초로 제정되었으며, 그 후 영국에서 1862년 상품표법 및

1875년 선사용주의를 중심으로 한 상품등록법 등이 제정되면서 상표제도의 기틀을 다지게 되었다. 이는 스마트폰 제조회사가 자사제품의 신용을 유지하기 위하여 제품이나 포장 등에 표시하는 표장으로서 상호, 마크 등과 같은 것을 의미한다. 상표법(제2조)상 상표란 생산, 제조, 가공, 증명 또는 판매하는 것을 업으로 영위하는 자가 자기의 업무에 관련된 상품을 타인의 상품과 식별되도록 하기 위하여 사용하는 기호·문자·도형 또는 이들을 결합한 것으로서 특별하고 현저한 것을 말한다. 상표권의 존속기간은 10년이며 10년씩 연장하여 반영구적으로 가능하다. 상표권은 상표법 및 시행령·시행규칙, 상표 등록령 및 시행규칙 등과 같은 법이 관련된다.

  저작권   모든 창작물을 대상으로 하는 것은 아니다. 저작물은 창작물중 문학·학술 또는 예술의 범위에 속하는 것으로서 독창성을 인정할 수 있는 어문, 음악, 연극, 미술, 건축, 사진, 영상, 도형, 컴퓨터프로그램, 편집, 2차적 저작물 등이 해당된다. 저작권은 저작인격권과 저작재산권으로 분류된다. 저작인격권은 공표권, 성명표시권, 동일성 유지권이 있으며 저작재산권에는 경제적인 권리로서 소유권과 같이 배타적인 권리(복제권, 공연권, 방송권, 전시권, 배포권, 2차적 저작물의 작성권)이며 어느 누구도 저작자의 승낙 없이 그 저작물을 이용할 수 없도록 효력을 가진 권리를 말한다.

  저작권의 발생은 저작물의 창작과 동시에 이루어지며 등록, 납본, 기탁 등 일체의 절차나 방식을 요하지 않는다(저작권법 제10조 제2항). 따라서 저작물이 창작만 되었다면 등록이라는 별도의 특별한 절차 없이도 헌법과 저작권법에 의해 보호를 받을 수 있다. 그러나 저작권 등록을 통해 저작물에 관한 일정한 사항(저작자 성명, 창작연월일, 맨 처음 공표연월일 등)과 저작재산권의 양도, 처분제한, 질권설정 등 권리의 변동에 대한 사항을 저작권등록부라는 공적인 장부에 등재하고 일반 국민에게 공개, 열람하도록 공시하는 것을 말한다. 저작권 등록의 효과는 저작권법에서 부여하는 법률적 효력이 발생함으로써 저작자의 권리를 쉽게 보호하고, 나아가 저작물의 공시에 따른 간접적인 홍보효과도 거둘 수 있다. 또한 무명 또는 널리 알려지지 않은 이명으로 공표한 저작물의 경우, 저작자가 실명을 등록하면 저작물의 보호 기간이 공표 후 70년에서 저작자 사후 70년으로 연장되는 효과가 있고, 업무 상저작물이나 영상저작물의 경우 공표연월일을 등록하면 창작 후 70년에서 공표 시 기준으로 70년까지 보호기간이 연장되는 효과가 있다. 참고로 웹툰·웹소설 등 연재물(계속적으로 공표하는 저작물)은 하나의 저작물을 계속적으로 공표하면서 완성 하는 저작물이므로 신청 시점까지 연재된 저작물을 모아 등록을 신청하여야 하며 저작물 1건으로 취급하며 국내에서 저작권에 대한 모든 등록 업무는 한국저작권위 원회에서 모든 종류의 저작물에 대한 저작권 등록 업무를 총괄 수행한다.

[표 9.1] 저작물에 대한 종류

	종 류	내 용
①	어문저작물	소설, 시, 논문, 강연, 연술, 각본 등, 언어를 매체로 하여 작성된 저작물
②	음악저작물	악곡 등, 음(音)에 의하여 표현되는 저작물
③	연극저작물	연극 및 무용, 무언극 등에 있어 동작에 의하여 표현되는 저작물(즉, 동작의 형, 안무)
④	미술저작물	회화, 서예, 도안, 조각, 공예, 응용미술저작물 등, 형상 또는 색채에 의하여 미적(美的)으로 표현되는 저작물
⑤	건축저작물	건축물, 건축을 위한 모형 및 설계도서 등, 토지상의 공작물에 표현된 전체적인 디자인
⑥	사진저작물	사진, 청사진 등 사진의 방법으로 표현한 저작물
⑦	영상저작물	영화, 애니메이션 등, 연속적인 영상으로 표현되는 저작물
⑧	도형저작물	지도, 도표, 약도, 모형, 설계도(건축 설계도·모형은 ⑤에 해당)에 의해 표현되는 저작물
⑨	컴퓨터프로 그램저작물	특정한 결과를 얻기 위하여 컴퓨터 등 정보처리능력을 가진 장치안에서 직접 또는 간접으로 사용되는 일련의 지시·명령으로 표현된 창작물
⑩	편집저작물	저작물이나 부호, 문자, 음성, 음향, 영상 그 밖의 자료 등 소재의 집합물로서 그 소재의 선택 또는 배열이 창작성이 있는 것(창작성 있는 데이터베이스 포함)
⑪	2차적저작물	원저작물을 번역·편곡·변형·각색·영상제작 그 밖의 방법으로 작성한 창작물. 2차적저작물은 다시 위의 ①~⑩의 하나에 해당할 수 있음

저작 인접권　　　　저작권법에서는 저작권과는 별도로 저작물의 구현과 제작에 따르는 일정한 노력을 저작권에 인접한 권리라는 의미로 저작인접권이라는 이름으로 특별히 보호하고 있다. 국내법에서 인정하는 저작인접물은 다음의 3가지이다.

[표 9.2] 인접 저작물에 대한 종류

	종 류	내 용
①	실연	저작물을 연기·무용·연주·가창·연술 그 밖의 예능적 방법으로 표현하는 것
②	음반	(가창·연주·자연의 소리 등) 음이 유형물에 고정된 것(음이 영상과 함께 고정된 것은 제외)으로 CD와 같은 매체가 아니라 이에 수록된 콘텐츠 자체
③	방송	라디오 방송, 텔레비전 방송 등

그러나 다음 중 하나라도 해당 되는 저작물은 보호받을 수 없다.
다음 각 호의 어느 하나에 해당하는 것은 이 법에 의한 보호를 받지 못한다.
1. 헌법·법률·조약·명령·조례 및 규칙
2. 국가 또는 지방자치단체의 고시·공고·훈령 그 밖에 이와 유사한 것
3. 법원의 판결·결정·명령 및 심판이나 행정심판절차 그 밖에 이와 유사한 절차에 의한 의결·결정 등
4. 국가 또는 지방자치단체가 작성한 것으로서 제1호 내지 제3호에 규정된 것의 편집물 또는 번역물
5. 사실의 전달에 불과한 시사보도

영업비밀보호권　　　　자기의 영업상의 지위를 유리하게 할 목적으로 다른 회사의 상호나 영업표시를 사용하거나 다른 회사가 힘들게 쌓아 올린 영업상의 신용을 부정한 방법으로 이용함으로서 다른 회사에게 막대한 손해를 끼칠 수 있는 행위에 대해 보호해야 할 권리를 말한다. 기업비밀(trade secret)이란 기업이 중요하게 여기고 누설되어서는 안 되는 기업 고유의 정보로 기업 고유의 제조법이

나 의장, 도안, 자료 등 상업적인 목적으로 사용되는 지적 생산품 등이 포함된다. 당연히 기업비밀이 유출되면 회사의 경쟁력이 떨어지기 때문에 어떻게든 보호하려고 한다. 기업의 권리보호와 산업의 성장을 위해 국가마다 기업비밀보호법이 있고 아이디어에 대한 독점권을 기업에게 주기도 한다. 한국에서는 부정경쟁방지 및 영업비밀보호에 관한 법률에 의해 기업비밀이 보호받고 있다. 기업비밀에도 등급이 있는데, '이름만 기업비밀일 뿐 내부 외부 모두 알고 있는 것', '대외비', '차장급 이상만 접근가능', '임원급만 접근 가능' 등으로 기업 내에서도 직급이나 직종에 따라 공개여부가 정해져 있다. 기업비밀을 가지고 있는 소유주, 개발자, 착안자 등 담당자는 기업과 계약관계에 있으므로 계약서에 따라 기업 비밀을 지켜야 할 의무가 있다. 영업비밀로서 보호를 받으려면 해당 자료가 실제로 비밀로서 유효하게 관리되고 있어야 한다. 이름만 기업비밀이고 내부 외부에서 알고 있는 것은 기업비밀이 아니다. 특허는 특허법 제1호에서 명시하듯이 기술을 대중에게 널리 공개하고 사회 전체의 발전에 이바지 하는 대신 일정기간동안(출원일로부터 20년) 배타적 독점권을 취득하며, 독점권 취득으로부터 20년이 지나게 되면 특허권이 소멸해서 더 이상 독점권을 누리지 못한다. 그러나 기업비밀은 이 비밀이 외부로 누설되기 전까지는 대중에게 공개되지도 않으며, 공개되면 가치를 잃게 되며, 공개가 되어 버려도 지적재산권의 법적 보호를 받지 못한다. 영업 비밀은 공개되지 않는 한 계속 이를 독점적으로 시행할 수 있다. 예로서 코카콜라의 성분비나 KFC 오리지널 치킨의 양념(11가지 향신료를 사용한다는 것 외엔 향신료 종류와 배합 비율 등을 공개하지 않고 있다)은 대표적인 영업 비밀이다.

개인기업

소요자본의 전부 또는 대부분을 한 개인이 출자하고, 그 자본운영에 관한 책임을 그 출자자가 전적으로 지는 기업형태로 기업 경영에서 발생하는 이윤이나 손실은 출자자인 동시에 경영 책임자이기도 한 개인이 받아들이고 부담하는 형태이다. 개인기업은 지휘하는 데 있어서 통일성·신축성·비밀유지 등의 좋은 일면을 지니고 있으나 자본규모가 결과적으로 개인자본가의 축재에 묶이고, 다른 기업과의 경쟁에 필요한 자본금 지출이 불충분하다는 근본적인 약점이 있다. 여기에서 주목할 일은 개인기업의 기업성이다. 개인기업 가운데에는 자본과 임금노동의 분화가 명확하지 않은 전자본주의적 기업이 포함되어 있기 때문이다.

[표 9.3] 개인사업자와 법인사업자 비교

구 분	개인사업자	법인사업자
창업절차	− 관할관청에 인·허가 신청(인·허가 대상인 경우에 한함) − 세무서에 사업자등록 신청	− 법원에 설립등기 신청 − 세무서에 사업자등록 신청
자금조달	− 사업주 1인의 자본	− 주주를 통한 자금조달
사업책임	− 사업상 발생하는 모든 문제를 사업주가 책임	− 법인의 주주는 출자한 지분 한도 이내 에서만 책임
과세	− 종합소득세(사업소득) 과세 * 세율: 6~42%	− 법인: 법인세 * 세율:10%,(과표2억 이하), 20%, 22%, 25%(3000억 초과)
장점	− 설립절차가 간단 − 설립비용이 적음 − 기업 활동이 자유롭고, 사업계획 수립 및 변경이 용이 − 인적조직체로서 제조방법/자금운용관련 비밀유지 가능	− 대외공신력과 신용도가 높음 (관공서/금융기관 등과 거래시 유리) − 주식 및 회사채 발행 등을 통한 대규모 자본조달이 가능 − 기업운영이 투명
단점	− 대표자는 채무자에 대하여 무한 책임을 짐 − 대표자가 바뀌는 경우에는 폐업 신고를 해야 함(기업의 연속성 단절 우려) − 사업 양도시 양도소득세 부과(세부담 증가)	− 설립절차가 복잡 − 설립시 비용이 높음(자본금 규모에 따른 비용발생) − 사업운영과 관련한 대표자 권한이 제한

※ 세율만 고려시 과세표준 2,160만 원 이하인 경우 개인기업이, 초과인 경우 법인기업이 유리

법인으로 설립할 경우, 법원에 설립등기를 완료하고 관할 세무서에 관련서류를 제출하고 사업자등록을 한다.

[표 9.4] 법인사업자 등록 절자

구 분	주 요 내 용	
설립시 발기인 수	제한 없음 (과거 3인 이상이었으나, 상법개정으로 1인 이상이면 가능)	
설립시 필요자본금	100원 (자본금은 100원 이상이면 가능하나, 등기비 등을 고려하여 천만 원정도 수준이 적정)	
설립 등기	등기소요기간	3~5일
	진행절차	(1) 자본금 준비 (2) 임원/주주 등 설립 기초사항 확정 (3) 정관 작성 (4) 주금 납입 (5) 등록세 발급 및 인증 (6) 등기신청 (7) 등기부등본/인감증명서 발급 * 만약 법무사를 선임하는 경우 2, 3, 5, 6, 7번 항목을 법무사가 대신 수행
사업자 등록시 제출서류	(1) 사업자등록증 신청서 (2) 주주 명부 (3) 법인등기부 등본 (4) 정관 사본(설립시 공증받은 것) (5) 임대차계약서 사본(확정일자신청시 원본) (6) 인허가증(해당시)	

개인기업으로 사업을 운영하다가 사업규모가 커져서 법인기업으로 전환할 경우, 개인기업을 법인으로 전환하는 방법은 개인기업의 사업주가 법인에 현물출자하는 방법과 사업자체 포괄 이전하는 양도양수 방법 총 2가지가 있으나, 전환의 용이성 등을 고려해 볼 때 양도양수 방법으로 전환하는 것이 적절하다.

[표 9.5] 개인사업자 법인사업자 전환방법

구 분	현물출자	양도양수
전환방법	사업주가 금전이 아닌 현물로 출자 (현물: 부동산/채권/유가증권 등)	개인기업의 자산/부채를 포괄적으로 법인에 양도
주요내용	절차가 복잡하고 비용이 많이 듦 (출자자산의 평가가 어려워 검사인/공 인된 감정평가기관 조사필요)	절차 간편 (쌍방간 가격합의시 전환가능)

개인기업을 법인으로 전환하는 경우 개인의 부동산/기계 등 사업관련 자산을 법인 명의로 이전해야 한다. 이 경우 취득하는 법인의 경우 취득세가 부과되고, 양도하는 개인의 경우 부동산/주식은 양도소득세가, 기계 등 사업자산은 부가가치 세가 부과되는데, 아래와 같이 세법규정을 잘 활용하면 세금을 절세할 수 있다

[표 9.6] 개인사업자 법인사업자 전환시 세법규정

구 분	주 요 내 용
부가가치세 [부가가치세법 제6조, 동법시행령 제11조]	사업장별로 그 사업에 관한 모든 권리(물적/인적시설 등)를 포괄 적으로 승계시키는 경우 부가세 부과대상에서 배제 * 미수금/미지급금 등 가계정을 제외하고 이전하는 경우도 인정
취득세 [조특법 제120조]	사업양수도 방법으로 개인자산을 법인에 양도하는 경우 취득세 면 제 혜택 부여 * 단, 양도 후 2년 내 폐업/처분/임대시 감면세액 추징

공동기업

공동기업은 개인기업의 확장된 형태로서, 대부분이 회사형태를 취하고 있어 회사형태 기업이라고 한다. 우리나라 법률상의 구분을 보면, 공동기업을 조합과 회사로 나눈다. 조합은 민법상의 조합과 상법상의 조합으로 나누어 상법상의 조합 을 익명조합이라 칭하고 있으며, 조합 이외의 공동기업은 회사로 보고 회사의 종 류를 합명·합자·유한 및 주식회사로 구분하고 있다. 미국에서는 공동기업의 채 무부담의 한계를 중심으로 '보통공동기업(general partnership)'과 '특수공동기업

(special partnership)'으로 분류하고, 주식회사는 법인체로서 별도 취급하고 있다. 또한 공동기업의 구성원들의 인적 관계 및 채무부담의 한계에 따라 인적 공동기업과 자본적 공동기업으로 나누기도 한다.

합명회사

합명회사의 정의 '합명회사(ordinary partnership)'는 2명 이상의 사원이 공동으로 출자하여 형성되는 회사형태로서, 개인 기업이 직접 결합된 형태라할 수 있다. 합명회사의 출자 기업자인 사원인 회사의 채무에 대하여 무한책임을부담하는 동시에 정관에 특별한 계약이 없는 한 전원이 회사의 경영에 참여해야한다. 합명회사의 기능자본가는 개인 기업에서 갖는 것과 같은 지배요구를 종전대로 확보하면서 보다 더 많은 자본을 형성할 수 있다. 그러나 사원은 제각기 지배권을 갖고 있는 반면에, 책임이 중한 무한책임을 지게 되므로 많은 출자자를 구하기가 어렵다. 따라서 대부분의 경우 인척 관계에 있는 극히 제한된 사람끼리 설립하기 때문에 실질적으로 개인 기업에 가까운 성질을 가지고 있으며, 소규모 경영에 적합하다. 우리나라와 일본은 합명회사를 법인으로 취급하고 있으나, 독일 · 영국 · 미국에서는 보통공동기업으로 분류한다. 법률적으로 합명회사는 무한책임사원만으로써 구성되는 회사가 되는데 각 사원이 회사에 대하여 출자 책임이 있음은 물론이며 회사 채무에 대하여 만일 회사 재산을 가지고도 완제할 수 없는 경우사원이 연대하여 무한의 책임을 지며, 정관에 다른 정함이 없는 경우에는 각 사원이 회사의 업무를 집행하고, 회사를 대표할 권한을 가지는 회사이다(200조, 207조). 합명회사에서는 사원의 인적 신용이 중시되므로 회사 재산은 비교적 중시되지 않으며 설립단계에서 출자를 이향할 필요는 없다. 뿐만 아니라 출자에 있어서도 재산 출자에 한하지 않고 노무를 출자한다거나, 회사를 위하여 보증을 하거나, 물적담보를 제공하는 따위의 신용의 출자도 인정된다.

또한, 합명회사는 사원간의 신뢰관계를 중시하고 이것을 유지하기 위하여 입사나 사원의 지위의 양도에 관하여는 다른 사원의 동의를 요하며, 그와 동시에 법정사유가 있는 경우에 환의 청구에 의하여 법원의 판결로써 제명하는 제도가 인정되고 있다. 상법에서는 합명회사를 사단법인으로 보고 있으나, 실질적으로는 조합적인 것이다. 자본주의 경제가 초기적인 시대에 개인 기업에서 공동기업으로 바뀔 때에 이 회사형태가 이용되었으나 자본주의 경제가 고도화하고 경쟁이 심해져 경영에 많은 위험이 따르게 된 이래부터는 지나치게 사원의 책임이 무거운 이 회사형태를 기업가들이 회피하는 바가 되었다.

합명회사 설립　　　　법인기업에 해당하는 합명회사의 경우 사업업종과 관련된 관할관청에서 사업에 대한 인·허가를 취득해야 한다. 인·허가를 취득한 다음에 법인설립등기를 한 후 30일 이내에 관할세무서에 법인 설립신고를 하여야 하며, 유한 회사의 설립절차는 설립에 참가하는 자(사원)가 설립취지서를 작성한 후에 자본금액에 관하여 1구좌(정관규정 또는 상법, 민법) 이상을 인수하고 정관을 작성하며 설립을 위한 사원총회를 개최하고 설립동기를 하면 된다. 발기 인수는 2~50인 이하이며 법원의 인가를 얻은 경우 50인 초과가 가능하며, 합명회사의 설립절차는 비교적 간단하여 사원으로 되고자 하는 2인 이상의 자가 정관을 작성하고 이를 본점 소재지에서 설립등기를 함으로써 성립된다. 그리고 주식의 인수와 청약 및 기타 설립요건에 필요한 사항을 법원에 신고함과 동시에 창립총회를 거쳐 설립등기를 마침으로써 설립하게 된다. 합명회사 설립하는 경우 정관에는 목적, 상호, 사원의 성명과 주소, 사원의 출자목적과 그 가격 또는 평가의 표준, 본점과 지점의 소재지, 정관의 작성 연월일의 각 사원의 유/무한 책임 여부, 절대적 기재사항과 대표사원, 사원의 퇴사이유 등의 상대적 기재 사항 등을 기재해야 한다.

　합명 회사의 경우 회사정관을 작성하여야 한다. 정관이란 실질적으로는 회사의 조직 활동을 정하는 근본규칙을 말하고 형식적으로는 그 근본규칙을 기재한 서면을 말한다. 정관은 곧 회사의 준칙이기 때문에 설립자는 물론이려니와 그 후의 신입사원도 구속하는 자치적 법규의 성질을 갖는다. 그러나 공증인의 인증은 필요하지 않다. 합명회사의 정관에는 목적, 상호, 사원의 성명·주민등록번호 및 주소, 사원의 출자 목적과 그 가격 또는 평가의 표준을 기재하고 출자의 종류가 노무라면 단순히 노무, 신용이면 신용이라고 기재하면 된다. 그러나 재산출자의 경우에는 그 재산의 종류를 기재하여야 한다. 출자의 가격 또는 평가의 표준은 출

자를 금전으로 계산한 가격 또는 그 산정방법을 말한다. 본점의 소재지, 정관의
작성 연월일 등 이상의 6개 항목을 기재하여야 한다.

합명회사 출자　　　합명회사의 사원은 회사의 목적을 달성하기 위하여
유형·무형의 것을 회사에 급부하여야 한다. 이 급여를 출자라고 한다. 사원은 모
두 어떠한 출자를 할 책임을 지며, 출자의 목적은 정관에 기재하고 등기에 의하여
공시된다. 출자 대상이 될 수 있는 것은 금전 기타의 재산 외에 신용 또는 노무를
포함한다. 신용의 출자란 자기의 신용을 회사에 이용시키는 것을 말하며, 노무의
출자란 회사를 위하여 일정한 노무에 종사하는 것을 말한다. 이러한 출자의 이행
시기, 방법 등에 관하여는 정관의 정함에 따른다. 정관에 정함이 없으면 보통의
업무집행방법에 따라서 결정되어 각 사원에게 청구할 수 있다. 출자의무를 이행하
지 않는 경우에는 지연이자의 지급과 손해배상의 의무를 부담할 뿐 아니라 제명
등의 이유가 되며, 출자는 재산출자, 노무출자, 신용출자의 세 종류로 나무고 정관
에 규정한 출자의 목적에 따라 출자를 정한다.

[표 9.7] 출자의 종류

구 분	출자의 내용
재산출자	재산출자에는 금전 그 밖의 재산을 목적으로 하는 금전출자와 금전 이외의 재산을 목적으로 하는 현물출자가 있으며, 현물출자 할 수 있는 재산에는 제한이 없기 때문에 부동산·동산, 여러 종류의 물권(物權)·채권·유가증권 등을 출자할 수 있다.
노무출자	사원이 회사를 위하여 노무를 제공하여 출자를 하는 경우로, 정신적이든 육체적이든, 계속적이든 일시적이든 상관없다.
신용출자	사원이 자신의 신용을 회사가 이용하도록 출자를 하는 경우로, 사원이 회사를 위해 보증을 하는 등의 방법으로 사원의 신용을 회사에 제공한다.

사원은 정관의 규정에 따라 출자의무를 이행하여야 한다. 다만, 정관에 출자
이행 시기나 방법 등에 관한 규정이 없는 경우, 합명회사 내부관계에 관해서는 정
관이나 '상법'에 규정이 없으면 조합에 관한 '민법'의 규정을 준용하므로, 합명회사

는 업무집행의 방법으로 이를 자유롭게 결정할 수 있다. 사원이 출자의무를 이행하지 않는 경우에는 채무불이행으로 손해배상의무를 부담하며, 금전을 출자의 목적으로 하는 경우에는 연체이자를 지급하는 외에 손해를 배상해야 한다.

또한, 출자의무의 불이행은 사원의 제명사유가 되며, 사원이 업무를 집행함에 현저하게 부적임하거나 중대한 의무에 위반한 행위가 있는 때에는 법원은 사원의 청구에 의하여 업무집행권한의 상실을 선고할 수 있다.

[표 9.8] 출자이행의 시기 및 방법

구 분	출자방법
금전출자	금전의 지급
현물출자	목적물의 권리이전. 다만, 채권을 출자의 목적으로 한 사원은 그 출자한 채권이 변제기에 변제되지 않을 때에는 그 채권액을 변제할 책임을 지며, 이자를 지급하는 것 외에 이로 인해 생긴 손해를 배상해야 한다.
노무출자	노무의 제공
신용출자	회사를 위해 보증 또는 담보제공, 회사가 발행한 어음의 배서나 인수

주식회사

주식회사의 정의   주식회사는 다수의 사람으로부터 유한책임인 주식의 증권화에 의하여 자본을 동원시키고, 경영의 위험을 분산, 전문경영자에게 운영을 위임시키는 특수제도의 회사로서 자본결합의 강대한 요구에 따를 수 있고, 기업규모의 비약적 확대가 가능하다는 점에서 대표적인 기업형태가 되었다. 주식회사의 일반적 특징으로 주주는 개인기업자·합명회사·합자회사의 무한책임사원과는 달리 회사의 채권자에 대하여는 무한책임을 지지 않고, 다만 자기가 출자한 금액에 관하여서만 회사에 대하여 책임을 지게 된다. 이런 유한책임제도에 의하여 광범위하게 자본을 동원시킬 수 있는 주주의 유한책임, 출자자가 출자를 꺼리는 이유로는 일반적으로 책임의 경중, 즉 유한·무한을 고려하는 외에 출자금의 반환 및 환금성에 대한 불안감이 크게 작용한다. 합명회사나 합자회사에선 사원이 자기의 지분을 양도하는 경우 다른 사원의 동의가 필요하며 양도가 제한되어 있다. 그러나 주식회사에서는 아무런 제한 없이 자유로운 주식의 양도가 인정되고 있으며, 또한 증권시장의 발달에 따라 쉽게 환금할 수도 있는 주식의 자유로운 양도, 주식회사 자본금은 주식이라는 형태로 소액·다수로 분할되어 증권화 되어 있다. 따라서 적은 액면금액의 주식을 다수 발행함으로써 광범위한 자본의 동원이 가능한 자본의 소액 균등분할을 들 수 있다.

주식회사 3요소   상법은 주식회사의 정의규정을 두고 있지 않지만, 일반적으로 주식회사라 함은 주주의 출자에 의한 자본금이 균일한 단위인 주식으로 분할되고, 주주는 자신이 인수한 주식의 인수가액을 한도로 회사에 대한 출자의무가 있을 뿐 회사채권자에 대하여 아무런 책임이 없는 회사를 말한다.

1. **자본금**   주식회사는 전형적인 물적 회사로 주식회사의 자본금은 회사에 성립 기초가 되고, 주주에 대하여 출자액 및 책임의 한계를 의미하며, 회사의 채권자에 대해 회사의 신용 및 담보가 된다. 자본금은 회사의 재산적인 기초를 확보하기 위해 보유해야 할 기준이 되는 금액을 말하며, 상법상으로 액면주식을 발행한 경우 발행주식의 액면총액을 말한다. 자본금은 대차대조표의 자본금 란에 기재되며, 등기에 의하여 공시되어야 한다.

주식회사의 자본금은 회사의 설립 시 자본금 총액에 해당하는 주식의 인수를 요구하는 '총액인수제도', 주식회사가 발행할 수 있는 주식 중 일정부분만을 설립 시에 발행하고 잔여부분의 신주발행권을 이사회에 위임하는 '수권자본금제도가 있다. 국내 상법은 두 제도를 절충하고 있으며, 설립 시 수권주식총수를 정관의 절대적 기재사항으로 하고 설립 시 발행하는 주식은 전부 인수 및 납입되도록 하여 회사의 재산적 기초를 공고히 하는 한편, 이사회로 하여금 기동성 있는 자본금의 조달 권한을 부여하고 주식의 할인발행이라는 보완책을 두어 수권자본금제도의 실효성 확보 효과를 노리고 있다.

2. **주식**   주식회사는 일정한 출자단위를 설정하고 집적시킴으로서 거대한 자본금을 형성하는 동시에 사단으로서 실체를 형성하는데 출자단위를 주식이

라 명한다. 주식회사의 주식이라는 개념을 매개로 주식회사의 물적 요소인 자본금, 인적요소인 주주를 결합시키고 있다.

　　3. 주주의 유한책임　　　주주는 회사에 대하여 자기가 인수한 주식의 인수가액을 한도로 재산상의 출자의무를 부담하며, 그 외에 아무런 의무를 지지 않는다. 주주는 회사에 한한 의무를 부담하고 회사의 채권자 등 제3자에 대하여 아무런 책임을 지지 않는다. 주주의 유한책임은 주식회사의 본질에 관한 것이므로 정관이나 주주총회의 결의로 정할 수 없지만, 회사와 주주의 약정에 의해 주주가 유한책임을 포기하여 개별적으로 회사의 채무를 부담하거나 추가적인 출자의무를 부담할 수는 있다. 주주의 동의 없이 주주의 유한책임이 부정되는 경우가 있다.

주식회사 설립

　　법인기업에 해당하는 주식회사의 경우 사업업종과 관련된 관할관청에서 사업에 대한 인·허가를 취득해야 한다. 인·허가를 취득한 다음에 법인설립등기를 한후 20일 이내에 관할세무서에 법인설립 신고를 해야 하며, 우선 1인 이상의 발기인 전원이 기명날인한 정관을 작성하여 공증인의 인증을 받는다. 주식의 인수와 청약 및 기타 설립요건에 필요한 사항을 법원에 신고함과 동시에 창립총회를 거쳐 설립등기를 마침으로서 설립이 마무리 된다. 주식회사를 설립하는 데 있어서 자본금을 확보하는 방식에는 주식을 인수하는 방식과 현물출자를 통하여 자본금을 확보하는 방식이 있다.

　　정관에는 발행예정 주식의 총수와 설립 시 발행하는 주식의 총수를 기재하여야 하는데 발기인만이 전부 인수하여 회사를 설립하는 경우를 발기설립이라고 하고, 그 일부만을 발기인이 인수하고 나머지에 대하여는 주주를 모집하여 주식을 인수시키는 것을 모집설립이라고 한다.

　　1. 발기인　　　발기인이란 형식적으로는 정관에 발기인으로 기명날인한 사람을 말하지만 실질적으로 볼 때는 회사의 설립사무에 참가하더라도 정관에 발기인으로서 기명날인하지 않은 이상 법률상 발기인이 되지 못한다. 이를 반대로 해

석하면 정관에 발기인으로서 서명한 이상은 실제로 설립사무를 담당하지 않았다고 하더라도 발기인으로서의 책임을 지게 된다. 상법은 발기인이 설립사무에 종사한 회사에 참여토록하기 위하여 각 발기인은 적어도 1주이상의 주식을 인수할 것을 요구하고 있으며, 발기인이 될 수 있는 자격에 대하여 현행 상법에는 별다른 제한 규정이 없으나 그 중요성으로 보아 행위무능력자는 발기인으로 선임하는 것을 삼가야 한다. 주식회사를 설립하기 위한 발기인은 3인 이상이어야 하며, 반드시 1주 이상의 주식을 인수하여야 한다. 회사설립 시 발행주식의 대부분은 발기인이 인수하며 개인기업의 법인 전환 시에도 주식의 대부분은 발기인이 인수하게 되는데 이 경우 발기인은 자금출처가 명확하여야만 상속세나 증여세의 과세대상에서 벗어날 수 있다. 자금출처가 입증되지 아니한 발기인은 상속세법의 규정에 의거 과세될 것이다. 직업, 성별, 연령, 사회적 지위 등을 감안하여 조사하고 있으나 미성년자, 부녀자 등이 주식을 취득하였을 경우에는 간접조사를 배제할 수도 있다.

2. 정관 작성　　　정관이란 실질적으로는 회사의 조직 활동을 정하는 근본규칙을 말하고 형식적으로는 그 근본규칙을 기재한 서면을 말한다. 정관은 곧 회사의 준칙이기 때문에 설립자는 물론이려니와 그 후의 신입사원도 구속하는 자치적 법규의 성질을 가지므로 공증인의 인증이 있어야만 효력을 발생시킨다.

3. 정관 기재사항(절대적 기재사항)　　　정관의 절대적 기재사항은 목적, 상호, 회사가 발행하는 주식의 총수, 본점의 소재지, 회사가 공고하는 방법, 발기인의 성명과 주소이며 이들 절대적 기재사항 중 하나라도 기재를 누락하면 정관은 무효가 된다.

ㄱ. 목적　　　목적이란 회사가 경영하고자 하는 사업을 말한다.

ㄴ. 상호　　　상호란 상인이 영업상 자기를 표시하기 위하여 사용하는 명칭을 말한다. 상법상 상인이 상호를 선정함에 원칙적으로 자유이나 여러 가지 제한 규정을 두고 있으며, 상호권을 인정하여 타인의 부정침해로부터 법적 보호를 하고 있다. 예를 들어 상호를 등기한 자는 더욱 강력한 보호를 받을 수 있다. 즉, 동일한 특별시, 시, 읍, 면에서 동종영업으로 타인이 등기한 상호를 사용하는 것은 부

정한 목적으로 사용하는 것처럼 추정된다는 점이다.

ㄷ. 회사가 발행할 주식의 총수   회사가 발행할 주식의 총수란 회사가 장래 발행하기로 예정하고 있는 주식의 총수, 즉 이사회에 대하여 발행을 수권한 주식수의 최대한을 의미하는 것으로 발행예정 주식의 총수를 말한다. 이 발행예정총수는 설립자가 전부 발행해야 할 필요는 없다.

ㄹ. 1주의 금액   1주의 금액은 균일하여야 하고, 1주의 금액은 이 기재의 설립 시에 발행하는 주식에 대하여서 뿐만 아니라 장래 발행될 주식의 액면가를 정하고 있다. 기업은 100원 이상이어야 한다.

ㅁ. 회사의 설립 시에 발행되는 주식의 총수   이것은 발행예정주식총수 중에서 회사설립 시에 실제로 발행하는 주식총수를 말하는 것으로 설립시 발행 주식수와 발행예정주식총수를 동일하게 하였을 경우 증자 등으로 주식을 추가 발행할 경우 등기내용을 변경하여야 하는 등 복잡한 절차가 있다.

ㅂ. 본점의 소재지   본점의 소재지를 기재하여야 한다. 인허가 사항이 필요한 경우에는 해당 업종이 사업장 인허가 조건과 일치하는지 사전에 확인할 필요가 있다.

ㅅ. 회사가 공고하는 방법   주식회사의 여러 이해관계인의 이익을 보호하기 위하여 일정한 사항에 대하여는 공고를 요구하고 있는데 공고는 관보 또는 시사에 관한 사항을 게재하는 일간신문에 의하여야 한다. 통상적으로 게재료가 낮은 경제지를 선호한다.

ㅇ. 발기인의 성명 주민등록번호 및 주소   발기인은 누구인가 그 동일성을 확증하기 위한 것이며 그 기재방법에 특별한 제안은 없다.

4. 정관 기재사항(상대적 기재사항)   상대적 기재사항이란 이를 정관에 기재하지 아니하여도 정관자체의 효력에는 아무런 영향을 미치는 않지만 그 사항을 정관에 기재하지 않으면 그 사항이 회사와 주주에 대한 관계에 있어서 효력이 발생하지 않는 사항을 말한다.

ㄱ. 발기인이 받을 특별이익   특별이익은 회사설립을 위한 발기인의 공로에 대하여 회사가 주는 특별한 이익이며 이익배당이나 잔여재산의 분배 또는 신

주인수에 관한 우선권, 회사의 설립비용에 관한 특권 등을 그 예로 들 수 있다.

ㄴ. **현물출자**   현물출자는 금전 이외의 재산으로서 하는 출자를 가리킨다. 주식회사에서는 금전 출자가 원칙이며 현물출자는 예외로 정관에 그에 관한 규정이 있는 경우에만 인정된다. 현물출자를 하는 경우에는 현물에 대한 적절한 평가가 선행되어야 한다. 회사설립 시 현물출자를 하는 경우에는 현물자산에 대한 감정가가 있으면 되지만 개인 기업으로 운영하던 중 현물출자에 의한 법인 전환을 하는 경우에는 보다 적정한 현물출자가액 산정을 위하여 공인회계사의 감사보고서가 필요하다. 정관에는 현물출자자의 성명과 출자 목적물인 재산의 종류, 수량, 가격과 이에 대하여 부여할 주식의 종류와 수를 기재하여야하며, 목적물인 재산은 그 동일성을 파악할 수 있을 정도로 구체적으로 특정하여 기재하여야 한다.

ㄷ. **재산인수**   회사설립에 있어서 그 성립 후 특정인으로부터 일정한 재산을 회사가 매수할 것을 약정하는 것을 재산인수라 한다. 이것은 발기인이 설립 중의 회사를 위하여 회사의 성립을 조건으로 특정재산을 양수할 것을 내용으로 하는 계약이다.

ㄹ. **설립비용과 발기인의 보수**   설립비용이란 회사의 설립사무를 집행하는데 필요한 비용으로 정관의 작성, 인증비용, 주식청약서, 기타 필요한 서류의 인쇄비, 설립사무의 임차료, 설립사무를 위한 통신비, 비품비, 인건비, 주식 모집의 광고비, 주금납입의 취급을 위탁한 은행이나 신탁회사 등에 지급할 수수료, 창립총회의 소집 비용, 현물출자의 목적물을 감정인에게 감사 내지 감정 시킨 경우 그 비용 등을 포함한다. 즉, 물적 회사의 설립절차는 인적회사인 합명회사나 합자회사의 설립절차보다 훨씬 복잡하여 정관의 작성으로부터 설립등기를 종료하기까지는 상당한 비용을 필요로 한다. 여기에서 주의할 것은 설립비용이란 회사의 설립사무소에 소요된 경비이므로 회사의 설립 시까지만 발생된 비용이며 그 이후의 비용은 설립비용이 될 수가 없다.

정관 기재사항(임의적 기재사항)   이것은 정관에 기재할 것인가, 기재하지 않을 것인가를 완전히 회사의 자유의사에 맡기는 사항이다. 일반적으로는 발행주권의 종류, 주식의 명의개서 등의 절차, 주권의 재발행에 관한 사항, 주주총회의 의장, 이사 및 감사의 수, 사업년도, 주권불소지제도 등이 있다. 예를 들어 이사의 수는 상법상 1인 이상으로 되어 있으나 정관에서 3인으로 정하든 4인으로 정하든 5인 이상으로 하든 적법하다.

법인설립등기

법인설립등기는 회사의 설립절차에 있어서 최후의 단계에 속한다. 회사는 설립 등기에 의해서 성립하며 법인으로서 존재하게 되며, 창립총회가 종결된 날로부터 2주내에 이사의 공동신청에 의하여 법원에 설립등기를 하여야 한다. 구체적인 법인설립 등기업무는 법무사에 의뢰하여 신청한다.

사업자등록신청

신설법인의 사업자등록신청은 법인설립신고와 병행하여야 하는데, 관할세무서(법인세과)에 사업자등록을 하여야 한다.

사업자등록신청 시 유의사항   사업장단위로 사업자 등록사업장이란 사용인이 상시 주재하여 거래의 전부 또는 일부를 행하는 장소를 말하는데, 여러 개 있을 경우에는 사업장마다 사업자등록을 해야 한다. 다면 보관·관리시설만 갖춘 하치장은 설치한 날로부터 10일 안에 하치장소관 세무서장에게 설치 신고서를 제출한다. 여러 가지 사업을 겸업할 경우 부가가치세가 과세되는 사업을 하는 경우(면제되는 업종도 함께 하는 경우도 포함)에는 부가가치세법에 의한 사업자등록을 하여야 하고, 면제되는 사업만 하는 경우에는 소득세법 또는 법인세법에 의한 사업자등록을 하면 된다. 공동사업자의 경우 2인 이상이 공동으로 사업을 하는 경우는 사업자등록신청은 공동사업자 중 1인을 대표자로 하고 공동사업자 전원의 주민등록등본을 붙여 대표자 명의로 신청하며 동업계약서 등의 서류를 함께 제출한다. 사업자등록 미이행 시 가산세 부과내용 사업자등록을 하지 않고 사업을 하면 사업개시일로부터 등록한 날이 속하는 예정신고기간(예정신고시간이 지난 경우에는 그 과세기간)까지의 공급가액에 대하여 개인은 100분의 1, 법인은 100분의 2에 해당하는 금액을 가산세로 물어야 한다.

협동조합

1. 협동조합의 정의　　　협동조합은 경제적으로 약한 지위에 있는 소생산자나 소비자가 서로 협력, 경제적 지위를 향상시켜 상호복리를 도모할 목적으로 공동출자에 의해 형성된 기업이다. 따라서 협동조합의 직접목적은 영리보다는 조합원의 경제활동에 있어서의 상호부조에 있다. 협동조합은 산업혁명에 의하여 비약적으로 발전된 대기업의 압력에 대항하기 위하여 19세기 초에 형성된 것으로, 생산조합·영국의 소비조합·독일의 신용조합이 그 대표적인 예이다. 협동조합은 사기업과 달리 다음과 같은 원칙에 따라 운영된다는 특징이 있으며, 이 원칙들은 상호부조주의·민주주의·이용주의에서 비롯된 것이다. 조합 자체의 영리보다 조합원인 소규모 사업자 또는 소비자의 상호부조를 목적으로 하며, 조합원의 임의가입·탈퇴를 인정하지만 각 조합원은 출자액에 관계없이 평등한 의결권을 가진다. 조합의 잉여금 배분은 원칙적으로 이용도에 비례하여 행한다.

2. 협동조합의 형태

생산협동조합　　　소생산자들이 설립하는 것으로 농업·수산업·축산업·공업협동조합 등이 있으며, 사업 내용에 따라 다음과 같이 나누어진다. 판매조합의 형태로는 조합원의 판매상의 불리를 없애기 위하여 공동으로 조합원의 생산물을 판매하는 조합이다. 이 조합에는 판매 외에 생산물을 가공, 공동 판매하는 것과 같은 가공판매조합이 있으며, 구매조합의 형태로 조합원에게 필요한 생산물이나 원재료를 공동구매하기 위하여 설립된 조합, 이용조합의 형태로 조합원이 필요로 하는 시설을 공동출자에 의하여 설치하고, 이를 이용할 목적으로 설립된 조합, 신용조합의 형태로 조합원이 서로 자금을 융통하는 외에 외부에서 자금을 차입, 조합원에 융자해 주는 것을 목적으로 하는 것으로 예금까지도 취급하는 조합, 생산조합의 형태로 조합원이 공동 생산하는 조합으로 원료구입에서부터 생산·가공까지를 행하는 것과 가공만을 행하는 조합, 기업조합으로 조합원이 1개의 공동기업체를 형성, 사업을 행하는 것으로 조합원은 독립하여 사업을 행하는 것이 아니라 완전히 조합 경영자의 일원으로 작업에 참여하는 조합형태가 있다.

소비협동조합   조합원의 생활에 필요한 물자를 공동으로 싼 값으로 구입함으로써 소비자인 조합원의 소비생활 향상을 그 목적으로 하고 있다. 주요 사업으로는 생활물자의 공동구입 외에 의료시설이나 목욕탕·주택 등을 설치, 이용한다든가, 또는 조합원으로부터 여유자금을 예치, 필요한 조합원에 대부해 주는 것도 있다. 이러한 소비조합은 회사·관청 등의 직장에 설치된 직장조합도 있으며, 특정지역에 사는 사람을 대상으로 한 지역조합도 있다.

3. 협동조합의 7대원칙

자발적이고 개방적인 조합원 제도   협동조합은 자발적이며, 모든 사람들에게 성(性)적, 사회적, 인종적, 정치적, 종교적 차별 없이 열려있는 조직이다.

조합원에 의한 민주적 관리   조합원들은 정책수립과 의사결정에 활발하게 참여하고 선출된 임원들은 조합원에게 책임을 갖고 봉사하며, 조합원마다 동등한 투표권(1인 1표)을 가지며, 협동조합연합회도 민주적인 방식으로 조직, 운영한다.

조합원의 경제적 참여   협동조합의 자본은 공정하게 조성되고 민주적으로 통제되며, 자본금의 일부는 공동재산으로 출자배당이 있는 경우에 조합원은 출자액에 따라 제한된 배당금을 받는다.

자율과 독립   협동조합이 다른 조직과 약정을 맺거나 외부에서 자본을 조달할 때 조합원에 의한 민주적 관리가 보장되고, 협동조합의 자율성이 유지되어야 한다.

교육, 훈련 및 정보 제공   조합원, 선출된 임원, 경영자, 직원 등에게 교육과 훈련을 제공하며, 젊은 세대와 여론 지도층에게 협동의 본질과 장점에 대한 정보를 제공한다.

협동조합 간의 협동   국내, 국외에서 공동으로 협력 사업을 전개함으로써 협동조합 운동의 힘을 강화시키고, 조합원에게 효과적으로 봉사한다.

지역사회에 대한 기여   조합원의 동의를 토대로 조합이 속한 지역사회의 지속가능한 발전을 위해 노력한다.

4. 협동조합의 설립

일반협동조합

ㄱ. 사업가능성 검토　　　협동조합에 대해 오해하기 쉬운 것은, 협동조합에 대한 지원책이 있을 것이라는 부분이며, 기획재정부에서는 협동조합에 대해 직접적인 지원은 하지 않겠다고 공식적인 입장을 밝힌 바 있다. 간접적인 지원에 대해서도 일반협동조합에 대한 지원책은 아직 구체화 된 바 없지만 소상공인진흥원에서 진행하는 협업화사업의 경우 일반협동조합에 대한 창업비 등을 지원하고 있다. 지원이 없다는 가정 하에 사업계획서를 작성하여야 하며, '굳이 협동조합으로 설립해야 할까'에 대한 근본적인 고민도 중요하다. 협동조합보다 주식회사나 영농법인 등의 형태가 훨씬 유리한 사업들이 있으니 이에 대한 고려를 충분히 하여야 한다.

ㄴ. 창립총회　　　5명의 발기인이 모였다면, 창립총회를 목표로 관련 서류들을 준비한다. 창립총회에서 의결해야 하는 사안은 '임원, 사업계획 및 예산안, 정관'이며, 이 세 가지는 중요하고 시간이 걸리는 사항이므로, 창립총회 전에 충분히 논의를 거쳐야 한다. 창립총회 진행 시, 의사록에 반드시 기재해야 되는 내용들이 있으므로 창립총회 시나리오를 보면서 누락되는 것이 없도록 진행하며, 창립총회를 마친 후 다른 신고서류들을 작성하시고 규약도 미리 논의해야 한다.

ㄷ. 설립신고서 제출　　　설립신고서와 관련서류들을 지자체(서울은 자치구, 지방은 시·군·구)에 제출한다.

ㄹ. 설립등기　　　일반협동조합은 출자금의 납입이 끝난 날부터 14일 이내에 주된 사무소의 소재지에서 설립등기를 하도록 되어 있다.

ㅁ. 사업자등록　　　관할세무서에서 사업자등록을 마치면 협동조합 법인설립의 모든 과정이 마무리된다.

ㅂ. 규약 및 규정 논의　　　정관은 표준정관에 있는 내용으로 최소한으로 작성하며 세세한 내용은 규약과 규정으로 작성한다. 규약과 규정은 신고사항이 아니므로 설립과는 관계가 없으나, 일반협동조합의 경우 이익을 둘러싼 분쟁이 벌어지지 않도록 사전에 많은 논의를 하는 것이 좋다.

사회적 협동조합

ㄱ. **인가가능성 검토**　　　사회적 협동조합은 인가의 요건이 까다로운 만큼, 설립에 앞서서 구상한 사업이 사회적 협동조합으로서 가능한지에 대한 검토가 필요하며, 협동조합중간지원센터와 소관부처의 공무원에게 사업의 인가가능성을 문의하여야 한다.

ㄴ. **창립총회**　　　5명의 발기인이 모였다면, 창립총회를 목표로 관련 서류들을 준비한다. 창립총회에서 의결해야 하는 사안은 '임원, 사업계획 및 예산안, 정관'이며, 창립총회를 마친 후 다른 인가신청서류들을 작성하고 규약도 미리 논의해 두어야 한다.

ㄷ. **설립인가 신청서 제출**　　　설립인가 신청서와 관련서류들을 주무부처(고용노동부나 보건복지부 등 해당 사업의 소관부처)에 제출한다.

ㄹ. **현장실사**　　　소관부처에서는 서류를 확인한 후 1주일 이내에 한국사회적기업진흥원으로 전달한다. 이에 진흥원은 접수 후 15일 이내에 형식요건 심사와 현장실사를 마치고 소관부처로 회신하도록 되어 있다.

ㅁ. **설립인가 여부 확인**　　　주무부처에서는 이를 토대로 설립인가를 결정하게 되며, 이 과정은 서류접수 이후로 60일 이내에 마치도록 되어 있다. 그러나 연장이 가능하여 이보다 한두 달 정도 소요될 수 있다.

ㅂ. **설립등기**　　　'설립인가필증'이 나오면 21일 이내로 이사장명의의 통장으로 출자금을 납입하도록 되어 있으며, 공증사무소에서 창립총회의사록을 공증 후 관할등기소에서 법인설립등기를 마친다.

ㅅ. **사업자등록**　　　관할세무서에서 사업자등록을 마치면 사회적 협동조합 법인설립의 모든 과정이 마무리된다.

S 주식회사(미국)

일반적인 C 주식회사는 이중과세(회사입장에서 내는 세금과 나중에 주주에게 지급되는 배당금에 대한 세금)라는 단점이 있어 비즈니스를 하시는 분들에게 부담을 주고 있다. 이러한 단점을 보완하기 위한 주식회사의 형태가 S 주식회사이다.

S 주식회사는 Small Business Corporation을 의미하고 IRC(Internal Revenue Code)에 Subchapter S에서 다뤄지기 때문에 S 주식회사로 명명되었다. Subchapter S는 Section 1361부터 Section 1379에 걸쳐 S 주식회사에 대해 설명하고 있다.

S 주식회사를 선택하기 위해서는 주식회사 설립일 또는 회계년도가 시작되는 날로부터 3번째 달의 15일(약 75일) 이내에 모든 주주의 동의하에 연방국세청 양식 2553을 작성하여 접수해야 한다. 연방정부 세금보고시 연방정부 양식 1120S를 통하여 보고한다.

S 주식회사의 장점은 다음과 같다.

첫째, 이중과세되지 않는다. 순이익에 대하여 법인소득세를 내는 C 주식회사와 달리 S 주식회사는 법인소득에 대하여 회사 자체에 대한 소득세를 납부하지 않고 이익 또는 손실이 각 주주인 개인으로 이전되어 개인소득세 신고할 때 다른 소득과 함께 보고한다.

둘째, 유한책임이다. 파트너십과 같이 순이익이 파트너에게 이전되지만 C 주식회사와 같이 투자한 것까지만 책임을 진다.

셋째, 사회보장세 절감이다. 자영업(Sole Proprietary)을 하면서 개인세금보고서 양식 1040의 Schedule C를 통하여 세금보고를 할 경우 이익에 대하여 소득세 이외에 사회보장세 15.3%를 부담해야 하지만 S 주식회사의 경우에는 주식회사에서 발생한 순이익에 대해서 각 주주가 자신의 개인소득세 신고를 할 때 사회보장세를 납부하지 않는다. 이런 이유가 많은 주식회사가 S 주식회사로 전환하는 이유이다.

넷째, 주식의 분산을 통하여 절세할 수 있다. 미국의 소득세법은 누진세율을 채택하고 있어 소득이 많을수록 세율이 높아진다. 그러므로 가족 중 소득이 낮은 사람이 주식을 발행하여 소득을 분산하면 낮은 세율을 적용받을 수 있다. 즉, 회사의 주식을 자녀들에게 나누어 준다면 자녀들에게 소득이 분산되어 절세효과를 볼 수 있다.

다섯째, 회사의 순손실(Net Operating Loss)을 개인의 다른 소득과 상계하여 세금을 줄일 수 있다. S 주식회사는 회사에서 발생한 순손실이 개인소득으로 이전되므로 회사에서 손실이 발생한 경우에는 회사의 손실이 개인의 다른 소득과 상계할 수 있게 된다. 예를 들어, 남편은 회사를 운영하고 아내는 직장을 다니는 경우, 남편의 회사에서 순손실이 발생한 경우에는 아내의 급여소득(W2)과 상계할 수 있다. 이때 유의할 점은 회사의 손실로 공제할 수 있는 한도는 투자한 자본금까지이다.

S 주식회사는 자격에 대한 요구조건이 있는데 다음과 같다.

첫째, S 주식회사는 미국회사(Domestic Corporation)이어야 하고 외국법인은 자격이 없다.

둘째, 주주는 개인과 Estates or 어떤 Trusts는 가능하지만 주식회사나 합명회사(Partnership)는 주주가 될 수 없다.

셋째, 미국 시민권자와 영주권자만이 주주가 될 수 있다. 주주가 100명을 넘어서면 S 주식회사의 자격이 없어지고 부부가 모두 주주일 경우 한명으로 간주한다.

넷째, 한 종류의 주식만을 가질 수 있다.

이 요구조건 중 하나의 조건만이라도 어기게 되면 S 주식회사의 자격이 박탈되고 C 주식회사로 취급된다.

L3C(미국 저수익 유한책임회사)

L3C는 미국에 새로 등장한 사회적 기업의 법적 형태이다. 최초의 L3C 관련법은 2008년 버몬트주에서 일반유한책임회사법의 부록으로 채택되었다. 2008년 이후로, 버몬트주 부록 조항을 모델로 한 법이 9개 주와 미국 인디언부족에 의해 승인되었다(Americans for CommunityDevelopment 2011). L3C는 "합법적이라면 어떠한 사업 목적으로도 조직, 운영될 수 있는" 전통적인 유한책임회사의 법적 구조를 바탕으로 하되, 다음 세 가지 조건을 추가로 충족하여야 한다. ① "하나 이상의 자선적 또는 교육적 목적 달성을 더욱 크게 촉진시키고 그러한 목적 달성과 연관성이 없었다면 구성되지 않았을 것이며", ② "(비록 수익 창출이 허용되기는 하지만) 해당 회사의 중대한 목적이 소득 창출이나 재산 가치의 상승이 아니며", ③ "어떠한 정치적 또는 입법적 목적의 달성"을 위해 조직되어서도 안 된다(Social Enterprise, 2009.10.28)". 위의 세 가지 조건은 해당 L3C의 설립 문서에 명시되어야 한다. L3C

관련법의 부록에는 재단의 프로그램 관련 투자(Program Related Investment, PRI)에 대한 미국 국세청(IRS)의 요건이 의도적으로 반영되어 있다. 재단 PRI에 의해 재단은 영리 조직이 대체로 목표 지향적인 경우에 시장금리 미만의 저금리 대출을 제공하거나 투자할 수 있다. 재단들은 미국 국세청이 PRI 프로젝트를 "적절하게 자선적인" 것으로 인정하지 않는 경우에 부과하는 거액의 벌금에 위험 부담을 느껴 활용을 주저하기 때문에, 일부에서는 재단 PRI를 사회적 기업을 위한 미사용된 인내자본(patient capital)으로 보기도 한다(Zouhali-Worrall, 2010.2.9). 메리 엘리자베스 고든 B. 만바일러 재단(Mary Elizabeth and Gordon B. Mannweiler Foundation)의 CEO이자 L3C 유형의 핵심 설계자이기도 한 Robert Lang은 "L3C 사업 구조를 PRI 투자가 사전 승인된 메커니즘으로 본다"(Zouhali-Worrall, 2010.2.9).

L3C를 설립하기 위해서는, L3C를 유한책임회사의 대안적 형태로 정하고 있는 주에서 국무부 산하 규제기관에 정관을 제출해야 한다. L3C는 해당 주에서 타지역 사업체로 등록하면 미국 전역에서 사업이 가능하다. L3C 지지자들은 L3C 구조가 재단의 PRI를 활성화할 뿐 아니라 여러 부분에서 리스크를 공동 부담하기 때문에 다른 유형의 투자 유치에도 도움이 된다고 주장한다. L3C 유형은((트랜칭 tranching)으로 알려져 있는)) 다층적 투자 촉진을 목적으로 한다. 따라서 "L3C 구조 내 고위험 부분에 저비용 재단 자본(low-cost foundation capital)"을 사용하고 이로써 "다수의 투자자들에게 리스크와 비중을 차등적으로 배분하여 시장 수익이 보장되는 매우 안전한 투자가 되도록 하는 것"이 핵심이다(Americans for Community Development, 2011). 따라서 L3C의 목적은 재단으로부터 저수익 투자를 유치하고, 그렇게 함으로써 사회적 사명에 공감하는지 여부에 관계없이 주류 투자자들에게 시장이율을 제시하는 투자처를 제공하는 데에 있다. L3C는 투자자에 대한 수익 추구를 최우선으로 강조하지 않는 조직형태인 점에서 목적이 탄력적이고 그만큼 다양한 투자자를 유치할 수 있으며, 세법상 혜택이 주어지는 Program Related Investment를 받을 수 있도록 고안된 조직형태라는 점에서 차이가 있다. 한편, 공익회사와 유연목적회사, 사회적 목적회사의 경우에는 영리법인의 형태로 사회적 목적을 추구할 수 있도록 고안된 조직형태라는 점에서 공통점이 있으며, 이러한 기업형태를 취할 경우 투자자들이 투자자이익 극대화에 반한다는 이유로 경영자

에게 책임을 묻는 소송을 제기할 가능성을 감소시킨다.

법인파산

법인파산의 개념

법인파산이란?

법인이 자신의 재산으로 모든 채무를 변제할 수 없는 경우에 법원이 파산을 선고하고 법인의 재산을 현금화하여 채권자들에게 권리의 우선순위와 채권액에 따라 분배하는 절차이다.

법인파산의 목적

법인파산제도의 주된 목적은, 모든 채권자가 법인의 재산으로 평등하게 채권을 변제받도록 보장함과 동시에, 회생이 불가능한 법인을 정리함으로써 채권자들에 대한 추가적인 손해발생을 막고, 법인에 소속된 대표자 등은 새로운 출발을 할 수 있도록 돕는 것이다.

법인파산신청의 자격 및 관할

부채초과상태의 법인　　　법인파산은 자신의 모든 채무를 변제할 수 없는 지급불능상태 또는 부채가 자산을 초과하는 부채초과상태에 빠진 법인이라면 회사 등 영리법인과 비영리법인 모두 신청할 수 있다. 은행대출금, 신용카드대금, 거래대금, 임금 및 퇴직금, 조세 등 채무의 원인을 불문하고, 금액의 많고 적음도 상관없다.

신청인　　　채무자 법인의 이사, 무한책임사원, 청산인은 대표이사나 대표사원이 아니더라도 채무자의 파산을 신청할 수 있다. 채권자 또한 지급불능 또는 부채초과상태에 빠진 채무자 법인에 관하여 파산신청을 할 수 있다.

관할법원　　　관할법원은 채무자 법인의 본점소재지가 서울에 있는 경우에는 서울회생법원에, 인천, 경기도, 강원도에 있는 경우에는 서울회생법원 또는 본점소재지 관할 지방법원 본원에, 그 밖의 경우에는 본점소재지 관할 지방법원 본원에 접수하는 것을 원칙으로 한다.

접수　　　파산신청서류를 작성하여 관할법원의 접수계(파산과가 설치되어 있는 법원의 경우에는 파산과 접수계)에 접수하면 된다.

[그림 9.2] 파산 절차

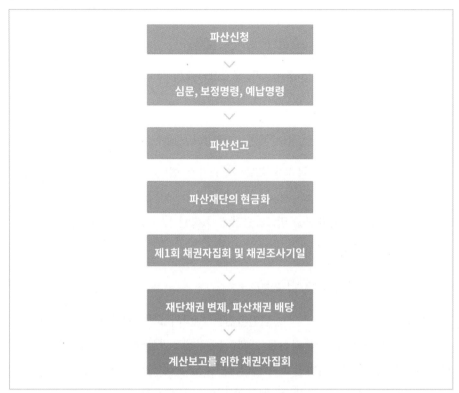

파산신청서가 제출되면, 법원은 신청서류만을 검토한 후 파산선고를 할 수도 있고, 채무자 및 채권자(신청인인 경우)를 법원에 출석하게 하여 심문을 마친 후 파산선고를 하기도 한다.

채무자가 신청한 경우 신청부터 파산선고결정까지는 약 1~2개월이 소요되며. 다만 그 처리기간은 사안의 복잡성 등에 따라 늘어나거나 줄어들 수 있다.

법원은 파산선고와 동시에 파산관재인, 채권신고기간 및 신고장소, 제1회 채권자집회와 채권조사의 기일 및 장소를 정한 후 이를 채무자와 채권자 등 이해관계인들에게 통지한다.

파산관재인은 파산선고 직후 채무자의 재산을 현금화하고, 채권자들로부터 신고된 채권의 존재 여부, 액수, 우선순위 등을 조사한다. 그 후 제1회 채권자집회와 채권조사기일에서 법원 및 이해관계인들에 대하여 채무자의 재산상황, 현재까지의 현금화 결과 및 향후의 계획, 채권자들에 대한 배당전망, 신고된 채권의 존재 여부, 액수, 우선순위 등에 관한 의견을 진술한다.

채무자의 재산에 대한 현금화가 완료되면 파산관재인은 임금, 퇴직금, 조세, 공공보험료 등의 재단채권을 우선적으로 변제하고, 남은 금액이 있으면 일반 파산채권자들에게 채권액에 비례하여 배당한다. 재단채권 변제 또는 파산채권 배당이 완료되면 파산관재인은 계산보고를 위한 채권자집회에서 업무수행결과를 보고하고, 법원은 파산절차를 종료하는 결정을 한다.

첨부서류   채권자목록(성명, 주소, 전화, 팩스번호, 담당자, 채권액, 채권의 종류, 담보의 유무, 집행권원의 유무, 소송의 계속 여부 포함), 회사등기사항전부증명서, 파산신청에 관한 이사회 회의록, 정관, 회사안내책자, 주주명부, 회사의 조직일람표, 취업규칙, 퇴직금규정, 단체협약, 사원명부, 노동조합의 실정에 관한 서류, 3년분 이상의 결산보고서/비교대차대조표/비교손익계산서, 최근의 대차대조표/손익계산서/청산대차대조표/청산재산목록, 부동산 및 동산목록, 등기사항전부증명서, 등록원부, 외상매출금 일람표, 사채원부, 담보물건 및 피담보채권 일람표, 계속중인 가압류/가처분/경매/소송에 관한 자료, 자회사 및 관계회사의 법인등기사항전부증명서 및 결산보고서를 첨부하도록 하고 있다. 한편 채권자가 신청인인 경우 채권의 존재에 관한 소명자료(어음, 수표, 계약서, 공정증서, 외상매출금장부 등), 채무자의 지급정지사실에 관한 소명자료(부도 처리된 어음수표, 은행거래정지처분 증명서 등)를 별도로 첨부하도록 하고 있다.

위임장 및 인감증명서 대리인에 의하여 파산 및 면책 신청을 하는 경우에는 위임장 및 인감증명서를 첨부한다(대리인에 의하여 파산신청을 하였더라도 심문기일에는 반드시 대표자 본인이 출석하여야 한다).

신생 벤처의
마케팅 관점

신생 벤처의 마케팅 관점

창업가를 위한 새로운 마케팅 개념

창업마케팅의 개념 정의에 앞서 마케팅이란 무엇인지에 관해 잠시 살펴보기로 한다. 마케팅이란 한마디로 제품의 판매를 활성화시키는 기법 및 과학이다. 이를 위해서는 고객을 잘 파악하고 이해해야 하며, 이를 통해 고객가치를 창출하게 된다. 여기서 고객가치(customer value)란 고객이 지출한 비용보다 효익이 더 높은 부분을 말한다.

마케팅이 이루어지기 위해서는 교환활동이 발생해야 하며, 교환(exchange)의 대상은 아이디어, 제품 및 서비스인데, 이들을 통틀어 제공물(offerings)이라고 표현하기도 한다. 마케팅은 어디까지나 고객과의 커뮤니케이션을 중요시하고 고객과의 관계를 구축하는 활동이므로 고객은 최우선적인 관심 대상이다. 또한 경쟁우위 확보를 위해 자사와 경쟁사의 전략, 강·약점, 특징 등을 철저히 분석해야 한다.

마케팅은 고객(customers), 경쟁자(competitors) 및 자사(company)에 대한 분석을 기초로 한다. 일본에서 유명한 전략의 대가인 Kenichi Ohmae는 성공적인 전략을 위해 '고객', '자사', '경쟁사'로 구성된 3가지핵심요소에 집중해야 한다고 강조하며 이를 '3C' 또는 '전략삼각형(Strategic Triangle)'으로 정의하였다.

시장을 세분화 한 다음 기업은 세분된 시장 내에서 마케팅 전략을 펼칠 시장, 즉 표적시장을 선정해야 한다. 이때 기업들은 표적 시장 선정을 위하여 각 세분 시장별 매력도를 평가하는데, 기업들은 시장 규모와 시장 성장률, 현재의 경쟁사와 잠재적 경쟁사, 자사와의 적합성 분석 등을 통해 세분 시장별 매력도를 평가하고 자사와 가장 적합한 시장을 고려한다.

[그림 10.1] 마케팅의 3C's

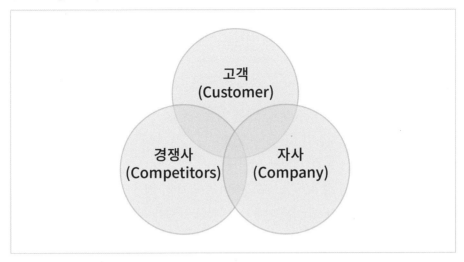

각각의 항목을 자세히 알아보면 다음과 같은 특징이 있다.

고객 분석(customer)　　　우리 회사의 제품을 주로 이용하는 고객들을 분석한다. 나이, 성별, 직업, 소득 상태, 학력 가족 구성 거주지, 근무지, 생활양식, 구매 및 이용 습관 등을 체크한다.

경쟁자 분석(competitor)　　　우리 제품이나 서비스와 경쟁하는 기업의 상태를 분석한다. 기업 문화, 재정 상황, 기술력, 브랜드 가치, 시장 점유율 등을 파악한다.

자사 분석(company)　　　우리 회사에 대해 스스로 돌아본다. 잘 파악하고 있다고 생각하는 부분도 의외로 구멍이 있는 부분이 많기 때문이다. 이것 역시 기업 문화, 재정 상황, 기술력, 브랜드 가치, 시장 점유율 등을 파악한다. 자사 분석 과정에서는 특별히 밸류체인(value chain)을 파악하는 것도 중요하다. 벨류체인이란 '우리 제품이 최종 소비자에게 이르기까지 어떤 과정을 거치게 되느냐'에 대한 문제이다. 제품에 대한 기획 및 개발에서부터 시작해서, 제조 과정, 유통 과정, 마케팅, 매출, 사후관리에 이르는 모든 과정에서 개선해야할 점은 무엇인지 파악해 보는 것이 중요하다.

기획 단계에서 빠트리는 것은 없는지, 개발은 어떤지, 구매단에서 부품을 수급해오는 가격은 문제가 없는지, 생산 과정에서 효율화 시킬 수 있는 것은 없는지 등등 모든 과정에서의 관찰을 통해 개선을 시도하는 것이다.

이 3C를 위 표에 있는 평가 기준을 통해 스스로 평가를 내릴 수 있다.

각 평가요소는 5점 또는 7점 척도를 사용하여 평가하고, 평가 요소별 중요도를 감안하여 각 세분 시장의 매력도를 산출한다. 그리고 각 평가 요소의 중요도는 기업 및 사용 기준에 따라 다르게 나타날 수 있다.

마케팅이 기업의 중요한 경영활동이기는 하지만, 마케팅을 단지 기업에게만 유익한 행위라고 간주해서는 안 된다. 마케팅의 요체가 고객의 필요와 욕구를 효율적·효과적으로 파악하고 충족시키는 것이므로, 이러한 활동의 결과는 당연히 고객과 기업에게 공히 유익하다. 즉, 고객에게는 욕구충족이라는 이익이, 기업에게는 수익창출이라는 이익이 발생하는 것이다.

앞에서 잠시 논의한 마케팅의 기본적 의사결정요소로서 마케팅 4P's라고 일컬어지는 마케팅도구들에 관해 잠시 살펴보자. 이들은 제품이나 서비스 혹은 아이디어를 유통경로나 최종소비자에게 도달하도록 하기 위해 가격을 결정하고 판매촉진, 광고, 홍보, 마케팅이 기업의 중요한 경영활동이기는 하지만, 마케팅을 단지 기업에게만 유익한 행위라고 간주해서는 안 된다. 마케팅의 요체가 고객의 필요와 욕구를 효율적·효과적으로 파악하고 충족시키는 것이므로, 이러한 활동의 결과는 당연히 고객과 기업에게 공히 유익하다. 즉, 고객에게는 욕구충족이라는 이익이, 기업에게는 수익창출이라는 이익이 발생하는 것이다. 앞에서 잠시 논의한 마케팅의 기본적 의사결정요소로서 마케팅 4P's라고 일컬어지는 마케팅도구들에 관해 잠시 살펴보자. 이들은 제품이나 서비스 혹은 아이디어를 유통경로나 최종소비자에게 도달하도록 하기 위해 가격을 결정하고 판매촉진, 광고, 홍보, PR, 그리고 거래경로를 관리하는 행위를 말한다. 마케팅믹스란 이러한 마케팅 요소들의 결합 (Mix)을 말한다.

[그림 10.2] 마케팅 믹스(Marketing Mix) 4P

창업마케팅의 개념

　마케팅과 기업가정신에 대한 정의들이 연구자마다 상당히 다르고, 모든 것을 포괄하는 기업가적 마케팅에 대한 통일된 정의를 발견한다는 것은 어려운 일이다. 초기에는 창업마케팅에 대한 정의가 연구자들의 수만큼이나 많이 존재하였다. 창업 마케팅은 "리스크관리, 자원 활용극대화 및 가치창출을 위한 혁신적 접근방법을 통하여 수익을 제공하는 고객들을 확보 및 유지하고 나아가 그러한 가치를 능동적으로 확인하고 활용하는 활동"이다.

　여기서 창업마케팅을 다음과 같이 간략히 정의한다. 즉 창업마케팅이란 "창업기업들이 시장에 신제품이나 새로운 서비스를 성공적으로 출시하고 관리하는 활동"이다.

　이 정의에 따라서 창업마케팅은 일반기업이 아닌 창업기업이 주체가 된다는 점, 신제품 혹은 새로운 서비스를 마케팅 대상으로 한다는 점, 그리고 출시활동을 중시한다는 점에서 기존의 마케팅과 다르다고 할 수 있다. 신규창업기업이 주체이므로 주로 소규모 기업이고, 창업자의 기업가정신이 중요하게 발휘되며, 신제품

출시를 위주로 하므로 하이테크 마케팅적 요소가 가미되며 혁신 지향적이다.

창업마케팅 행태를 관찰해보면 많은 성공기업들은 전통적인 마케팅 문헌, 특히 미국의 마케팅 연구 문헌에서 기대되는 것과 명백히 다르게 행동한다는 점을 볼 수 있고 이 기업들 중 많은 수가 상당한 성공을 거두었다. 창업마케팅의 차별점을 다음과 같이 제시할 수 있다.

1. 경영전반 측면

- 마케팅이 기업의 모든 수준과 기능적 영역들에 침투해있음
- 판매와 프로모션에 대한 집중적 관심을 가짐
- 기업에는 기회의 인식에 대한 타고난 관심 집중력을 보임
- 열정, 열망, 몰입의 역할이 중요함

2. 시장 및 고객관리 측면

- 시장에 대한 유연한 고객맞춤형 접근이 중요
- 작은 틈새시장을 활용함
- 시장을 능동적으로 창출하고 활용하는 데 초점을 둠
- 마케팅 전술은 보통 고객과 쌍방향적임
- 고객 선호의 변화에 대해 신속히 반응함

3. 마케팅 활동의 특징

- 마케팅 의사결정은 개인적 목표 및 장기적 성과와 연결되어 있음
- 창업자 및 기타 핵심인물들이 마케팅의 중심이 됨
- 관계와 동맹을 통해 가치를 창출함
- 직관과 경험에 의존하며 공식적인 마케팅 조사는 별로 이루어지지 않음

기술창업 마케팅

지금까지 제시한 창업마케팅의 특징과 중요성 및 주요요소 등은 일반적인 제품 혹은 서비스 창업을 대상으로 한 것이다. 그런데 마케팅의 대상이 기술창업에 대한 것이라면 별도의 논의가 필요하다. 본서의 각 장에서 하이테크 마케팅에 관한 내용이 주요 마케팅 요소별로 제시되는 것은 그 때문이다. 우선 기술창업의 경우 마케팅이 특히 유의해야 할 점을 생각해 보자. 기업의 규모가 크든 작든, 그리고 나아가 개발의 주체가 연구소이든 기업이든 기술개발에 성공하고도 신상품의 판매는 부진한 경우가 매우 많은 것이 사실이다. 즉 기술개발의 노력이 성과로 연결되고 있지 않는 것이다. 더 나쁜 경우에는 신상품을 개발하는 일이 기업에게 큰 문제를 일으키는 경우마저 종종 발생한다. 개발노력이 시장에서의 성과에 연결되지 않는 원인은 무엇일까? 그것은 기술개발에 의해 달성되어진 것과 고객이 기대하는 가치와의 사이에 큰 Gap이 존재하기 때문이다. 기술창업의 경우 특히 마케팅이 강조되어야 하는 이유는 이러한 가치에 관한 고객과의 인식 격차를 극복하지 못하는 경우가 많기 때문이다. 기술혁신에 의한 창업은 기술 자체에 관한 전문성뿐만 아니라 고객이 요구하는 가치를 재빠르게 캐치하여 이를 신제품에 반영하지 않으면 안 된다. 이를 위해서 기술 중심의 기업들은 고객과 시장의 관점에 근거하여 기술과 상품을 개발하는 사고와 그것을 가능하게 하는 마케팅전문성을 익힐 필요가 있다.

시장조사

시장조사자료는 크게 1차 자료와 2차 자료로 구분된다. 1차 자료는 조사자가 시장조사를 통해 직접 수집한 자료를 말하며, 2차 자료는 조사자가 직접 수집한 자료가 아니라 다른 주체에 의해 이미 수집되어 있는 자료를 말한다. 2차 자료는 사내나 사외의 연구기관 또는 공공기관 등 여러 원천으로부터 구하게 된다. 2차 자료에 비해 1차 자료의 주요 이점은 자료가 원래 수집된 형태 그대로 있기 때문에 특정 의사결정에 필요한 형태로 다시 정리되거나 재분석에 활용될 수 있는 신축성을 갖고 있다는 점이다. 그러나 일반적으로 1차 자료는 수집하는 데 비용과 시간이 많이 소모된다. 또한 1차 자료의 수집은 의사결정에 관여하는 관리자의 감독 하에 놓이게 되므로 편향(bias)이 발생할 확률도 그만큼 높아진다. 반면에 2차 자료는 수집이 용이하며 비용과 시간을 절약할 수 있고, 자료의 객관성이나 신뢰성이 높지만, 자료가 원하는 형태대로 존재하지 않는 경우가 대부분이므로 변환, 보완, 재조정 등을 거치게 되므로 신축성이 떨어진다는 단점을 갖는다. 따라서 2차 자료의 장·단점은 1차 자료의 단·장점으로 된다.

2차 자료만으로는 문제해결이 불가능하거나 2차 자료를 구할 수 없을 때는 1차 자료를 직접 수집해야 한다. 1차 자료의 수집방법에는 직접적인 방법과 간접적인 방법이 있다. 직접적인 방법은 면접, 전화, 우편 등을 이용하여 설문조사형식으로 자료를 얻어 내는 방법이고, 간접적인 방법에는 관찰법, 흔적조사법, 내용분석법 등이 있다.

자료의 수집방법

1차 자료와 2차 자료 수집 방법 중에서 2차 자료의 수집에 있어서는 자료의 원천이 사내인가 외부인가에 따라 수집하는 데 따르는 애로사항이 약간 다를 수 있으나, 1차 자료의 수집과 달리 수집과정에서 대두되는 큰 문제점은 없다. 이처럼 2차 자료는 비교적 쉽게 수집할 수 있으므로 여기서는 1차 자료의 수집방법만을 집중적으로 논의하고자 한다.

1차 자료

1차 자료를 수집하는 방법에는 크게 의사소통에 의한 방법과 관찰에 의한 방법으로 나눌 수 있다. 1차 자료의 수집방법과 체계를 요약하면 다음 그림 10.3과 같다.

[그림 10.3] 1차 자료의 수집방법과 체계

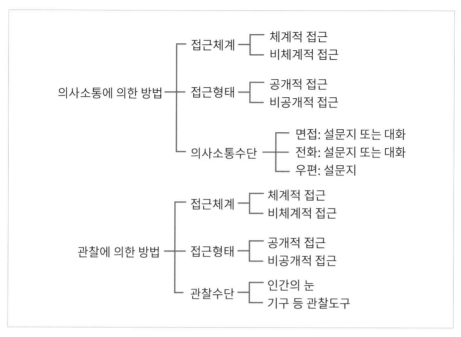

의사소통에 의한 방법   의사소통에 의한 방법은 면접·전화·우편을 수단으로 하고, 대화나 설문지를 이용하여 필요한 자료를 얻는 방법을 말한다. 예를 들어 소비자들이 어떤 상표의 치약을 왜 선호하는지를 조사하기 위하여 소비자를 직접 만나 대화를 하든지, 소비자에게 전화하여 질문하든지, 소비자에게 우편으로 설문지를 발송하여 알아보고자 하는 내용을 파악할 수 있다.

이 방법은 여러 가지 장·단점을 가지고 있으며, 신뢰할 수 있는 자료를 입수하기 위한 여러 기법이 동원되어야 한다. 이하에서는 이에 관한 내용을 다루기로 한다.

의사소통에 의한 방법의 장점   판매와 관련된 정보의 영역이 넓기 때문에 다양한 조사방법이 필요한데, 이에 적절한 조사방법이 의사소통에 의한 방법이라는 것이다. 즉, 판매와 관계된 의사결정에 필요한 정보의 영역은 소비자의 행동, 태도, 특성, 행태, 개성, 관심, 인구통계특성 등 다양하다. 이처럼 다양한 정보의 필요성에 부응할 수 있는 적절한 자료수집방법이 의사소통에 의한 방법이다.

의사소통에 의한 방법은 관찰방법에 비해 신속성이 뛰어나다. 예를 들어 소비자들이 어떤 회사제품의 자동차를 선호하는가를 조사하는 경우 관찰방법은 소비자가 자동차를 구매할 때까지 기다려야 하지만, 의사소통에 의한 방법은 현재 사용하고 있는 자동차의 종류나 색상 등을 질문하면 되므로 자료를 신속하게 수집할 수 있게 한다.

의사소통에 의한 방법의 단점   소비자가 응답을 기피하는 경우가 많기 때문에 사실에 관한 조사가 어려울 수 있다는 것이다. 즉, 소비자의 개인적인 비밀에 관한 것이라든지, 사회적으로 기피되는 내용에 대해서는 자료를 구하기가 어렵다는 것이다. 예를 들어 찬거리를 사기 위해 시장에 나온 사람에게 "당신은 어떤 종류의 자동차를 가지고 계십니까?"하는 질문을 했다면, 자동차가 없는 사람은 자존심이 상해 이에 대한 답변을 회피할 것이다. 또한 응답자가 전혀 관심이 없거나 내용을 알지 못하는 질문을 하는 경우에도 답변을 회피할 것이다. 예를 들어 영어를 모르는 사람에게 자동차의 색상에 대하여 "레드, 그레이, 블루, 퍼플, 화이트, 블랙 중 무슨 색상을 선호하느냐?"고 묻는다면 당황하여 답변을 기피할 것이다.

응답자가 고의로 사실과 다른 답변을 할 수도 있다는 것이다. 예를 들어 전화를 이용하여 연극에 대한 관심을 조사하는 경우, 임의로 선택한 전화의 수신자가 만약 연극에 가지 못하는 환경에 있는 사람이라도, "당신은 1년에 연극구경을 몇 번이나 다니십니까?"하는 질문에 대해 평생 연극구경을 한 번도 가보지 못한 경우라 할지라도 "1년에 2번은 갑니다."하고 거짓으로 대답함으로써 조사결과를 오염시킬 수 있는 소지가 많다. 따라서 이 방법을 이용하여 시장조사를 할 때에는 이러한 문제점들을 극복할 수 있는 조사 설계가 필요하게 된다.

의사소통방법의 기법들

체계적-공개적 방법   이 방법에서 가장 많이 사용되는 수단은 표준화된 질문서나 설문지이다. 이 방법의 가장 큰 장점은 조사관리가 간단하고 자료의 처리가 쉬우며, 해석 및 분석이 용이하다는 것이다. 또한 오류를 방지할 수 있고 신뢰도를 높일 수 있으며, 전화·우편·면접 등 어느 방법에서나 사용할 수 있다는 이점이 있다. 그러나 이 방법의 단점으로는 응답자가 설문지를 바르게 이해하지 못해 사실과 다른 응답을 할 수 있으며, 응답을 거부한다든가 무성의한 응답태도를 보일 수 있고, 질문의 내용 여하에 따라 고정관념이나 편견이 개입될 수 있다는 것이다. 따라서 이들로부터 조사결과가 왜곡되지 않도록 적절한 주의가 필요하다.

비체계적-공개적 방법　　　이 방법은 앞의 체계적-공개적 방법에 비해 질문방식이나 응답의 형식 또는 내용이 상당히 자유스럽다는 차이점을 가지고 있다. 즉, 조사자가 어떤 질문을 던지면, 응답자는 그 질문에 따라 자신의 느낌이나 생각을 자유롭게 표현하고 이를 조사자가 체크하면 된다. 이 방법의 대표적인 예로는 심층면접과 표적 집단면접법을 들 수 있다.

심층면접법　　　이 방법은 비체계적인 개인면접법의 일종이다. 즉, 조사자가 개인에게 어떤 주제를 주고, 그 주제에 대한 느낌과 믿음을 자세히 표현하거나 이야기하도록 유도하는 방법이다. 이 방법은 조사자가 질문의 시간과 순서 또는 내용을 조정하여 좀 더 심도 있고 자유롭게 질문을 할 수 있으며, 응답자의 표면적인 행동 밑에 깔려 있는 태도와 느낌을 간파할 수 있는 장점을 가지고 있다. 그러나 비용과 시간이 많이 필요하고, 조사원의 면접능력과 분석능력에 따라 조사결과의 신뢰도와 타당성이 떨어질 수 있다는 단점을 가지고 있다. 따라서 조사상의 문제점을 파악하거나 설문지설계를 위한 탐색조사에서 많이 이용된다.

표적 집단면접법　　　이 방법은 심층면접법을 약간 변형한 것으로 시장조사에서 흔하게 이용되는 방법이다. 이는 조사자가 소수의 응답자집단에게 특정의 주제에 대해 자유로운 토론을 벌이게 하고, 필요한 정보를 찾고자 하는 방법이다. 이 방법은 검증할 필요성이 있는 가설을 설정한다든지, 설문지를 만들 때 필요한 정보를 얻는다든지, 신제품에 관한 아이디어를 찾고 신제품의 성공여부를 알아보는 방법으로 많이 이용된다. 응답자집단의 수는 7~12명이 적당하고, 나이·성별·특성 등을 비슷하게 선정해야 하며, 토론주제에 대하여 사전편견이나 이해관계가 없어야 하고, 응답자간에 개인적인 친분이 두터워도 좋지 않다. 그리고 조사자는 면접분위기를 편안하게 조성하여 응답자들이 골고루 자신들의 의견을 발표할 수 있게 하여야 한다. 또한 주제와 관련된 전문가나 의뢰회사의 담당자가 간단히 설명해 주거나, 응답자의 반응을 직접 관찰하는 것도 효과적일 수 있다. 이 방법의 장점은 넓은 영역에 걸친 다양한 정보와 통찰력을 손쉽게 얻을 수 있다는 점과 응답자들의 토론내용에서 공통된 점을 쉽게 찾을 수 있고, 자발적으로 의사표시를 하게 되므로 타당성 있는 정보를 얻을 수 있다는 점이다. 그러나 이 방법은 응답자들이 모집단을 대표하지 못하는 경우가 있으며, 조사자의 조사능력에 따라 조사결과가 크게 좌우될 수 있다는 단점을 가지고 있다.

비체계적-비공개적 방법   이 방법의 대표적인 방법으로는 투사법을 들 수 있다. 투사법은 임상심리학에서 발전시킨 것으로 응답자로 하여금 느낌이나 믿음을 간접적으로 투사하게 하여 응답자의 심리상태를 알아내고자 하는 방법이다. 시장조사에서 이용되는 투사법에는 다음과 같은 다섯 가지 기법들이 있다.

주제평가시험법   어떤 주제 또는 제품 등에 관한 만화나 그림을 보여주고, 그것에 대해 어떤 감정을 가지고 있는가를 알아내고자 하는 방법이다. 즉, 어떤 모호한 상황을 보여주고, 어떤 일이 일어났는가? 등을 질문하여 간접적인 투사를 통해 응답자의 느낌을 알아내는 방법이다.

역할연기법   응답자에게 어떤 행동을 제시하고, 자기 자신이 아닌 다른 사람이 그러한 상황에 처했을 경우에 대한 느낌이나 믿음 등을 말하게 하여 응답자의 개인적인 느낌을 나타내도록 하는 방법을 말한다.

만화완성법   어떤 상황을 나타내는 여러 가지 만화를 보여주고, 그 만화들이 의미하는 현상을 표현할 수 있게 하거나, 만화에 등장하는 인물들의 대화를 빈칸으로 두어서 기입하게 하고, 그 인물의 행동을 설명하게 하는 방법을 말한다.

단어 연상법   조사자가 어떤 주제에 대하여 그것과 관련되는 단어들을 나열하면, 응답자가 이 단어들을 보고 가장 먼저 연상되는 단어를 표현하게 하는 방법을 말한다. 이때 조사자는 특정 단어가 반응으로 나온 빈도수, 머뭇거린 횟수, 무응답횟수 등으로 응답자의 편견이나 태도 등을 파악하게 되며, 감정이 개입된 정도를 알 수 있다.

문장완성법   조사자가 미완성인 문장을 제시하고, 응답자가 이 문장을 완성하도록 하는 방법을 말한다. 예를 들어 "우리나라에서 생산되는 치약 중 가장 마음에 드는 치약은 (   )회사에서 만든 (   )치약이다."와 같이 문장의 공간부분을 채우도록 하는 방법이다.

체계적-비공개적 방법　　　응답자로 하여금 특정 주제나 제품에 대하여 알고 있는 사실을 말하도록 하는 방법이다. 인간은 누구나 자신의 태도나 믿음에 따라 선택적으로 자기 자신을 정보에 노출하거나 정보를 기억하게 된다. 응답자가 인지하고 있는 정도가 태도나 믿음에 의해 결정된다는 가정을 전제하고 있는 이 방법은, 특정 주제나 제품에 대해 알고 있는 정도를 측정하여 응답자의 태도와 믿음을 조사하려는 방법이다. 예를 들어, 특정 샴푸제품에 대한 소비자의 태도를 조사하기 위하여 다음과 같은 항목들에 대해 올바르게 알고 있는 정도를 측정하게 된다. "사용하고 있는 샴푸의 상표는? (   )", "그 샴푸의 좋은 점은? (   )", "그 샴푸의 향기는? (   )" 등을 질문하여 응답자로 하여금 알고 있는 내용을 표기하도록 한다. 만약 응답에 대한 정확도가 높다고 평가된다면, 특정 샴푸에 대하여 응답자가 좋은 태도를 가지고 있다고 판단하게 될 것이다.

의사소통의 수단에 의한 분류　　　의사소통에 의한 방법을 이용하여 조사를 수행하는 경우 이용할 수 있는 의사소통의 수단은 다양한데, 이용되는 의사소통의 수단에 따라 대인면접법, 전화면접법, 우편조사법 등으로 나눌 수 있다. 이들 조사기법 중 일반적으로 대인면접법은 비체계적인 기법에서 많이 이용되며, 전화면접법과 우편조사법은 체계적인 기법에서 주로 이용된다.

대인면접법　　　대인면접법은 조사자가 피조사자를 가정·거리·사무실·백화점 등에서 직접 만나 조사를 수행하고, 필요로 하는 정보를 얻는 방법을 말한다. 우선 조사자는 토론할 주제나 문제에 대해 자세한 설명을 피조사자에게 해주고 토론 및 면접 형식으로 주제에 대한 질문이나 토론을 이끌어가면서 응답자의 반응을 기록하게 된다. 이 방법은 전화면접법이나 우편조사법보다 상세하고 다양한 질문을 할 수 있다는 장점을 가지고 있다. 반면에 조사에 비용과 시간이 많이 들며, 조사자와 응답자의 상호 이해부족이나 조사외적인 요인들로부터 오류가 개입될 가능성이 높다는 단점을 가지고 있다. 이 방법을 이용하여 조사를 성공적으로 수행하기 위해서는 우선 필요한 정보를 제공할 수 있는 적절한 응답자를 선정해야 하고, 그 응답자가 자신의 역할이 무엇인지를 충분히 이해하고 있어야 하고, 응답자로 하여금 면접에 자발적으로 참여하게 하는 적절한 동기를 유발해 주어야 한다. 또한 조사자는 면접기술을 잘 익히고 있어야 하고 질문 등을 명확하게 해야 한다.

　　전화면접법　　　전화면접법은 필요한 정보를 얻기 위해 전화를 이용하여 면접을 행하는 방법을 말한다. 이 방법은 비용과 시간이 비교적 적게 들고, 잘만 하면 얻고자 하는 정보를 비교적 정확하게 얻을 수 있으므로 효과적인 방법으로 인식되어 시장조사에서 많이 이용되는 방법이다. 이 방법은 전화번호부를 이용하여 비교적 쉽게 조사 대상표본을 추출할 수 있고, 응답자와 간단하게 대화할 수 있으며, 조사자와 면접자 사이의 개인적인 사전교류가 없기 때문에 면접 도중에 발생할 수 있는 오류의 가능성을 줄일 수 있다. 우리나라의 경우 전화소유가 보편화되어 있으며, 위와 같은 많은 장점 때문에 각종 조사에서 전화를 통한 면접이 점차 증가되고 있다. 그러나 조사할 수 있는 양이 제한되어 있고 응답자를 통제할 수 있는 방법이 제한되어 있으므로 대인면접에서와 같은 풍부한 정보를 획득하기 어렵다. 또한 특정 계층을 조사 대상으로 삼는 경우 응답자와 전화통화하기가 힘들기 때문에 조사를 제대로 수행하기 어려운 때가 많으며, 설사 통화를 했다 할지라도 응답자가 적절한 표본인지를 확인하기가 힘들다는 단점이 있다.

　　우편조사법/이메일　　　우편조사법은 응답자에게 우편으로 설문지와 반송봉투를 발송하고, 응답자로 하여금 설문지를 완성하게 한 후 조사자에게 반송하도록 하는 방법을 말한다. 이 방법은 조사에 드는 비용이 가장 저렴하며, 보통 대인면접법에서 질문하기 어려운 내용이라 할지라도 조사가 가능하므로 시장조사에서 많이 이용되고 있다. 우편조사법을 효과적으로 활용하기 위해서는 설문내용이 이해하기 쉽고 명확해야 하며, 응답자가 설문지에 정성스럽게 응답하여 반송하게끔 유도해야 한다. 이를 위해서는 설문지를 발송할 때 할인권·기념품·도서상품권 등을 함께 동봉한다든지, 회수된 설문지에 대하여 각종 혜택을 제공한다든지 하는 방법을 동원할 수 있다. 시장조사에서 의사소통의 방법으로 가장 많이 이용되는 이상의 세 기법들은 각각의 장·단점을 가지고 있다. 따라서 인구통계학적 특성과 자료의 성격 및 조사자의 능력에 따라 적합한 기법을 선정해야 한다. 물론 이들

기법 중 둘 이상의 기법을 함께 사용할 수 있다. 예를 들어 사전조사에서는 대인 면접법을 사용하고, 본 조사에서는 우편조사법, 사후조사에서는 전화면접법을 이용하는 것도 바람직할 것이다. [표 10.1]에는 각 기법들의 장점과 단점이 명시되어 있다. 조사자는 이들 각 기법이 갖고 있는 장·단점을 정확하게 이해하고 조사목적에 적합한 것을 선택해야 한다. 그리고 이들 기법들을 적절히 조합하여 조사의 효율성을 높여야 한다.

[표 10.1] 의사소통의 수단에 의한 세가지 분류 기법의 비교

내용 \ 기법	우편조사법	전화면접법	대인면접법
• 복잡한 질문을 다룰 수 있는 정도	불량	양호	매우 양호
• 복잡한 설문의 취급능력	양호	보통	매우 양호
• 수집한 자료의 정확성	양호	보통	보통
• 면접자영향에 대한 통제가능성	매우 양호	보통	보통
• 표본오류에 대한 통제가능성	보통	보통	매우 양호
• 조사에 소요되는 시간소비	불량	매우 양호	보통
• 응답률	불량	보통	양호
• 조사에 소요되는 비용측면	양호	양호	불량

관찰에 의한 방법 관찰방법에 의한 자료수집방법은 사람이나 사물·사건 등의 행동 또는 특성 중 조사목적에 필요한 내용을 관찰하고 기록하는 방법을 말한다. 예를 들어 소비자들이 선호하는 음료수를 조사하기 위하여 소비자가 어떤 음료수를 구매하는가를 직접 관찰하는 것이다. 시장조사에서 이 방법은 다른 자료수집방법의 보조수단으로 많이 이용된다.

관찰에 의한 방법들의 장점 관찰방법에서는 말이나 글로써가 아니라, 응답자의 행동 자체를 관찰하게 되므로 응답하고자 하는 응답자의 마음상태에 의해 조사결과가 좌우되지 않는다는 것이다. 의사소통에 의한 방법에서는 응답과정에서 응답자의 심리상태가 조사결과에 중대한 영향을 미치지만, 관찰에 의한 방법에서는 조사대상자의 행동을 관찰하게 되므로 응답과정에서 발생할 수 있는 오류를 줄일 수 있다.

관찰방법에서는 응답자가 설사 자신의 느낌이나 태도를 정확하게 응답하거나 표현하지 못하는 경우라 할지라도 조사가 가능하다는 것이다. 예를 들어 설문지의 의미나 뜻을 정확히 알고 있어도 글 또는 말로 표현하기가 어려운 경우, 또는 응답자가 설문지의 의미나 뜻을 정확하게 이해하지 못하고 있는 경우에는 관찰에 의한 방법으로 행동을 관찰하는 것이 더 타당한 자료를 얻을 수 있게 된다. 특정 형태의 자료는 단지 관찰에 의해서만 수집될 수 있다는 것이다. 예를 들어 어느 지역에 주유소자리를 물색하기 위해 하루 차량통행량을 조사할 때는 관찰법에 의해서만 조사가 가능하다.

관찰에 의한 방법들의 단점　　　관찰이 불가능한 행동이 많다는 것이다. 예를 들어 응답자의 비밀스러운 사생활인 화장, 식사, 늦은 밤의 TV시청 같은 행동이라든지 사회적으로 알려지는 것을 기피하는 내용에 있어서는 의도적으로 거짓 행동을 해 사실을 은폐하려 할 것이기 때문이다. 가장 큰 단점은 시간과 비용이 많이 든다는 것이다.

관찰법의 종류　　　관찰법은 자연-인위적 관찰방법, 위장-비위장적 관찰방법, 체계-비체계적 관찰방법, 직접-간접적 관찰방법, 인간의 눈-기구를 이용한 관찰방법 등 다섯 가지로 분류할 수 있다.

자연적 관찰과 인위적 관찰방법　　　자연적 관찰방법은 자연 그대로의 상태에서 일어나는 행동을 관찰하는 것이고, 인위적 관찰방법은 어떤 인위적인 상황을 만들어 유발된 행동을 관찰하는 방법을 말한다. 예를 들어 샴푸의 선호도를 조사한다 할 때, 일반 슈퍼마켓에서 불특정다수인이 선호하는 샴푸가 무엇인가를 관찰하는 것이 자연적 관찰방법이며, 순수한 조사목적에서 임시매장을 인위적으로 설치한 다음 다양한 상표의 샴푸를 진열해 놓고, 표본으로 선정한 소비자로 하여금 마음에 드는 상표를 선택하게 함으로써 선호되는 샴푸가 무엇인지를 관찰하는 방법이 인위적 관찰방법이다. 자연적 관찰방법은 행동이 일어나는 시점까지 기다려야 하므로 시간이 많이 걸린다는 단점을 가지고 있는 반면에 조사결과를 일반화하기 쉽다는 장점을 가지고 있다. 인위적 관찰방법은 결과를 해석하는 과정에서 세심한 주의가 요망되는 단점을 가지고 있으나, 기계 등을 이용한 관찰이 가능하고 실험효과를 측정할 수 있으며 시간도 절약할 수 있다는 장점을 가지고 있다.

위장적 관찰과 비위장적 관찰방법   위장적 관찰방법은 피조사자가 관찰되는 사실을 전혀 모르고 있는 상태에서 관찰하는 방법이고, 비위장적 관찰방법이란 피조사자가 자신이 관찰되고 있다는 사실을 인지하고 있는 상태에서 관찰하는 방법을 말한다.

비위장적 관찰방법은 피조사자들이 관찰을 의식하고 실제와 다른 행동을 보일 수 있다는 문제점이 있고, 위장적 관찰방법은 속이는 관찰이기 때문에 사실에 가까운 행동을 관찰할 수 있다는 장점을 가지고 있는 반면에 숨겨진 카메라, 도청기, 변장한 조사원 등을 활용함으로써 윤리적인 문제가 대두될 수 있다.

체계적 관찰과 비체계적 관찰방법   체계적 관찰방법은 관찰하기 전에 미리 관찰할 구체적인 행동과 기록양식 등을 설정해 놓은 다음 관찰에 임하는 방법이고, 비체계적 관찰방법은 사전에 일정하게 정한 것이 없는 상태에서 관찰하는 방법이다. 예를 들어 커피 제품을 선택하는 과정을 관찰한다고 할 때, 체계적인 관찰방법은 "사려는 커피의 개수: (   )개, 고려한 커피의 종류: (   )가지, 최종 구매한 커피의 상표: (   )" 등과 같은 사전에 만든 양식에 관찰한 내용을 기록하게 된다. 반면에 비체계적인 관찰방법은 "처음에 손으로 A상표의 커피를 집어 들어 관찰하다가 내려놓고, 다시 다른 종류인 Y상표의 커피를 선택하여 장바구니에 담았다."와 같이 일정한 형식 없이 제품선택과정을 기록지에 기록하게 된다.

직접관찰과 간접관찰방법   직접관찰방법은 행동이 발생한 현장에서 행동과 동시에 관찰하는 방법이고, 간접관찰방법은 행동은 과거에 일어났지만 그 결과로 나타난 흔적을 관찰하는 방법을 말한다.

예를 든다면 소비자들이 선호하는 샴푸상표를 조사한다고 할 때, 직접관찰방법은 마트에서 소비자들이 샴푸를 선택하는 실제의 행동을 관찰하게 되고, 간접관찰방법은 소비자들이 사용하고 버린 샴푸의 용기를 관찰함으로써 소비자들이 어떤 상표의 샴푸를 선호하는지를 관찰하게 된다.

인간의 눈을 통한 관찰과 기구를 이용한 관찰방법　　　인간의 눈을 통한 관찰방법은 특별한 기구를 사용하지 않고 눈으로만 관찰하는 방법을 말한다. 반면에 기구를 이용한 관찰방법은 특수한 관찰 장비를 동원하는 방법을 말한다. 관찰에 이용되는 기구로는 다음과 같은 것들이 있다.

모션카메라　　　이는 백화점이나 마트 같은 등에서의 구매행동을 촬영할 수 있는 기구로서, 비용이 많이 들지만 정확한 측정이 가능하고 반복하여 볼 수 있다는 장점을 갖고 있다. AI(인공지능)기반의 카메라가 빠르게 발전하고 있는 부분이기도 하다.

오디미터　　　이는 TV를 켜는 동작과 동시에 TV나 셋탑박스를 통하여 자동적으로 작동되어 시청하는 프로그램과 시청시간 등을 자동적으로 기록하는 장치를 말한다. 비용이 많이 들지만 시청률, 선호프로그램, 선호시간대 등 특수한 조사에 유용한 기구이다.

사이코갈바노미터　　　이는 피조사자에게 특정 제품이나 그림, 사진 등을 보여주었을 때 나타나는 감정 상태를 관찰할 수 있는 기구이다. 즉, 사람은 좋아하는 제품이나 배우사진 등을 보고 흥분하면 손바닥 등에서 미세한 땀을 흘리게 되는데, 그 정도를 관찰하여 피실험자의 감정 상태를 측정할 수 있다.

포스스캐너　　　이 장비는 원래 대형 마트, 쇼핑몰 등에서 계산을 신속하게 하기 위해 개발된 것이다. 즉, 이를 계산대에 설치해 놓고 제품에 표시되어 있는 바코드를 읽게 하고, 연결된 컴퓨터에 이미 저장되어 있는 파일로부터 그 제품의 가격·품목·수량 등을 검색하여 그대로 기록됨으로써 판매집계, 재고파악, 주문 등에 활용된다. 이 방법은 신속하고, 관찰오류를 최소화해 주며, 여러 분석을 가능하게 하는 장점을 갖고 있다.

2차 자료

2차 자료는 조사자가 조사목적에 직접 이용할 수 있는, 다른 주제로부터 조사되어진, 모든 자료를 지칭한다. 즉, 2차 자료는 정부, 정부관련 기관, 각종조사기관, 기업, 대학 및 연구소 등에서 이미 발표하였거나 수집해 보관하고 있는 자료를 말한다. 2차 자료의 원천은 매우 다양한데 다음의 표 10.2는 2차 자료의 원천 중 일부를 예시하고 있다.

[표 10.2] 2차자료의 원천

- 기업내부자료: 재무제표, 영업보고서, 판매보고서, 송장, 재고기록 등
- 정부 및 정부기관 자료: 재정경제원(인구센서스, 주택센서스, 광공업센서스, 도시가구 조사, 전국소매물가조사, 도소매업센서스, 재고통계조사, 건설업통계조사, 경기종합지수 등), 농·수산부(농업센서스, 작물통계조사, 가축통계조사, 어업센서스, 우유 및 유제품 생산 등), 통상산업부(중소기업실태조사 등), 건설·교통부(건설통계, 건축허가통계, 주거실태조사, 물자수송보고, 자동차등록 현황, 호텔이용객 동태보고, 우편물통계 등), 보건복지부(의약품 등 생산실적보고, 국민생활실태조사, 식품환경관계 실태현황 등), 관세청(무역통계), 한국은행(기업경영분석, 경기예측, 경제통계연보, 조사월보 등), 한국산업은행(경기전망, 재무분석 등), 대한상공회의소(경기전망, 업종별 공장조업 상황 등), 기타 정부부처 및 지방자치단체자료
- 정기간행물 및 서적: 학술연구논문집(경영학연구, 마케팅연구, 재무연구, 증권학회지, 소비자학연구 등), 연구소 및 광고대행사 간행물, 일간신문, 협회지(백화점협회보, 체인스토어, 해외경제, 상품정보, 소매점경영, 물가자료 등), 기업 관련 잡지(주간 매경, 월간 상품아이디어뱅크, 기업정보, 경영과 마케팅, 기업과 경영 등), 기타 각종 정기간행물
- 협회자료: 전국경제인연합회(경기전망, 유통시장실태조사, 주요 업종별 수출전망 등), 대한건설협회(건설업통계 등), 대한방적협회(면방직 4종월보 등), 대한생명보험협회(생명보험성향조사 등), 한국철강협회(철강통계조사 등), 한국전자 공업진흥회(전기기계기구, 제조업실태조사 등), 기타 각종 협회자료

일반적으로 2차 자료는 공공기관 등에서 정기적으로 발간되는 간행물을 통해 수집할 수 있으므로 수집이 용이하고 수집에 따르는 비용이 저렴하다는 장점을 가지고 있다. 더구나 요즘 공공기관의 공통계 자료의 신뢰성이 점차 높아지고 있어 그 유용성이 커지고 있다. 그러나 자료의 성격이 조사의 목적과 일치하지 않는 경우가 많고, 측정변수나 단위가 조사목적에 적절하지 못한 경우도 있다. 또한 기관에 따라 자료의 신뢰성에 큰 차이가 있으므로 이를 이용하는 데 주의가 요망되기도 한다. 따라서 시장조사에서는 우선 수집가능하고 믿을 만한 2차 자료를 모두 이용하고, 그래도 부족한 자료는 1차 자료를 수집하여 이용하는 것이 바람직하다.

예를 들어 인구수의 추세, 인구분포 및 연령구조 등과 관련된 자료를 입수하

기 위해서는 통계청에서 발표하는 인구조사자료를 이용하면 되고, 수산물 및 수산 가공 제품에 관한 자료는 해양·수산부에서 발표하는 관계 자료를 이용할 수 있다. 조사로부터 얻게 되는 결과의 형태에 따라 크게 정량(Quantitative)조사, 정성(Qualitative)조사, 관찰(Observation)조사 등으로 구분할 수 있다.

시장조사 종류

정량(quantitative)조사　　비교적 많은 수의 응답자를 대상으로 조사를 진행하는 것으로 몇 % 혹은 몇 점 등으로 조사결과를 계량화 하게 된다. 당연히 모집단의 일부를 표본으로 선정하여 조사하므로 조사결과가 대표성을 가지게 되며, 각종 통계분석을 적용할 수 있다. 실무에서 가장 흔히 사용되는 전화조사, 면접조사, 우편조사, 온라인 조사 등이 모두 정량조사에 해당된다.

정성(qualitative)조사　　소수의 응답자를 대상으로 하여 어떤 대상이나 현상에 대한 생각, 인식, 태도형성 등에 대한 구체적인 정보를 파악하는 데 목적이 있다. 응답자수가 적으므로 대표성은 전혀 없으나, 정량조사로 파악할 수 없는 응답자 개개인이 가지고 있는 다양한 의견들을 얻을 수 있으며 주관적조사로 간주된다. 대표적으로 FGI(Focus Group Interview), In-depth Interview 등이 있다.

관찰(observation)조사　　말 그대로 소비자들에게 질문을 하지 않고 행동하는 것을 관찰하는 것이다. 질문형태로 하게 되는 조사는 소비자의 인식에 대해서는 알 수 있으나 실제 행동을 파악할 수 없는 반면, 관찰조사를 통해 실제 소비자의 행동을 파악할 수 있다. 우리나라에서는 실무에서 잘 활용되지 않으며, 대표적인 예는 '쇼핑의 과학'의 저자인 파코 언더힐이 수행하는 매장 관찰조사이다.

마케팅 계획의 전개

마케팅 계획을 수립하기 위해서는 제일 먼저 경쟁하고자 하는 목표 시장을 선정하고, 그 다음에 제품 전략, 가격 전략, 유통 전략 및 촉진 전략 등을 중심으로 세부적인 마케팅 계획을 수립해야 함

1. 실제상황의 시장조사를 통해 누가 고객이고 무었을 원하는지 목표 시장 선정은 목표 시장에서 어느 세분화된 시장에 집중할 것인가를 결정하는 과정을 의미함

2. 제품 전략 수립은 고객의 니즈를 충족시키기 위해 어떤 제품과 서비스를 제공할 것인가를 결정하는 과정을 의미함

3. 마케팅 정보를 수집하고 가격 전략 수립은 제품원가 및 가격 경쟁력을 고려하여 제품과 서비스의 판매 가격을 결정하는 과정을 의미함

4. 실제 판매분석을 통해 시장 조사 결과에 따라 유통 전략 수립은 제품의 전달과 판매의 확장 및 새로운 고객의 발굴을 위해 유통 채널을 구축하는 과정을 의미함

5. 판매예측을 통해 촉진 전략 수립은 제품과 서비스에 대해 고객에게 알리고 이해시켜 구입하도록 설득하는 과정을 의미함

6. 마케팅 계획의 GAP을 분석하고 평가

창업가를 위한 가격책정 전략

제품의 가격은 소비자의 구매여부를 결정하는 중요한 요소 중의 하나이다. 기업의 입장에서는 가격이 높을수록 좋지만 가격이 높으면 소비자가 외면할 것이고 매출이 떨어져서 이익이 줄어들 것이다. 또한 가격을 낮춘다고 매출과 이익이 커지는 것도 아니다. 낮은 가격이 오히려 제품의 가치를 떨어뜨리게 될 수도 있고, 매출을 증대시키기 위해 경험곡선에 의한 비용우위를 실현하기도 전에 가격을 무리하게 낮추게 되면 장기적으로 어려움이 따르게 된다. 가격결정 과정에서는 제품수요, 경쟁상황, 제품원가 등을 고려해야 한다. 제품수요를 예측하기 위해서는

시장에서의 기대가격과 가격대별 예상 판매량을 조사해야 하는데, 기대가격이란 소비자가 의식적, 무의식적으로 상품을 평가하는 수요가격을 말한다. 기대가격은 상인이나 잠재고객의 의견을 분석하거나 경쟁업체의 유사제품가격을 비교하는 방법으로 산출하고, 몇 개의 기대가격이 설정되면 각각의 가격에서 얼마나 판매량을 올릴 수 있는가를 예측한다. 제품의 가격은 경쟁제품에 의해 영향을 받는다. 경쟁제품의 수, 규모, 시장점유율, 원가구조, 품질, 가격 등을 평가, 분석하여 경쟁제품의 가격에 대해 상대적으로 가격전략을 세워야 한다. 또한 제품의 원가와 적정마진도 가격결정 과정에서 함께 고려해야 한다.

원가기준 가격책정방법

제품의 원가와 적정마진을 감안하여 가격을 책정하는 방법이다. 제품의 제조원가를 알 수 있을 때에는 단위당 제조원가에 마진을 합해서 가격을 산출한다. 또한 손익분기점 분석을 이용해서 순이익이 '0'이 되는데 필요한 가격과 매출 수준을 검토하여 가격을 책정하는 방법도 있다. 이 방법은 기업이 실현하고자 하는 매출과 가격을 고려하고 있지만 그 가격에서 손익분기매출량 만큼의 매출이 일어날지에 대한 분석도 실시해야 한다. 만약 매출이 어렵다고 판단되면 목표매출량을 수정하거나 가격을 낮춰 예상되는 매출수준을 달성해야 한다. 결국 기업의 원가구조와 손익분기점을 이용한 가격책정방법은 제품에 대한 정확한 수요예측이 병행되어야만 의미가 있다.

수요기준 가격설정방법

제품에 대한 수요를 기준으로 가격을 결정하는 방법이다. 대개 제품가격은 제품의 생산비보다 수요의 크기에 영향을 많이 받기 때문에 생산비가 낮아도 수요가 많아지면 높은 가격을 책정할 수 있고 생산비가 높아도 수요가 적을 때는 낮은 가격으로 판매할 수밖에 없다. 이 방법은 제품의 수요에 영향을 미칠 수 있는 대체품, 유사제품의 가격, 인구, 경쟁자 등의 요소들도 함께 분석되어야 한다.

가격에는 고객의 심리적인 특성도 고려하여야 한다.

제품 품질은 가격수준에 따라서 고객이 판단이 달라진다. 고객은 가격이 낮은 제품보다 가격이 높은 제품이 품질이 좋을 것으로 인식한다.

- 제품에 가격이 표시 되어 있지 않다면 제품구매를 기피한다.
- 국내에서 구매자는 값비싼 제품은 짝수 달에 저렴한 제품은 홀수 달에 구매하려고 한다.
- 구매자는 가격이 짝수로 끝나는 것 보다 홀수로 끝나는 제품에 구매 빈도가 높다. 즉 1,000원보다는 999원에 구매 의지가 높아진다.
- 고객의 이익 숫자가 크면 클수록 가격에 대한 저항감은 적어진다. 즉 개별 상품보다 묶음 상품에 관심을 가지며 할인율이 크면 클수록 구매 동기가 높아진다.

니치마케팅

틈새시장을 비집고 들어가는 니치마케팅을 적극 이용하자. 니치마케팅이란? 마치 틈새를 비집고 들어가는 것과 같다는 뜻에서 붙여진 이름. '니치'란 '빈틈' 또는 '틈새'로 해석되며 '남이 아직 모르는 좋은 낚시터'라는 은유적 의미를 담고 있다. 니치마케팅은 특정한 성격을 가진 소규모의 소비자를 대상으로 판매목표를 설정하는 것이다. 남이 아직 모르고 있는 좋은 곳, 빈틈을 찾아 그 곳을 공략하는 것으로, 예를 들면 건강에 높은 관심을 지닌 여성의 건강음료를 기획, 대성공을 거둔 것이 대표적인 사례로 꼽힌다. 이는 매스마케팅(대량생산－대량유통－대량판매)에 대립되는 마케팅 개념으로 최근 시대 상황의 변화를 반영하고 있는 개념이다.

틈새시장을 노려 니치마케팅을 펼친 성공 사례를 들어보면 대표적으로 비싼 항공기 시장의 틈새를 노렸던 저가항공사가 있다. 비싼 항공사들 사이 속에서 저가 항공사의 전략 또한 니치마케팅의 새로운 성공사례로 볼 수 있다. 저렴한 가격에 항공권을 살 수 있다는 강점에 수익 창출이 용이해 보이지만 실상은 저가항공을 운영한다는 게 쉽지가 않다. 저가항공에서 가장 성공적인 케이스는 사우스웨스트항공이다. 사우스웨스트는 니치마켓의 집중공략, 비행기 기종의 통일화, point to point방식으로 출발지와 도착지를 한 번에 연결하는 직항로개설, 수하물과 기내서비스철회와 선착순좌석제 등의 서비스의 간소화, 기내안전수칙을 랩으로 방송하는 등의 참신한 발상의 고객만족서비스를 펼치는 등 수익창출을 위해 다양한 노력을 펼쳐 성공할 수가 있었다.

이외의 성공사례에는 어른들을 위한 아이스크림 '하겐다즈' 기존 아이스크림의 주 타깃은 바로 어린아이들이었다. 그래서 대부분의 아이스크림 제조업체들은 어린이들에게 집중적으로 마케팅을 시도했다 하지만 하겐다즈는 "어른들도 아이스크림을 먹는다"라는 점을 감안하여 새로운 틈새시장을 개척하였는데, 바로 성인들을 위한 아이스크림을 제조하여 크게 성공하였다. 이처럼 성공사례들을 보면 틈새시장을 노린다는 것은 꼭 불리한 것만은 아니다. 여기서 가장 중요한 것 은 소비자들이 무엇을 원하는지 알아야 하는 게 기본 포인트이다. 도전의 두려움을 없앤다면, 새로운 시장을 개척할 수 있는 좋은 기회가 될 것이다.

니치버스터

주류의 틈바구니 속에서 이기기 위해 니치전략으로 등장한 비주류들이 다양한 소비자의 기호를 맞추며 다시 주류처럼 거대해지는 것을 일컬어 니치버스터라고 한다. 니치버스터란 블록버스터와 니치가 합해진 말이다. 인터넷과 SNS의 발달로 인해 매스미디어를 통해 통제 가능한 대중이 사라지게 되면서 더욱 발달된 커뮤니케이션으로 인해 대중은 더욱 다양한 요구를 하고 이에 따라 기업은 보다 다양하고 빠른 변화에 대응해야만 한다. 이것이 니치버스터가 주목 받는 이유인 것이다. 니치버스터인 ZARA의 전략은 다음과 같다. 첫째, 패스트패션의 소비 형태를 만족시켰다. 그들은 10~20대의 소비자들이 유행에 민감해서 저렴하고 한철만 입고 마는 패스트패션의 소비 형태를 지닌다는 것을 포착했다. 이에 따라 복잡한 유통과정에서 오는 거품을 빼고 저렴한 가격의 높은 퀄리티의 신제품을 소비자들이 자주 만날 수 있도록 하는 서비스 제공했다. 둘째, 반응 생산을 들 수 있다. 상품을 내놓은 후 전산화된 시스템과 데이터베이스를 통해 잘 팔려나가는 제품과 그렇지 못한 제품에 대한 피드백을 각 부문에 제공한다. 피드백에 따라 자체

생산라인의 완급을 조절함으로써 재고를 최소화하고 소비자의 반응을 디자인에 반영하여 위험부담이 적은 아이템을 생산할 수 있었다. ZARA뿐만 아니라 스타벅스도 니치버스터의 성공사례로 들 수 있다. 1970년대 대중은 인스턴트커피에 익숙하여 커피는 싸고 대중적인 음료로 인식되고 있었다. 당시 고급커피를 즐기기 위해 고가의 금액을 지불하는 사람은 소수의 열렬한 커피애호가들 뿐이었다. 스타벅스는 인스턴트커피의 획일적인 맛을 내는 주류 커피업체들 사이에서 커피마니아들을 늘리는 데 주력하였다. 먼저 대중을 위한 커피의 마케팅을 펼쳤다. 고객들에게 커피 감정사가 된 기분을 느끼게 해주기 위해 사이즈를 이르는 명칭 등을 그란데(grande), 벤티(venti)와 같이 이탈리아식으로 붙였다. 반면 각각의 커피 재배지역의 독특한 특질을 가진 원두를 사용하여 마니아를 위한 커피의 마케팅도 함께 병행했다. 또한 향이 첨가된 우유와 시럽을 고객이 직접 선택하여 제조할 수 있게 했다.

틈새시장의 종류

틈새를 유형별로 분류하여 니치마켓을 선정하는 방법으로 수많은 틈새들 사이에서 차별화해서 공략하는 방법이다. 예로서 인구통계학적인 방법을 이용한 세대의 틈새, 크기를 이용한 틈새 등이 있다.

세대의 틈새　　　　펩시는 매출액으로 코카콜라를 눌렀다. 사실 정면 승부로는 펩시는 코카콜라 시장을 이길 수가 없다. 블라인드 테스트로 코카콜라와 맛을 비교하는 등의 다양한 마케팅 전략을 벌였으나 이미 코카콜라가 시장을 선점한 뒤였다. 고민 끝에 펩시는 새로운 세대, 젊은 세대를 공략하기로 한다. 아예 다음 세대의 선택을 가치로 삼았다. 그처럼 기성세대가 아닌 어린 세대들을 공략하자 20년 후 성과가 나타나기 시작했다. 펩시를 즐기던 어린 청소년들이 대학을 졸업하고 사회에 나가자 펩시를 찾게 된 것이다. 코카콜라가 이것이 진짜(the real thing)라는 광고 카피로 대항했지만 어렸을 때부터 펩시에 길들여진 새로운 세대들에게는 먹히지 않았다. 이처럼 기성세대에 자리 잡은 선점 기업을 피해서 다른 세대들을 공략하는 것도 틈새시장을 공략하는 좋은 방법이다.

크기의 틈새　　　1980년대에 제작된 미국 차들은 더 크게 만들기 위해 노력했다. 그런 상황에서 폭스바겐은 싱크 스몰(think small)이라는 광고로 새로 시장을 찾아낸다. 무조건 큰 차를 선호하는 미국 시장에서 작고 고성능차라는 새로운 캐릭터로 틈새를 공략하여 커다란 성공을 얻은 것이다.

비슷한 사례로 요즘 1인 가구나 2인 가족들이 늘고 있는 상황에서 무조건 큰 가정용품보다는 작고 공간을 덜 차지하는 가구나 같은 크기라도 더 작게 보이는 전자제품 등에 선호도가 높아지고 있다. 처음 이 시장에 진입한 기업들도 이러한 틈새를 노리고 진입한 것이다.

틈새시장의 차별화

틈새시장은 시장이 너무 작아서 실패한 경우보다는 오히려 시장을 확대하다가 실패하는 생리를 지니고 있다. 소비자들의 욕구의 분화는 더 이상의 대중의 존재를 희석시키고 대신 다수의 니치 시장이 조각조각 꽃을 피우고 있는 것이다. 결국 이 틈새를 구성하고 있는 각기 다른 소비자들은 자신에게 꼭 맞는 제품을 원하고 있다. 기업 입장에서 '차별화'란 그 어떤 경쟁자보다도 더 잘 그 소비자를 만족시킬 수 있는 것을 의미한다. 그러면 어떻게 차별화 할 수 있을까에 대한 전략방안에 대하여 살펴보도록 하겠다.

제품 및 서비스의 차별화　　　이 전략의 기본 아이디어는 누구나 다 좋아할 제품이 아니라 특정 욕구를 가진 소비자만이 더 좋아할 특성을 갖춘 제품을 만드는 것이다. 또한, 신발산업의 예를 보면 윈드서핑용, 스케이트보드용, 에어로빅용, 스카이다이빙용, 자전거용 신발에다가 무술용 신발까지 만들어 내고 있다. 즉 뭔가 다른 제품, 남과 달라서 나와 궁합이 꼭 맞는 제품을 그 소비자는 원하고 있는 것이다.

고객 서비스의 차별화　　　현재 대다수 제품들이 거의 일상용품화 되어가고 있으며 따라서 제품 특성상으로 차별화하기가 여간 쉽지 않다. 그러므로 제품에 부가적으로 제공되는 서비스로 차별화를 꾀하고 있다. 휴양지의 한 호텔은 어린이를 위한 연날리기, 모래성 쌓기, 어린이 캠프의 프로그램으로 아이들과 함께한 가족 동반 부모들을 위한 어린이들만의 특별한 공간을 통하여 오붓한 부부만의 시간을 즐기도록 하고 있다. 백화점마다 운전이 미숙한 주부 운전자들을 위해 주차 서비스를 강화하는 것도 마찬가지다. 요즘 들어 신용카드회사들마다 항공회사와 제휴하여 제공하는 마일리지 서비스도 세계화에 적극 동참하려는 소비자를 겨냥한 것이다. 이렇듯 서비스의 차별화는 고객을 잘 배려하는 데에서 시작된다. 우리의 고객은 누구이며, 그들의 구매 결정에 영향을 주는 요소는 무엇일까, 어떻게 하면 우리 제품에 더욱 쉽게 다가올 수 있을까에 지속적으로 관심을 가져보길 바란다.

유통 경로의 차별화　　　소비자들이 가장 즐기는 것이 돈 쓰는 쇼핑이지만 가장 귀찮은 것 중의 하나도 돈을 써야만 하는 쇼핑이다. 여기에 착안하여 유통의 다양한 아이디어로 소비자를 편안하게 해주는 기업들이 있다. 정보통신의 발전은 이 부분의 차별화를 더욱 가속시킬 것인데, 어떻게 하면 고객들이 보다 쉽고 빠르고, 편리하게 구매할 수 있을까를 고민해야 한다. 고객이 우리에게 오기를 마냥 기다려서는 이길 수 없다. 고객의 문 앞까지 길을 뚫고 나가야 한다.

커뮤니케이션의 차별화　　　자신의 제품에 독특한 이미지를 심어주고 특별한 판촉활동으로 뭔가 다르게 보이도록 만드는 것이다. 세계적인 자동차 브랜드 기업에서는 가능성 있는 잠재 고객들에게 신차에 대하여 차량을 시험 주행할 기회를 제공하여 구매를 자극하고 보트, 승마, 스키를 즐기는 부유층의 스포츠 광들과 지속적인 관계를 유지하려고 하고 있다. 한 피자업체에서는 피자 주문 시 빨간색 자동차로 배달하는 색다른 아이디어를 채택하고 있다.

즉, 색다른 판촉활동으로 각기 다른 니치 시장의 소비자에게 가까이 다가가고 있다. 세계적인 브랜드 자동차 회사처럼 목표시장의 라이프스타일에 기반을 둔 판촉활동은 소비자와의 유대감을 강화시키는 좋은 차별화 전략이 된다.

가격 차별화   소비자는 기본적으로 '돈'에 대해 민감하며 따라서 많은
마케터들이 쉽게 가격에 대해 생각하지만, 다섯 가지의 차별화 전략에서 가장 마
지막으로 고려하여야 한다. 왜냐하면 이는 경쟁자가 따라 하기가 쉬우며 자칫 가
격 경쟁에 빠지면 피차에 피곤한 일이기 때문이다. 그러나 이것 역시 효과적인 차
별화 전략임에는 틀림없으며 많은 기업들이 다양하게 적용하고 있다.

많은 레스토랑들은 자리가 텅텅 비는 평일 초저녁에 특별 저녁 메뉴를 싼 값
으로 마련하여 자리를 메우고 있으며, 가격에 민감한 실버층에 대해서 커피를 한
잔 값으로 무제한 제공하고 있다. 또 저녁의 술자리를 유치하기 위해 대폭적인 저
렴한 가격으로 직장인들에게 점심을 해결토록 배려하는 음식점도 있다. 숙박업과
자동차 렌트업의 경우에는 요일과 시간에 따라 각기 다른 가격 체계를 적용한지
이미 오래된 일이다.

가전업체에서 중고제품을 보상교환판매를 실시하는 것도 유행에 대한 아쉬움
을 해소시켜 주는 것이다. 충성 고객을 위한 혜택으로 쿠폰을 발행한다든지 특별
회원권 등의 우대카드를 제공하는 것도 고마움의 되돌려주는 것이다.

그런데 이러한 가격 차별화전략에서 중요한 것은 혜택을 받는 고객들이 특별
히 싼 가격과 같이 싸구려 고객으로 인식되지 않도록 신경을 써야 한다는 것이다.
오히려 특별한 대접을 받을 자격이 있는 특별한 '분'으로 스스로 생각할 수 있도록
주도면밀하게 집행하여야 한다. 이상의 다섯 가지 차별화전략은 목표로 하는 틈새
시장의 소비자욕구에 따라, 하나 또는 둘 이상이 복합적으로 혼합되어 활용되고
있으며 대단한 성과를 거두고 있다.

5가지 외에 마지막 차별화 전략으로 주문 생산(Customization)을 들 수 있는
데 이 전략은 소비자 개개인에 초점을 맞춘 것이다. 어느 남성복 매장에서는 각종
색상과 스타일의 옷을 자신과 컴퓨터 합성 처리로 볼 수 있는 스마트 피팅시스템
을 설치하여 고객들을 꼼짝 못하도록 하고 있으며, 화장품의 경우도 여성 고객의
머리색, 눈, 피부색, 얼굴형태 등을 분석하여 그 특성에 가장 잘 어울리는 화장품
을 배합해 주며 유혹하고 있다. 아이스크림도 자기가 원하는 대로 맛과 향을 골라

섞어서 먹을 수 있으며 요즘은 주택도, 아파트도 주문시대로 들어섰다. 이 모든 것이 고객 지향적 마케팅의 산물이다.

"책상에서 벗어나 고객을 분석하라, 고객과 같이 행동하고 그들과 같이 생각하라!" 이것이 틈새시장을 진입을 위한 가장 명확한 컨설팅 전략일 것이다.

틈새시장을 분석하라

틈새시장에서 성공을 위해 마케팅의 기본 프로세스를 통해 나를 알고 적을 알아 그에 알맞은 전략을 세워 실행하는 것이 중요하다. 즉 '마케팅하고자 하는 제품, 혹은 서비스, 사업 등의 특성을 분석하는 과정'으로부터 시작하여 '실제로 소비자와 맞닥뜨리게 되는 전략을 수립하는 4P'에 이르기까지, 다음 그림과 같은 단계를 통해 이루어진다. 이 단계들을 상세히 알아보도록 하자

진출산업의 환경 분석

PEST분석 혹은 마케팅 거시적 환경 분석이라고 하는 단계는 마케팅을 하려고 하는 제품이나 서비스를 둘러싸고 있는 요인들 중, 그 단위가 굉장히 광범위해서 기업의 힘만으로는 쉽게 바꿀 수 없는 것들을 말한다. PEST분석(거시적 환경분석)에는 차례대로 다음의 것들이 속한다.

P 정치적 요인(Politics)

E 경제적 요인(Economics)

S 사회적 요인(Social)

T 기술적 요인(Technology)

정치적 요인(politics) 정치적 요인(politics)은 단순화시켜서 이해해보자면 '규제 강화 ↔ 규제 완화'로 표현해볼 수 있다. 정치적 요인이 일정 산업에 미치는 영향력은 정말 엄청나다. 그래서 각 기업들은 자기에게 유리한 정책을 만들기 위해 사투를 벌이기도 한다. 예를 들자면 초기 국내 생명보험, 손해 보험사들은

방카슈랑스, 즉 은행을 통해 보험을 판매하는 것을 최대 25%밖에 할 수 없다. 왜냐하면 법으로 강제되어 있기 때문이다. 하지만 농협법의 규제를 받는 농협생명보험, 손해보험은 금융법으로 방카슈랑스 25%룰을 규제받지 않는다. 덕분에 많은 수의 보험설계사를 유지하지 않고도 많은 수익을 창출할 수 있었다. '공유경제' 모델의 대명사로 이름을 떨치며 혁신기업의 대표주자인 우버 택시는 소비자가 스마트폰 애플리케이션으로 차량을 호출하면 근처의 운전기사 및 차량을 연결해주는 서비스다. 미국 샌프란시스코에 본부를 둔 우버테크놀로지가 2009년 처음 서비스를 시작한 이래 다른 국가로 확산됐다. 우버는 특히 차량을 매입하지 않고 기존 차량을 이용해서 사업을 영위한다는 혁신적인 비즈니스 모델로 자리 잡았다. 한국에서 우버 택시는 2013년 렌터카 업체 MK코리아와 전체 운임의 20%를 수수료로 공제하는 조건으로 계약을 맺고 사업을 시작했다. 그러나 우버는 곧바로 택시업계의 반발로 렌터카나 자가용 승용차를 이용해 돈을 받고 승객을 나르는 것이 불법영업이라는 현행법령에 부딪혔다. 여객자동차 운수사업법 제81조는 사업용 자동차가 아닌 자동차를 유상으로 운송용으로 제공하거나 임대하지 못하며, 이같은 행위를 알선해서도 안 된다고 규정한다. 이처럼 정치적 요인은 어떤 기업, 혹은 제품, 사업의 생존에 적지 않은 영향력을 미친다.

　　경제적 요인(economics)　　　경제적 요인(economics)은 경기 동향, 국제 협정, 금리 상황, 환율 동향, 조세 부과 제도 등 국지적, 전 세계적인 경제 움직임을 모두 통칭한다. 이런 움직임들의 중요성이야, 굳이 두 번 말할 필요도 없다. 얼마 전 발효된 한중FTA로 인해서 각 제품들에 대한 관세율이 상당히 크게 변동되었다. 수출업자가 되었든 수입업자가 되었든 각자가 수출/수입하고 있는 제품/부품의 관세율 변화에 따라 수혜를 보는 사람도 있겠고 피해를 보는 사람도 있을 것이다. 경기 동향이나 환율도 마찬가지다. 일본 엔화 가치가 올라가면 일본 자동차 기업들은 수출이 힘들어질 것이고, 상대적으로 경쟁사인 현대자동차, 기아자동차 같은 국내 자동차 기업들은 유리해지지만 반대로 일본 엔화 가치가 떨어지면 우리나라 자동차 기업들이 더 힘들어질 것이다. 저유가가 지속되면 석유를 정유 업체는 호황을 누릴 것이고, 세일 가스업체는 경쟁에 밀려 경영에 심각한 위험에 직면 할 것이다. 조세적인 측면에서 보자면, 정부가 담배세를 올리면 담배 피는 사람들이 줄어들어 KT&G같은 담배회사들은 수익이 감소하게 된다.

사회적 요인(social)　　　사회적 요인(social)은 '소비자 행동에 영향을 미치는 사회적인 요인'을 말한다. 이러한 사회적 요인에는 사회계층이나 준거집단, 가족 등이 있으며, 사회적 요인 중 사회계층을 빼놓고 설명할 수는 없다. 사회계층이라고 하는 것은 한 사회 내에서 직업, 소득수준, 교육수준, 재산의 정도 등에 따라 비교적 동등한 지위에 있는 사람들로 구성된 각각의 집단을 말하는데, 일반적으로 상류층, 중산층, 하류층 등으로 구분한다. 라이프스타일 같은 사회적 요인도 분석의 중요한 요소가 된다.

기술적 요인(technology)　　　기술적 요인(technology)은 기술 발전에 따른 변화 양상을 말한다. 일반 전화기만 써도 전혀 불편함을 못 느끼던 사람들이 스마트폰이 없으면, 카카오톡이 없으면 불편함을 느끼게 되었다. 무엇 때문일까? 스마트폰이라는 기술이 발전했고 또 우리 삶에 익숙해져 버렸기 때문이다. '스마트폰이 없으면 불편하다, 카카오톡이 없으면 불편하다' 이렇게 되어버린 것이다. 라이프스타일의 변화라는 측면에서 분석을 하자면 '사회적 요인'으로 포함시킬 수도 있을 것이다. 하지만 스마트폰이 개인 필수품이 된 지금 상황을 분석할 때 스마트폰과 같은 스마트 기기, 그리고 사물인터넷 기술이라는 측면에서 분석하는 것은 기술적 요인 분석에 해당한다. 여기까지 PEST분석에 대해 살펴봤다. 이런 PEST분석은 크게 2가지 차원에서 행해진다, 첫째는 현재 상황에서의 PEST, 둘째는 미래 상황에서의 PEST. 즉, 현재 나를 둘러싼 PEST가 어떤 상황이고, 미래에는 이 PEST가 어떻게 변할 것인가 하는 것이다. PEST가 하나의 제품이나 사업에 미치는 영향에 대해 조금은 감이 오는가? 그렇기 때문에 더더욱 본격적인 마케팅전략 수립에 들어가기에 앞서 필수적으로 파악해야 할 사항이다.

SWOT분석

SWOT분석은 1960~70년대 미국 스탠포드 대학에서 연구 프로젝트를 이끌었던 알버트 험프리(Albert Humphrey)에 의해 고안된 전략 개발 도구이다. 이 도구는 이해하기 쉽고 간단해서 세계적으로 확산이 되었다. SWOT분석은 다음의 4

가지 질문으로부터 출발한다.

- 우리는 무엇을 할 수 있는가? (기업 역량에 대한 질문. 즉 강점과 약점)
- 우리는 무엇을 하고자 하는가? (조직 및 사업의 가치)
- 우리가 무엇을 하게 될 것인가? (외부의 기회와 위협)
- 다른 사람은 우리가 무엇을 하기를 기대하는가? (이해관계자의 기대)

이러한 전략적 선택에 대한 답변을 통해 경영전략을 위한 주요 이슈를 파악할 수 있게 한다. SWOT분석의 가장 핵심적인 부분이 바로 '핵심 이슈도출'이다. 전략수립 절차는 내/외부 환경 분석 다음에 바로 전략방향을 설정한다. 이것은 환경 분석을 통해 도출된 기업의 당면 핵심이슈를 가지고 기업의 비전과 방향을 설정하는 데 도움을 받기 위한 것이다.

SWOT분석은 내/외부 환경 분석으로부터 도출된 핵심이슈를 기회요소와 위협요소 그리고 강점과 약점으로 분류한 다음 Grouping된 4가지 이슈의 조합으로 SO전략, ST전략, WO전략, WT전략의 대안 틀에서 탐색하는 것이다. 환경 분석을 통해 기업의 핵심이슈를 끌어내고 거기에 따른 전략방향을 도출하는 데 쓰이는 분석 Tool이 바로 SWOT이다.

그렇다면 환경 분석을 통해 어떻게 핵심이슈를 도출할까? 외부 환경 분석과 내부 환경 분석의 절차를 보면 이해가 빠를 것이다. 초창기 SWOT분석의 문제점은 단순히 기업의 강점을 토대로 주어진 기회는 적절히 활용하고 위협에는 적절히 알아서 대처하여 약점을 보완하자는 다소 막연한 제안이었다. 이론적인 내용만 있고 객관적으로 분석할 수 있는 방법은 제시 못했다는 이야기이다. 그것이 오늘날에 이르면서 체계화되고 구체화되면서 큰 틀로 바뀌었고, 위의 그림에서 나타난 것처럼 각종 체계적인 분석기법을 갖춘 Tool이 나타나면서 환경 분석은 완전히 대체 가능해졌다. 이제 SWOT분석은 하나의 분석 Tool이 아닌 큰 틀에서 이해하는 시각이 필요하다.

SWOT분석 방법

SWOT는 강점(Strengths), 약점(Weaknesses), 기회(Opportunities), 위협(Threats)을 의미한다.

[표 I0.3] SWOT분석방법

내부 환경 요인	강점(Strengths)	• 회사가 소유하고 있는 장점: 핵심역량 경쟁 우위 등 • 회사사업구조, 경영자원, 경영능력 등
	약점(Weaknesses)	• 회사가 가지고 있는 약점: 개발이 필요하거나 뒤처진 것 • 회사사업구조, 경영자원, 경영능력 등
외부 환경 요인	기회(Opportunities)	• 외부 환경의 기회: 매출/수익성강화 • 정치, 경제, 사회, 문화, 기술, 환경 트렌드 등
	위협(Threats)	• 외부 환경의 위협: 매출/수익성 악화 위험 • 정치, 경제, 사회, 문화, 기술, 환경, 트렌드 등

SWOT 환경요인 도출 사례

SWOT분석은 조직 외부환경의 위협요인, 기회요인 및 내부역량의 강점, 약점 요인들을 도출하여 각각의 요인에 대응하는 전략을 도출하는 데 도움을 준다.

외부와 내부 환경 분석으로 도출된 요인들을 가지고 전략을 수립하게 된다. 기본적으로 SO전략, ST전략, WO전략, WT전략으로 나눌 수 있다.

- SO전략
  - 기회를 활용하면서 강점을 더욱 강화하는 전략(공격적 전략)
  - 공격적 전략의 내용으로는 사업구조, 사업영역, 시장 확대 등
- ST전략
  - 외부환경의 위협요소를 회피하면서, 자사의 강점을 활용하는 전략(다각화 전략)
  - 신사업 진출, 신제품 및 신기술 개발 등

○ WO전략
 - 외부환경의 기회를 활용하면서 자사의 약점을 보완하면서 추구하는 전략(국면전환 전략)
 - 운영의 효과성을 추구하는 각종의 혁신운동과 구조조정 등
○ WT전략
 - 외부환경의 위협요인을 회피하고, 자사의 약점을 보완하는 전략(방어적 전략)
 - 원가절감, 사업 축소/철수 전략 등의 현상유지

[표 10.4] SWOT분석도구

	Strength (강점 요인)	Weakness (약점 요인)
Opportunity (기회요인)	SO전략	WO전략
Threat (위협 요인)	ST전략	WT전략

마케팅 전략 개발

우선 현재 한국 경제에서 가장 크게 부각되는 문제로서 대일무역수지 적자의 확대와 물가등귀를 꼽을 수 있다. 게다가 원화의 환율이 절상되고 있다. 반면에 우리나라의 수입 품목 중에 커다란 몫을 차지하는 국제 유가가 상승하는 추세

이다.

결국 한국의 수출 증대를 저해하는 현상이 속속 나타나고 있는 셈이다. 내수시장에서는 인건비, 물류비용 및 공업 용지의 지가가 다른 나라에 비해 너무 높다. 그리고 실업자 증가 등 경기 불황에 따르는 사회현상이 직설적으로 나타나고 있는 셈이다. 그러나 개별 기업들의 경우는 경기침체에 따른 전략 선택이나 경기변동의 체감에 있어서 서로 다른 양상을 보일 수밖에 없다. 왜냐하면, 업종별로 볼때 경기 호황과 경기 불황에 노출되는 기간이 다르기 때문이다.

일반적으로 기업이 경기변동에 연관하여 전략을 수립할 때 참고하는 범위는 국민 경제적인 입장에서가 아니라 개별 업종, 개별 기업 또는 개별 품목시장에서의 현재 상황에 국한시킬 수밖에 없다. 기업의 세분 시장 활동에서 나타나는 경기변동은 기업의 상황에 따라 국민경제 상황과는 전혀 다른 양상으로 나타날 수도 있기 때문이다. 특히 대기업에서보다는 중소기업의 경우에서 상이한 점이 자주 나타난다. 우선적으로 해당 업종 또는 계열이나 품목별로 침체 국면이 중장기적으로 지속될 것인가 또는 단기적인 것인가 여부가 관건이 된다. 특히, 전문화된 제품시장을 대상으로 하는 경우라든가 반제품, 부품, 또는 원자재나 생산재와 같은 특정한 품목만 공급하는 경우라든가, 특히 대기업의 하청산업인 경우는 완제품이나 연계된 기업의 업종 또는 제품계열의 경기 상황이 관건이지 국민 경제적 또는 국제 경제적인 상황은 별로 영향을 끼치지 않는다.

이러한 사실은 사양 산업이나 첨단산업에 대한 평가에서도 마찬가지이다. 예를 들면 흔히들 섬유산업을 사양 산업이라고 말하지만 패션의 개발 여지나 새로운 용도의 개발 또는 신소재 원단의 개별 여부에 따라 첨단 사업화하거나 사양화된다는 사실을 보면 평가하는 측면에 따라 한 가지 사실도 여러모로 관측되는 법이다.

경기 불황기 마케팅 전략의 출발점

경기변동에 연관하여 기업이 생각할 수 있는 점은 불황이냐 호황이냐 하는 국민 경제학적인 입장이 아니라, 항상 불황에 대비한 좁은 범위의 전략이다. 불황은 경제 환경의 결정인자로서 기업의 상황과 시장 활동에 결정적인 영향을 주는 것이다. 예를 들어 물가 상승과 실업확대로 인한 시장위축이나 수입 개방의 가속화에 따른 경쟁의 격화라든가 주요 제조업 분야의 투자위축 및 지불능력의 어려운 국면 등이 바로 불황에 대한 기업의 상황을 대변해 주는 것이다. 최근에 이르러 우리 기업은 국내외시장에서 판매기회 및 수용 위축에 직면해 있다. 기업환경의 영향에서 오는 이러한 판매위기는 주로 구조적 위기라 할 수 있다. 따라서 이러한 불황 하에서의 경영전략은 이러한 현상을 완화해 보려는 시도인 셈이다. 즉 해당되는 특정업종에 있어서의 판매위축에 따른 기업의 마케팅 전략이 핵심이 된다. 따라서 경영전략의 추진방향은 경기변동에 연관하여 언제나 기업환경의 부적정직인 측면에 대비하는 점이다. 부정적인 환경요인에 대비한 경영전략의 출발점은 그 역할 및 가능성을 재평가하는 데 두어야 한다. 경기 불황시의 경영전략은 특히 경기위축에 대한 실질적 인식에 기반을 둘 때 더욱 의미 있고 성공적인 전략이 될 수 있다. 일반적으로 경기순환은 개별적인 특징에 의하여 서술되는 것이지만 판매 경제적 또는 마케팅적인 불황의 속성은 다음과 같이 말할 수 있다. 즉 경기불황이란 심리적인 연유에서 파생되는 것으로 일반적으로 경제 주체인 소비자의 염세주의나 회의로 나타난다.

수요자의 면에서는 특정한 시장저항이 나타나는 반면에 공급 면에서는 특별한 의사결정의 장애가 나타난다. 심리적인 영향요소와 깊은 연관성이 있는 것으로 경기변동 과정의 불규칙성과 마케팅 계획상의 불안정성, 특히 불황타개 전략개방에서의 불안정성이 있게 된다. 한편으로는 시장상황의 실질적인 면과 시장지향적인 활동의 연속성을 유지하기 위하여 융통성 있고 장기적으로는 목표지향적인 마케팅 정책이 특히 의의가 크다.

침체기의 마케팅 전략

심리적인 인식에서 연유된 불황 하에서 나타나는 작금의 판매위축 원인은 수요면과 공급면에서 구분하여 살펴볼 수 있다. 우선 특정 제품에 대한 수요자 선호의 변화는 일부의 과소비 현상에서 연유되거나 또는 물가 앙등으로 인한 구매력축소에서 판매 위축의 원인이 발생하고 있다. 고용의 구조적 축소라든가 또는 경기 변동적 축소는 물가 오름세의 변화와 더불어 오늘의 기업환경에서는 소득 축소의 큰 원인이 된다고 보아야 한다. 또한 내구재의 시장충족 현상이나 국가 정책적인 영향요소가 변화할 경우에도 특정재화의 판매는 위축되게 마련이다. 이밖에도 수출의 경우 국제시장에서 후발개도국의 부상에 따른 기존시장의 위협과 각축의 시기가 앞당겨지고 있는 반면에 선진국과 견줄 수 있는 경쟁의 폭은 점점 넓어져 우리의 국제 경제적 위상은 점차 축소되고 있다. 또한 국내 인건비의 상승과 물류비용의 과부담으로 인한 국제 경쟁력의 상실로 외국시장에서의 판매위축에 직면하고 있다. 공급 면에서 보면, 우선적으로 판매 위축의 원인은 비용 증가로 인한 판매가격 상승효과에서 찾을 수 있다. 또한 경쟁자와 대비해 볼 때, 제품 품질상의 결점이나 판매 시스템상의 결점과 같은 특정한 경쟁상의 단점을 노출하게 될 수도 있다. 이러한 단점의 노출이 또한 판매위축의 원인이 된다. 수출시장에서의 품질향상 없는 제품의 가격상승은 경쟁국 상품의 수입이 증대되는 원인이 되어 동제품의 판매위축을 초래하기로 한다. 특히 국제시장에서의 판매위축으로 인한 국제수지 적자는 수요 면이나 공급 면에서 이와 같은 판매위축 현상을 점차적으로 파급시켜 결국 경기불황을 초래하게 된다. 이러한 과정에서 기업의 유지, 또는 계속적인 전략의 수행이냐, 아니면 구조의 변화를 시도할 것이냐 하는 전략의 선택이 강요된다. 불황기의 마케팅 전략의 추진 방향은 수요의 다양화를 최대한도로 충족시키는 데 기본 목표가 주어져야 한다. 따라서 이러한 노력은 경기변동에 따라 차이가 있을 수 없다. 즉, 호황이나 불황을 막론하고 선호되는 제품 라인이나 중점 품목 라인을 기업 마케팅 전략의 기본으로 두어야 한다.

기업의 마케팅 전략수립

1. 기본적 경쟁전략　　　모든 기업은 시장에서 다른 기업들과 경쟁하고, 그 경쟁에서 살아남아야 한다. 따라서 비즈니스 전략을 수립하고 새로운 전략을 도출하는 과정에서 고려해야 할 여러 요소 가운데 가장 먼저 그리고 가장 기본적으로 결정해야 할 주제는 경쟁 우위(competitive advantage)를 어떻게 획득할 것인가 하는 문제이다. 이 결정은 마케팅 전략의 바탕이자 중심이 된다. 왜냐하면 기본적 경쟁 전략의 선택에 따라 이어지는 구체적이고 세부적인 전략의 내용과 방

향이 정해지기 때문이다. 기업이 선택할 수 있는 경쟁우위 전략 중 가장 많이 사용되는 세 가지 기본 전략은 첫째, 남들보다 싸게 제품을 제공하든지, 둘째, 남들과 다른 제품을 제공하든지, 셋째, 남들과 비교하여 한, 두 가지 제품은 뛰어나게 잘하든지 중에 하나를 선택하는 것이다. 이 전략들을 경쟁 전략에서는 각각 원가우위(cost leadership) 전략, 차별화(differentiation) 전략, 그리고 집중화(focused) 전략이라고 한다.

2. 원가 우위 전략   원가 우위 전략은 말 그대로 제품에 들어가는 원가를 줄이고, 제품의 가격을 낮추어 경쟁우위를 확보하는 전략이다. 따라서 이 전략은 다른 말로는 저가격 전략이라고 부를 수 있다. 예를 들어, 이지젯(EasyJet) 항공사나 맥도날드(McDonald)는 타 경쟁업체들에 비해 낮은 가격을 책정함으로써 경쟁우위를 확보한다. 또한 미국의 표적인 유통업체 월마트(Wal–Mart)의 성공비결은 ELP(Everyday Low Price)라고 불리는 저비용–저가격 정책에 있다.

이 전략은 개념적으로는 가장 쉬운 선택이지만 실제로는 쉽지 않은 선택이다. 우선 저가격 제품을 이용하고자 하는 확실한 고객집단을 찾아야 한다. 또 제품 원가를 줄이고 제품 가격을 낮추기 위해서는 규모의 경제(economies of scale) 효과를 가져 올 수 있는 시설을 구축해야 한다. 또한 철저한 원가 관리와 간접비 관리를 통해 비용을 통제해야 한다. 제품을 표준화하여 제품 비용을 감소시키기도 하고 기술혁신을 통해 효율성을 올리고 원가를 절감하기도 한다. 온라인 제품의 활용도 좋은 안이 될 수 있다. 기차표나 버스표의 자동예약 및 발권 제품 기술은 운송비용을 획기적으로 절감한 예라고 할 수 있다. 따라서 저가격 전략을 구사하기 위해서는 최신 장비와 하이테크에 한 높은 투자비용과 시장점유율을 확보하기 위한 초기손실을 감수해야 한다. 또한 공격적인 가격정책에 따른 수익성의 하락도 견딜 수 있어야 한다.

서비스 시장의 경우, 저가격 전략을 쓸 수 있는 범위가 제한적이라는 점도 주의해야 한다. 제품과는 달리, 부분의 서비스는 가격의 높고 낮음을 판정하기가 쉽지 않은 경우가 많다. 왜냐하면 서비스의 가격은 서비스 제공 시에 지불하는 명목가격보다는 그 서비스를 체험하는 고객이 느끼는 '체감 가격'의 성격이 강하기 때문이다. 어떤 서비스는 가격 자체는 낮지만 서비스의 품질이나 수준에 비해 고객이 느끼는 가격은 낮지 않을 수 있다. 반대로 가격 자체는 높지만 고객이 체감하는 가격은 오히려 낮을 수도 있다. 따라서 서비스 경쟁의 저가격 전략은 경쟁 기업(서비스)에 비해 가격 자체의 수준을 낮게 가져간다는 단순한 의미가 아니라 서비스 품질 비 체감 가격을 낮게 한다는 전략적 의미가 담겨 있음을 이해하는 것이 중요하다.

또한 저가격 전략이 안고 있는 잠재적 위험성도 고려해야 한다. 제품과 비교하여 서비스는 브랜드의 이미지가 훨씬 더 강한 영향을 미친다. 일단 저가격서비스 라는 브랜드로 자리 잡으면 이미지를 바꾸기가 매우 어렵다. 흔히 '싼 게 비지떡'이라고 말하는 의미의 서비스로 인식될 수 있다는 점을 명심해야 하는 것이다. 창업 시 업태에 따른 전략의 변화로 인해 아이템 선정이 중요해지는 점이 여기 있다.

3. 차별화 전략　　　차별화 전략은 소비자(사용자)가 다른 서비스와는 다르다는 인식을 가질 수 있는 독특한 서비스를 제공함으로써 경쟁력을 확보하는 전략이다. 앞의 저가격 전략이 비슷한 서비스 가운데 가장 가격이 낮은 서비스에서 경쟁력을 찾는다면, 차별화 전략은 가격이 낮지 않더라도 다른 서비스들과는 무엇인가 분명하게 차이가 나는 서비스로부터 경쟁력을 찾는다. 한마디로 표준화된 서비스 신 차별화된 서비스를 제공하는 것이다. 예를 들어, 스타벅스(Starbucks)의 녹색마크와 같은 브랜드 이미지, 서비스 패키지와 같은 차별화된 여행 서비스, 6성급 호텔의 고객 개인별 맞춤형 서비스 등은 차별화 전략을 보여주는 좋은 예라고 할 수 있다.

그렇다고 차별화 전략이 서비스 비용이나 가격을 무시한다는 것은 아니다. 원칙적으로, 서비스를 차별화하는 데 들어가는 비용의 수준은 차별화된 서비스에 해당 고객이 기꺼이 지불하고자 하는 추가비용의 수준을 넘어서는 안 된다. 적정한 비용 안에서 차별화된 서비스를 찾는 충성고객을 만들기 위해서는 다음과 같은 전략들이 사용되기도 한다. 우선, 서비스의 무형적 요소를 유형화하여 고객에게 서비스에 한 기억을 남긴다. 예를 들어 서비스와 더불어 기념품을 주는 것도 좋은 방법이다. 또 서비스와 관련된 정보를 사전에 제공하여 서비스의 즐거움을 최고로 느끼게 하거나 서비스 과정에서 생길 수 있는 문제점이나 위험을 줄일 수도 있다. 자동차 수리 서비스의 경우 수리를 시작하기 전에 미리 충분한 설명을 제공하면 만족도가 크게 올라갈 수 있다.

4. 집중화 전략　　　집중화 전략은 크기는 크지만 성격이 다양한 전체 시장을 노리기보다는 크기는 작지만 성격이 분명한 목표시장에 집중하는 전략이다. 집중화 전략을 사용하는 서비스 기업들은 기술력이나 마케팅 네트워크에서 전문화가 가능한 경우가 부분이다. 따라서 넓은 범위의 시장에 표준화된 서비스를 제공하기보다는 목표 시장에 차별화된 제품이나 서비스를 효율적으로 제공할 수 있다는 전제를 기반으로 하고 있다. 먼저 목표시장이 정해지면, 그 시장 안의 고객들이 원하는 특별한 요구를 만족시키는 제품이나 서비스를 개발하여 제공한다. 예를 들어 10세의 어린 고객들만을 대상으로 하는 특정 구매집단에 집중하거나, 중산층이 거주하는 신도시와 같이 특정 지역 거주자에 집중하는 것이 집중화 전략의 예이다. 또, 허리디스크 전문병원, 피부전문 병원 등과 같이 특정 분야에 집중하는 경우도 들 수 있다.

얼핏 보면, 여기서 말하는 집중화 전략과 앞에서 말한 차별화 전략은 비슷한 전략으로 인식될 수도 있다. 그러나 차별화 전략이 제품이나 서비스 자체의 성격이나 이미지의 차이를 강조한다면, 집중화 전략은 제품이나 서비스가 제공되는 시장이나 범위의 분해를 강조한다. 또한 집중화 내지 차별화 전략을 쓴다고 해서 반드시 가격이 올라간다는 것은 아니다. 다시 말해 앞에서 말한 여러 전략들이 서로 상충적이라는 것은 아니라는 말이다. 오히려 많은 경우 복수의 전략을 결합하여 사용할 수도 있다. 집중화 전략을 통해 시장을 나누고 각 시장의 차이를 고려하여 시장마다 서로 다른 차별적 제품이나 서비스를 제공하면서 원가도 높지 않게 관리하는 전략을 쓸 수도 있는 것이다.

예를 들어 항공 운송 업체인 페덱스(FedEx)는 저가격 익일 배달 서비스(overnight service)의 개념을 도입하여 급성장하였다. 경쟁업체들이 모든 것을 두루 잘 한다는 전략을 쓰는 동안 다른 역할을 과감히 포기하고 오로지 속달 서비스

부문에만 집중하면서 동시에 가격경쟁력도 유지함으로써 경쟁업체들과의 차별화에 성공했다. 따라서 집중화 전략은 전체시장이 아닌 특정 목표시장 안에서의 저가격 전략 또는 차별화 전략이라고도 할 수 있다.

마케팅 전략을 활용하라: STP 전략 활용

세계적 호텔 체인인 스타우드(Starwood Hotels & Resorts)는 Sheraton, Le Meridien, Westin, W, Aloft 등의 다양한 호텔 브랜드를 보유하고 있다. 우선 Sheraton, Westin, Le Meridien의 공통점은 최고급도 아니고 그렇다고 중저가도 아닌 '고급스러운'수준의 호텔이라는 점이다. 하지만 그 안에서 보면, Sheraton은 가족 단위의 고객을 타깃으로 차분한 분위기 속에서 조용히 쉴 수 있는 호텔을 지향한다. 반면에 Le Meridien은 젊은 고객들을 대상으로 현적인 인테리어로 내부를 꾸미고 다양한 즐거움을 줄 수 있는 상품들을 제공한다. Westin은 중간 정도에서 비즈니스맨을 주 고객으로 하여 편의성과 실용성을 강조한다. 그런가 하면 W는 앞의 호텔들보다 한 등급 위의 '최고급'호텔에 속한다. 유행을 선도하는 젊은이들을 위한 호텔이라는 이미지를 추구하면서 뉴욕의 라이프스타일에 맞추어 인테리어를 디자인하고 고급스러움과 화려함을 강조한다. 반대로 Aloft는 한 등급 밑의'중저가' 영역에 위치한다. 그러면서 대중적 이미지와 합리적 가격을 경쟁력으로 내세운다. 브랜드마다 타깃 고객이 다르고, 강조하는 이미지가 다르며, 제공하는 서비스가 다르다. 이렇게 함으로써 브랜드 간의 충돌을 피할 수 있는 것이다. 시장과 고객을 여러 영역으로 나누고, 그 가운데에서 집중적으로 공략할 영역을 선택하며, 선택한 영역에서 자기만의 차별적인 서비스를 제공하는 기준과 절차를 다루는 것이 바로 STP 분석이다. STP 분석은 한마디로 목표 시장(target market)을 찾기 위해 수행하는 작업이다. 보다 구체적으로, 시장 세분화(segmentation), 목표 시장 선정(targeting), 포지셔닝(positioning)의 세 단계를 거쳐 수행되며 세 단계 각각의 앞 자를 모아 STP 분석이라 일컬어진다. 각 단계별 분석 내용에 대해 살펴보자.

첫째, 시장 세분화 단계에서는 전체 시장을 몇 개로 구분하기 위한 기준을 결정한 뒤 세분 시장의 특징을 기술한다. 효과적인 시장 세분화를 위해서는 각각의 세분 시장이 적정규모 이상이 되면서 서로 다른 니즈(needs)를 가지고 있어야 한다. 만일 규모가 너무 크다면 다시 한 번 나누어야 하고 반로 너무 작으면 다른 것과 묶어야 한다. 그러기 위해서 세분 시장은 그 규모를 정확히 측정할 수 있어야 한다. 또 각 시장은 마케팅이나 서비스 판매를 위한 접근이 가능해야 한다. 시장 세분화에 사용될 수 있는 기준으로는 우선 연령이나 성별과 같은 인구통계학적 기준을 들 수 있다. 나이가 비슷한 고객들로 나누든지, 남성과 여성으로 나누든지, 강남과 강북으로 나누든지 하는 식이다. 하지만 그 외에도 심리학적 기준, 구매행동 기준, 세분 시장의 니즈 기준 등도 유용한 기준으로 쓸 수 있다.

둘째, 목표 시장 선정 단계에서는 세분 시장 별로 매력도를 측정하여 목표 시장을 선정한다. 목표 시장은 앞으로 집중적으로 진출해야 할 세분 시장을 가리키는 것으로, 다른 말로는 표적 시장(target market)이라고도 한다. 부분의 경우, 시장의 매력도는 주로 시장규모와 성장률, 경쟁우위, 자사와의 적합성 등으로 평가한다. 물론 시장의 규모가 크고, 성장률이 높으며, 자사와 적합성이 높고 자사가 경쟁우위를 보유하고 있는 시장일수록 매력도가 높다. 매력도가 높을수록 당연히 목표 시장으로 선정될 확률도 높아진다. 하지만 주의할 점은 우리에게 매력도가 높은 시장은 남들에게도 매력도가 높을 가능성이 크다는 사실이다. 따라서 매력도를 평가하는 기준을 전략적으로 잘 선택하는 것이 매우 중요하다.

마지막으로 포지셔닝 단계에서는 목표 시장 내 고객들에게 인지될 자사의 위치(position)를 결정한다. 포지셔닝이란 '시장 내에서 다른 경쟁기업과 비한 우리 기업의 상적 위상을 정하는 것'이라고 할 수 있다. 제품의 경우에는, 위상을 정하는 기준이 비교적 분명하다. 주로 성능, 가격, 품질 등과 같은 정량적 수치로 비교할 수 있기 때문이다. 그러나 서비스의 경우에는 고객들의 '마음'속에 우리 서비스의 위치를 잡는 것이라는 의미를 갖는다. 기업명이나 서비스의 이름을 들었을 때 가장 먼저 떠오르는 브랜드 이미지가 바로 포지셔닝의 결과라고 할 수 있다. 예를 들어, 이지젯(EasyJet)사는 저가항공사라는 이미지로, 페덱스(FeDex)는 빠른 배송 서비스라는 이미지로 W호텔은 최고급 호텔이라는 이미지로 고객들에게 포지셔닝

하고 있다. 그러므로 포지셔닝 전략에서는, 고객은 누구이며(목표 시장), 그들에게 어떤 이미지를(서비스 콘셉트), 어떤 방법으로(마케팅 전략) 인식시키려고 노력할지를 정하게 된다.

포지셔닝 전략 사례

1. 패밀리 레스토랑의 도입과 성장 과정   패밀리 레스토랑은 말 그로 가족동반 고객을 겨냥한 전문 외식업소를 말한다. 미국의 외식산업이 커지면서 등장하고 미국에서 패리 레스토랑은 메뉴가 10달러 이하로 이루어져있고 목표 고객이 29~49세까지의 가족을 중심으로 최소 2인 이상이 이용할 수 있는 음식점을 의미한다. 그런 의미에서 패스트푸드점과 스페셜 레스토랑을 혼합한 형태라고 할 수 있다. 패밀리 레스토랑에서는 테이블 서비스가 기본이다. 따라서 호텔 레스토랑의 음식보다는 낮은 가격으로 하지만 호텔 품격에 가까운 서비스와 시설을 갖춘 나름대로의 특색 있는 외식업소이다.

2. 아웃백 스테이크 하우스의 이미지   패밀리 레스토랑의 하나인 아웃백은 미국에서 1987년에 설립되었고, 국내에는 1997년에 1호점을 개점한 이래 약 100개의 업점을 운할 만큼 크게 성장하다. 아웃백(OUTBACK)이란 말은 호주어로 '오지'란 뜻이다. 따라서 아웃백은 야생 자연 속에서 푸짐하고 신선한 스테이크를 전문으로 제공하는 디너 하우스라는 이미지를 추구한다. 실제로 캥거루, 부메랑, 코알라 등 호주의 야생 동물들을 배경으로 하는 인테리어 속에서 기존 패리 레스토랑보다 한 차원 높은 차별화된 음식과 서비스를 즐길 수 있도록 하는 것을 모토로 하고 있다.

3. 아웃백 스테이크 하우스의 경쟁 전략

시장 세분화   아웃백은 서구식 음식을 주 메뉴로 하지만 한국인들이 고객이라는 점을 고려해 크게 한식과 양식으로 음식메뉴를 나누었다. 그 다음에 양식을 선호하는 고객 시장을 다음의 세 가지 기준으로 세분한다. 첫째는 음식의 맛과 질, 위생 및 청결 등의 기본적 속성이다. 둘째는 종업원의 친절이나 주차시설 등의 편의성이다. 셋째는 전반적 분위기, 명성과 이미지, 메뉴의 다양성, 건물외 관, 기념일 서비스 등 문화적 속성이다. 더 나아가 고객이 음식점을 선택하는 행 동 기준에 따라 일상생활의 일부로 음식점을 찾는 고객과 생일, 파티 등 특별한 목적으로 음식점을 이용하는 고객으로 세분화한다.

목표고객 선정　　　이러한 작업을 통해 '가족 화합 집단'과 '문화적 가치 추 구 집단'의 두 가지 고객층을 목표 고객으로 선정한다. 가족 화합 그룹에는 비싼 외식은 하지 않더라도 가족이 함께 식사할 수 있는 단란한 분위기를 가장 중요하 게 생각하는 근로자 가족, 대학교육 이상의 높은 교육수준의 중상층이 속한다. 문 화적 가치를 추구하는 고객 그룹은 주로 20~30대의 젊은 층으로 식사를 단순히 먹는 것 이상으로 생각하며 양보다 음식의 맛과 서비스에 중점을 둔다. 또 식사하 는 것 이외에 이벤트나 여러 나라의 새롭고 다양한 음식을 먹음으로써 얻을 수 있 는 문화적 경험을 중요시한다.

전략적 포지셔닝　　　외식산업은 현재 포화상태에 다다르고 있다. 치열한 경쟁 속에서 살아남기 위해서는 아웃백만의 고유 특성을 개발하고 강조해야 한다. 차별화된 서비스 콘셉트를 개발하기 위해서는 경쟁업체와의 비교분석이 필수이 다. 또한, 빅데이터를 통한 철저한 고객 및 상권 분석을 기반으로 150만 명에 달 하는 멤버십 데이터를 면밀히 분석해 변화하는 외식 트렌드를 반영하고 있다.

마케팅 믹스의 활용

STP 분석 등을 통해 서비스 포지셔닝 전략이 수립되면, 그 전략에 따라 서비 스를 고객들에게 홍보하고 판매하기 위한 세부적인 프로그램들이 준비되어야 한 다. 이 세부적 프로그램들이 바로 마케팅 믹스이다. 그런 관점에서 보면, 서비스 가 시장에 출시되기 전의 마케팅 전략이 SPT 분석이라면 출시된 이후의 마케팅 전략이 4P 믹스의 결정이라고 할 수 있다. 즉 마케팅 믹스는 구체적이고 실천적 인 행동 계획(action plan)을 의미한다.

1. 제품 or 상품(product)　　　　고전적인 마케팅 사고방식은 '좋은 제품은 저절로 팔려나간다'라는 법칙에서 출발한다. 그러나 나쁜 제품이라는 것은 이미 과거에 속한다. 현재는 좋은 제품들, 너무나 좋은 제품들이 상점의 진열대를 가득 채우고 있다. 이런 제품들 사이에서의 차별화가 현대 마케팅의 핵심 도전과제이다. 제품이란 제품의 기능, 제품 차별화, 디자인, 품질 수준, 포장형태, 상표, 서비스, 고객지원, 보증 등 고객을 위한 맞춤 서비스를 어떻게 할 것인가에 대한 고민으로 귀결된다.

2. 가격(price)　　　　가격은 품목별 가격, 할인율, 심리적 가격 설정, 가격 할인 행사, 소비자 대출, 리징 등 가격책정(pricing)에 관해 전략적인 의사결정을 내리는 것이다.

3. 유통 or 채널(place)　　　　유통은 '제품을 올바른 시간, 올바른 장소에 올바른 수량을 제공할 수 있는가?'에 대한 답이다. 여기에는 지역 선택, 판매 대리점 선택, 물류, 판매 채널, 서비스 장소 등이 고려 대상에 해당된다.

4. 판매촉진(promotion)　　　　판매촉진에는 광고, 홍보, 판매, 직접 판매, 구두선전, 인터넷 판촉, 판매시점관리(point of sales) 등이 해당된다.

4P MIX의 사례를 들어보면 다음과 같다.

- Brand name: 마젤란
- Concept: 젊은이들의 꿈과 이상이 담긴 위스키
- Key word: 자유, 열정, 도전, 모험, 사랑
- Slogan: 가슴은 뜨겁게, 영혼은 자유롭게

마케팅 수명주기별 전략 활용

1. 제품수명주기 개념　　　　사람이나 동물과 마찬가지로, 제품도 여러 형태의 생로병사의 과정을 겪게 된다. 즉 하나의 새로운 제품이 시장에 일단 출시가

되면, 그 제품은 어떠한 형태로라도 제품수명주기의 과정을 거치게 된다. 제품수명주기란 여러 기간에 걸쳐서 생기는 '소비자들의 제품에 대한 수요변화과정'으로서도 설명될 수 있다.

제품수명주기의 길이(LENGTH) 및 형태(SHAPE)는 각 제품마다 혹은 기업의 규모에 따라 각각 다르게 변화한다. 예를 들어 라면, 스낵과 같은 일반적인 소비재 제품과 어린이용 제품으로서 뽀로로 신발, 뽀로로 필기구와 같은 일시적인 유행제품은 그 길이 및 형태가 제품마다 서로 다를 것이다. 또한 같은 제품일지라도 막강한 투자재원과 마케팅 노하우를 갖고 있는 대기업은 대대적인 프로모션활동을 통하여, 중소기업보다는 훨씬 먼저 제품의 도입기 및 성장기를 초래하여, 보다 빨리 그 제품의 손익분기점에 도달할 수도 있다. 제품수명주기를 이용한 이론적인 마케팅적 접근은 1965년 Theodore Levitt에 의하여 본격화된다. 그러나 소비자 관점에서 볼 때, 제품수명주기 이론의 보다 근본적인 발달은 1962년 Everett M. Rogers의 혁신성의 보급(diffusion of innovations) 이론에 그 기초를 두고 있다.

2. Everet M. Rogers의 신제품 보급이론

소비자에 따라서는 신제품이나 새로운 아이디어가 도입된 직후 재빨리 채택하는 사람도 있는가 하면 시간을 끄는 사람도 있고, 이들을 전혀 채택, 수용하지 않는 소비자도 있다. Rogers는 정규분포곡선을 이용하여 신제품 수용에 대한 소비자형태를 5가지 계층으로 분류·설명하고 있다.

혁신층   전체시장의 약 2.5%를 차지하는 모험심이 강한 소비자들로서 누구보다 앞서 새로운 것을 받아들이는 층이다. 후기 다수 층에 비하여 혁신자 층은 대체로 젊고 높은 사회적 신분을 갖고 수입면에서도 좋은 위치에 놓여 있으며, 그들은 보통 광범한 사교 관계를 누리고 있다. 인적판매나 구전광고 등의 정보원이 아닌 비 인적 정보원에 의존하는 경향이 많으며, 이들에게는 Publicity가 가장 중요하고, Mass Advertising이 약간 사용되며, Sales Promotion Tool은 사용되지 않는다.

조기수용층   전체시장의 13.5%를 차지하는 소비자들로서, 혁신층이 세계적 생활관을 특징으로 하고 있는 반면에 이들은 지방민인 경우가 대부분이며, 이들 중에는 오피니언 리더가 가장 많다. 이들 조기수용층은 그들 지역사회에서 존경받는 집단이며, 신제품의 수용을 촉진시키기 위해서는 변화유발자로서 이들을 잡아야 한다. 왜냐하면 이들이야말로 동료집단보다 너무 지나치게 앞서지도 않은 가장 가까운 준거집단이 되기 때문이다. 인적판매는 이들 조기수용층에게 가장 널리 애용된다. Publicity와 광고는 오피니언 리더를 위한 정보원으로서 중요하다. 판매촉진도구로서는 디스플레이, 팸플릿, 브로슈어 등이 매우 이용가치가 있다.

　　　조기다수층　　　전체시장의 약 34%를 차지하는 소비자들로서 수용에 있어 신중성을 기하며 일반대중이 받아들이기 전에 수용하는 층을 말한다. 이들은 매스미디어를 통한 광고에 의존하는 정도가 상당히 높으며, 구전광고도 중요하다.

　　　후기다수층　　　전체시장의 약 34%를 차지하는 비교적 회의적인 집단으로서 경제적 필요성이나 그들 동료들 사이에서 느끼는 사회적 압력에 의해서만 새로운 것을 수용하는 계층이다. 이들은 조기수용층이나 조기다수층으로부터 정보를 추구하며 광고나 인적판매, 홍보 등으로는 별로 효과를 기대하기 어렵다. 판매촉진도구로서는 샘플링, 쿠폰, 가격인하 등이 유용하다.

　　　추종적 수용층　　　전체시장의 약 16%를 차지하는 전통 지향적인 소비자 집단으로서 신제품을 마지막으로 수용하며, 이들은 혁신층이나 신제품에 대하여 의혹을 갖는다. 이 추종적 수용층이 새로운 것을 수용할 때에 혁신층에서는 또 다른 새로운 것을 추구하기 때문에 유행에서 사라지고 마는 경우가 많으며, 이 층에 속하는 소비자는 노인층과 사회·경제적 지위가 낮은 사람들이다. 추종적 수용층은 어떠한 판매촉진 도구도 받아들이려 하지 않으며, 많은 판매자들도 전혀 이 집단에 대하여 촉진활동을 하려고 하지 않는다. Rogers의 보급이론과 일반적인 제품수명주기(S형) 단계를 서로 연관시켜 본다면 혁신층은 도입기, 조기수용층은 성장기, 조기다수층과 후기다수층은 성숙기, 추종적 수용층은 쇠퇴기 제품판매를 위한 타깃 소비지로 생각된다.

3. 제품수명주기의 형태

전형적인 제품수명주기의 형태는 S자형으

로서, 제품의 판매 및 손익을 종축으로 하고 기간의 경과를 횡축으로 한 도표로서 많이 알려져 있다. 모든 제품수명주기의 형태가 S자형인 것은 아니다. COX는 754개 의약품의 과거 매출액을 분석한 결과 6가지의 수명주기 패턴을 발견하였다.

가장 보편적인 것은 주기-재주기(Cycle-Recycle) 패턴으로서, 1주기가 나타나는 원인은 쇠퇴기에 촉진활동을 강화하였기 때문이다. 또 다른 패턴은 연속형으로서 새로운 제품특성이나 용품 사용자 등을 발견함으로써 수명주기가 연속적으로 이어지는 것이다. 예로서 나일론 제품의 경우 낙하산, 양말, 셔츠, 카펫 등 새로운 용도를 계속 찾아냄으로써 연속적인 수명주기를 보여주고 있다. 제품수명주기의 분류방법으로서 제품군(예를 들어 세탁기), 제품 형태(예를 들어 수동 혹은 자동 세탁기), 상표(예를 들어 통돌이세탁기, 트롬세탁기)에 따라 분류하기도 한다. 이는 각기 다른 수명주기를 갖는다.

제품군은 가장 긴 수명주가를 갖는다. 여러 제품군의 판매량이 성숙기에서 오랜 기간 동안 증가하는 경우가 많은데, 이는 계속적 신제품 개발, 유형, 인구증가 등이 그 요인이다. 반면에 제품형태는 전형적인 제품 수명주기(S형)를 갖는 것이 보통이다. 특정상표의 수명주기는 계속적으로 변화하는 경쟁시장에서 공격과 대응 전략에 의해 불규칙한 양상을 보이고 있다. 즉 어떠한 상표는 불과 1~2년 동안에 수명주기의 전 과정을 거치는가 하면(예를 들어 한국 시장에서의 7-UP), 어떠한 상표는 십 수 년 동안 계속해서 성숙기 단계(예를 들어 새우깡, 칠성사이다)를 지속하는 경우도 있다. 제품수명주기의 또 다른 분류방법은 스타일, 유행, 일시적 유행에 따라 분류하기도 한다.

스타일은 인간의 노력이 있는 분야이면 어디에서나 나타나는 기본적이고 독특한 표현양식이다. 예를 들면 가구(1인 가구, 3-4인 가구 등)에도 스타일이 있고, 의복(정장, 캐주얼 작업복)에도 있으며, 예술(현실주의, 추상주의 등)에도 있다. 유행은 특정분야에서 현재 널리 수용되거나 인기 있는 스타일이다. 예를 들면 오늘날 유행되는 의복으로 청바지가 있다. 유행은 보통 독특성 단계, 모방 단계, 대중유행 단계, 쇠퇴 단계의 4단계를 거친다. 유행의 수용에 관한 3가지 이론을 보면 다음과 같다.

하향적 유행설　　유행주기가 사회경제적 계층을 통해서 서서히 하부구조로 퍼져 간다는 이론이다. 예를 들어, 여성용 의상디자이너가 새로운 스타일을 선보일 때 처음에는 집단의 선도자를 사용자(Trier)로 택하여 도입하는 것이 보통이다. 이들이 어느 스타일을 수용하게 되면 재빨리 유행품 취급 상점에 나타나게 된다. 중산층과 하류계층에서도 선도층과 경쟁을 하기에 이르면 마침내 대중시장 상품이 되고, 인기가 쇠퇴해감에 따라 이 스타일은 저가 상품취급점에 나타나게 되며 머지않아 유행은 사라지게 된다.

수평적 유행설　　유행주기가 수평적으로 또는 동일사회계층 내에서 퍼져 간다는 이론이다. 여성용 의상을 예로 들어보면, 가을철에 접어들면 며칠 내에 또는 아무리 길어도 몇 주내에 똑같은 스타일의 의상이 상류층에 소구하는 소규모 의상 전문점, 중산층에 소구하는 대규모 백화점, 하층집단에 소구하는 저가 여성용 기성복점에 각각 선을 보이게 된다. 이와 같은 유행주기나 흐름은 거의 동시적으로 수평적인 움직임으로 각 사회계층 내에서 나타난다.

상향적 유행설　　낮은 사회경제계층에서 선도되다가 나중에 고소득층에 파급된다는 이론이다. 예로서 청바지, 청자켓, 티셔츠 글자쓰기 등을 들 수 있다. 이들의 공통점은 모두가 하층사회에서 선도되었다가 나중에는 상류사회에서도 큰 유행을 가져온다는 점이다. 글씨가 쓰인 티셔츠의 경우, 노동자의 급진파들이 독차지하여 즐겨 입던 것이 가격과 품위가 높아짐에 따라 상류층도 오히려 사치품으로 즐겨 입게 되었다. 일시적 유행은 대중의 눈에 쉽게 드러나고 열정적으로 수용되며, 조속하게 정점에 이르렀다가 매우 빨리 쇠퇴하는 유행을 말한다. 수용주기가 짧으며 수용자 또한 제한적 범위에 머무른다. 일시적 유행은 흥분거리를 찾는 사람 또는 다른 사람과 구별되는 개성을 원하는 사람, 흥분된 이야깃거리를 갖고자 하는 사람 등에게 호소력이 있다. 일시적 유행이 금방 사라지게 되는 이유는 보통 소비자들의 본질적 욕구를 충족시켜 주는 것이 아니기 때문이다.

[그림 10.4] 상품 수명주기의 유형

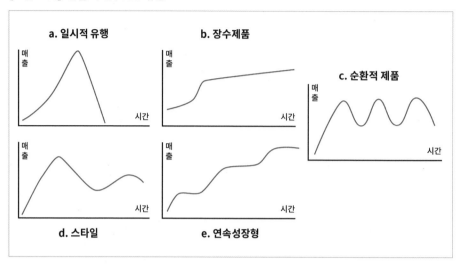

4. 제품수명주기의 각 단계별 특징 및 마케팅 전략 　　　가장 일반적인 제품수명주기 형태인 4단계에 입각하여 각 단계별 특징을 살펴보면 다음과 같다.

도입기 　　　신제품이 시장에서 구매되기 시작하면 도입기에 접어들게 되는데, 마케팅 관리자는 가격, 촉진, 경로 및 제품 품질과 같은 각 마케팅 변수에 대해 높은 수준 또는 낮은 수준의 정도를 정할 수 있다. 여기에서는 단지 가격과 촉진만을 고려하는데, 경영자는 [그림 10.5]와 같이 네 가지 전략 중 한 전략을 수행할 수 있다.

[그림 10.5] 도입기 마케팅전략

		촉　진	
		고	저
가격	고	급속 고가격 전략	저속 고가격 전략
	저	급속 침투(저가격) 전략	저속 침투(저가격) 전략

◦ **급속촉진-고가전략**: 고가격과 높은 수준의 촉진으로 신제품을 출시하는 것
이다. 기업은 단위당 총이익을 가능한 많게 하여 투자비용을 만회하는 방
법으로 고가격을 매긴다. 기업은 고가격 수준에서까지 제품의 장점을 시장
에 확산시키기 위해 촉진에 엄청나게 투자한다. 그러나 고촉진은 시장침투
율을 높이는 역할을 하게 된다. 이와 같은 전략은 1) 잠재시장의 상당부분
이 그 제품을 알지 못하고, 2) 그 제품을 알게 되는 잠재시장이 그 제품을
소유하고자 하며, 또한 정한 가격을 지급할 수 있고, 3) 그 기업이 잠재 경
쟁자와 접하게 되고, 또한 상표 선호도를 구축하고자 한다는 가정 하에서
의미가 있다.

◦ **저속촉진-고가전략**: 고가격과 저수준 촉진으로 신제품을 출시하는 전략이
다. 고가격의 목적은 가능한 단위당 총이익을 높게 하기 위한 것이며, 저
수준 촉진은 마케팅 비용을 낮게 하고자 하는 것이다. 이러한 결합은 그
시장으로부터 상당한 이익을 얻고자 하는 것이다. 본 전략은 1) 시장의 규
모가 한정적인 때, 2) 대부분의 시장이 본 제품을 알고 있을 때, 3) 구매자
들이 고가격으로도 지급하고자 할 때, 4) 잠재적 경쟁이 절박하지 않을 때
의미가 있다.

◦ **급속촉진-침투전략**: 가격은 낮게 하고 촉진에 엄청나게 투자하여 신제품을
출시하는 것으로서 본 전략은 가장 빠른 시장침투와 가장 큰 시장점유율을
불러일으키게 한다. 이러한 전략은 1) 시장규모가 크고, 2) 시장이 그 제품
을 알지 못하고, 3) 대개의 구매자들이 가격에 민감하고, 4) 잠재적 경쟁이
강하고, 5) 당기업의 단위당 제조원가가 규모생산과 축적된 제조경험으로
하락할 수 있을 때에 의미가 있다.

◦ **저속촉진-침투전략**: 저가격과 저수준 촉진으로 신제품을 출시하는 것이다.
저가격은 급속한 제품수용을 고무하며, 기업은 순이익을 실현하기 위하여
촉진비용을 낮게 한다. 당 기업은 시장수요는 가격탄력성이 높지만, 촉진
탄력성은 최소라고 생각한다. 본 전략은 1) 시장규모가 크고, 2) 시장이 그
제품을 잘 알고 있으며, 3) 시장이 가격에 민감하고, 4) 잠재적 경쟁이 예
상되는 경우 의미가 있다.

　　성장기　　　　만약 신제품이 시장의 욕구를 충족하면 매출량은 급격히 신장될 것이다. 조기수용자는 그들의 구매를 계속할 것이며 타제품을 구매했던 소비자들도 그 제품에 대한 좋은 평을 듣게 되면 따를 것이기 때문이다. 이렇게 되면 대량생산과 이익확대의 기회가 생기므로 새로운 경쟁업자가 시장에 나타나게 될 것이다. 그리하여 새로운 제품특징이 도입되고, 이는 시장을 확대시킬 것이며, 나아가 유통기관의 증대를 가져온다. 가격은 보통수요의 증감에 따라 약간 하락할 수도 있다. 매출액의 증가는 단위당 촉진비용을 하락시켜주며 이는 대량생산에 따른 제조원가의 절감과 함께 이익을 최대로 가져다준다. 따라서 기업은 이 단계에서 가능한 오랫동안 급속한 시장성장이 지속되도록 하여야만 하는데 예를 위해서는 다음과 같은 전략 전개방향이 있을 수 있다.

- 제품품질을 향상시키고 신제품 특징과 모양을 추가한다.
- 진출할 새로운 세분 시장을 모색한다.
- 판매개척을 위하여 새로운 유통경로를 모색한다.
- 광고 카피의 어필하는 점을 제품인지로부터 제품확신 및 구매를 하도록 하는 시용으로 변경한다.
- 가격반응성이 높은 구매자층을 유도하기 위한 가격인하시점을 결정한다.

　　성숙기　　　　급격한 매출성장을 하던 제품도 어느 시점에 가서는 경쟁제품이나 혁신제품으로 인하여 그 매출 성장률이 둔화하게 되는데 이때가 성숙기이다. 이 단계는 도입기나 성장기에 비해 훨씬 긴 것이 보통이며, 따라서 대부분의 제품들이 성숙기에 위치하고 있는 경우가 많다. 매출 성장률의 둔화는 그 제품 산업 전체로 볼 때 생산능력의 과잉에서 비롯되는 것이며 자연히 극심한 경쟁을 초래한다. 그리하여 경쟁력이 약한 기업은 시장에서 도태되며 강한 경쟁력을 지닌 기업만이 존속하게 된다. 성숙기 제품의 제품관리자는 단순히 현재의 위치를 고수하는데 만족해서는 안되며, 적극적 시장개척을 위한 노력을 하여야 하는데 이를 위하여 다음의 3가지 시장개척전략이 고려된다.

- **시장변경**: 새로운 잠재 구매자의 발견, 기존고객의 소비사용 촉진 및 급성장하고 있는 타 시장 부분에 소구하려는 노력 등을 통하여 매출액을 증진시킬 수 있다.

- **제품변경**: 새로운 고객유치와 기존 고객의 소비사용을 증가시키기 위하여 품질, 특징, 스타일 등 제품의 특성을 변경시키는 것이다.
- **마케팅 믹스 수정**: 가격인하, 효율적인 광고캠페인 서비스 증진, 할인점 운영 등을 통한 대량판매를 통하여 판매를 증진시키는 것이다.

쇠퇴기　　대부분의 제품형태와 상표는 점차로 매출액이 감소되어 궁극적으로 시장에서 탈퇴하기 마련이다. 쇠퇴기에 있는 제품은 대개의 경우 적절한 시기에 폐기시키는 것이 바람직한데 그 이유는 폐기시기의 지연으로 인하여 대체제품 개발을 연기시키는 결과를 초래하기 때문이다. 이는 현재의 수익성을 낮추어 나아가 미래의 기반을 약화시키는 것이다. 폐기결정시 기업은 폐기제품을 타기업에 판매, 전가시킬 것인지, 기판매된 제품의 판매 후 서비스를 위한 부품은 어느 정도 필요한지를 결정하여야 한다. 쇠퇴기에 있어서 마케팅 전략은 유지, 수확, 종료의 3가지가 있다.

- 유지 방안은 경쟁사들이 그 산업에서 철수할 것인가는 기대 하에 자사제품을 그대로 존속시키는 것이다.
- 수확방안은 판매량이 한동안 유지되는 경우 제반비용(공장과 수선유지, 연구개발, 광고, 판매원 등)을 축소시키면서 잔족수익의 확보를 극대화하고자 하는 것이다.
- 종료방안은 자사의 제품계열에서 그 제품을 완전히 배제시키는 것이다. 앞선 내용들을 표로 정리해보면 다음과 같다.

[표 10.5] PLC 단계별 시장특성과 마케팅 전략

	도입기	성장기	성숙기	쇠퇴기
매출액	낮은 수준 서서히 증가	급격히 증가	최대 매출액 성장률은 정체	감소
이익	광고 및 유통비 투자로 적자	판매급증, 단위당 원가 감소로 이익 급상승	일정한 이익유지, 시장 정체와 경쟁격화로 다소 감소	이익 감소, 희소성 바탕으로 단위당 이익은 증가

		높은 시장성장추세를 보고 경쟁자 대거 진입	경쟁력이 약한 경쟁자 도태, 과점상태 유지	경쟁사들이 시장의 매력도 저하로 시장에서 철수
경쟁구조	경쟁자 적음	높은 시장성장추세를 보고 경쟁자 대거 진입	경쟁력이 약한 경쟁자 도태, 과점상태 유지	경쟁사들이 시장의 매력도 저하로 시장에서 철수
생산원가	높음	점차 하락	낮아짐	낮음
소 비 자 특 성	취향이 다양하지 못함	경쟁제품 대거 진입, 소비자의 경험과 취향이 다양	많은 구매 경험, 고객층의 확산, 다양한 소비자 취향	유행에 뒤처진 보수적인 계층
촉 진 비	높음	총액증가, 매출대비 감소	낮음	낮음
마 케 팅 목 표	경쟁보다 제품시장 규모를 키우는데 주력	경쟁을 의식, 제품의 선호도 제고에 주력	기존고객 유지관리, 시장점유율 방어와 경쟁사 고객의 유인	투자 줄이고, 수확을 거두는 데 주력
마 케 팅 전 술	제품혁신적 신제품은 고가격 정책	품목 및 생산 확대, 유통망 확장, 가격인하 검토	시장세분화, 제품개선, 모델의 다양화 통해 고객의 욕구 충족	기존제품의 수요를 지속할 수 있도록 하거나 신제품 출시

5. 제품수명주기 이론의 한계점　　　　제품수명주기 이론은 제품담당자가 현재의 제품 및 시장이 어떻게 움직이고 있는가를 판단·설명하는 유용한 도구로서 이용되어질 수 있다. 그러나 마케팅 전략개발을 위하여, 혹은 제품의 향후추세를 예측하기 위한 도구로서 사용되어질 경우에는 몇 가지 실제적인 문제점을 고려하여야 한다.

첫째로 제품수명주기의 각 단계, 전체수명주기의 기간, 범위 및 수명주기의 형태는 제품에 따라 다양하게 나타날 수 있다. 둘째로 사회, 경제적 요인, 법률적 요인, 소비자 라이프스타일의 변화 등 기업외적인 요인이 제품수명주기상에 커다란 변수로 작용하여 수명주기 그 자체를 짧게 혹은 길게도 만들 수 있다. 셋째로 기업의 내적요인인 효과적인 마케팅 수행능력은 제품수명주기 그 자체를 기업의 의지대로 관리·연장 및 통제해 나갈 수 있는 중요한 변수로도 작용한다. 즉 시장세분화 및 제품의 새로운 용도개발 또는 집약적인 지원방법 등을 통하여 제품수명주기를 통제·관리할 수도 있다는 점이다. 실제적으로 각 수명주기 단계에서의 판매수준이나 각 단계의 길이 또는 형태를 파악하기란 쉽지 않다. 또한 제품수명주기 이론을 통하여 수명주기의 각 단계별 마케팅전략을 개발하는 것은 상당히 세심한 노력이 요구된다. 왜냐하면 전략 그 자체는 수명주기상 전단계의 결과이며, 다음 단계의 원인이 되기 때문이다. 즉 현재의 수명주기 위치는 제품의 최적 마케팅전략을 제시해 주는 동시에, 그 결과 수립된 전략에 의하여 차기의 수명주기 단계에 영향을 미치게 된다. 따라서 한 제품의 판매가 쇠퇴하기 시작한다 할지라도 기업의 제품 담당자는 섣불리 그 제품의 수명주기가 쇠퇴기라고 속단하여 모든 마케팅 노력을 포기하여서는 안 될 것이다. 제품담당자는 마케팅 믹스의 수전 제품의 재포지셔닝 등 판매를 증진시키기 위한 모든 가능한 방법을 재검토해 봄이 바람직하다.

주어진 현 상황의 제품수명주기 단계에서 마케팅 담당자가 취해야 할 최적의 마케팅 전략은 위에서 설명된 단일한 방법만 존재하는 것은 물론 아니다. 각 기업은 제품수명주기의 각 단계에서 외부적 시장상황 및 기업체질·능력에 맞는 독특한 마케팅전략을 개발 활용해 나감으로써 효과적인 제품포트폴리오 구성 및 나아가서는 기업의 마케팅 목표를 달성할 수 있을 것이다.

마케팅 수행에 따른 위기관리

1. 불확실성을 돌파할 마케팅 리스크 관리   마케팅 계획을 실행하는 동안 예기치 않은 일이 많이 발생하므로 마케팅부서는 계속해서 마케팅 활동을 조사하고 통제해야 한다. 조사와 통제가 필요함에도 불구하고, 상당수 많은 기업들은 부적절한 통제 절차를 밟고 있으며 이종 산업에 속한 상이한 기업에 대한 연구결과, 다음과 같은 연구 결과가 나왔다.

  ◦ 소규모 기업들은 분명한 목표를 설정하는 것과 성과를 측정하는 시스템을 수립하는 데도 어설프게 직무를 수행한다.

◦ 기업 중 거의 과반수 미만만이 개별제품의 수익성을 파악하고 있다.

◦ 조사기업 중 거의 과반수는 가격에 대해 경쟁사와 비교하지 못하고, 또한 창고 및 유통경로 비용을 분석하지 못하고 있다.

◦ 경영자는 마케팅 계획과 성과를 검토하기 위하여 다음과 같은 다섯 가지 수단을 사용한다.

판매 분석　　　판매 분석은 판매목표와 비교하여 실제 판매량을 측정하고 평가하는 것인데, 여기에 두 가지 방법을 사용한다.

◦ 첫째, 판매차이분석은 상이한 요인들이 판매성과의 차이에 미치는 상대적 영향력을 측정하는 것이다.

◦ 둘째, 미시적 판매 분석으로도 해답을 구할 수 있다. 미시적 판매 분석은 기대한 판매량을 달성하지 못한 특정제품과 지역 등을 분석, 검토하는 것이다.

시장점유율 분석　　　기업의 판매량은 경쟁사에 비교하여 얼마나 잘 수행하였는가를 나타내지 못하다. 이를 알아보기 위해 경영자는 자기 기업의 시장 점유율을 추적해 보아야만 한다. 시장점유율은 세 가지 방법으로 측정될 수 있다.

◦ 첫째, 전체적인 시장점유율이란 총 시장 판매량의 백분율로서 나타나는 당해 기업의 판매량이다.

◦ 둘째, 제공되는 시장점유율은 제공되는 시장에서의 총 판매량에 대한 백분율로서 나타나는 당해 기업의 판매량이다.

◦ 셋째, 상대적 시장점유율은 가장 큰 점유율을 확보한 경쟁사에 비교하여 계산된 시장 점유율로 나타낼 수 있다.

마케팅비용 대비 판매액 분석　　　기업이 판매목표를 달성하기 위해 지나치게 자금을 지출하고 있지 않은가를 확인하는 것이다.

재무 분석　　　판매액 대비 비용비율은 기업이 어떻게, 어디에서 자금을 획득하느냐를 결정하는 전반적인 재무구조에서 분석되어야 한다. 마케팅 관리자들도 차츰 판매고취 전략만을 위해서가 아니라, 이익이 있는 전략을 개발하기 위해서 재무 분석을 한다.

시장에 기초한 점수분석　　　대부분의 기업이 사용하는 측정시스템은 여러 가지 정성적인 측정방법을 무시하고 재무적 성과를 나타내는 점수를 마련하는 것이다. 즉 기업의 성과를 반영하고, 또한 초기에 경고사항을 제공하는 것으로써 시장에 기초한 2개의 점수를 준비해야 한다. 첫째, 고객－성과 점수란 기업이 아래 사항에 제시된 고객에 기초한 측정 방법에 따라 매년 어떻게 잘 운영되고 있는가를 기록한 것이다.

- 새로운 고객
- 표적시장 선호도
- 불만족한 고객
- 상대적인 제품 품질
- 상실고객
- 상대적인 서비스
- 표적시장의 인식수준

둘째, 이해관계자－성과 점수로서, 기업들은 당 기업의 성과에 대하여 영향을 미치며, 또한 기업의 성과에 영향을 미치는 기관단체, 공급업체, 은행, 유통업자, 소매상 및 주주 등의 만족을 추적조사 해야 하며 마케팅 통제 유형으로서는 다음과 같다.

[표 10.6] 마케팅 통제 유형

통제 유형	주요 책임자	통제의 목적	구체적 수단
연간계획 통제	최고 경영층 중간 경영층	계획과 결과의 달성여부 검토	• 판매 분석 • 시장점유율 분석 • 마케팅비용 대 매출액 분석 • 재무 분석 • 시장에 기초한 점수 분석
수익성 통제	마케팅 통제자	수익상황의 검토	• 수익성 • 제품 • 지역 • 고객 • 세분 시장 • 유통경로 • 주문 규모

효율성 통제	직계 및 스텝관리자 마케팅 통제자	지출 효율성, 마케팅비용의 영향을 평가 개선	• 판매원 • 광고 • 판매촉진 • 유통경로
전략적 통제	최고 경영층 마케팅 감사자	시장, 제품 및 경로와 관련하여 마케팅 기회의 활용 여부의 검토	• 마케팅 효과성 • 마케팅 감사 • 마케팅 탁월성 • 사회적 책임

　　인스타그램, 페이스북, 트위터 등의 SNS는 전 세계의 수많은 사람들이 사용하고 있다. SNS가 우리에게 친근한 만큼, 우리는 SNS를 통해 접하는 정보가 아주 많다. SNS를 이용하는 시간이 많기에, SNS를 이용한 마케팅의 인기도 날이 갈수록 높아지고 있다. SNS는 우리와 친근하기 때문에 SNS를 통한 광고를 쉽게 접하게 되고, 계속 접하다 보면 익숙해져서 구매로 이어지기도 한다. 또한 우리는 SNS 스타들에게도 영향을 많이 받는다. 여러 기업은 SNS 속 인플루언서들에게 광고를 요청하고, 우리는 그 광고를 직간접적으로 접하며 영향을 받는다. 이러한 인플루언서들을 통한 광고의 인기는 날이 갈수록 늘어나고 있는 추세이다. 이러한 SNS 마케팅을 잘 활용하여 SNS마케팅을 성공적으로 진행했던 기업들이 있다. 대표적인 예가 '스타벅스'이다. 스타벅스는 크리스마스가 다가올 때마다 매년 다른 '레드컵'디자인을 출시하는 것으로 유명하다. 과거 디자인과는 다르게 아무런 무늬도 없이 빨간색만 입혀진 레드컵을 출시하였다. 이에 일부 사람들은 단순하고 성의 없는 디자인을 탓하고, 기독교를 무시하는 의미가 담겨 있다며 불매운동까지 진행하는 사태에 이르렀다. 하지만 이때 스타벅스는 SNS를 활용하여 위기를 기회로 바꿨다. 일부 다른 사람들은 스타벅스의 레드컵을 직접 펜으로 꾸며 디자인을 입히고 SNS에 올렸는데, 이에 착안해 SNS해시태그 이벤트를 진행한 것이다. 사람들이 꾸민 레드컵 사진을 #redcup이란 해시태그와 함께 올리도록 하는 캠페인을 진행했고, 실제로 이 중 13개의 디자인을 선택해 판매하기도 했다. 스타벅스는 어쩌면 불매로 인해 큰 손실을 입을 수 있었던 위기를 SNS 해시태그를 사용한 마케팅으로 고객의 참여를 이끌어내고, 소통하며 관심을 얻어내는 데에 성공했다.

　　하지만 모든 SNS마케팅들이 성공하는 것은 아니다. 세계적인 식료품 제조업체 네슬레는 페이스북을 통해 무려 75만 명이 넘는 팬들을 만들고 소통하다가, SNS마케팅의 실패로 인해 이미지 실추와 브랜드 가치 하락이라는 결과를 얻었다. 네슬레의 대표 식품은 초콜릿 킷캣인데, 킷캣에 들어가는 팜유를 얻기 위해 산림을 무분별하게 파괴하고, 이 산림파괴는 오랑우탄의 서식지를 없애 개체 수가 떨어지는 결과를 초래했다. 세계적인 환경단체 그린피스는 이에 항의했지만, 네슬레 측은 묵묵부답으로 계속 사업을 진행했다. 이에 분노한 그린피스는 '오랑우탄에게 휴식을 주라'라는 동영상을 제작해 유포했다. 하지만 이에 네슬레 측은 반성과 개선은커녕, 저작권 보호를 이유로 영상 삭제에 급급했고, 올라오는 항의 글도 전부 삭제해버렸다. 이러한 네슬레의 행동은 소비자의 불만을 증폭시켰다. 네슬레에 대한 부정적인 인식이 급속도로 퍼졌고, 불매운동까지 일어날 기미가 보였다. 그제야 네슬레는 사과했지만, 이미 때는 늦었고 수많은 팬을 보유한 페이스북 페이지는 닫혔으며 예전의 이미지와 브랜드 가치를 회복하지 못하고 있다. 네슬레의 사회적 책임을 무시한 무분별한 SNS마케팅은 결국 참담한 결과를 맞이했다.

햄버거 프랜차이즈 '맥도날드'도 잘못된 SNS마케팅으로 인해 실패를 겪었다. 맥도날드는 맥도날드의 계정으로 작성한 글이 팔로워의 타임라인 상단에 뜨게 하는 트위터의 '프로모티드 트윗'이라는 기능으로 한 글을 작성했다. 맥도날드에서 제공되는 음식이 신선한 재료를 이용해 만들어졌다는 이야기를 전달하고자 했는데, 이때 #McDStories라는 해시태그를 이용했다. 하지만 이는 마케팅 실패의 요인이 되었다.

맥도날드가 선택한 해시태그인 #McDStories는 맥도날드의 '모든' 이야기로 해석되어 많은 팔로워에게 전파됐고, 맥도날드의 부정적인 이야기들이 올라왔다. 이 중에서는 맥도날드 제품에서 흰 머리카락을 발견했다, 맥도날드 웹사이트 디자인이 엉망이다, 아이스커피가 맛이 없다 등의 내용이 있었다. 이와 같이 배드바이럴이 걷잡을 수 없이 등록되며, '프로모티드 트윗'기능을 사용하고 있던 맥도날드는 본의 아니게 많은 팔로워들에게 배드바이럴을 직접 전파한 모양새가 됐다. 결국 맥도날드는 작성한 게시글을 두 시간 만에 내렸다. 하지만 이미 유저들이 배드바이럴을 접하고도 남았을 시간이었다. 이미지 상승을 위해 작성한 해시태그 글이었지만, 배드바이럴만 전파된 실패한 SNS마케팅이었다.

이처럼 SNS마케팅은 전파되는 속도가 빠르다는 특징이 있다. 이는 장점이 될 수도 있지만, 단점이 될 수도 있는 양날의 검이다. 모바일 시장의 확대로 인해 정보 공유가 빠르게 SNS 공간에서 이루어지고 있는데, 기업에 대한 좋은 정보가 확산되어 웃는 기업이 있는 반면에, 기업의 이미지에 치명적인 정보가 확산되어 우는 기업도 함께 공존하고 있다. 마케터의 목표는 고객을 브랜드의 팬으로 변화시켜 매출을 일으키는 것이다. 수많은 업체들이 콘텐츠 마케팅을 이용해 자사 사이트로 고객을 유입하고, 관심을 일으키고, 소통을 강화하고, 뉴스레터 가입이나 다운로드 등의 행동을 일으킴으로써 궁극적으로 구매 결정을 유도한다.

사실상 이 모든 과정에 마케터의 개입은 거의 없다. 모두 소비자 스스로 직접 내린 결정대로 진행된다. 다른 말로 하면 행동심리학을 이해하면 고객으로부터 마케터가 원하는 행동(구매 버튼 클릭)을 이끌어낼 수 있다.

마케팅의 일곱 가지 심리학 원칙

1. 상호성(reciprocity)　　상호성은 누군가에게 신세를 지거나 도움을 받았을 때 이런 호의를 되돌려주고 싶은 심리를 뜻한다. 고객들에게 무료로 선물을 증정하는 것으로 브랜드 충성도와 호감도를 높일 수 있다. 고객에게 유용하면서도 통찰력 있는 정보를 무료로 제공하는 콘텐츠 마케팅은 상호성 이론을 적용시키기에 안성맞춤인 마케팅 수단이다. 고객을 위한 콘텐츠는 보도 자료, 블로그 포스팅, e북, 웨비나(webinar: 온라인 강의 또는 세미나), 팟캐스트 콘텐츠 등이다. 소비자는 자신에게 가치를 주는 기업을 신뢰한다. 기업이 소비자에게 가치 있는 선물을 주었을 때 소비자는 그 기업에 호감을 갖고 고객이 되는 것이다.

2. 정보 격차 이론(information gap theory)　　심리학에서 정보 격차 이론은 우리가 이미 알고 있는 정보와 알고 싶어 하는 정보의 차이에서 비롯된 호기심을 뜻한다. 1990년대 초, 조지 로웬스타인(George Loewenstein)이 처음 발표했다. 이 이론에 의하면 인간은 정보 격차를 느낄 때 이를 해소하기 위한 행동을 한다. 소비자의 호기심을 발동하는 콘텐츠를 이용해 고객이 더 많은 정보를 알고

싶도록 할 수 있다. 고객이 궁금증이 있을 때, 고객이 원하는 정답을 알려주면 앞서 언급한 상호성의 효과를 톡톡히 볼 수 있다. 소비자들을 사로잡기 위한 가장 쉬운 방법은 눈에 띄는 제목과 헤드라인을 사용하는 것이다. 하지만 애초에 없던 관심을 만들기는 어렵다. 고객이 이미 흥미가 있을 만한 주제를 정해서 시선을 끄는 것이 좋다. 소비자가 궁금해 할 만한 정보를 미끼로 던지고 원하는 답변을 제공한다. 단 호기심을 유발해 놓고 제대로 된 답을 주지 못하거나 엉뚱한 얘기만 늘어놓는 것은 오히려 역효과가 날 수 있다.

3. 사회적 증거(social proof)　　콘텐츠 마케팅과 사회적 증거는 뗄 수 없는 관계이다. 사회적 증거는 사람들이 제품을 구매할 때 이미 널리 알려져 유명하거나 인기 있는 제품을 사고 싶어 하는 심리를 뜻한다. 스스로 결정을 내리기가 쉽지 않거나 지식이 부족하다고 판단될 때, 다수의 선택을 신뢰하게 되는 심리가 사회적 증거의 바탕이다. 특정 콘텐츠가 높은 조회수를 기록하고, 많은 후기와 댓글을 보유하고 있고, 소셜 미디어에 자주 공유된다면 이 콘텐츠는 '옳다'는 '사회적 증거'를 가진 셈이 된다. 더욱 많은 사람들이 이에 호의적으로 반응하게 된다. 이미 여러 번 공유되고 많은 댓글이 달린 블로그 포스팅에는 더욱 많은 사람들이 관심을 가질 확률이 높아진다는 의미이다. 소셜 미디어에 공유된 횟수와 누적된 '좋아요'의 개수를 반드시 알려주세요. 사람들의 댓글과 참여를 장려해 고객들의 호의와 신뢰를 이끌어내는 것이 중요하다.

4. 좋은 기회를 놓치고 싶지 않은 마음(fear of missing out)　　줄여서 FOMO라고 불리는 이 심리는 제품의 공급량을 줄여 소비자가 항상 부족함을 느끼게 하고 그로 하여금 부족한 제품에 높은 가치를 부여하게 되는 희소성 마케팅에서 자주 사용된다. '한정 수량,' '오늘만 이 가격,' '소량 입고' 등에 반응해 더욱 제품을 구매하고 싶어지는 마음이 바로 FOMO 심리이다. 평소 좋아하는 콘서트 티켓을 사려고 했지만 높은 가격에 망설이다 '매진 임박' 이라는 말에 바로 티켓을 사버린 적이 있다면, 이미 FOMO 현상을 겪은 것이다. 같은 제품, 같은 가격이지만 희소하게 느껴지면 바로 가치가 올라간다. 이북(e-book)이나 자료의 다운

로드를 무료로 제공할 때 기간을 한정하거나, 고객에게 새로운 콘텐츠 업데이트 소식을 알려 다른 사람보다 먼저 그 정보를 얻을 수 있게 하는 등의 희소성을 부여하면 고객의 주목을 받을 수 있다.

5. 손실 회피 심리(loss aversion)　　심리학에서 출발해 행동경제학 이론으로도 자리 잡은 손실 회피 심리는 사람들이 이득을 취하기보다는 손실을 회피하고 싶은 마음이 강한 것을 바탕으로 한다. 후자가 전자보다 2배가량 강하다는 주장도 나올 정도로 인간은 손실을 피하고 싶어 한다. 손실 회피 심리를 콘텐츠 마케팅에 적용하려면 고객들의 관심을 확 끌어당기는 것이 무엇인지를 파악해야 한다. 당신의 고객들이 가장 잃기 두려워하는 중요한 어떤 것(예를 들어 돈이나 시간), 그것이 무엇인지를 파악하고 손실을 예방할 수 있게 도와줄 수 있다면 강력한 콘텐츠를 만들 수 있다. 제품이나 서비스의 장점을 부각 시키고, 소비자들의 걱정과 근심을 파악해 이를 해소하는 방법을 제시해야 한다.

6. 선택의 패러독스(paradox of choice)　　선택의 패러독스는 선택지가 많을수록 하나를 선택했을 때 얻는 만족감이 줄어드는 현상을 뜻한다. 손쉽게 정보를 얻게 된 요즘, 스마트폰과 인터넷으로 특히나 많은 선택지를 가진 소비자들은 내가 결정하지 않은 것이 더 나은 선택이지 않았을까 조마조마하게 된다. 마케팅에 있어서 고객 각각의 성향을 존중해 여러 가지 옵션을 주는 것은 중요하다. 하지만 그 선택지가 너무 많아지면 오히려 부정적인 영향을 끼친다는 것을 알아야 한다. 콘텐츠 마케팅을 할 때는 고객에게 너무 많은 옵션을 줘서 그들을 떠나보내지 않도록 주의해야 한다. 내용은 분명하게 하고 독자를 너무 고민하게 만들거나 당황시키지 않는 것이 중요하다. 고객이 콘텐츠를 읽은 후에 행동(Call to action)을 취하도록 하고 싶을 때 소셜 미디어에 공유하거나 다른 링크를 클릭해 더 읽어보는 등의 두 가지 정도 선택권만 제시하는 것이 좋다. 너무 많은 옵션을 주면 그들은 혼란스러워하며 사이트를 떠나버릴 것이다.

7. 유인 효과(decoy effect)　　가격 옵션에서 종종 발견하는 심리기제

로 고객이 가장 비싼 옵션을 선택하게 하기 위해 불필요한 또 하나의 가격 옵션을 끼워 넣는 것이다. '이코노미스트'가 다음과 세 가지 가격 패키지를 제안한 경우가 그 예다.

- ◉ 59달러에 온라인 버전
- ◉ 159달러에 프린트 버전
- ◉ 159달러에는 온라인＋프린트 버전

MIT의 경제학자는 이것을 가지고 심리 실험을 한 결과, 세 가지 옵션을 주었을 때 학생들은 159달러의 콤보(온라인＋프린트) 옵션을 선택한다. 그것이 가장 베스트 DEAL이라고 생각하는 것이다. 하지만 두 번째 옵션 159달러에 프린트 버전을 없애고 두 가지만을 보여주었을 때는 가장 저렴한 온라인 버전 59달러를 선택하였다. 여기서 두 번째 옵션은 세 번째 옵션이 얼마나 가치 있는지를 판단하는 앵커(닷)의 역할을 하고 돈을 더 지불하고 그 옵션을 선택하게 한다. 랜딩 페이지에서 두개의 가격 옵션을 제시할 때, 구매율을 높이고 싶다면 세 번째 가격 옵션을 끼워 넣으면 바라는 가격 옵션을 고객이 선택하는 비율을 높일 수 있다.

위의 일곱 가지 원칙을 기억하고 콘텐츠 마케팅의 가장 중요한 요소, 고객의 마음과 행동에 중점을 두는 것에 집중하도록 한다. 콘텐츠 마케팅에 성공한 회사들은 중심에 "오디언스"를 놓고 그들의 문제를 먼저 파악하고 그 다음에 우리가 무엇을 해줄 수 있을지 생각한다.

제 11 장

신생 벤처의
재무제표

신생 벤처의 재무제표

재무정보의 중요성

재무정보는 창업가 경쟁, 제한된 자원, 정부의 규제 등 경쟁 환경 속에서 기업을 경영하는 데 필요하다. 주중에서 기업이 가용한 자원은 제한적이며 효과적인 경영과 생존을 위해서는 기업은 주어진 자원을 효율적으로 사용할 필요가 있다. 재무정보는 기업을 분석하는 데 매우 중요한 기업정보다. 은행, 투자자, 정부지원, 정부정책 지원에 있어 재무상태표, 손익계산서, 자본변동표, 현금흐름표 등 재무제표 분석 자료를 토대로 모든 의사결정을 한다. 그러나 이렇게 중요한 재무정보에 대해 많은 창업가들이 관심을 가지는 경우가 거의 없다. 나중에 꼭 필요시 준비가 안 돼 커다란 문제에 직면하게 되는 경우가 많다. 특히 재무상태표에 전혀 신경을 안 쓰다 투자나 차입금을 받으려고 하니 재무상태표의 문제로 좌절되는 경우가 빈번히 발생한다. 즉, 기업입장의 재무상태표는 감가상각, 연구개발비, 자본금 증액, 부채비율 등을 꼼꼼히 살펴 누락, 과다계상, 계정오류 등을 철저히 따져 동일한 상태에서 최상의 결과를 도출할 수 있는 재무정보를 관리를 해야만 기업이 필요할 때 제대로 평가 받을 수 있다. 재무정보는 기업의 전략이나 상황에 따라 매우 다르게 표현될 수 있다. 재무정보는 기업의 제조, 마케팅, 판매, 유통, 연구개발 등 사업의 다른 부분에서 제시되고 있는 모든 정보를 통합하고 있다. 재무정보에서는 경영과 관련된 모든 재정과 기록을 계량화한다. 경영자의 주된 임무는 회사가 보유하고 있는 한정된 인적 물적 자원을 활용하여 최대한 목표를 달성하는 데 있으므로 경영자는 회사가 처한 문제점을 파악하고 이를 해결하기 위해서 가장 효과적인 대책을 수립하기 위해서 재무제표를 활용한다. 또한 회사가 외부자금을 활용하는 데 있어서 금융기관의 주된 관심사는 회사가 빌린 원금과 이자를 정해진 기간 내에 상환할 수 있는가에 있다. 그리고 이는 기업의 재무정보를 통해서 가능하다. 회사가 작성한 재무제표를 통해서 금융기관은 회사의 사업내용과 원리금의 상환능력 등을 살펴봄으로써 이러한 문제점을 해결할 수 있다.

그리고 모든 회사는 일정 기간동안 벌어들인 소득에 대해 국가에 세금을 납부해야 한다. 국가는 세금을 제대로 납부하고 있는지 여부에 대해 재무제표를 분석함으로써 파악이 가능하다. 또한 회사가 재무정보를 공시함으로써 회사의 실정을 모르고 투자하는 사람들이 없게 된다. 즉 투자자들이 회사의 주식을 매입하는 것과 처분하는 것을 판단하기 위해서 재무정보를 이용하게 된다.

주요 재무제표의 이해

회사의 전반적인 내용을 알리기 위한 수단으로써 공시하는 것을 재무제표라 한다. 회계란 회사의 계산이라는 약자로서 회사의 전반적인 경영관리활동에 대해 수치로 요약 정리한 것을 재무보고서로 작성하여 회사 내부 또는 외부 이해관계자에게 알려주는 수단이다.

재무제표는 현재 및 잠재적 재무제표 이용자의 경제적 의사결정에 유용한 정보를 제공하여야 한다.

특히 투자자와 채권자 등의 의사결정은 사회 전체적인 자원배분에 영향을 미치므로 이들의 의사결정에 유용한 재무제표는 자원배분의 효율성 제고에 기여하게 된다.

재무제표는 투자자와 채권자 등이 배당이나 이자 또는 자금회수 등과 관련하여 기업실체로부터 받게 될 미래 현금의 크기·시기 및 불확실성을 평가하는 데 유용한 정보를 제공하여야 한다. 이러한 미래 현금은 기업실체의 미래 현금창출능력에 의존하므로 재무제표는 당해 기업실체에 귀속될 미래 현금흐름의 크기·시기 및 불확실성을 평가하는 데 유용한 정보를 제공하여야 한다. 경영자는 위탁받은 자원을 보전하고 그 효율적인 운용을 통하여 수익을 창출할 책임뿐만 아니라 이에 대한 결과를 정확히 측정하여 진실하고 투명하게 보고할 회계책임을 가지고 있다. 재무제표는 이와 같은 수탁책임의 이행성과와 회계책임을 나타낸다.

재무제표는 정보이용자의 경제적 의사결정에 유용한 정보를 제공함에 있어서 과거에 발생한 거래나 사건의 재무적 영향에 관한 정보를 제공하는 데 중점을 두고 있으며, 비재무적 정보를 제공하는데 중점을 두고 있는 것은 아니다.

경영자의 수탁책임 이행성과 즉, 기업실체의 경영성과는 경영자의 경영능력뿐만 아니라 거시 경제상황 등 경영자가 통제할 수 없는 요인에 의해서도 좌우되므로 재무제표에 기초하여 경영자의 수탁책임 이행성과를 평가하는 경우 이러한 제반환경을 고려하여야 한다. 또한 경영자에 의한 단기적 경영의사결정의 결과는 바로 나타나는 반면 장기적 경영의사결정의 결과는 상당한 기간이 경과한 후에 나타날 수도 있다. 따라서 일정 회계기간에 대한 재무제표는 경영진의 수탁책임에 대한 직접적인 정보를 충분히 제공하지 못할 수도 있다.

재무제표는 기업실체의 재무상태, 경영성과 및 재무상태의 변동에 관한 정보를 제공하여야 하며, 이러한 정보들은 당해 기업실체의 미래 현금창출능력을 평가하는 데 유용하다.

기업실체의 재무상태는 당해 실체가 지배하는 경제적 자원, 재무구조, 유동성과 재무건전성 및 환경변화에 적응할 수 있는 능력 등에 의해 결정된다. 기업실체가 지배하는 경제적 자원 및 이의 변화에 관한 정보는 미래 현금창출능력을 예측하는 데 유용하며 재무구조에 관한 정보는 기업실체의 장래 자금차입의 필요성, 이익이나 현금흐름의 이해관계자간 배분비율 및 추가자금조달능력을 예측하는 데 유용하다.

유동성과 재무건전성은 기업실체가 약정기일에 채무약정을 이행할 수 있는 능력이 있는지 여부를 예측하는 데 유용한 정보이다. 유동성은 단기적으로 도래하는 채무약정을 이행할 수 있는 능력을 말하며 재무건전성은 장기적으로 도래하는 채무약정을 이행할 수 있는 능력을 의미한다. 환경변화에 적응할 수 있는 능력이란 기업이 새로운 환경에 능동적으로 대처하는 데 필요한 현금을 동원할 수 있는 능력을 말한다. 즉, 보유한 현금자원, 비현금자원의 현금교환 가능액 및 신용한도 등에 관한 정보는 기업의 환경적응 능력을 나타내는 지표가 될 수 있다.

기업실체의 경영성과 특히 수익성에 관한 정보는 당해 실체가 장래 보유하게 될 경제적 자원의 변화가능성을 평가하는 데 유용하다. 즉 경영성과에 관한 정보는 그 실체가 현재 보유하고 있는 자원을 기초로 현금 창출능력과 미래에 조달될 자금에 대한 효과적인 운영여부를 판단하는 데 유용한 정보이다.

기업실체의 재무상태의 변동에 관한 정보는 일정 회계기간 동안의 당해 실체의 영업, 투자 및 재무활동을 평가하는데 유용하며, 이러한 정보는 재무제표 이용자가 기업실체의 현금창출능력 및 현금흐름의 활용능력을 평가함에 있어 기초적인 자료가 된다. 이때 재무상태의 변동에 관한 정보는 순운전자본기준, 현금기준 등으로 다양하게 작성할 수 있다.

일반적으로 재무상태에 관한 정보는 대차대조표에, 경영성과에 관한 정보는 손익계산서에 표시된다. 재무상태의 변동에 관한 정보는 그 측정기준에 따라 재무상태변동표나 현금흐름표 등을 통하여 제공된다.

재무제표를 구성하는 대차대조표, 손익계산서, 재무상태의 변동에 관한 보고서는 동일한 거래나 사건의 각각 다른 측면을 반영하므로 서로 다른 정보를 제공하는 동시에 한편으로는 밀접한 상호연관성을 가지고 있다. 따라서 그 중 어느 하나만으로는 특정 정보이용자가 필요로 하는 모든 정보를 제공하지 못할 수 있으며, 다른 재무제표와 함께 전체적인 측면에서 이해되어야 한다. 예를 들어, 손익계산서를 분석함에 있어 대차대조표와 재무상태의 변동에 관한 보고서를 동시에 고려하지 않는다면 당해 기업실체의 경영성과를 완전하게 파악하지 못할 수도 있다.

대차대조표

재무상태표(statement of financial position)는 일정시점의 기업의 재무상태, 즉 자산·부채·자본의 상태를 나타내는 회계보고서로 한국채택국제회계기준(K‒IFRS)이 도입되기 전까지 대차대조표(balance sheet)라 불리어 왔다. 기업에는 법인의 소유인 자산(asset)이 있다. 그 자산 중에는 자신 지분인(자본, Equity)이 있지만 타인의 지분(부채, Liability)인 있다. 즉, '자산＝자본＋부채'라는 회계등식을 성립시켜서 기장에 사용한다. 그리고 회계등식은 대차평형의 원리를 따른다. 이는 재무제표를 작성할 때 차변에 해당하는 계정과목과 대변에 해당하는 계정과목의 액수가 항상 같아야 함을 의미한다.

[표 Ⅱ.1] 회계등식의 성립 여부

차 변	대 변
자 산	부 채
	자 본
자 산 총 계	부채 및 자본 총계

재무상태표의 구조와 양식

대차대조표는 크게 자산·부채 및 자본으로 구분하고, 자산은 유동자산과 비유동자산으로 구분하며 유동자산은 당좌자산과 재고자산으로 구성된다. 비유동자산은 투자자산, 유형자산, 무형자산 및 기타비유동자산으로 구성한다.

부채는 유동부채와 비유동부채로 구분되며 자본은 자본금, 자본잉여금, 자본조정, 기타포괄손익누계액, 이익잉여금(또는 결손금)으로 구분한다.

[표 Ⅱ.2] 재무상태표의 양식

과 목	금 액		과 목	금 액	
	당 기	전 기		당 기	전 기
			유동부채	xxx	xxx
유동자산	xxx	xxx	비유동부채	xxx	xxx
당좌자산	xxx	xxx	부 채 총 계	xxx	xxx
재고자산	xxx	xxx			
비유동자산	xxx	xxx	자본금	xxx	xxx
투자자산	xxx	xxx	자본잉여금	xxx	xxx
유형자산	xxx	xxx	자본조정	xxx	xxx
무형자산	xxx	xxx	기타포괄손익누계액	xxx	xxx
기타비유동자산	xxx	xxx	이익잉여금	xxx	xxx
			자 본 총 계	xxx	xxx
자 산 총 계	xxx	xxx	부채 및 자본 총계	xxx	xxx

자산, 부채 및 자본은 총액에 의하여 기재함을 원칙으로 하고, 자산의 항목과 부채 또는 자본항목을 상계함으로써 그 전부 또는 일부를 대차대조표에서 제외하

지 않는 총액주의를 따르고 있다. 예를 들어 동일한 거래처에 매출채권과 매입채무가 같이 있을 경우 두 거래를 상계시킨다든지, 또는 매출채권 중에 선수금을 받은 부분을 차감해 버린다면 이러한 사실을 모르는 정보이용자들은 이를 오용하여 잘못된 경제적 의사결정을 할 수 있는 위험이 존재하기 때문에 기업회계기준에서는 순액주의가 아닌 총액주의로 기재함을 원칙으로 한다.

유동성배열

대차대조표에 기재하는 자산과 부채의 항목배열은 유동성배열법에 의함을 원칙으로 한다.

즉, 자산과 부채는 유동성이 높은 항목부터 낮은 순으로 배열하는 것을 원칙으로 하므로 자산은 1년을 기준으로 유동자산과 비유동자산으로 분류하며, 부채는 1년을 기준으로 유동부채와 비유동부채로 구분한다.

잉여금의 구분 표시

자본거래에서 발생한 자본잉여금과 손익거래에서 발생하는 이익잉여금은 혼동하여 표시하여서는 안 된다. 자본거래에서 발생하는 자본잉여금은 주주들의 배당이 아닌 자본의 전입이나 손실의 보전에만 사용할 수 있으며 손익거래에서 발생하는 이익잉여금은 법정 이익준비금 등을 제외한 배당가능이익이어서 주주들에게 배당을 해줄 수 있는 재원이 되기 때문이다.

대차대조표 항목의 구분·통합 표시

자산, 부채, 자본의 항목 중에 중요성의 원칙에 따라 대차대조표에 별도의 항목으로 구분하여 표시할 수 있다. 반면에 중요하지 않은 항목의 성격 또는 기능이 유사한 항목에 대해서는 통합하여 표시할 수 있다. 이는 회계의 '효율성'과 '중요성'의 관점에서 정보이용자들에게 크게 영향을 미치지 않는 항목인 경우에는 통합하여 표시하고, 정보이용자들에게 중요한 정보일 경우에는 따로 구분 표시하여 정보이용자들의 잘못된 경제적 의사결정을 하지 않도록 별도의 항목으로 표시 할 수 있도록 한 것이다.

대차대조표의 유용성과 한계점

대차대조표의 유용성　기업의 경제적 자원인 자산과 경제적 의무인 부채 그리고 소유주지분에 대한 정보를 제공해 주고 있다. 기업의 유동성에 따라 장·단기 부채의 상환 능력에 대한 정보를 제공해 주고 있다. 기업의 재무구조의 건전성에 대한 정보를 제공해 준다. 기업의 장·단기의 계획 등에 대한 정보를 제공해 준다.

대차대조표의 한계점　역사적 원가에 의한 재무제표 작성으로 기업의 정확한 실질가치를 반영하지 못하여 잘못된 정보의 제공으로 잘못된 의사결정을 할 수 있다. 비계량적인 정보인 탁월한 능력의 경영자, 우수한 연구인력 등의 인적자원, 브랜드의 가치 측정 등을 평가하는데 어려움이 있어 정확하게 반영하지 못한다. 회계기준에 따른 대체적 회계처리방법으로 인한 측정과 원가배분에 있어서 경영자의 주관적인 판단이 개입할 가능성이 존재한다. 기업의 재무구조가 부실할 경우 이를 은폐하기 위하여 가공의 자산을 증가하거나, 부채를 숨기는 부외부채의 위험이 존재한다.

대차대조표의 이해

자산: 기업의 거래 결과로 미사용된 비용, 미래 수익을 창출할 수 있다고 여겨지는 것이다.

유동 자산: 1년 내에 현금화가 가능한 자산으로서 현금, 유가증권과 같은 당좌자산과 판매, 제조를 위한 재고 자산으로 다시 분류된다.

비유동 자산: 1년 이후에 현금화가 가능한 자산으로서 장기투자자산, 유형자산, 무형자산으로 다시 분류된다.

[표 11.3] 대차대조표 주요항목

구 분	내 용
현금및현금 등가물	통화 및 타인발행수표 등 통화대용증권과 당좌예금, 보통예금 및 현금등가물로 한다. 이 경우 현금등가물이라 함은 큰 거래비용 없이 현금등가물로 한다. 이 경우 현금등가물이라 함은 큰 거래비용 없이 현금으로의 전환이 용이하고 이자율의 변동에 따른 위험이 중요하게 작용하지 않는 유가증권 및 단기금융상품으로서 취득당시 만기(또는 상환일)가 3개월 이내에 도래하는 것을 말한다.
단기 금융상품	금융기관이 취급하는 정기예금, 정기적금, 사용이 제한되어 있는 예금 및 기타 정형화된 상품 등으로 단기적 자금운용목적으로 소유하거나 기한이 1년 내에 도래하는 것으로, 사용이 제한되어 있는 예금에 대하여는 그 내용을 주석으로 기재한다.
유가증권	유가증권은 그 가치를 법률상 보장받을 수 있는 증권으로서 일반적으로 주식, 사채 및 국·공채를 말한다. 그러나 이는 1년 내에 현금화가 가능해야 하며, 1년 이내에 현금화가 불가능한 유가증권은 투자유가증권으로 분류된다.
매출채권	매출채권은 물건을 팔고 일정기간이 지난 후에 돈을 받기로 하거나, 물건을 팔고 어음을 받았을 경우에 처리하는 계정과목이다.
단기대여금	단기대여금은 상대방에게 차용증서나 어음을 받고 금전을 빌려준 경우로서 그 회수가 1년 이내에 가능한 경우를 말한다.
미수금	미수금은 기업의 고유한 사업이외의 사업에서 발생되는 미수채권을 말한다 (기업 고유의 사업에서 발생하는 미수채권은 매출채권으로 처리한다).
미수수익	기업이 외부에 용역을 제공하고 그 대가로서 당기에 이루어져야 하는 수익 중 수취하지 못한 수익을 말한다.
선급금	선급금은 상품이나 제품 등의 재고자산 구입시 납품에 앞서 대금의 일부 또는 전부를 지급하는 금액을 말한다.
선급비용	선급비용은 아직 제공되지 않은 용역에 대하여 지급된 대가로서 일정기간 동안 특정서비스를 받을 수 있는 권리 또는 청구권을 말한다.

재고자산

재고자산은 기업이 현재 판매를 위하여 생산 중인 자산 또는 생산을 위하여 직간접으로 소비되는 자산 및 판매를 위하여 보유하고 있는 자산을 총칭하는 말이다.

[표 II.4] 재고자산

구 분	내 용
상 품	판매를 목적으로 구입한 상품, 미착(도착하지 않은)상품, 적송품(판매를 위탁한 상품) 등을 말하며, 부동산매매업에 있어서 판매를 목적으로 소유하는 토지, 건물, 기타 이와 유사한 부동산
제 품	매를 목적으로 제조한 생산품, 부산물 등
반제품	자가(직접) 제조한 중간제품과 부분품 등
재공품	자가(직접) 제조한 중간제품과 부분품 등
재공품	제품을 만들기 위하여 소요되는 원료, 재료, 매입부분품 미착원재료 등
저장품	소모품, 소모공구기구비품, 수선용 부분품 및 기타 저장품 등

부채

부채는 과거 사건의 결과, 회계 실체가 부담해야 하는 의무, 미래에 자원의 유출이 예상되는 것이다.

유동부채는 대차대조표일에서 기산하여 1년 이내에 변제할 단기성부채로 매입채무(외상매입금, 지급어음), 단기차입금(당좌차월 포함), 미지급금, 선수금, 예수금, 미지급비용, 미지급법인세, 유동성장기부채, 선수수익, 부채성충당금(단기성) 등이 이에 속한다. 단기부채라고도 하며 유동성이 강한 부채로 빠른 기일 내에 상각해야 할 부채이다. 장기부채였던 것이 기간이 임박하여 대차대조표 작성일로부터 1년 이내에 상환해야 하면 대차대조표에는 단기부채에 계기해야 한다. 1년 이내에 상환해야 하는 부채로서 외상매입금, 단기차입금, 만기가 1년 이내로 남은 장기부채 등으로 분류된다.

외상매입금 원재료나 상품구입 또는 용역의 제공을 바도 신용거래에 의해 외상으로 하였을 경우에 발생하는 구입대금에 대한 채무를 처리하는 계정이다. 외상매입금은 대표적인 유동부채 항목으로 증가는 대변에, 감소는 차변에 기록한 일반적인 상거래에서 발생한 외상매입금에 대해 대금 지급수단으로 어음을 발행한 경우에 처리하는 계정이다.

지급어음은 유동부채 항목으로 매입채무로 분류되며, 증가는 대변에, 감소는 차변에 기록한다. 일반적인 상거래 외의 거래에서 발행한 어음, 즉 고정자산이나 유가증권을 구입하면서 발행한 약속어음은 미지급금으로 처리해야 하고 차입담보 어음, 융통어음 등은 단기차입금으로 처리해야 한다. 어음을 발행하는 경우는 외상채무를 결제하는 용도 외에 담보제공을 위한 발행 등이 있으므로 지급어음 발행대장 및 미사용 어음용지는 자금상 문제가 생기지 않도록 잘 관리해야 한다.

미지급법인세

회계연도 말 현재 법인세 등의 미지급액을 말한다. 즉 회계연도 말 현재 당해 회계연도에 부담하여야 할 법인세와 소득할 주민세로서 미지급된 금액을 말한다. 그리고 기납부한 중간예납세액이나 원천징수세액은 실무상 선급법인세 계정이나 법인세비용 계정으로 처리한다. 미지급법인세는 유동부채 항목으로 감소는 차변에, 증가는 대변에 기록한다. 결산시 장부 등 결산 재무제표의 작성이 끝나면 세무조정을 통하여 납부할 법인세 등을 추산하게 되는데, 법인세비용에서 중간예납 등으로 납부한 세금을 차감한 잔액을 미지급법인세로 계상한 후 법인세의 납부시 이 금액을 상계처리한다.

단기차입금

금전소비대차계약에 의하여 금융기관 등 외부로부터 빌린 채무로서 1년 이내에 갚아야 하는 차입금과 당좌차월을 말하는 것으로 보통 어음을 발행하거나 차용증서를 작성해 금전을 빌릴 때 발생하는 채무이다.

단기차입금은 유동부채 항목으로 감소는 차변에, 증가는 대변에 기록한 장기부채는 필요한 운영자금의 조달을 위해 차입하는 경우 가운데 상환기한이 대차대조표일로부터 1년 이후에 도래하는 것을 처리하는 계정이다. 장기차입금은 고정부채로 분류되며, 증가는 대변에, 감소는 차변에 기록한다. 주주, 임원, 종업원, 관계회사에서 조달한 장기차입금에 대해 이자를 과다하게 지급한 경우에는 적정 이자와의 차이를 손금으로 인정받지 못한다.

출자금(payment of share capital)

개인사업자, 조합, 합명회사, 합자회사 등 주식회사 이외의 회사가 대표자 또는 출자자로부터 출자 받은 금액을 처리하는 계정이다.

출자금은 자본으로 분류된다.

○ **자본**: 자산에서 부채를 제외한 것
○ **자본금**: 소유주나 주주들이 기업에 투자한 원금
○ **자본잉여금**: 자본거래에 의해 발생한 잉여금
○ **이익잉여금**: 영업활동에 의해 발생한 이익 중 배당하지 않고 내부에 유보한 잉여금

재무제표는 주석, 부속명세서, 기타 설명자료 등을 통하여 대차대조표, 손익계산서 및 재무상태의 변동에 관한 보고서에 표시된 항목을 이해하는 데 도움이 되는 정보, 대차대조표에 계상되지 않은 자원이나 의무에 대한 정보, 회계변경의 효과에 대한 정보, 기업에 영향을 미치는 불확실성이나 위험에 대한 정보 및 부문별 정보나 물가변동의 영향 등에 관한 정보 등을 제공한다.

손익계산서

손익계산서(income statement)란 기업경영을 통하여 획득한 모든 수익과 그 수익을 얻기 위하여 지출된 모든 비용을 나타낸 '경영성적표'이다. 기업의 경영성과를 명확하게 보고하기 위하여 일정기간 동안에 일어난 거래나 사건을 통해 발생한 수익과 비용을 나타내는 보고서로서 기본재무제표의 하나이다. 즉, 손익계산서는 일정기간 동안의 회계실체의 순자산의 변동원인을 보고하는 기본재무제표이며 일정기간 동안의 영업활동 흐름을 나타내는 동태적 보고서이다. 손익계산서는 기업의 경영성과를 명확히 보고하기 위하여 그 회계기간에 속하는 모든 수익과 이에 대응하는 모든 비용을 적정하게 표시하여야 한다. '경영성과'라 함은, 기업의 영업활동의 동태적인 측정치로서 한 회계기간의 제반경영활동의 결과가 기업자본을 어느 정도 증가 또는 감소시켰는가를 표시해 준다.

또한 모든 수익과 이에 대응되는 비용을 회계기간 단위로 측정 보고함으로써 경영진의 능력평가수단으로 이용될 수도 있으며, 기업 자체의 수익력 판단의 기준이 된다. 이러한 경영성과의 측정은 손익계산서에 의하지 않고 기초대차대조표와 기말대차대조표상의 이익잉여금의 증감액을 구함으로써 손쉽게 행할 수도 있다. 그러나 손익계산서는 그러한 순증감을 초래한 모든 원인들을 제시함으로써 보다 질적으로 높은 평가를 가능케 해준다. 즉, 손익계산서는 수익과 수익을 획득하기 위해 지출된 비용을 대응시킴으로써 기업의 당기경영활동에 대한 성과를 측정할 수 있을 뿐만 아니라, 정상적인 생산활동으로부터의 자기자본의 총증가·감소액과 영업활동에 부수되는 기타 활동으로부터 총증가·감소액 및 그 밖에 비경상적인 사유들로부터 발생한 총증가·감소액을 명맥히 구분 표시함으로써, 기간손익과 기간경영성과를 나타낼 수 있다.

또한 손익계산서는 기업의 이익창출능력에 관한 정보를 제공하여 주며, 미래 순이익흐름을 예측하는 데 유용한 정보를 제공하기도 하고, 기업내부적으로 경영계획이나 배당전략을 수립하는 데 중요한 자료로 이용되며, 과세소득의 기초자료로도 이용된다. 회계이익과 과세소득은 동일한 것은 아니나 회계이익에서 출발하여 익금산입 및 손금불산입 항목을 가산하고 익금불산입 및 손금산입 항목을 차감하는 과정을 거쳐 법인세를 결정하게 된다. 이상의 유용성 이외에도 손익계산서가 제공하는 정보는 임금협상에 필요한 정보, 정부의 조세 및 경제정책의 기초자료 제공 등의 역할을 한다.

위와 같이 손익계산서는 가장 유용한 이익정보를 제공하여 주는 보고서이지만, 손익계산서가 제공하는 회계이익은 진정한 이익이 아니라는 한계점도 지니고 있다.

즉, 회계이익은 일반적으로 인정된 회계원칙에 따라 측정된 인위적인 화폐이익으로서 인적자원, 기업 내부적으로 개발된 영업권 등 측정하기 곤란한 비화폐적인 요소 등은 포함하지 않고 있으며, 회계처리방법에 따라 이익이 달라진다는 문제점도 지니고 있다.

손익계산은 다음의 5단계로 이루어져 있다.

⊙ 매출총이익은 매출액에서 매출원가를 뺀 금액이다. 매출원가는 매입원가를

말한다.

◦ 영업이익은 매출총이익에서 판매비와 관리비를 뺀 금액으로 일반적인 영
  업활동에서 얻은 이익을 말한다. 판매비와 관리비를 영업비용이라 한다.
◦ 경상이익은 영업이익에 영업외수익을 합산하고 영업외비용을 차감한 금액
  으로 기업의 재무활동을 포함한 영업활동에서 발생한 이익을 말한다.
◦ 법인세 차감전순이익은 경상이익에 특별이익을 합산하고 특별손실을 차감
  하여 계산한다. 특별이익이나 특별손실은 비경상적으로 발생하기에 경상손
  익과는 구분하여 기재하여야 한다.
◦ 당기순이익은 법인세차감전순이익에서 법인세비용을 차감한 금액으로 외
  부에 발표되는 최종적인 이익이다.

손익계산서의 구조는 다음과 같다

I. 매출액	XXX	
ll. 매 출 원 가	XXX	
III. 매 출 총 이 익(손 실)	XXX	
IV. 판 매 비 와 관 리 비	XXX	1단계
V. 영 업 이 익(손 실)	△XXX	
VI 영 업 외 수 익	XXX	
VII. 영 업 외 버 용	△XXX	2단계(영업활동에서 이익)
VIII. 경 상 이 익(손 실)	△XXX	
VIIII. 특 별 이 익	XXX	
X. 특 별 손 실	△XXX	3단계(경상적인 영업활동이익)
XI. 법인세차감전순이익	XXX	
XII 법 인 세	XXX	4단계(비경상적 활동이익)
XIII 당 기 순 이 익(손 실)	△XXX	5단계(최종적 이익)

매출총이익   매출원가들 계산하기 위해서는 상품 제품의 기말재고액을 정확하게 조사하여야 한다.

$$매출총이익 = 매출액 - 매출원가$$

- ◦ 유통업 매출원가 = 기초상품재고액 + 당기순매입액 − 기말상품재고액
- ◦ 제조업 매출원가 = 기초제품재고액 + 당기제품제조원가 − 기말제품재고액

기말재고자산이 많으면 매출원가는 감소하고 이익은 증가한다.
- ◦ 기말재고자산(대) → 매출원가(소) → 이익(대)
- ◦ 기말재고자산(소) → 매출원가(대) → 이익(소)

판매비와 관리비   판매비와 관리비는 판매비계정과 관리비계정으로 구분하지만 일반적으로 '영업비'라고 한다.

[표 11.5] 판매비와 관리비 항목

판매비	판매원급료, 여비교통비, 보험료 견본비, 복리후생비, 통신비, 판매수수료, 발송비, 광고선전비, 회의비, 보관료, 차량유지비
관리비	비임원보수, 여비교통비, 사무용품비, 소모품비 임차료, 수선비, 접대비, 복리후생비, 보험료, 제회비, 수도광열비, 감가상각비, 사무원급료

영업외손익   영업외손익은 재무활동 및 기타 부수적인 활동에서 발생되는 손익이다.

[표 11.6] 영업외 손익 항목

영업외손익	이자수익, 유가증권처분이익, 임대료, 유가증권평가이익, 유형자산처분아익
영업외비용	이자비용, 외환차손, 기부금, 유가증권처분손실, 유가증권평가손실, 유형자산처분손실

특별손익　　　특별손익은 정상적인 영업활동과 직접 관계없이 특별한 경우에 임시적으로 발생되는 손익이다

[표 11.7] 특별손익 항목

특별이익	채무변제이익, 보험차익, 기타
특별손익	재해손실, 기타

유동성비율(liquidity ratio)　　　기업의 단기채무 지불능력을 평가하는 데 사용된다. 만일 기업이 현행 채무를 지불할 단기재력을 갖고 있지 않는다면 장기채무를 지불하는 데 어려움을 가질 것이다. 따라서 기업의 단기재력을 평가하는 것은 재무분석에 좋은 출발점이다. 유동성비율로는 유동비율, 당좌비율, 매출채권회전율, 재고자산회전율 등이 있다. 기업의 부채 지급(상환)능력 또는 신용을 평가하는 데 가장 보편적으로 이용되고 있다. 200% 이상이 권장되고 있다.

$$유동비율 = \frac{유동자산}{유동부채} \times 100\,(\%)$$

안정성비율　　　안전성비율은 장기지급능력비율이라고도 하며 기업의 두 가지 지분, 즉 채권자지분인 부채와 소유주지분인 자본 관계를 이용하여 기업의 장기채무 불이행위험을 평가하며, 기업이 어느 정도 타인자본에 의존하고 있으며, 조달된 자본이 기업의 자산에 얼마나 적절히 배분되었는가를 나타내는 비율이다. 기업의 부실(不實)과 관계하고 부각되고 있는 비율로서 레버리지비율(leverage ratio)이라 고도한다.

부채비율

부채비율(debt equity ratio)은 자기자본과 타인자본의 관계비율로서 자본구성의 안정성을 판단하는 대표적인 비율이다. 즉, 자기자본에 대한 타인자본(부채)의 비율로서 기업의 장기지급능력을 검토하는 지표로 사용된다. 다시 말해서 부채비율은 채권자가 제공한 자금이 소유주가 출자한 자금의 몇 배가 되는가 하는 것을

나타내는 비율이다. 채권자가 제공한 자금은 기업의 소유주가 출자한 자기자본과는 달리 일정기간마다 이자를 지급해야 하며 또한 만기일에는 원금을 상환해야 할 의무가 있기 때문에 자기자본에 대한 부채의 상대적 크기는 기업의 재무위험을 나타내며 장기지급능력을 측정하는 데 이용된다. 100% 이하로 관리되는 것을 권장되나 반드시 그런 것은 아니다(단, 부채비율이 400% 초과시 대부분 정부지원사업에서 배제되므로 주의하여야 한다).

$$부채비율 = \frac{부채}{자기자본} \times 100(\%)$$

유동부채비율　　유동부채비율(current debt to equity)은 자기자본과 유동(단기)부채와의 관계비율로서 자본구성의 안정성을 판단하는 북조비율이다. 즉, 유동부채비율은 자기자본에 대한 유통부채의 비율로서 채권자에 대한 지급능력을 판단하는 비율이다. 기업의 신용과 능력을 파악하기 위해서 사용하는 것으로 신용분석적 관점에서 가장 중요하다. 200% 이상으로 유지 되는 것이 이상적이다.

$$유동부채비율 = \frac{유동부채}{자기자본} \times 100(\%)$$

자기자본비율(equity ratio)　　자산은(자본＋부채)로 이루어져 있다. 여기에서 자산을 이루고 있는 자본이 비율이 얼마인가를 나타낸 것이 바로 자기자본비율이다. 만약 구성하고 있는 부분이 자본이 100이고 부채가 0이라면 비율은 100%가 된다. 만약 둘 다 50씩 차지하고 있다면 50%가 될 것이다. 보통 자기자본이 총 부채량보다 많으면 안전한 기업이라고 평가하므로 자기자본이 50% 이상이면 재무상태가 좋은 것이다.

$$자기자본비율 = \frac{자기자본}{총자본} \times 100(\%)$$

수익성비율(profitability ratio)　　일정한 기간에 있어서의 기업 활동의 최종적인 성과, 즉 손익의 상태를 측정하고 그 성과의 원인을 분석, 검토하는 수익성분석을 행함으로써 재무제표의 내부 및 외부이용자들은 보다 합리적인 의사결정을 할 수 있다. 수익성비율을 산정하는 데 사용하는 자본은 기초와 기말잔액의 평균치가 된다. 기업이 조달한 자본이나 보유하고 있는 자산이 특정의 이익을 실현하는 데 얼마나 공헌했는가를 나타내는 비율이다. 수익성 비율은 투자자가 가장 관심을 갖는 지표라고 할 수 있다.

총자산(자본)이익률(Return On Assets, ROA)　　기업이 보유한 총자산에 대해 얼마나 이익을 벌었는지를 나타내는 지표로 기업의 수익성을 측정한다. 총자산이익률이 높을수록 기업이 일정한 자산을 사용하여 더 많은 이익을 얻었음을 의미한다. 기업의 높은 총자산이익률(ROA)은 투입(자산)에 비해 산출(이익)이 높은 효과적인 경영활동을 했음을 나타낸다. 수익성을 분석하는 대표적 비율이다.

$$총자본이익률 = \frac{당기순이익}{총자산} \times 100(\%)$$

자기자본이익률(Return On Equity, ROE)　　자기자본이익률은 말 그대로 자기자본의 운영을 얼마나 효율적으로 했는지를 나타내는 지표로써 자기자본에 대한 기간이익의 비율로 나타내기 때문에 기업의 수익성을 나타내는 지표이다. ROE 수치가 높을수록 기업은 투자자의 수익률을 높여준다고 할 수 있다.

$$자기자본이익률 = \frac{당기순이익}{자기자본} \times 100(\%)$$

매출총이익률(profit margin ratio)　　매출총이익률은 매출액 대비 매출총이익의 비율로서 매출로부터 얼마만큼의 이익을 얻느냐를 나타내는 재무비율이다. 기업의 원가 관리 능력을 보여주는 수익성 지표이다. 워렌 버핏은 매출총이익률이 40% 이상이면 좋은 기업이라고 본다. 그는 장기적인 경쟁우위를 가진 기업을 찾을 때 '지속성'이 중요하다고 한다.

$$매출액총이익률 = \frac{매출총이익}{매출액} \times 100(\%)$$

생산성비율

이 비율은 기업 활동의 성과 효율을 측정하여 개별생산요소의 기여도와 과배분의 합리성을 규명하여 기업 활동의 능률과 업적을 측정하고 평가하는 비율이다. 생산성 향상을 얻은 성과는 이해관계가 있는 집단에게 적절히 분해하고 보상하는 기준이 된다. 생산성이란 생산(유·무형의 재화와 용역)에 투입된 생산요소(노동, 자본)가 얼마나 효율적으로 이용되었는가의 척도로 생산요소의 투입에 대한 생산의 비율로 측정한다.

노동 생산성(workforce productivity, labor productivity) 한 노동자가 주어진 양의 시간 동안 생산하는 재화와 서비스의 양이다. 노동 생산성은 조직이나 기업, 절차, 산업, 국가를 위하여 측정된 값이다. OECD는 노동 생산성은 "산출의 양적 척도에 대한 산입의 양적 척도의 비"라고 정의한다. 산입의 양적 척도는 주로 인플레이션이 반영된 가격으로 표현된 국내 총생산(GDP)이나 총 부가가치(Gross Value Added, GVA)이다. 노동생산성은 종업원 1인당 부가가치 생산액으로 나타내며, 노동생산성의 효율을 측정하는 것으로 표준비율은 높을수록 좋다.

$$노동생산성 = \frac{부가가치}{종업원수}$$

자본생산성 총자본투자효율이라고도 하며, 기업에 투자된 총자본이 1년 동안에 어느 정도의 부가가치를 산출하였는가를 나타내는 비율이다.

$$자본생산성 = \frac{부가가치}{총자본}$$

자본예산

자본예산이란 주로 기계설비등 실물자산에 대한 투자와 관련된 의사결정문제를 다루는 것이다. 자본예산의 핵심적인 내용은 투자안에서 유입될 현금흐름을 측정하고 투자안의 경제성을 평가하는 것이다. 재무관리에서는 이 중에서도 투자안의 경제성 평가를 가장 중요시하는데 투자안의 경제성을 평가할 때에는 회수기간법, 평균이익률법, 순현재가치법, 내부수익률법 등 여러 가지가 있지만, 그 중 가장 우수한 평가방법은 순현재가치법이다. 이러한 평가방법의 원리는 증권투자에서도 그대로 이용되는 것이므로 잘 이해할 필요가 있다.

투자안의 경제성평가

1. 화폐의 시간적 가치를 고려하는 방법　　　회수기간법과 평균이익률법은 내용이 쉽다는 장점이 있지만 가장 큰 문제점은 화폐의 시간적 가치를 고려하고 있지 않다는 것이다. 화폐의 시간적 가치를 고려해야만 경제적으로 의미가 있는 정확한 평가결과를 얻을 수 있는데, 이에 해당하는 평가방법으로서 순현가법과 내부수익률법 등을 살펴본다. 회수기간법과 평균이익률법을 전통적 분석기법이라고 하는데 비해서 순현가법과 내부수익률법은 현금흐름할인법(discounted cash flow method, DCF법)이라고 한다.

2. 순현가법　　　순현재가치(Net Present Value, NPV)란 투자안으로부터 예상되는 미래 현금흐름을 그 현금흐름에 알맞은 할인율로 할인해서 산출한 현재가치로부터 투자비용을 차감한 값을 말한다. 이를 간단히 줄여서 순현가라고도 한다.

투자결정기준　　　순현가법에 따르면 투자안의 NPV가 0보다 크면 투자안의 경제성이 있다고 본다. 그러면 여기서 투자안의 NPV가 0보다 크다는 것이 무슨 의미인가를 살펴보자. 투자안의 NPV가 0보다 크다는 것은 투자안의 현재가치가 투자비용보다 크다는 뜻이다. 그런데 투자안의 현재가치란 투자안을 수행함으로써 얻는 현금흐름의 가치이므로 순현가가 0보다 크다는 의미는 투자하는 비용보다 투자로부터 얻게 되는 수익이 더 크다는 것을 의미한다. 예를 들어, 투자안의 현재가치가 500만 원이고 투자비용이 450만 원이라면 투자안의 NPV는 50만 원이 되는데 이것은 500만 원의 가치를 갖는 물건을 450만 원에 싸게 사서 그 결과 50만 원의 이익을 본다는 의미이다. 순현가법을 따라서 투자안의 채택여부를 결정할 때에는 NPV가 0보다 큰 투자안을 선택해야 한다. 그리고 NPV가 0보다 큰 투자안이 여러 개 있을 때에는 NPV값이 가장 큰 것부터 선택하면 될 것이다.

내부수익률법

1. 내부수익률의 정의　　　내부수익률이란 투자로부터 기대되는 현금유입의 현가합계와 현금유출의 현가합계를 같게 하는 할인율을 의미하는 것으로 이를 식으로 표현하면 다음과 같다.

$$\sum_{i=1}^{n} \frac{CIt}{(1+r)^t} = \sum_{t=1}^{n} \frac{COt}{(1+r)^t}$$

CI_t: t기의 현금유입　CO_t: t기의 현금유출　r: 내부수익률(IRR)

2. 의사결정기준　　　단일투자안의 경우에는 투자안의 IRR이 자본비용보다 크면, 그 투자안을 채택하고 그렇지 않으면 기각한다. 상호배타적인 복수의 투자안들의 경우에는 투자안의 IRR이 자본비용보다 큰 투자안 중에서 IRR이 가장 큰 투자안을 선택한다. 여기서 자본비용이란 이론적으로 기업가치를 하락시키지 않기 위하여 새로운 투자로부터 벌어들여야 할 최소한의 수익률(최저필수수익률)로 정의된다. 따라서 어떤 투자안의 수익률을 나타내는 IRR이 자본비용보다 크다는 것은 이 투자안이 기업가치를 증가시키는 투자안이 된다는 것을 의미한다.

3. 내부수익률의 장단점　　　내부수익률법은 화폐의 시간적 가치를 고려하고 있으므로 회계적이익률법과 회수기간법보다 우월한 평가방법이다. 그러나 내부수익률법은 다음과 같은 단점을 가지고 있다. ① 내부수익률법은 투자가치평가를 오도할 수 있다. 즉, 경우에 따라서는 기업가치가 하락하는 투자안을 채택하거나 기업가치가 증가하는 투자안을 기각하는 오류를 범할 수 있다. ② 투자안에 따라 복수의 내부수익률이 존재할 수 있고, 또한 현금흐름의 양상에 따라 내부수익률이 전혀 존재하지 않는 투자안이 있을 수도 있다. ③ 상호 배타적인 투자안을 평가할 때 내부수익률법은 경우에 따라 투자결정을 오도할 수 있다. ④ 기간별로 자본비용이 변동하는 경우에는 내부수익률이 기준이 되는 자본비용을 설정할 수 없다. ⑤ 내부수익률법이 암시적으로 가정하고 있는 재투자수익률이 비현실적이고 낙관적이다.

순현가법

1. 순현가의 정의　　　　순현가 또는 순현재가치(NPV)란 투자로부터 기대되는 미래의 순현금유입을 자본비용으로 할인한 순현금유입의 현가에서 순현금유출의 현가를 차감한 값으로서, 식으로 나타내면 다음과 같다

$$NPV = \sum_{t=1}^{n} \frac{CIt}{(i+k)^t} - \sum_{t=1}^{n} \frac{COt}{(1+k)^t} \quad k = 투자안의\ 자본비용$$

2. 의사결정기준　　　　단일투자안의 경우 NPV가 0보다 크면 그 투자안을 채택하고 0보다 작으면 기각한다. 상호배타적인 여타 투자안들의 경우에는 NPV 값이 0보다 큰 투자안 중에서 NPV가 가장 큰 투자안을 선택한다. 이러한 순현가법의 의사결정기준은 NPV를 계산하기 위하여 투자안의 순현금흐름을 할인할 때, 할인율로 사용된 자본비용이 현재의 기업가치를 하락시키지 않게 하기 위하여 새로운 투자로부터 벌어들여야할 최소필수수익률이기 때문에 NPV가 0보다 큰 투자안을 채택하면 기업가치가 NPV만큼 증가한다는 데 이론적 근거를 둔 것이다

3. 순현가법의 장단점　　　　순현가는 기업가치에 대한 해당 투자안의 공헌도를 나타내므로 자본예산기법 중 가장 우월한 방법이다. 그런데 순현가법에서는 자본비용을 할인율로 사용하므로, 자본비용을 정확히 산출하기 어려운 상황에서는 순현가법을 이용하여 투자안을 평가하기가 곤란하다.

어떤 투자안이 기업가치를 극대화시키는가를 분석하는 자본예산기법 중 가장 타당성이 있는 방법은 현금흐름할인법에 속하는 순현가법이다. 그 이유는 투자안의 기업가치에 대한 해당 투자안의 공헌정도를 나타내고, 순현가법이 암시적으로 가정하고 있는 재투자수익률이 보다 현실적이고 합리적이기 때문이다.

순현금흐름

순현금흐름이란　　　　투자로부터 발생하는 모든 현금의 움직임을 의미한다. 투자로 인하여 들어오는 현금을 현금유입(cash inflow)이라 하며, 나가는 현금을 현금유출(cash outflow)이라 한다. 현금흐름을 각 기간별로 현금유입과 현금유출로

구분하여 측정하는 것보다는 각 기간마다 현금유입과 현금유출로 측정하는 것이 편리하다. 현금유입과 현금유출의 차를 순현금흐름(net cash flow)이라 하며, 간단히 현금흐름이라고도 한다. 일반적으로 현금흐름(cash flow)이라고 하면 투자로 인하여 특정기간 동안 기업으로 들어온 현금유입(cash inflow)에서 기업에서 빠져나간 현금유출(cash outflow)을 뺀 순현금흐름(net cash flow)을 의미한다. 현금흐름이란 투자로부터 발생하는 모든 현금의 움직임을 의미한다. 투자로 인하여 들어오는 현금을 현금유입(cash inflows)이라 하며, 나가는 현금을 현금유출(cash out-flows)이라 한다. 현금흐름을 각 기간별로 현금유입과 현금유출로 구분하여 측정하는 것보다는 각 기간마다 현금유입과 현금유출의 차를 순현금흐름(net cash flows)이라 하며 간단히 현금흐름이라고도 한다.

현금흐름의 계산(측정)

1. **정기예금의 CF**: 만기에 한번 이자와 원금을 합한 금액이다.
2. **채권**: CF는 약정된 이자와 액면가이나, 약정된 기간에 이자를 지급받고 만기에 액면가를 받는다.
3. **자본예산**: $\Delta CF = \Delta EBIT * \Delta DepT * \Delta EBIT = (1-T) * \Delta EBIT * \Delta Dep$
4. **기업(M&A)**:
- 기업잉여현금흐름(FCFF) = EBIT(i－T) + 감가상각비 － 자본적지출 － 추가운전자금
- 주주잉여현금흐름 = EBIT － 이자비용 － (법인세. 감가상각비. 감모상각비) － 자본적지출 － 추가운전자금 － 원금상환액 + 신규부채발행액 － 우선주배당금

추정시 주의사항

현금흐름을 추정할 때에는 반드시 지켜야 할 원칙이 있다. 이러한 원칙은 투자가치를 평가하는 논리나 자본비용과 현금흐름간의 관계를 고려해서 설정된 것이기 때문에 투자가치평가기법과 자본비용의 개념을 알고 있어야 명확히 이해할 수 있다.

자본예산에서 현금흐름을 추정하기 위해서는 다음의 여러 원칙이 준수되어야

한다.

    1. 현금흐름은 납세 후 기준으로 추정하여야 한다.   세금(법인세)은 명백한 현금유출이므로 현금흐름은 법인세효과를 고려한 후의 값으로 추정하여야 한다. 즉, 손익계산서상의 수익항목은 납세대상이 되므로 수익 자체는 현금유입으로 처리하되 납세액만큼은 현금유출로 처리하여야 하며, 비용항목은 절세대상이 되므로 비용자체는 현금유출로 처리하되 절세액만큼은 현금유입으로 처리하여야 한다. 다만, 감가상각비와 같이 현금유출이 없는 비용인 경우에는 절세액만 현금유입으로 처리하면 된다.

    2. 현금흐름은 증분기준으로 추정하여야 한다.   투자안의 현금흐름은 그 투자안에 투자하는 경우의 기업현금흐름과 투자하지 않는 경우의 기업현금흐름간의 차이인 증분현금흐름(incremental cash flow)으로 추정하여야 한다. 현금흐름을 증분현금흐름에 의하여 추정하는 것은 그 투자안이 기업 전체에 미치는 영향을 고려해서 투자가치를 평가하여야 하기 때문이다. 증분현금흐름을 추정할 때에는 특히 다음의 항목에 유의해야 한다.

- **부수적 효과의 고려**: 부수적 효과란 새로운 투자로 인하여 기존 투자안의 현금흐름이 증가하는 효과를 말하는데, 이는 새로운 투자안의 현금유입에 포함시켜야 한다. 예를 들어, 어떤 전자회사가 새로운 모델인 OLED TV를 생산, 판매하는 경우 이미 생산 중이던 LCD TV의 매출증대가 예상된다면 LCD TV의 매출증대에 따른 현금흐름 증가분은 OLED TV의 생산여부를 평가할 때 현금유입으로 처리하여야 한다.

- **잠식비용의 고려**: 잠식비용이란 새로운 투자로 인하여 기존 투자안의 현금흐름이 감소하는 효과를 말하는데, 이는 새로운 투자안의 현금유출에 포함시켜야 한다. 예를 들어, OLED TV를 생산, 판매하는 경우 기존 모델의 매출감소가 예상된다면 기존 모델의 매출감소에 따른 현금흐름 감소분은 OLED TV의 생산여부를 평가할 때 현금유출로 처리하여야 한다.

- **기회비용의 고려**: 기회비용이란 특정 자원을 현재의 용도 이외의 다른 용도로 사용할 경우 얻을 수 있는 최대금액을 말하는데, 특정 자원을 새로운 투자에 이용하는 경우 그에 따른 기회비용은 새로운 투자안의 현금유출에

포함시켜야 한다. 예를 들어, 현재 다른 사람에게 임대중인 자사건물을 새로운 투자안의 공장으로 사용하는 경우 임대수입의 감소에 따른 현금흐름 감소분을 새로운 투자안의 현금유출로 처리하여야 한다.

○ **매몰원가의 불고려:** 매몰원가(sunk cost)란 과거의 의사결정에 의해 이미 발생한 비용을 말한다. 매몰원가는 투자안의 채택여부에 따라 변동되는 것이 아니기 때문에 현금흐름을 추정할 때 고려해서는 안 된다. 예를 들어, 신제품 생산설비의 도입여부를 결정하는 데 있어 시장조사비, 제품개발비, 구기계구입비 등은 메몰원가라고 할 수 있다.

3. 금융비용은 현금유출이 아니다. 투자안을 평가할 때 자본조달결정이 투자안의 가치에 미치는 영향은 일반적으로 할인율에 반영하여 평가하며 현금흐름에서는 고려하지 않는다. 따라서 자본조달결정에 따라 달라지는 이자비용과 배당금 등의 금융비용은 현금유출로 처리해서는 안 된다. 즉, 기업에 있어서 이자비용이나 배당금의 지급은 명백한 현금유출에 해당되지만, 이 값은 투자가치를 평가할 때 할인율(자본비용)에 반영해서 평가하기 때문에 이를 현금유출로 처리하면 금융비용을 이중으로 계산하는 결과가 된다. 또한 이자비용은 법인세를 절감시켜 주기 때문에 이자비용의 절세효과는 명백한 현금유입이다. 그러나 그 값 또한 투자가치를 평가할 때 할인율에 반영해서 평가하기 때문에 이를 현금유입으로 처리하면 절세효과를 이중으로 계산하는 결과가 된다.

4. 감가상각비는 현금유출이 아니다. 감가상각비는 현금유출을 수반하지 않는 비용이므로 현금유출로 처리해서는 안 된다. 자본예산에서는 고정자산의 취득시점에서 취득원가를 전액 현금유출로 처리한다. 이때 감가상각비는 취득원가의 기간배분에 불과하므로 만약 감가상각비를 현금유출로 처리하면 취득원가를 이중계산하는 결과가 된다. 그러나 감가상각비가 현금흐름에 아무런 영향을 미치지 않는다는 뜻은 아니다. 감가상각비는 손익계산과정에서 비용으로 처리되어 법인세액을 절감시켜 주기 때문에 감가상각비의 법인세 절감액만큼 현금흐름을 증대시킨다.

5. 인플레이션은 현금흐름과 할인율에 일관성 있게 반영하여야 한다. 투자기간 동안 인플레이션이 예상되는 경우에는 인플레이션의 영향을 현금흐름과 할

인율에 일관성 있게 반영하여야 한다.

투자대상에 따라 CF를 추정하고, CF에 맞는 할인율을 추정하여 평가모델에 따라 투자대상의 가치가 결정된다. 투자자산이 기계설비와 같은 자본예산에는 NPV나 IRR이 이용되고, 투자자산이 기업이면 CF를 FCFF를 사용하여 측정한 값은 기업가치가 된 것이다. 이를 주주가치로 환산하기 위해서는 기업 가치에 부채의 가치를 차감하면 자기자본의 가치가 되고 발행주식수로 자기자본가치를 나누면 1주당 기업의 본질 가치가 된다. 이렇게 계산된 본질가치와 시장가치를 비교하여 투자자산의 과대, 과소 평가여부를 결정한다.

창업자가 알아야 하는 세금

개인사업자가 알아야 하는 세금

> 개인사업자가 알아야 하는 가장 중요한 세금은 소득세와 부가가치세이다.

소득세 사업을 통해 얻은 소득에 대하여 내는 세금을 말한다. 여기서 소득이란 1년간 총수입금액에서 원가 등 필요경비를 공제한 금액을 말한다.

| 소득금액 | = | 연간 총수입금액 | − | 필요경비 |

이때 장부를 기장하지 않은 사업자의 경우에는 총수입금액에 정부에서 정한 업종별 표준소득률을 곱하여 소득금액을 계산한다.

| 소득금액 | = | 연간 총수입금액 | × | 표준소득율 |

○ **기준경비율에 의한 방법**

소득금액 = 연간총수입금액 − (증빙서류에 의한 주요 경비)
  − (수입금액 × 기준경비율)

◎ 단순경비율에 의한 방법(소규모 사업자)

소득금액 = 연간총수입금액 − (연간총수입금액 × 단순경비율)

− 세율은 6%에서 45%까지의 8단계 누진세율 구조로 되어있다.

[표 11.8] 소득세율(2023년)

과세표준금액	세율	누진공제액
1,400만 원 이하	6%	
1,400만 원 ~ 5,000만 원	15%	126만 원
5,000만 원 ~ 8,800만 원	24%	576만 원
8,800만 원 ~ 1.5억 원	35%	1,544만 원
1.5억 원 ~ 3억 원	38%	1,944만 원
3억 원 ~ 5억 원	40%	2,594만 원
5억 원 ~ 10억 원	42%	3,594만 원
10억 원 초과	45%	6,594만 원

− 소득세는 매년 주소지 관할세무서에 신고하여야 한다.
  • 사업자가 1.1부터 12.31까지의 연간 얻은 소득에 대하여 다음해 5.1~5.31까지 주소지 관할세무서에 신고하면 된다.
− 소득세는 납세자 스스로가 장부에 의해 자기가 내야 할 세금을 계산하고 납부하여야 한다.
  • 기업회계기준에 의하여 장부 및 증빙서류를 작성·비치하여야 하며 이를 근거로 작성한 대차대조표, 손익계산서, 그 부속서류 및 합계 잔액시산표와 조정계산서를 작성하여 소득세 신고서에 첨부하여야 한다.
  • 중·소규모 개인사업자는 간편 장부를 이용하면 편리하다.
− 간편 장부란?: 중·소규모 개인사업자를 위해 정부(국세청)에서 특별히 고안한 장부양식으로 누구나 쉽게 간편하게 작성할 수 있다.
− 간편 장부를 사용할 경우 혜택은: 간편 장부를 통해 소득세를 신고하는 경우 납부할 세금의 10%를 공제한다(비용이 수입을 초과하는 경우 결손금으로 인정받아 다음 과세연도에 공제받을 수 있다).

[표 II.9] 간편 장부 대상자

업 종	직전연도 수입금액
도·소매업, 광업, 농업, 임업(산림소득포함), 어업, 수렵업, 부동산매매업	3억 원 미만
제조업, 건설업, 숙박 및 음식점업, 금융보험업, 운수·창고 및 통신업 전기가스 및 수도사업, 소비자용품 수리업	1억5천만 원 미만
부동산임대업, 서비스업	7천5백만 원 미만

소득세할 주민세의 납부　　소득세할 주민세는 소득세와는 별도로 소득세액의 10%를 과세하는 지방세이다.

　◎ 소득세할 주민세는 매년 소득세 신고납부기일인 5.31일까지 소득세신고서에 함께 기재하여 신고하고 납부하여야 한다.

부가가치세　　부가가치세란 물건 값에 부가가치세가 포함되어 있어 물건을 팔 때 받은 세금에서 물건을 살 때 지불한 세금을 차감한 차액을 납부하는 것이다.

　– 소득세는 사업결과 얻어진 소득(이익)에서 내는 세금으로 소득이 없으면 세금을 내지 않을 수 있지만

　– 부가가치세는 소비자가 부담한 세금을 잠시 보관했다가 국가에 내는 세금으로 사업자가 가져야 할 이윤에서 내는 세금이 아니다.

　– 부가가치세의 납세의무자는 부가가치세법상 사업자로서 일반과세자와 간이과세자로 구분하여 세금의 신고 방법을 달리 하고 있다.

　　• 일반과세자는 연간매출액 4,800만 원 이상인 사업자, 간이과세자는 연간 매출액 4,800만 원 미만인 사업자를 말한다.

　　• 연간 매출(공급대가)이 8,000만 원 미만이라면 부가세 신고방법을 간이과세로 전환할 수 있다.

　　• 간이과세는 일반과세보다 세금계산이 간단하다.

◎ **일반과세자**　　　　매출세액(공급가액×10%)에서 매입세액을 차감하여 납부한다.

> | 부가가치세 | = | 매출액×10% | − | 매입세액 |

− 부가가치세는 1년에 2번 신고·납부한다.

구 분	제 1 기		제 2 기	
	신고사항	신고기간	신고사항	신고기간
확정신고	1.1~6.30 사업실적	7.1~7.25	7.1~12.31 사업실적	다음해 1.1~1.25

- 4월, 10월의 예정 신고기간 중에는 직전 과세기간 납부세액의 1/2에 상당하는 금액이 관할세무서에서 고지되므로 이를 가까운 은행에 납부하면 된다.
- 그러나 1~3월, 7~9월 중 새로 사업을 시작한 사업자는 반드시 예정신고를 하여야 한다.

◎ **간이과세자**　　　　매출액(세 포함가액)에 업종별 부가가치율을 적용한 금액에 10%의 세율을 적용한다.

> | 부가가치세 | = | 매출액×업종별부가가치율×10% | − | 공제세액 |

− 부가가치세는 1년에 2번 신고·납부한다.

구 분	제 1 기		제 2 기	
	신고사항	신고기간	신고사항	신고기간
확정신고	1.1~6.30 사업실적	7.1~7.25	7.1~12.31 사업실적	다음해 1.1~1.25

- 4월, 10월의 예정 신고기간 중에는 직전 과세기간 납부세액의 1/2에 상당하는 금액이 관할세무서에서 고지되므로 이를 가까운 은행에 납부하면 된다.
- 그러나 1~3월, 7~9월중 새로 사업을 시작한 사업자는 반드시 예정신고를 하여야 한다.
- 간이과세자의 부가가치율

업 종	부가가치율
전기, 가스, 증기, 수도 사업	5%
소매업, 재생용 재료수집 및 판매업, 음식점업	10%
제조업, 농업, 임업, 어업, 숙박업, 운수 및 통신업	20%
건설업, 부동산임대업 및 그 밖의 서비스업	30%

예시)

음식점 부가가치율은 10%이므로 음식점 1인분 가격이 11,000원이면

일반과세자/11,000원×10/110=1,000원

간이과세자/11,000원×10%×10%=110원을 부가세로 내면 된다.

부동산중개업(서비스업) 30%이므로 500만 원 받았을 때

일반과세자/500만 원×10/110=50만 원

간이과세자/500만 원×30%x10%=15만 원

공제할 세액이 있으면 15만 원에서 공제하고 납부하면 된다.

- 4,800만 원 이상~8,000만 원 미만 간이과세자는 종전 일반과세자일 때처럼 신용카드매출전표 등에 대한 매입세액공제도 적용받을 수 있다.
- 4,800만 원 이상~8,000만 원 미만인 간이과세자는 면세농산물 등에 대한 의제매입세액공제는 못 받는다.
- 연매출이 4,800만 원 미만인 간이과세자는 부가세 납부의무 자체가 면제된다.

원천징수하는 세금

원천징수란 무엇인가?   원천징수란 상대방의 소득 또는 수입이 되는 금액을 지급할 때 이를 지급하는 자(원천징수의무자)가 그 금액을 받는 사람(납세의무자)이 내야할 세금을 미리 떼어서 대신 내는 제도이다.

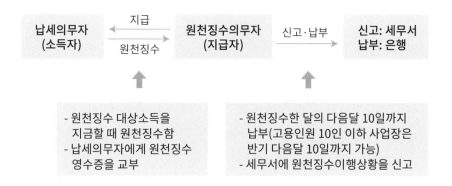

- 직원에게 급여를 지급할 때 원천징수하여야 한다.
- 매월 급여를 지급할 때마다 간이세액표에 의해 소득세를 떼어 납부하고 다음해 1월 분 급여를 지급할 때(미지급 시는 1/31일까지) 연말정산을 해야 한다.
- 연말정산이란 1년간 지급한 급여총액에 대하여 내야할 소득세를 계산하여 매월 원천징수한 소득세의 합계금액과 비교하여 남거나 모자라는 세액을 되돌려 주거나 더 징수하는 절차로서 근로소득만 있는 경우 종합소득세 신고에 갈음하게 된다.
- 임직원 퇴직금을 지급할 때 원천징수하여야 한다.

퇴직소득에 대한 세액산출방법

$$(\frac{총퇴직금-퇴직소득공제}{근속연수} \times 기본세율) \times 근속연수 - 퇴직소득세액공제$$

- 상금 등 기타소득을 지급할 때 원천징수하여야 한다.

기타소득에 대한 세액산출방법

$$\left(\frac{기타소득}{총지급액} - 필요경비 = 기타소득금액\right) \times 원천징수 \ 세율 = 납부할 \ 원천징수세액$$

- 다음의 기타소득에 대한 필요경비는 지급금액의 75% 또는 80%이다. 다
  만, 필요경비가 확인되는 경우에는 확인된 필요경비를 모두 공제한다.
  • 지급금액의 75%: 공익법인이 주무관청의 승인을 얻어 시상하는 상금과
    부상, 지역권·지상권의 설정·대여가액, 일시용역제공에 의한 강연료·
    방송 해설료·변호사 등이 당해 지식 등을 활용하여 받는 보수 등, 전속
    계약금, 주택입주 지체상금
  • 지급금액의 80%: 광업권, 어업권, 공업소유권, 사업상 비밀 등의 자산이
    나 권리의 대여금 문예·학술·미술·음악 또는 사진의 창작품에 대한 원
    작자가 받는 원고료, 인세, 및 그 대가
  ※ 상기 기타소득 이외의 경우에는 원천징수의무자가 확인할 수 있는 금액이
    필요경비로 공제된다.

법인사업자가 알아야 하는 세금

법인은 개인의 소득세에 해당하는 법인세를 납부하며 원천징수는 개인 일반사업자와 같다

법인사업자의 부가가치세

◦ 법인사업자는 매출세액(공급가액×10%)에서 매입세액을 차감하여 납부한다.

| 부가가치세 | = | 매출액×10% | − | 매입세액 |

○ 부가가치세는 1년에 4번 신고·납부한다.

구 분	제 1 기		제 2 기	
	신고사항	신고기간	신고사항	신고기간
예정신고	1.1~3.31사업실적	4.1~7.25	7.1~9.30사업실적	4.1~4.25
확정신고	1.1~6.30사업실적	7.1~7.25	7.1~12.31사업실적	다음해 1.1~1.25

법인세란 어떤 세금인가? 법인세는 주식회사와 같이 법인형태로 사업을 하는 경우 그 사업에서 생긴 소득에 대하여 내는 세금이다. 각 사업연도 소득에 대한 법인세가 과세되고, 토지 등 특정 자산을 양도할 때 생긴 소득에 대하여는 법인세와 별도로 특별부가세를 추가로 납부하게 된다.

$$각사업연도 소득 = 연간 총익금 - 손금총액$$

○ 익금: 사업에서 생기는 수익금액외에 사업과 관련하여 발생하는 자산의 양도금액, 자산의 평가차익, 무상으로 받은 자산의 가액 등도 익금에 포함된다.
○ 손금: 제품의 원가 및 인건비 외에 사업과 관련하여 지출한 접대비, 복리후생비 등을 포함하며 세법에서 특별히 인정하는 특정손금이 있다.

[표 11.10] 법인세율(2023년)

중소/중견기업		대기업	
과세표준	세율	과세표준	세율
5억 원 이하	10%	200억 원 이하	20%
200억 원 이하	20%		
200억 원 초과	22%	200억 원 초과	22%

※ 지배주주가 50%를 초과하는 지분을 보유하고 있거나 부동산 임대업을 주된 사업으로 하는 중소/중견기업은 10% 특례세율 대상에서 제외

통합세액공제

비효율적인 중복 지원과 기업 혼란을 줄이기 위해 다양한 고용지원 공제 제도도 하나로 통합한다. 고용증대 세액공제, 사회보험료 세액공제 등을 하나로 합쳐 '통합세액공제'로 운영하며 또한, 일자리를 늘리는 중소기업에 대한 공제액도 상향한다. 중소기업이 정규직 근로자를 채용하면 최대 950만 원을 공제해 주고, 청년(연령 범위는 34세까지 인정)이나 장애인, 경력단절 여성 등을 채용할 경우 최대 1,550만 원을 공제 혜택을 제공한다.

- 법인세 과세체계를 간단히 요약하면 다음과 같다.

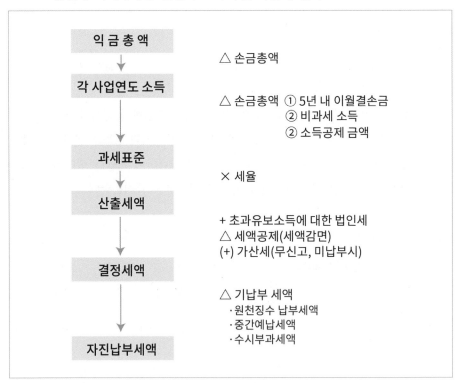

법인세 신고기한   사업연도 종료일부터 3월내 '법인세 과세표준 및 세액신고서'를 작성하여 납세지 관할세무서장에게 신고하여야 한다.

○ **법인세 신고시 제출하여야 할 서류**
  - 대차대조표와 손익계산서
  - 이익잉여금 처분계산서
  - 세무조정계산서
  - 기타 부속서류

법인세의 납부   법인세신고서에 기재된 납부세액을 법인세 신고기한 내에 가까운 은행 또는 우체국에 납부하여야 한다.

법인세의 분납   납부할 세액이 1천만 원을 초과하는 경우에는 1천만 원 초과분 중 일부를 납부기한이 경과한 날부터 1월내(중소기업의 경우 45일내) 나누어 납부할 수 있다.

법인세할 주민세의 납부   개인사업자와 달리 사업연도 종료일로부터 4월내에 법인세액의 10%를 사업장소재지를 관할하는 시·군·구에 신고납부하여야 한다.

청년창업기업 세금 면제

  - 연매출 4,800만 원 이하
  - 만15세 ~ 만34세 이하의 청년이 창업한 기업
○ **창업 지역별 면세 혜택**
  - 수도권 과밀억제권역 지역에서 창업한 경우: 법인소득세 50% 감면
  - 수도권 과밀억제권역 외 지역에서 창업한 경우: 법인·소득세 100% 감면
  - 수도권 과밀억제권역 외 지역에서 창업한 경우 지방세 감면 혜택 제공

－ 고용/산업위기지역에서 창업한 기업에 대한 법인세/소득세 추가 감면(5
년간 100%) 시행

소득세 및 법인세의 감면

　2021년 12월 31일 이전에 수도권과밀억제권역 외의 지역에서 창업한 중소기업(이하 "창업중소기업"이라 함)과 창업보육센터사업자로 지정받은 내국인에 대해서는 해당 사업에서 최초로 소득이 발생한 과세연도(사업 개시일부터 5년이 되는 날이 속하는 과세연도까지 해당 사업에서 소득이 발생하지 않는 경우에는 5년이 되는 날이 속하는 과세연도를 말함)와 그 다음 과세연도의 개시일부터 4년 이내에 끝나는 과세연도까지 해당 사업에서 발생한 소득에 대한 소득세 또는 법인세에 다음의 구분에 따른 비율을 곱한 금액에 상당하는 세액을 감면한다(조세특례제한법 제6조 제1항).

- 수도권과밀억제권역 외의 지역에서 창업한 조세특례제한법 시행령으로 정하는 청년창업 중소기업의 경우: 100분의 100
- 수도권과밀억제권역에서 창업한 청년창업 중소기업 및 수도권과밀억제권역 외의 지역에서 창업한 창업 중소기업의 경우: 100분의 50
- 창업보육센터사업자의 경우: 100분의 50

　벤처기업 중 조세특례제한법 시행령 제5조 제4항에 따른 기업으로서 창업 후 3년 이내에 2021년 12월 31일까지 벤처기업으로 확인받은 기업(이하 "창업벤처중소기업"이라 함)의 경우에는 그 확인받은 날 이후 최초로 소득이 발생한 과세연도(벤처기업으로 확인받은 날부터 5년이 되는 날이 속하는 과세연도까지 해당 사업에서 소득이 발생하지 않는 경우에는 5년이 되는 날이 속하는 과세연도)와 그 다음 과세연도의 개시일부터 4년 이내에 끝나는 과세연도까지 해당 사업에서 발생한 소득에 대한 소득세 또는 법인세의 100분의 50에 상당하는 세액을 감면한다(조세특례제한법 제6조 제2항 본문).

인지세 면제

중소기업창업 지원법에 따른 창업자(중소기업창업 지원법 제3조의 업종을 창업한 자만 해당함)가 창업일부터 2년 이내에 해당 사업과 관련하여 금융실명거래 및 비밀보장에 관한 법률 제2조 제1호에 기재된 은행 등의 금융기관으로부터 융자를 받기 위하여 작성하는 증서, 통장, 계약서 등에 대해서 인지세를 면제한다(조세특례제한법 제116조 제1항 제19호 및 조세특례제한법 시행령 제114조).

이러한 인지세의 면제는 2021년 12월 31일까지 작성하는 과세문서에만 적용된다(조세특례제한법 제116조 제2항 제3호).

농어촌특별세 면제　　조세특례제한법에 따라 창업 중소기업에 대하여 소득세, 법인세를 감면하는 경우에는 농어촌특별세가 부과되지 아니한다(농어촌특별세법 제4조 제3호, 조세특례제한법 제6조, 제7조).

대체산림자원조성비 감면　　규제 중소기업기본법 제2조에 따른 중소기업이 그 창업일부터 5년 이내에 규제 중소기업창업 지원법 제33조에 따라 사업계획의 승인을 받아 설립하는 공장에 대해서는 대체산림자원조성비가 감면될 수 있다(규제 산지관리법 제19조 제5항·제7항, 규제 산지관리법 시행령 제23조 제1항 및 별표5 제2호 바목).

부담금 면제제도

규제 통계법 제22조 제1항에 따라 통계청장이 작성·고시하는 한국표준산업분류(통계청 고시 제2017−13호, 2017. 1. 13. 발령 2017. 7. 1. 시행)상의 제조업을 영위하기 위하여 중소기업을 창업하는 자는 사업을 개시한 날부터 3년 동안 다음의 부담금을 면제받는다(규제 중소기업창업 지원법 제39조의3 제2항).

지방자치단체 공공 시설수익자 분담금　　지방자치단체의 재산 또는 공공시설의 설치로 이익을 받는 자에게 부과되는 부담금(지방자치법 제138조)

농지보전부담금　　사업자가 농지를 농지 외의 용도로 전용 시 부과되는

부담금(규제 농지법 제38조 제1항)

대체초지조성비　　중소기업이 창업을 위해 초지를 전용하는 경우 부과되는 부담금(규제 초지법 제23조 제8항)

전력산업기반부담금　　중소기업에게 사용하는 전기요금의 37/1,000에 해당하는 금액이 부과되는 부담금(전기사업법 제51조 제1항 및 전기사업법 시행령 제36조)

대기배출 기본부과금　　대기오염물질을 배출하는 사업자에게 배출허용기준 이하로 배출하는 오염물질에 부과되는 부과금(대기오염물질배출량의 합계가 연간 10톤 미만인 사업장에 한함)(규제 대기환경보전법 제35조 제1항 제2호)

수질오염물질배출 기본부과금　　중소기업이 배출하는 폐수 중 수질오염물질이 배출허용기준 이하로 배출되나, 방류수 수질기준을 초과하는 경우 부과되는 부과금(1일 폐수배출량이 200㎥ 미만인 사업장에 한함)(규제 물환경보전법 제41조 제1항 제1호)

폐기물부담금　　폐기물 관리상의 문제를 초래할 가능성이 있는 제품·재료·용기의 제조업자 또는 수입업자에게 부과되는 부담금(연간 매출액이 20억 원 미만인 제조업자에 한함)(규제 자원의 절약과 재활용촉진에 관한 법률 제12조 제1항)

물이용부담금　　4대강 수계(한강, 금강, 낙동강, 영산강·섬진강 수계) 상수원의 용수를 공급받는 사업자에게 부과되는 부담금(규제 한강수계 상수원수질개선 및 주민지원 등에 관한 법률 제19조 제1항, 규제 금강수계 물관리 및 주민지원 등에 관한 법률 제30조 제1항, 규제 낙동강수계 물관리 및 주민지원 등에 관한 법률 제32조 제1항 및 규제 영산강·섬진강수계 물관리 및 주민지원 등에 관한 법률 제30조 제1항)

대체산림자원조성비　　산지전용과 산지일시사용에 따른 대체산림자원 조성에 드는 비용(규제 산지관리법 제19조 제1항)

교통유발부담금　　교통혼잡의 원인이 되는 시설물의 소유자로부터 매년 부과·징수되는 부담금(규제 도시교통정비 촉진법 제36조)

지하수이용부담금　　지하수를 개발·이용하는 자에게 지하수이용부담금을 부과·징수되는 부담금(규제 지하수법 제30조의3)

특정물질 제조·수입 부담금　　제조업자와 수입업자에게 특정물질 제조·수

입 부담금을 부과·징수되는 부담금(오존층 보호를 위한 특정물질의 제조규제 등에 관한 법률 제24조의2)

　　해양심층수이용부담금　　　해양심층수를 구입하는 자에 대하여 해양심층수이용부담금을 부과·징수되는 부담금(해양심층수의 개발 및 관리에 관한 법률 제40조)

　　벤처기업확인위원 자격 요건은 대학·연구기관 벤처캐피털(VC), 벤처·창업기업 지원기관, 벤처기업 등에서 10년 이상 재직했거나 연매출 1,000억 원 이상 기업가치 1조원 이상 상장기업의 대표이사 출신 등으로 규정된다.

　　액셀러레이터나 크라우드펀딩을 통해 투자받은 기업도 벤처기업으로 인정받을 수 있게 된다. 액셀러레이터와 크라우드펀딩의 대형화 등 부수 효과도 기대할 수 있을 전망이다. 벤처기업 확인에 따른 유효기간은 3년이다.

[표 11.11] 벤처 인증 요건

민간 전문가	민간전문가로 구성된 벤처기업 위원회
혁신성 성장성 평가	혁신성 성장성 평가
4대 연구개발 조직으로 확대	기업부설연구소 연구개발 전담부서 기업부설 창작연구소 창작전담부서 연구개발비 5천만 원 및 매출액대비 5%
투자자 추가인정	투자자 추가인정 창업기획자(엑셀레이터) 등 시행령에 명시 벤처투자 5천만 원 및 자본금대비 10% 이상

창업기업에 투자하는 경우 세금감면

1. 중소기업 창업투자회사 출자주식 등 양도시 양도소득세 면제

다음의 주식을 양도하는 경우 주식양도차익에 대한 양도소득세가 면제된다.

- 중소기업 창업투자회사 또는 여신전문금융회사에 출자한 주식
- 중소기업 창업투자조합이 창업자 또는 벤처기업에 출자한 주식
- 신기술투자조합이 신기술사업자 또는 벤처기업에 출자한 주식
- 벤처기업에 출자(조합을 통한 출자 포함)하여 취득한 주식을 5년 이상 보유하다가 양도하는 경우(벤처기업으로 창업 및 전환 후 3년 이내의 벤처기업 및 특수 관계가 없는 벤처기업에 대한 출자에 한함)
- 기업구조조정조합이 구조조정대상기업에 출자하는 주식

2. 벤처기업 등에 투자한 금액에 대한 소득공제

개인의 다음 투자에 대하여는 투자금액의 30%를 소득금액에서 공제한다.

- 중소기업 창업투자조합, 신기술투자조합 및 구조조정조합에 출자한 금액
- 벤처기업증권투자신탁의 수익증권에 투자한 금액
- 벤처기업에 투자한 금액(조합에 출자하여 투자하는 경우 포함)

제 **12**장

신생 벤처를 위한
사업계획서

미래 CEO를 위한
창업경영과 기업가정신

신생 벤처를 위한 사업계획서

사업계획서는 무엇인가?

　　미국의 경영학자 피터 드러커가 말하길 "어떤 현상을 숫자로 표현하지 못하는 것은 문제를 정확히 알지 못한다는 것이고, 정확히 모른다는 것은 관리할 수 없다는 것이고, 관리할 수 없다는 것은 현재의 상태를 개선할 수 없다는 의미다"라고 했다. 사업계획서는 창업과 관련된 많은 이해관계자들에게 다양한 기능을 수행하나, 크게 내적기능과 외적기능으로 나누어 볼 수 있다. 사업계획서가 수행하는 내적기능은 창업자 자신 또는 기업내부의 관리목적에서 수행하는 기능을 말하며, 외적기능은 창업 자본을 제공하는 외부투자자들에게 투자의사결정에 참고할 정보를 제공하는 기능을 말한다.

　　사업계획서의 내적기능은 창업자가 사업계획서를 통하여 창업의 주체 및 기업의 내부구성원들로 하여금 고려중인 사업을 성공적인 사업으로 키울 수 있도록 하는 데 있어서 다음과 같은 크고 작은 많은 도움을 준다.

　　계획서류로서의 사업계획서는 이미 계획사업의 사업성에 대한 검토가 끝난 상태라 할지라도 사업계획서를 작성하는 과정에서 마케팅, 재무, 운영업무 등 기업의 모든 측면을 사전에 검토하게 되므로 사업의 성공가능성을 다시 점검할 수 있으며, 계획사업의 강점과 약점을 재인식할 수 있는 기회를 제공한다. 즉, 사업의 성공을 위해서 앞으로 무엇을 어떻게 해야 할 것인지에 대한 각오를 새롭게 해준다. 사업계획서를 준비하는 과정에서 판매전략, 고객지원 및 제품가격결정 등과 같은 중요한 문제에 대한 질문을 하게 되며 그 답을 준비하게 한다. 사려 깊게 준비된 사업계획서는 사업을 수행하는 과정에서 실행전략을 제공하게 된다. 사업계획서는 어디에서 어떠한 방법으로 누구에게 당신회사의 제품을 광고해야 하는지 알려주며, 고객의 관심사에 대하여 회사가 어떻게 서비스를 제공할 것인가를 설정해주고, 당신 회사의 제품이나 서비스에 대한 경쟁적인 가격결정 전략을 제시해줄 것이다.

사업활동 지침으로서의 사업계획서는 창업초기의 업무추진계획이란 성격을 갖고 있지만, 업무가 본격적인 단계에 접어들었다 할지라도 유용한 사업활동 지침으로서의 역할을 하게 된다. 일단 사업이 시작되면 처리해야 할 업무가 많아지고 업무 상호간의 갈등요소가 발생되며 시간의 부족으로 그때 정확한 판단 없이 지나쳐버려 많은 시행착오를 겪을 수 있는데, 훌륭한 사업계획서는 이러한 문제를 방지하는 데 기여할 수 있다.

사업계획서는 또한 기업의 비전을 조직 구성원들에게 전달한다. 잘 구성된 사업계획서의 내용을 통하여 신규로 고용된 사원은 회사의 목적과 목표를 달성하기 위한 전략, 전체 사업구조 속에서 자신의 역할 등을 이해할 수 있다. 또한 사업계획서는 초기 창업과정에서 창업자 자신을 평가하는 유용한 도구로서 역할을 한다. "현재 사업은 계획대로 진행되고 있는가? 진행되지 못하고 있다면, 왜 그런가?"의 질문을 하고 그 답을 찾음으로써 자신의 창업과정을 평가할 수 있다.

사업계획서의 외적기능은 사업계획서는 기업의 외부관계자들로 하여금 계획사업과 관련된 의사결정에 참고할 수 있는 다음과 같은 기능을 수행한다.

첫째, 창업의 인·허가업무를 담당하는 기관에게 사업의 목적, 계획 사업의 경제·사회적 기여도, 사업주체의 인정 구성, 사업장의 위치와 환경문제 등에 관한 기업의 각종 정보를 제공한다.

둘째, 원자재 공급업자, 판매업자 및 납품업체, 예비종업원 등에게 사업내용을 소개해 줌으로써 거래관계를 맺도록 하는 데 기여한다. 즉, 창업사업계획서는 이들에게 사업의 목적, 제품아이디어 및 제품의 성능, 관리 능력 및 방식, 자금조달능력, 성장계획 등에 관한 정보를 제공해 줌으로써 기업에 대한 이해와 거래를 유인하는 기능을 수행한다.

셋째, 창업자금지원기관, 창업투자회사, 은행 등에게 자금지원을 위한 판단근거를 제공한다. 즉, 창업사업계획서는 투자자나 이해관계자들에게 제품 아이디어,

업계동향, 수요추세, 경쟁상태, 소요자금, 경영진의 경영능력 등에 관한 정보를 제공해 줌으로써 투자의사결정에 활용할 수 있도록 한다.

대다수의 금융기관 투자자가 투자나 대출을 검토하기 위하여 요구하는 첫 번째 자료가 사업계획서이며, 이점에서 창업사업계획서가 기업에 필요한 자금조달을 위한 첫 걸음이라는 사실을 이해하는 것이 매우 중요하다고 할 수 있다. 그러나 창업사업계획서 작성 없이 창업을 하고 모든 노력을 수포로 돌아가게 하는 일반적인 위험에 직면하는 경우를 흔히 볼 수 있다.

피해야 할 사업계획서

기본 1: 전문적이고 어려운 설명

어렵고 전문용어를 피하고 최대한 간결하고 명확하게 설명하는 것이 좋다. 아무리 사업계획서에 있는 내용을 전문적으로 말한다고 하더라도, 해당 사업 분야에 있지 않은 사람들에게는 이해가 쉽지 않을 수 있다. 이러한 부분을 사업계획서의 매력도를 크게 감소시킨다. 그러므로 비전문가라도 쉽게 호기심을 가질 수 있도록 최대한 간결하고 쉽게 내용을 이해할 수 있도록 만드는 것이 중요하다. 필요시에는 그림이나 주석, 별첨자료 등을 첨부하여 이해가 쉽도록 제공할 필요가 있다.

기본 2: 현실적 목표부재

목표는 현실적이고 명확하게 설명을 하는 것이 중요하다. 예를 들어 수익화를 하는 단계에 대해 설명을 할 때는 단순히 "수익을 지속적으로 늘려가겠다"라고 하기보다 "이번 년도 말까지 A라는 제품을 몇 개 판매해서 1억 원의 순수익을 내겠다는"라는 식으로 달성방안에 대해 구체적이고 명확하게 표현하는 것이 더 낫다. 특정한 기간을 설정하여 달성할 수 있는 목표를 설정하는 것이 바람직하다.

기본 3: 입증된 경험과 역량 부재

비즈니스에 있어서, 구성원들이 어떤 중요한 역할을 담당하고 있는지 어필하는 것은 매우 중요하다. 구성원의 경험과 역량에 따라 비즈니스가 어떻게 진행될

지 결정되기도 하기 때문이다. 만일 각 구성원들이 어떤 활동을 해왔고, 이러한 경험이 지금 비즈니스를 실행하는데 있어 어떻게 이점으로 작용할지 기술할 수 있다면, 그렇지 않는 사업계획서보다 더 좋은 인상을 남기게 된다. 투자자는 창업자나 사람을 보고 투자하는 경우가 많다. 특히 자문 역할을 하는 부분을 많이 강조는 경우를 경우가 있는데 자문에 대한 공헌도를 높게 평가하지는 않는다. 이보다는 내부 구성원의 역량을 훨씬 높게 평가한다.

기본 4: 회사의 명확한 비전

단순한 수익을 넘어선 회사의 비전은 회사의 방향을 알기 쉽게 가늠하게 해준다. 단순히 현재의 성과 및 실적으로 앞으로 그려갈 미래를 모두 보이기는 힘들다. 회사의 비전을 설명하고, 왜 현재 특정단계가 중요하며 나중에 이 단계가 어떤 단계를 도울 수 있는지 회사의 계획과 성장가능성을 보이는 것이 좋다. 또 비전을 명확히 하기 위해서는 제공하고자 하는 상품, 서비스에 대해서 명확히 인지해야 하고, 타깃하고자 하는 고객층이 누구인지 명확히 기술하는 것이 중요하다.

기본 5: 경쟁사와 차별화 부재

기업의 서비스는 경쟁자로부터 다른 차별점이 있어야 한다. 그렇지 않으면 굳이 여러분의 비즈니스가 특별할 이유가 없다. 경쟁사가 있다면 그들과 명확히 차별화되는 강점을 언급이 반드시 필요하다.

기본 6: 하나의 틈새시장 공략

모든 분야에 대해서 공략하려 하기보단, 하나의 틈새시장에 집중하는 것은 중요하다. 대부분의 경우 회사의 초기단계에서 시간과 비용이 부족하기 때문에, 틈새시장을 공략하려는 모습은 현실적이고 긍정적으로 비춰지게 된다. 더 나아가, 틈새시장에서 포지셔닝을 강력히 하기 위해 경쟁사들이 무엇을 제공하고, 무엇을 제공하지 않는지 조사를 하고 이에 대해 기술하는 것도 중요하다. 초기 비즈니스의 경우 현실적인 신뢰감을 주는 것이 중요하기 때문에, 최대한 틈새시장을 작은 그룹으로 나누고, 천천히 작은 그룹들을 공략해나가는 계획을 보여주는 것이 좋다.

기본 7: 재무제표에 대한 이해 결여

비즈니스를 운영하는 것은 돈, 시간과의 싸움이다. 만일 현실적인 재정 계획 없이 무리한 투자계획, 마케팅전략 등을 짜서 타인에게 사업계획서를 보여주는 것은 보는 사람 입장에서 당황스러울 수 있다. 객관적으로 재무 상황을 파악하고 현실적으로 얼마 후에 어떤 식으로 수익을 예상하는지, 판매 관리비용(인건비, 사무실 운영비, 통신료, 기타비용 등)을 고려하여 어떻게 자금을 조달하고 비즈니스를 이끌어 갈지 올바른 재무계획 제시하는 것은 중요하다.

기본 8: 약속이나 헌신의 결여

비즈니스가 하는 일이 왜 중요하고, 그것이 타깃 고객이나 시장에 어떤 이점을 가져다주는지 명확히 명시해야 한다.

예를 들어, 단순히 "이 서비스, 제품이 있으면 좋다"보다는, 여러분이 제공하는 "서비스 A라는 기능은 타깃고객층 B의 편리성을 얼마만큼 도우며, 타깃고객층 500명을 조사한 결과 시간절약을 구매에 있어서 가장 중요한 요인이라고 답한 비율이 95퍼센트나 됐다."이런 식으로 밝히는 게 여러분 비즈니스를 좀 더 어필할 수 있는 방법이다. 차별화된 아이디어 없이 단순이 유행을 따라 앱(App)을 개발하겠다는 등의 내용은 반드시 피해야 할 부분이다.

기본 9: 장애물 예측 실패

처음부터 비즈니스모델이 완벽하다고 생각하는 사람은 없다. 만일 사업계획서에 어떤 점이 현재 회사로써는 부족하고, 리스크에 직면했을 때 어떻게 극복해야 하는지 명시한다면 지원하는 측에서도 그 부분을 위해 힘써줄 수 있다. 무엇보다 자신의 비즈니스모델에 있어서 한계점을 인지하고 위험을 극복하려는 모습은 그렇지 않는 비즈니스보다 현실적인 분석력과 개선의지가 있으므로 더 긍정적인 인상을 주기도 한다.

기본 10: 사회공헌에 대한 결여

기업이 가지는 사회적인 공헌에 대한 부분이 중요시 되고 있다. 창업기업이라고 할지라도 기업의 성장과 발전에 따른 고용창출이나, 사회에 대한 기여, 환경에 대한 공헌 등에 대해 가치를 인정받는다면 이해관계자들이나 투자자, 마케팅 측면에서 유용하게 작용할 수 있다.

사업계획서 작성 방법

1. 요약

사업계획서 작성 시 가장 먼저 들어가면 좋은 것은 바로 목차와 요약이다. 일반적으로 모든 문서는 목차가 있기 마련이다. 그래서 사업계획서도 마찬가지로 목차를 가장 먼저 작성하기 바라며, 조금 특이한 부분은 바로 요약 부분이다. 사실 사업계획서를 작성하는 이유는 투자자를 설득하는 문서라고 생각하면 되는데, 투자자에게는 시간이 그렇게 많지 않다. 그래서 간결한 요약만 보더라도 모든 게 이해가 가도록 요약 부분을 만드는 것이 중요하다. 어떻게 보면 요약 부분은 사업계획서의 핵심을 정리한 내용이기에 가장 신경을 써야 하는 부분이다. 요약은 사업계획서에서 마지막에 작성하는 것이 효과적이다.

2. 환경 및 기회분석

사업을 시작하기 전에, 가장 먼저 사업이 목표로 하고 있는 시장이나 고객의 특성, 그 안에서의 사업기회를 설명이 필요하다. 이 부분에서는 현재 시장의 특성, 경쟁여건, 시장의 변화방향 등을 설명하고 그 안에서 본 사업이 주목하고 있는 기회의 특징과 가능성을 말해줘야 하고 현재 시장의 크기와 변화추세, 향후 예상크기 등을 명확히 제시하면서 향후 시장의 잠재력이 클 것이라는 점을 설득해야 하는 부분이다. 이때 가장 중요한 부분이 바로 객관적 자료와 데이터이다. 이러한 자료와 데이터는 예측과 주장의 신뢰를 높일 수 있고 데이터는 꼭 필요한 부분에 요약하여 제시하고 주장하려는 논리의 보조 역할로 사용하는 것이 바람직하다고 할 수 있다. 과도하게 사용할 경우에는 논점을 흐릴 수 있기 때문이다.

3. 회사, 제품, 전략

자신이 회사를 설립할 때 추구하는 목적은 무엇이고 이를 위해 어떤 제품이나 서비스를 생산하며 시장에는 어떻게 접근할지 그리고 어떤 전략을 쓸지 설명해야 한다.

4. 목표

회사가 추구하는 목적이 있다면, 바로 회사가 추구하는 목표도 있을 것이다. 이때 목표가 무엇이며 성장계획은 어떻게 되는지, 이를 위해서 어떤 전략을 실행할 것인지를 설명하는 것이 중요하다.

5. 전략의 대한 설명

전략은 차별화 및 경쟁우위의 확보 방법에 관한 것이다. 창업기업의 제품이나 서비스가 성공적으로 시장에 진입하고 지속적인 경쟁 우위를 확보하기 위한 접근 방법과 전략은 무엇인지 설명을 해야 한다. 전략의 내용은 제품/서비스의 차별화일 수도 있고 채널전략일 수도 있고 가격전략일 수도 있다. 여기에서 중요한 점은 제시하고 있는 전략이 어떻게 고객가치로 연결되고 최종적으로 기업의 수익이나 이익으로 연결될 수 있는지에 대해 명확히 설명을 해야 한다.

6. 창업자나 경영진 정보

아직 실행이 되지 않은 사업은 단지 아이디어에 불과하다. 창업초기에 가능성을 실체화 시키고 사업을 성공으로 이끄는 것은 창업자의 창업가정신과 역량이다. 이런 측면에서 창업자나 경영진이 예전에 어떤 경험을 했는지, 사업을 수행하기 위해 어떤 역량을 가지고 있는지, 부족한 경험이나 역량은 어떤 방식으로 보충하고 있는지에 대한 정보는 사업 가능성에 대한 신뢰를 높이는 데 매우 중요한 역할을 한다. 사실 아직 우리나라에서는 학벌이 중요하고 인맥이 중요하다고 할 수 있는데, 창업가의 정보를 보고 투자자가 마음을 바꿀 수도 있기 때문에 최대한 정확한 정보를 쓰는 것이 중요하다.

7. 마케팅 계획

창업자의 사업 아이템이나 비즈니스모델의 타당성이 인정받고 나면 투자자들이 그 다음으로 관심을 보이는 분야가 바로 마케팅 계획이다. 마케팅이 새로운 사업의 성공이나 실패에 가장 밀접한 활동이라는 것을 알기 때문이며, 새로운 제품이나 서비스의 차별화나 매력이 사업성공을 위한 근본적인 요소이기 하지만 제품/서비스의 우수성이나 차별성이 고객에게 연결할 수 있는 적절한 마케팅이 없다면 그 사업은 고객가치를 창출하기도 전에 시장에서 도태될 수 있다. 마케팅 계획에서는 되도록이면 해당 분야에 대해서 명확히 밝히는 것이 좋다.

8. 운영계획

운영계획 부분에서는 실제 사업의 진행계획을 제시하는 부분이다. 분야별로 어느 시기에 어떤 활동을 할 것인지에 대해 구체적인 실행계획을 제시해야 한다. 생산→유통→마케팅 등 사업수행의 주요 분야에 대한 구체적인 설계는 사업계획서의 신뢰를 높일 뿐만 아니라 실제 사업수행시 발생할 수 있는 여러 가지 문제를 사전에 시뮬레이션 해본다는 의미에서 중요한 부분이다.

9. 재무계획

최종적으로 사업의 수행이나 그 성과와 관련한 재무제표를 작성하여 제시하여야 하다. 재무제표는 기업의 활동결과와 성과를 재무적인 측면에서 정리한 것이므로 비록 추정치이긴 하지만 재무제표가 제시되지 않은 사업계획서는 사업의 예측성과를 제시하지 않는 것과 다름없다. 재무제표는 주로 손익계산서 재무상태표, 현금흐름표를 제시하는 것이 좋다.

사업계획서 작성시 포함 내용

사업계획서(business plan)는 자금조달용, 공장설립허가 신청용, 창업자금 신청용, 공업단지입주 신청용, 대외홍보용 등 요구하는 기관마다 양식이 조금씩 다르기 때문에 하나로 통일된 양식은 없다. 그러나 창업과 관련되어 필요로 하는 사업계획서는 주요 내용이 별로 차이가 없다. 따라서 공통성을 지니는 핵심사항만 이해하고 있으면 제출기관의 요구에 따라 얼마든지 신축성 있게 사업계획서의 내용을 가감할 수 있다. 창업자를 위한 사업계획서의 공통사항이 될 만한 주요 내용과 기재요령을 요약하면 [표 12.1]과 같다.

[표 12.1] 사업계획서의 주요항목과 작성요령

주요항목	작성요령
Ⅰ. 일반사항	
1. (가칭)상호, 업종 2. 창업자(대표자) 인적사항 3. 사업장의 위치 및 주소 4. 주주(발행인) 현황 5. 경영진, 기술진 인적사항	창업할 회사의 상호와 업종을 기재 창업자의 학력, 경력, 자격취득사항, 상벌 및 인적사항, 사업장의 주소지, 대지 및 공장규모, 위치 등을 기재 주주(발행인) 인적사항과 지분율 및 창업자와의 관계, 구성원 학력, 경력, 자격취득, 상벌 등 인적사항
Ⅱ. 사업의 개요	
1. 사업내용과 목적	어떤 사업인지 제3자가 충분히 알 수 있도록 설명하고 회사설립 목적과 향후 사업추진방향 등을 기재
2. 사업의 독창성 차별성 ① 사업의 독창성 ② 기술적 차별성	새로운 시장을 창출하고 독창적인 비즈니스 계획 기재 신기술의 개발이나 경쟁자 대비 차별적 우위를 기재
2. 사업의 기대효과 ① 고용효과	5년간에 걸친 연도별 평균고용인원을 기재하되 상시 종업원만을 계산하며 일용직은 제외
② 소득증대효과 ③ 자원활용효과	종업원이 받을 연간 총지불 임금액을 기재 국내자원 혹은 사업장 주위의 자연자원을 이용함으로써 발생할 직접 및 간접적 효과를 기재
④ 수출증대효과 ⑤ 부대사업 촉진효과	5년간에 걸친 연도별 예상수출액을 기재 해당사업이 추진됨으로써 생길 수 있는 부대사업을 열거하고 그 가능성을 설득력 있게 기재
⑥ 수입대체효과 ⑦ 기타	수입대체상품일 경우 그 효과에 대해 타당성 있게 기재 기타 예상되는 물질적·정신적 효과를 간략하게 기재

Ⅲ. 제품의 소개

1. 주 제품 소개	주 생산품의 제품명, 규격, 주요 수요처 등을 기재
2. 기타 생산품	기타 생산품의 품명, 규격, 주요 수요처 등을 기재
3. 제품설명	제품의 용도, 특성, 제조공정 경쟁우위 등을 기재
4. 제품의 성능	공인시험성적서나 각종인증내용 기재
5. 지적재산권	제품이 획득한 특허, 실용신안, 디자인, 상표권 등 기재

Ⅳ. 제품의 시장현황

1. 동종업계의 전반적 현황	동종업계의 현황, 예상되는 전망, 시장변경요인 등을 요약하여 기재
① 제품의 시장현황	첨부사항
② 주요 국내경쟁업체 현황	첨부사항
③ 주요 해외경쟁업체 현황	첨부사항
④ 수출입동향	첨부사항
2. 총예상 시장규모	5년간 예상되는 전체시장의 매출규모를 기재
3. 예상 시장점유율	5년간 예상되는 자사제품의 시장점유율을 기재
4. 시장진입방법	목표한 시장점유율을 달성하기 위한 구체적인 시장진입방법을 기재

Ⅴ. 조달/생산계획

1. 생산공정	제품의 생산과정을 공정별로 도표로 표시
2. 자체 생산계획	계획된 생산설비, 종업원수, 예상판매량을 기준으로 하여 5년간의 생산계획을 기재
3. 외부 생산계획	자체생산이 어려운 부품 및 아이템에 대한 5년간의 외부 생산계획을 기재

Ⅵ. 판매계획

1. 판매계획	도소매, 납품, 수출 등 판매방법별로 장·단점을 기재
2. 가격책정	생산원가, 적정이윤, 경쟁상품의 가격 등을 고려하여 적절히 책정
3. A/S 계획	A/S인력수급, A/S조직망, A/S부품공급계획 등 기재
4. 내수 판매계획	5년간의 국내 판매계획을 기재
5. 수출계획	5년간 수출계획을 기재

Ⅶ. 설비투자계획

1. 생산설비, 기계설비 내역	설치하고자 하는 기계, 설비의 명칭, 규격, 용도, 단가, 수량, 소요금액 등을 기재
2. 기계설비 구입내역	어디서 어떤 조건으로 얼마나 구입할 것인지 기재

VIII. 인력수급계획 및 조직표	
1. 업무수행제도와 조직편성표	업무수행과정을 도표로 표시하고 업무수행에 필요한 조직편성표를 작성
2. 부서별·직책별 소요인원	5년간 생산·판매계획에 맞는 인력수급계획을 기재
3. 고용계획	5년간 부족인력 보충을 위한 고용계획 기재

IX. 상품, 원부자재 조달계획	
1. 국내 조달계획	5년간에 걸쳐 국내에서 조달하고자 하는 원부자재의 수량과 금액을 기재
2. 해외 조달계획	5년간에 걸쳐 해외에서 조달하고자 하는 원부자재의 수량과 금액을 기재

X. 재무계획	
1. 추정손익계산서	5년간에 걸친 추정손익계산서
2. 추정대차대조표	5년간에 걸친 추정대차대조표
3. 추정현금흐름표	5년간에 걸친 추정현금흐름표
4. 추정제조원가명세서	5년간에 걸친 추정제조원가명세서
5. 손익분기점분석	수입과 지출의 균형점과 향후추이분석
6. 추정감가상각비명세서	5년간에 걸친 추정감가상각비명세서

XI. 자금수급계획	
1. 총소요자금의 내역	향후 5년간 예상되는 시설자금, 창업자금, 운전자금 등의 소요자금을 기재
2. 자금조달계획	5년간 예상되는 총자금을 조달함에 있어서 자기자본과 타인자본을 어떤 비율로 어떻게 조달할 것인가를 기재
3. 차입금 상환계획서	타인자본 중 차입금을 5년간에 걸쳐 어떻게 얼마씩 상환할 것인가를 기재

XII. 공해방지 시설계획(해당시)	
1. 폐수처리계획	폐수처리의 시설계획, 인력계획, 자금계획 등을 기재
2. 공기정화계획	정화를 위한 시설계획, 인력계획, 자금계획 등을 기재
3. 소음방지계획	방지를 위한 시설계획, 인력계획, 자금계획 등을 기재

XIII. 사업계획추진 일정표	
1. 추진 일정표작성	사업추진계획을 월별로 구분하여 도표로 작성

위의 사업계획서의 내용 중에서 가장 핵심적인 내용이 되는 것은 생산계획, 판매계획, 자금계획이라는 3가지 사항으로 이는 사업계획에 있어서 없어서는 안

될 중요한 요소들이 되는 것이다.

이러한 사업계획서(business plan)는 작성하는 데 있어서 매우 복잡하고 까다로운 면이 많다. 그러나 사업인가를 받기 위해서나 투자를 이끌어들이기 위해서는 관공서나 금융기관 또는 협력업체 등 제3자로부터 인정을 받아야 하므로 사업계획서를 구체적이고 명확하게 작성하지 않으면 안 된다. 사업계획서작성에 전문가의 조언을 얻을 수는 있지만 사업계획은 창업자가 작성하는 것이 중요하다.

창업사업계획 승인제도

정부에서는 중소기업의 창업을 활성화하기 위해 공장설치가 허용되지 않는 지역에서도 중소기업창업자로서의 일정요건을 갖추면 시·군·구청으로부터 '창업사업계획'을 승인받아 공장을 설립할 수 있도록 하고 있으며, 공장설립절차도 간소화하여 시행하고 있다.

창업사업계획의 적용대상   중소기업창업지원법상 농어촌지역에서 창업하거나, 농어촌 이외의 지역에서는 기술 집약형 업종으로 창업하는 중소기업으로서 창업예정자 또는 창업 후 5년 이내로 공장이 없는 기업이 그 적용대상이 된다.

창업사업계획의 처리절차   공장설치예정지를 관할하는 시장, 군수, 구청장에게 '창업사업계획승인신청서'를 제출해야 하며, 다음의 서류를 첨부해야 한다. 사업계획서, 공장설치예정지의 위치도 및 지적도, 공사개요서, 개략설계서, 개략공사비조서, 부동산권리 사용동의서 등이다.

창업사업계획 승인의 효과   창업자는 여러 기관을 방문할 필요 없이 '창업사업계획' 신청을 통해 공장설립신고 등 공장 설치에 따른 인·허가(23개 법률, 38개 인·허가절차)를 일괄적으로 처리 받을 수 있다.

창업사업계획승인신청의 접수 및 처리

- **접수:** 시·군·구청의 중소기업 창업민원실
- **처리:** 창업사업계획승인신청의 내용이 시장, 군수, 구청장 소관사항에 국한되는 경우에는 접수일로부터 20일 이내에 승인여부를 결정한다. 승인신청 내용이 당해 시장, 군수, 구청장 외의 다른 행정기관의 권한에 속하는 사항이 있는 경우에는 접수일로부터 15일 이내에 관계행정기관에 협의요청하게 되며, 관계행정기관의 장은 특별한 사유가 없는 한 접수일로부터 30일 이내에 합의결과를 통보한다.

투자유치용 사업계획서 작성사례

회사 개요

(금액단위: 백만 원)

업체명	○○전자(주)	업 종 표준산업 분류번호	전자관 및 기타전자부품 제조업 (32103)	조직형태	법인
대표자	대표이사○○○			상시 종업원수	50
설립일	20XX. 8. 01.	주 제 품	인쇄회로기판 (PCB)	결산일	매년 12월말
주소 · 본 사	서울특별시 구로디지털로 8길 1			자본금	500
주소 · 현사업장	상동			자산총액 (부채액)	3,601 (2,824)
주소 · 계획 사업장	—			연간매출액 (당기순이익)	1,623(20)
사업장현황	용도지역 구분 / 공업 지역	소유형태	임대	규 모 (대지, 건물, 기계)	대지 250평 건물 500평 기계 20점
사업자 등록번호	000-00-00000		협회 단체 가입현황	○○ 협회	
인허가 등록	수출입 등록번호: xxx 공장등록번호: No.000		금융기관 등 우대사항	○○은행으로부터 유망 중소기업 지정	
공업소유권 등	없음		주거래 은행	●●은행●●지점 △△은행△△지점	

업체연혁

년 월 일	주 요 내 용
20XX. 1. 1	OO전자(주)설립 － 수권자본금 200백만 원, 납입자본금 100백만 원 － 대표이사: • • •
20XX. 3. 1	◇◇창업(주) 자본 20백만 원 참여
20XX. 6. 1	산업단지내 공장 임차
20XX. 7. 1	자본금 300백만 원 증자 － 국내 기존 주주: 400백만 원
20XX. 8. 1	공장 임차 － 대지 250평 － 건물 500평
20XX. 9. 11	영업개시
20XX. 1. 16	△△은행으로부터 유망중소기업 선정

대표자 및 경영진현황

직 위	성 명	연령	학 력	경 력	교 육 훈 련	특기 사항
대표이사	•••	36	▷▷대 경영학과 졸	• △△ 전자 10년 근무	미국 3년 연수	
부사장	▽▽▽	33	◁◁대학원 석사	• ◇◇연구소 선임연구원	영국 1년 연수	
이사	▷▷▷	41	▽▽대 컴퓨터공학과졸	• ○○회사 15년 근무	—	

주주현황

[20X×년 ×월 ×일 기준]						총주식 수 주당액면가액	1,000,000주 1,000원	
성 명	주민등록번호 또는 사업자등록번호	보 유 주식수	금 액 (백만 원)	지분	주식취득일	대주주와의 관계	특기 사항	
●●● ◇◇◇			400			본인		
△△△			200			처		
▽▽▽			100			자		
□□□			100			지인		
△△회사			200			기술도입선		
계			1,000					

관계회사 내용

업 체 명	설 립 연월일	주 생 산 품	총자산	자본금	전년도 영업실적		당해 업체와의 관계
					매출액	당기 순이익	
▽▽제약(주)	20XX.5.11	의약품	2,320	1,000	3,170	120	대표 이사

종업원현황 및 충원계획

구 분			종업원현황 및 충원계획				비고
			직전년도	당해년도	1차년도	2차년도	
생산직	기술계	기술사	1	—	—	1	
		기사 1·2급	1	3	5	6	
		기타 기술직	2	7	7	10	
	기능	기능장	—	—	—	1	

계	기능사 1·2급	2	4	6	7	
	기능사보	4	6	6	7	
	기타 기능직	6	10	10	14	
생산직 합계		16	30	34	46	
사무직	임원	3	4	4	5	
	일반 사무직	6	8	9	11	
	사무직 합계	7	12	13	16	
기타업종전문직		4	6	8	10	
일용근로자		—	12	12	13	
종업원총계		28	60	67	85	

교육훈련현황 및 계획

구 분	교육분야	교육기간	교육내용	참가자수	실시기관	교육효과
전년도 실시현황	기술	20xx. 3. 5 20xx. 3. 10	기본 기술교육 〃	3	▽▽전자 (주)	기본기술 습득
기준년도 실시계획	기술	20xx. 9. 1 20xx. 9. 6	기술교육 〃	5	▽▽전자 (주)	생산현장의 전문기술진 중심으로 전문 기술습득
특기사항	• 전년도 신규채용 직원 대상으로 기본기술 연수 및 기본공정 교육에 초점을 둠 • 기준년도 이후는 생산현장의 전문기술인 양성을 위하여 생산기법 습득위주로 교육실시					

조직도

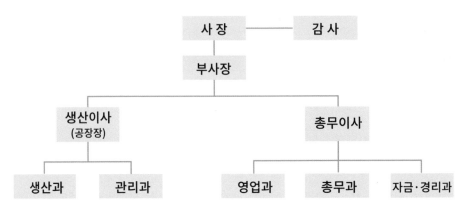

조직 및 인력 구성의 특징

- 당사는 부사장 겸 기술고문인 A를 본사에 상근케 함으로써 미국의 선진기술 이전을 조속히 실현시킬 계획으로 있어 생산기반 확충이 가능함
- 또한 생산이사 겸 공장장인 ○○○는 반도체 제조공정에 탁월한 기능을 가진 자로, 국내 반도체 유수업체인 S전자(주)에서 다년간 공장장으로 근무한 경험이 있는 자로서 신기술 개발 능력 발휘가 기대되는 자이며, 기타 공대, 공고 출신의 기능사 등을 다수 확보하고 있고, 신입사원 채용 후 미국에 기술연수를 실시한 바 있어 생산인력의 저변은 두터운 편임
- 반면 관리직 직원은 소수정예주의 원칙에 입각하여 line 조직이 아닌 담당업무별 전담역제를 도입·시행함으로써 인력의 효율적 관리를 도모하고 있음

창업동기 및 사업의 기대효과

창업동기	• 대표이사 ○○○은 8여 년 동안 무역상을 경영하면서 ASML 등 외국 설비 제조 회사의 국내 대리점 계약을 맺고 반도체 제조설비, 컴퓨터 등의 수입판매업을 경영한 경험으로 국내 반도체의 시장구조 및 주요 수요처의 정보를 기반으로 반도체 사업 가능성을 확인하고, 미국의 △△전자(주)와의 기술합작으로 TR의 생산·판매 사업을 계획함

사업의 기대효과	• 내수: 수출계획을 60:40으로 계획하고 있어 수출 및 수입 대체효과 기대됨. • 향후 미국의 기술을 도입·활용하여 생산비중을 높일 계획으로 있어 기술 향상 효과가 기대됨

사업전개 방안 및 향후계획

시설투자계획	• 공장 확장을 위해 20xx년도에 공장용지를 매입하고 건물을 신축할 계획이며, 더불어 종업원 기숙사 등 복리후생 시설도 갖출 예정임 • 또한 매년 생산설비를 증설하고, 20xx년 검사설비, 20xx년 차세대 웨이퍼 양산 설비를 증설할 예정임.
조직·인력 활성화 계획	• 향후 3년 이내에 기술사, 기능장 등 고급 기술인력 확보와 더불어 기사, 기능사, 기능사보의 수와 질을 적극적으로 향상시킴 • 복리후생제도를 동업계 수준 이상으로 향상시킴으로써 이직률을 최소화시킬 계획임
신제품 개발전략	• 다층 위주의 제품생산전략을 지속적으로 추진하며, • 합작사를 통해 선진 반도체 생산기술을 조기에 도입하여, 회로선폭 14나노 이하의 고정도, 고집적 제품을 개발함
공장자동화· 사무자동화계획	• 노광, 식각, 실장 공정의 로봇화 • ERP 도입을 통해 사무 자동화를 2년 이내에 실현함

제품의 내용

구 분	제 품 명	표준산업 분류번호 (5단위)	규격	성능 및 품질
주생산품	산업용 반도체	32103	다중	• 본건 계획제품은 컴퓨터, 통신기기, 경박단소형 가전제품 등에 사용됨 • 우리나라의 일반적 기술수준은 평균수준이나, 동사는 다층중심의 생산으로 향후 미국수준의 기술축적을 계획하고 있음
	플래쉬 메모리	〃	다층	• 경박단소형 스마트폰 제품에 사용 • 14나노 이하의 공정도, 고집적 반도체임

제품의 개요	• 잉곳을 가공하여 웨이퍼 제조 후 마스크 제작하고 웨이퍼 위에 회로를 새겨 칩을 완성 후 후공정(Inhouse /Outsourcing) 칩단, 패키징, 테스트하여 생산한다. • 소비전력이 작고, 전원이 꺼지더라도 저장된 정보가 사라지지 않은 채 유지되는 특성을 지닌다. 곧 계속해서 전원이 공급되는 비휘발성 메모리로, 디램과 달리 전원이 끊기더라도 저장된 정보를 그대로 보존할 수 있을 뿐 아니라 정보의 입출력도 자유로워 디지털텔레비전·스마트폰, 디지털카메라·개인휴대단말기(PDA)·게임기 등에 널리 이용됨
용도 및 특징	• 용도 　– 낸드 플래시는 저장단위인 셀을 수직으로 배열하는 구조이기 때문에 좁은 면적에 많은 셀을 만들 수 있어 대용량화가 가능함. 또한 데이터를 순차적으로 찾아가 읽기 때문에 노어 플래시보다 읽기 속도는 느리지만, 별도로 셀의 주소를 기억할 필요가 없어 쓰기속도는 훨씬 빠름 　– 양면: 고급 카메라·TV·자동차용 전자기기에 사용 　– 단면: 스마트폰, 전자기기 등에 사용 • 특징: 스마트폰 등 고급 전자기기, 전자제품 등의 경박 단소화, 고정도, 고집적 추세에 따라 수요 증대에 부응

제품 아이템 선정과정 및 사업전망

아이템 선점과정	• 대표이사가 15여 년간 경영하여 온 무역상 취급상품인 반도체 제조설비 중 제조업가능성을 검토하여 오던 중 일본의 OO전자(주)로부터 기술제휴가 가능한 플래쉬메모리의 경우 시장 수요 기반이 넓어 기술개발만 가능하다면 충분한 사업성이 있는 것으로 판단하여 사업 아이템으로 선정 • 국내 전문 사업타당성 분석기관으로부터 사업타당성 적격 판정을 받음
사업전망	• 플래쉬메모리 수급 전망 향후 플래쉬메모리 수요는 전자산업의 경기와 직결되어 있으므로 스마트폰과 디지털기기, 산업용 전자 제품, 자동차 분야 수요급증에 따라 성장성이 높을 것으로 예상됨 • 판매 가능성 계획제품의 목표시장은 기존 PCB업체와는 달리 고기술을 바탕으로 다층 PCB 45%, 양면 30%, 특수품 25%의 생산계획을 설정하여, 다층 및 특수품 비중을 국내 경쟁업체보다 월등히 높힘으로써 PCB 전체 시장의 경기하락에도 불구하고 본건 계획제품의 시장성은 양호한 것으로 판단됨 • 수익성 본건 계획사업의 향후 5년간 추정 손익계산서에 의한 매출액 경상이익률은 11.5% 수준으로서 비교적 양호하며, 사업개시 익년에는 손익분기 매출액을 상회함으로써 본건 계획사업의 수익성은 양호하다고 판단됨

기술현황

제조기술 내용	• 국내 업계의 생산기술수준은 선진기술 수준이나 당사의 계획제품기술은 최고수준으로 당사의 합작사인 미국으로부터 기술도입을 통해 생산기술을 이전받을 계획으로 있음 • 주요 기술제휴 내용은 다음과 같음 　－ 기술제공 내용 • 고밀도, 다층 제조기술의 제공 　－ 기술 연수 • 당사 부담으로 미국에 연간 20명을 파견하여 기술 연수 실시 　－ 현장지도 　－ 기술제공 대가
기술인력 보유 현황 및 특징	• 생산현장의 핵심 기술직 및 기능직 인력은 공대, 전문대 및 공고 출신의 기사(1, 2급) 2명, 기능사(1, 2급) 5명을 포함하여 기타 기술직 4명, 기능사보 5명, 기타 기능직 등 20명을 현재 확보하고 있으며, 10년 이상 경력 보유자가 5명, 5년 이상 경력 보유자가 8명이며, 이들을 포함한 생산직 인력 전원이 일본 합작사로부터 1개월 이상의 파견연수 과정을 수료한 자들임 • 향후 생산직 고급인력의 지속적인 확보는 물론, 기술연구소를 설립하여 국내 고급 연구인력을 확보하여 기술개발에 적극적인 투자를 할 계획임
공업소유권 등의 등록현황	• 현재 공업소유권 등록 실적은 없으나, 향후 연구소 설치 및 종업원 TQC의 활성화와 연계하여 특허 및 실용신안 등 공업소유권 취득에 전력할 계획임
규격표시 획득내용	• KS, 수입국 규격(JLS, UL 등), 품질 인증(검, Q마크 등), 형식승인 (전, 열 등) 등의 규격표시 획득 사실은 없음
기술집약형 사업 및 신기술 현황	• 창업지원법 시행령 발표2 관련 기술집약형 중소기업 업종 중 제7항 외자도입법 제23조의 규정에 의한 기술도입 계약에 의하여 도입된 기술의 사업으로서 기술집약형 중소기업임

기술개발 투자현황 및 계획

	연간매출액(A)	개발비투자액(B)	투자비율(%)	투자효율
기술개발 투자현황	전기 손익계산서상 매출액	전기손익계산서 및 제조원가 명세서상 개발비 투자액	$16/1.623 \times 100$ $= 0.99\%$	창업 초기로서 아직 투자효율은 낮은 편임

	연도별 개발비 투자 계획 및 투자비율 증가계획					
	구분	20xx	20xx	20xx	20xx	20xx
기술개발 투자계획	개발비 예상 매출액	46 4,574	79 7,871	116 11,594	177 17,685	252 25,195
	투자비율 증가계획	1.0%	1.0%	1.0%	1.0%	1.0%
• 당분간 일정률(1.0%)로 지출할 계획임						

보유시설

(금액단위: 백만 원)

종별	시 설 명	규격	수량	내용 연수	설치 연도	설치 금액	제작 연도	제작 제작회사	제작 국명
기본 시설	대지	평	250	—		500	—		
	건물	평	500	60		1,200			한국
생산 설비	잉곳 제조 설비	식	1	7		220		—	EU
	웨이퍼절단	식	1	8		190			미국
	설계 장비	식	1	6		130		—	한국
	Laminating설비	식	1	8		110		—	미국
	노광 및 현상설비	식	1	8		80		—	EU
	부식설비	식	1	9		75		—	한국
	세척설비	식	1	7		53		—	한국
	Solder Register인쇄 및 Solder coating설비	식	1	11		135		—	미국

	본딩설비	식	1	6	139		−	한국
	외형가공설비	식	1	8	179		−	한국
	실장설비	식	1	11	40		−	한국
	적충설비	식	1	11	23		−	EU
	반도체 검사기	대	1	11	34		−	한국
	PC Scope	대	1	11	18		−	EU
검사설비	Micro Scope Test Equipments	대	1	11	82		−	미국
기타설비	포장설비	식	1	10	30			한국

생산능력 · 생산실적 · 가동현황

구 분	설비증설 전 현황(20XX)			설비증설 후 예상(20XX)			생산능력 산출근거 (설비증설 전 기준)
	생산능력	생산실적	가동률	생산능력	생산실적	가동률	
MLC	4,142	2,791	67.3	5,927	5,040	85.0	• MLC 9,000×25일×12월×@1,5,4=4,142백만 원 • TLC 21,000×25일×12월×@440=2,772백만 원
TLC	,772	1,861		3,953	3,360		
계	6,914	4,652	67.3	9,880	8,400	85.0	
특기사항	• 20xx년 증설 계획 설비 자금조달 지연으로 20xx년도에 대대적인 설비증설이 이루어질 계획임						

생산 공정상의 문제 및 개선대책

20nm급부터는 EUV(Extreme Ultra Violet) 노광장비 개발의 지연으로 한계에 부딪혔음. 20nm급의 회로를 웨이퍼에 그려 넣기 위해서는 EUV라는 매우 짧은 파장의 광원이 요구됨. 노광장비 분야의 독점기업인 ASML(네덜란드, 점유율 90%)은 빠르면 20XX년 말 양산 공급이 가능하다고 발표한 바 있음. 하지만 EUV장비는

기술적 난제들로 인해 20XX년 이후에나 상용화 가능할 것으로 예상됨.

제품 단위당 소요원재료

(단위: 원)

원·부자재명	단위당 소요원재료			주요구입처	비고
	단위	수량	금액		
잉곳	장(매)	1	29,000	수입(EU,미국) ▽기업(주)	
부식약품	ℓ	5	3,300	수입	
필　름	장	1	11,200	수입	
기 타 약 품	ℓ	2	500	수입	
· · ·					
계			44,000		

생산 및 판매계획

(단위: 백만 원)

품 목	기준년도		1차년도		2차년도		3차년도	
	생산	판매	생산	판매	생산	판매	생산	판매
산업용 TR	842	811	2,326	2,287	4,200	3,935	6,145	5,797
고정도(Fine Pattern)형 TR	505	486	140	1,372	2,520	2,361	3,687	3,478
표면실장형TR	337	326	2,186	915	1,679	1,575	2,458	2,319
계	1,684	1,623	4,652	4,574	8,399	7,871	12,290	11,594

마케팅전략

영업조직 및 마케팅전략	마케팅전략상 제문제 및 해결방안
• 영업과 형식으로 영업담당 조직이 존재하나 창업 초기인 이유로 소규모이나, 향후 1단계로 영업부로 승격하고, 2단계로 영업부를 제품별·시장별로 세분할 계획임 • 마케팅전략의 중점은 방문 또는 관련회사를 이용한 고정판매처 확보에 두고, 대기업에 납품기회를 포착하여 매출의 획기적 시장에 주력할 계획임 • 또한 해외수출 전담과를 운용하여 외국 바이어와의 빈번한 접촉을 통해 수출통로의 다변화를 기할 계획임	• 기존 경쟁사가 제품시장을 선점하고 있으며 중국기업이 참여를 확대하고 있어, 시장의 점유확보가 용이하지 못함 • 이의 타개를 위해 제품의 질을 높이고, 목표시장을 차별화하여 마케팅부문에서 특화 할 수 있도록 대책을 강구할 예정임 • 또한, 스마트폰 제조 기업과의 장기 공급 협약을 통해 안정적인 매출 계획으로 있음

시설투자 및 생산성향상계획

(금액단위: 백만 원)

종별	시 설 명	규격	수량	설치예정년도	소요금액	제작회사	설치구분	제작구분
기본시설	대지	평	250	20xx	450	신설		
	건물	평	500	20xx	1,100		신설	
생산설비	윈도제작설비	식	1	20xx	270	EU	신설	외산
	잉곳연마기	식	1	20xx	310	〃	〃	〃
	잉곳절단설비	식	1	20xx	220		〃	국산
	부식설비	식	1	20xx	150	EU	〃	외산
	세척설비	식	1	20xx	50	〃	증설	외산

	노광 및 현상 설비	식	1	20xx	25	〃	〃	〃
	실장설비	식	1	20xx	152	〃	〃	〃
	적층설비	식	1	20xx	27	〃	〃	〃
	〃	식	1	20xx	35	〃	〃	〃
검사 설비	Micro Scope Test Equipments	식	1	20xx	105	〃	〃	〃
기타 설비	포장설비	식	1	20xx	45	〃	〃	〃
계					2,939			

생산성향상계획

구 분	기 준 년 도	연차별 목표		
		1차년도	2차년도	3차년도
노동생산성(천원)	14,000	18,200	26,970	37,316
자본생산성(%)	0.4	21.9	25.8	26.3

관련 산업 및 동업계 최근 상황

구 분	최 근 상 황
관련산업	20XX년 823억기가바이트(GB) 규모를 형성한 낸드플래시 시장은 연평균 44%의 성장률로 20XX년 5084억GB까지 성장할 것으로 전망됨. D램 시장도 여전히 몸집을 키워가고 있지만, 성장세는 낸드플래시만 못함. D램 시장은 20XX년 570억기가비트(Gb)에서 20XX년 1750억 Gb로 연평균 25.2% 성장이 예상됨
동 업 계	동업계 1위인 삼성전자는 20xx년 x분기 기준으로 34.9%의 시장점유율을 기록하며 시장을 선도하고 있음. 삼성전자는 3D 낸드플래시 기술을 확보해 시장을 선도할 수 있었음. 도시바는 20.4%의 점유율로 삼

성전자를 추격하고 있고, 웨스턴디지털은 15.0%의 점유율로 3위를 차지했음. SK하이닉스는 10.7%의 점유율로 11.4%를 차지한 마이크론의 4위로 예상됨

경쟁회사현황

업 체 명	대표자	설 립 일	자본금	주생산품	최근결산기 매출액	특 기 사 항
—전기(주)	—	2019년	50	낸드	693	·▽▽전자(주),
—전자(주)	—	2021년	30	〃	523	◁◁산업(주)
—전자(주)	—	2016년	20	〃	486	가 전체시장의
기타20여사		2013년도전후	20 평균7	〃	85 400	65.6%를 점하고 있음.
계						

시장 총규모 및 자사제품 수요 전망

(단위: 백만 원, 천 달러)

구 분	시장 총 규모 예상	자사제품 수요전망		
		1차년도(20XX	2차년도(20XX	3차년도(20XX
내 수	334,325	2,744	4,722	6,956
수 출	107,879	2,346	4,037	5,946

생산 및 판매실적

(금액단위: 백만 원)

품 목	직 전 년 도				기준년도(20XX년말 현재)				특기 사항
	생산 실적	판매실적			생산 실적	판매실적			
		내수	수출	계		내수	수출	계	
산업용 반도체	1,100	623	295	918	2,320	1,600	670	2,270	
낸드(MLC)	360	210	70	280	710	512	173	685	
낸드(TLC)	224	106	37	143	285	168	127	295	
계	1,684	939	402	1,341	3,315	2,280	970	3,250	

원재료 조달조건, 조달상 문제점 및 대책

원재료 매입조건		원재료 조달상 특징	조달상 문제점 및 대책
현 금	외 상		
70%	30%	원재료의 국내 매장량이 풍부함	• 원재료 매장량이 풍부하고 기술개발이 지속적으로 이루어질 경우 조달원가의 인하와 조달량 확보에 별 어려움이 없을 것으로 예상됨

원 · 부자재 조달계획 및 전망

원 · 부 자재명	단위	연간 소요량 및 금액						조달전망
		연간		국산		외산		
		물량	금액	물량	금액	물량	금액	
잉곳	장(매)	35,267	1,859	7,653	372	27,614	1,487	인쇄회로원판은 수입선 다변화 품목으로 80% 정도를 일본, 미국으로부터 수입하고 있어 해외 원자재가의 영향이 큼

부식 약품	ℓ	—	743			—	743	현재 EU, 미국으로부터 수입하고 있으나 조달상 큰 문제점은 없음
필름	장	2,200	930			2,200	930	〃
기타약품	ℓ	—	186			—	186	〃
계			3,718	372			3,346	

최근 결산기 주요 재무상태 및 영업실적

(단위: 백만 원)

구 분	최근 2기(20xx년)	최근 1기(20xx년)	증 감 요 인
자본금 (자기자본)	700 (720)	1,000 (777)	증자
총자산 부채총계 매출액	1,120 400 —	3,601 2,824 1,623	증자, 차입증가, 영업확대 차입 증가 영업개시(20XX년9월)
당기순이익 (이월이익잉여금)	20 (20)	△243 (△223)	20XX년은 예금이자 수입에 의한 당기순이익임

금융기관 차입금현황

(단위: 백만 원)

거래 은행	대출 과목	이율	대출 일자	대출 액	대출 잔액	대출 기한	상환조건 등
국민은행	장기차입금	4%		300	300	4년	3년거치 2년분할상환
〃	〃	3.8%		100	50	5년	3년 균등상환
KEB하나은행	〃	5%		250	250	3년	일시상환
기업은행	〃	4.5%		150	100	7년	〃
신한은행	단기차입금	3%		300	300	1년	〃
계							

추정 손익계산서

(단위: 백만 원)

연도 항목	실 적 20XX년	추 정 20XX년	20XX년	20XX년	20XX년	20XX년
매출액	1,623	4,572	7,872	11,595	17,685	25,195
매출원가	1,341	3,718	6,055	8,718	12,909	18,391
(+)기초제품재고액	–	343	421	949	1,645	2,353
(+)당기제품제조원가	1,684	3,796	6,583	9,414	13,617	19,442
(-)기말제품재고액	343	421	949	1,645	2,353	3,404
매출총이익	282	854	1,817	2,877	4,776	6,804
판매비 및 일반관리비	504	643	751	903	1,164	1,527
영업이익	△222	211	1,066	1,974	3,612	5,277
영업외 수익	14	25	48	59	71	97
영업외 비용	35	255	347	470	706	1,016
경상이익	△243	△19	767	1,563	2,977	4,358
특별이익	–	–	–	–	3	–
특별손실	–	–	–	–	–	–
법인세차감전손이익	△243	△19	767	1,563	2,980	4,358
법인세 등	–	–	–	689	999	1,468
당기순이익	△243	△19	767	874	1,981	2,890

추정 제조원가명세서

(단위: 백만 원)

연도 항목	실 적 20XX년	추 정 20XX년	20XX년	20XX년	20XX년	20XX년
원재료비	1,450	3,314	5,900	8,500	12,400	17,800
노무비	198	333	417	531	659	841
경비	36	149	266	383	558	801

당기총제조비용	1,684	3,796	6,583	9,414	13,617	19,442
[+]기초재공품재고액	–	343	421	949	1,645	2,353
[-]기말재공품재고액	343	421	949	1,645	2,353	3,404
당기제품제조원가	1,341	3,718	6,055	8,718	12,909	18,391

고용계획 및 인건비 명세

(단위: 백만 원)

구 분		월평균 임금 (천원)	20XX년		20XX년		20XX년		20XX년		20XX년	
			인원	금액	인원	금액	인원	금액	인원	금액	인원	금액
관리부문	임 원	1,300	4	69	5	94	5	104	5	114	5	126
	사무직	1,100	8	116	9	144	11	193	15	290	19	404
	기 타	450	18	107	19	124	21	151	23	182	30	260
	소 계	2,850	30	292	33	362	37	448	43	586	54	790
생산부문	관리직	1,000	11	145	13	189	16	256	18	316	21	406
	생산직	750	19	188	21	229	23	275	26	343	30	435
	소 계	1,750	30	333	34	418	39	531	44	659	51	841
총 계		4,600	60	625	67	780	76	979	87	1,245	105	1,631

감가상각 및 이연자산상각 산출 근거

(단위: 백만 원)

구분	상각대상	취득년도 또는 지출년도	내용연수 또는 상각기간	장부가격 또는 잔존가격	상각법	연도별 상각비				
						XX년	XX년	XX년	XX년	XX년
감가상각비	건물	20xx	60	1,173	정액법	18	18	18	18	18
	건물	〃	60	–	〃	–	–	–	8	17
	생산설비	〃	8	510	〃	69	69	69	69	69
	검사설비	〃	11	29	〃	3	3	3	3	3
	기타설비	〃	10	78	〃	8	8	8	8	8
	생산설비	20xx	8	370	〃	44	44	44	44	44

	검사설비	〃	11	17	〃	2	2	2	2	2
	생산설비	20xx	8	367	〃	41	41	41	41	41
	검사설비	〃	11	82	〃	7	7	7	7	7
	생산설비	20xx	8	–	〃	–	1	3	3	3
	〃	20xx	8	–	〃	–	–	18	36	36
	검사설비	〃	11	–	〃	–	–	4	9	9
	생산설비	〃	8	–	〃	–	–	–	24	49
	기타설비		10	–	〃	–	–	–	2	3
	생산설비	20xx	8	–	〃	–	–	–	–	26
	차량운반구	20xx	5	29	〃	7	7	7	4	
	〃	20xx	5	38	〃	7	7	7	7	7
소 계				2,693		206	207	231	285	342
이연자산상각	창업비	20xx	5	8	정액법	2	2	2	1	–
	개업비	〃	3	2	〃	1				
	신주발행비	〃	3	8	〃	3	1	–	–	–
	〃	20xx	3		〃	1	2	2	2	–
	〃	20xx	3		〃	–	1	3	3	2
	〃	20xx	3		〃	–	–	3	5	5
	〃	20xx	3		〃	–	–	–	4	9
	〃	20xx	3		〃	–	–	–	–	3
	기술개발비	20xx	3		〃	5	5	2	–	–
	〃	20xx	3		〃	7	14	14	7	–
	〃	20xx	3		〃	–	12	24	24	13
	〃	20xx	3		〃	–	–	16	33	33
	〃	20xx	3		〃	–	–	–	27	54
	〃	20xx	3		〃	–	–	–	–	40
소 계				18		19	37	66	106	159
합 계				2,711		255	244	297	391	501

영업외비용 명세

(단위: 백만 원)

구 분		금 액	이율(%)	금융비용 및 이연자산 상각액				
				20XX	20XX	20XX	20XX	20XX
지급 이자	금융차입							
	20xx. 5	300	14.0	42	42	42	42	34
	20xx. 10. 3	50	12.0	5	2	2		
	20xx. 3. 4	250	15.0	38	38	28	10	
	20xx. 8. 1	100	14.5	11	4			
	20xx. 9. 4	300	13.0	39	39	39	39	39
	20xx년	600	14.0	41	84	84	84	84
	20xx년	400	13.0		26	52	52	52
	20xx년	750	13.5			51	101	101
	20xx년	1,500	14.0				105	210
	20xx년	800	12.0					48
	전환사채							
	20xx년	200	16.0		15	31	31	24
	20xx년	500	19.0					24
	단기차입 등							
	20xx년	400	15.0	60				
	20xx년	400	15.0		60			
	20xx년	500	15.0			75		
	20xx년	900	15.0				135	
	20xx년	1,500	15.0					225
소 계		9,540		236	310	404	600	841
이연자산 상각				19	37	66	106	159
합 계		9,540		255	347	470	706	1,000

자금 수지 예상표

(단위: 백만 원)

구 분		실적 (20x7)	재 무 추 정					추정 근거
			1차년도 (20XX년)	2차년도 (20XX)년	3차년도 (20XX)년	4차년도 (20XX)년	5차년도 (20XX)년	
자금의 원천	자본금	—	500	700	1,200	2,000	1,500	
	당기순이익	—	—	525	874	1,981	2,890	
	감가상각비	127	225	244	297	391	501	
	(고정자산)	(121)	(206)	(207)	(231)	(285)	(342)	
	(이연자산)	(6)	(19)	37	(66)	(106)	(159)	
	금융기관차입	700	1,000	800	1,250	2,400	2,200	
	(장기차입)	(500)	(600)	(400)	(750)	(1,500)	(700)	
	(단기차입)	(200)	(400)	(400)	(500)	(900)	(1,500)	
	전환사채발행			200			500	
	주주차입		100	—	50	100	150	
	기타	27	47	59	71	92	102	
	이월현금예금	250	74	45	12	15	17	
	합 계	1,104	1,946	2,573	3,754	6,979	7,860	
자금의 운용	토지	—	—	—	—	450	—	
	건물	—	—	—	—	1,100	—	
	기계	410	449	27	425	475	462	
	차량운반구기타	42	2	3	5	7	10	
	투자와기타자산	12	8	11	9	15	13	
	이연자산	16	52	88	(131)	(203)	(272)	
	(신주발행비)	(—)	(6)	(9)	(16)	(26)	(20)	
	(기술개발비)	(16)	(46)	(79)	(115)		(252)	
	장기차입금상환	75	275	450	450	(177)	1,075	
	단기차입금상환	150	200	400	400	675	900	
	사채의상환					500	50	
	기타자금의 운용			8			15	
	소요운전자금	325	915	1,574	2,319	3,537	5,039	
	기말현금예금	74	45	12	15	17	24	
	합 계	1,104	1,946	2,573	3,754	6,979	7,860	

추정 대차대조표

(단위: 백만 원)

연도 항목	실적 20XX년	추정 20XX년	20XX년	20XX년	20XX년	20XX년
유동자산	418	1,488	2,560	6,994	11,345	18,289
당좌자산	50	952	2,458	4,854	8,194	13,840
재고자산	343	421	949	1,645	2,353	3,404
기타 유동자산	25	75	153	495	798	1,045
투자와	17	85	135	196	357	480
기타자산	3,143	3,386	3,206	3,400	5,140	5,260
고정자산	450	450	450	450	900	900
토지	1,173	1,155	1,137	1,119	2,193	2,158
건물	1,453	1,728	1,580	1,806	2,033	2,195
기계	67	53	39	25	14	7
기타고정자산	23	56	107	173	269	382
이연자산						
자산총계	3,601	4,975	7,008	10,763	17,111	24,411
유동부채	1,179	1,396	1,421	2,291	2,916	4,451
매입채무	870	770	760	1,433	1,496	2,207
단기차입금	200	400	400	500	900	1,500
기타유동부채	109	226	261	358	520	744
고정부채	1,645	2,321	2,862	3,673	5,415	6,790
장기차입금	1,400	2,125	2,475	3,275	5,000	6,125
기타고정부채	245	196	387	398	415	665
부채총계	2,824	3,717	4,283	5,964	8,331	11,241
자본금	1,000	1,500	2,200	3,400	5,400	6,900
잉여금	△223	△242	525	1,399	3,380	6,270
(당기순이익)	△243	△19	767	874	1,981	2,890
자본합계	777	1,258	2,725	4,799	8,780	13,170
부채와자본총계	3,601	4,975	7,008	10,763	17,111	24,411

손익분기점 및 수익성 향상 계획

구 분	분석 및 계획내용
손익분기 매출액	손익분기점 매출액 $= \dfrac{고정비}{1-변동비율} = \dfrac{1,208}{1-0.738} = 4,611$백만 원

연도별 이익계획 [필요시 부진원인 및 대책]

(단위: 백만 원)

구분	1차년도	2차년도	3차년도	4차년도	5차년도
매출액	4,572	7,872	11,595	17,685	25,195
매출총이익	854	1,817	2,877	4,776	6,804
경상이익	△19	767	1,563	2,997	4,358
세전순이익	△19	767	1,563	2,980	4,358
당기순이익	△19	767	874	1,981	2,890

손익분기 전략 및 수익성 향상계획

• 마케팅 수행을 강화하고 손익분기매출액인 4.611백만 원을 2차년도부터 달성하여 동년 이후에는 이익 달성이 가능토록 할 계획임
• 또한 기술개발과 소비자 선호도조사 등을 통해 원가 대비 판매마진율이 해마다 상승할 수 있도록 세부항목을 관리할 계획임

[참고] 손익분기 매출액 산정 근거표

(단위: 백만 원)

구 분		고정비		변동비		계	
제조경비	재료비	—		3,314	100%	3,314	100%
	노무비	167	50%	166	50%	333	100%
	경 비	149	100%	—		149	100%
소 계		316	8.3%		91.7%	3,796	100%
재고조정		△6	8.3%		91.7%	△78	100%
매출원가		310	8.3%	△72	91.7%	3,718	100%
판매비와 일반관리비		643	100%	3,408	—	643	100%
영업외비용		255	100%		—	255	100%
합 계		1,208	26.2%	3,408	73.8%	4,616	100%

단기 총괄자금계획(20XX)

(단위: 백만 원)

소 요 자 금			조 달 계 획		
내 용		금 액	내 용		금 액
사업장	대지매입 공장건축 부대설비	— — —	자기자본	발기인 V.C회사	300 200
	소계	—		소계	500
생산 설비	기계시설 부대시설	367 82	차입금 및 특수금융	회사채발행 (사채, 전환사채) 은행차입 제2금융기관 차입 시설 대여 진흥공단 지원 주주 일시차입 기타	— 700 300 — — 100 272
	소계	449			
유형 고정 자산	차량운반구 기구비품기타	— 2			
	소계	2		소계	1,372
운전 자금	원·부자재구입비 기타 운전자금	915 535	B/S 가용자금 기타		74
	소계	1,450			
예비비		45			
합 계		1,946	합 계		1,946

시설자금 조달계획(20XX~XX)

(단위: 백만 원)

계획시설 및 소요자금					조달계획	
시설구분	수 량(평)	외 자	내 자	합 계	내 용	금 액
대지	1,500	—	450	450	은행 장기 차입	1,000
건물	800	—	1,100	1,100	제2금융권 차입	200
생산 설비	9식	1,019	220	1,239	전환사채 발행	400
검사 설비	1식	105	—	105	자본금 증자	1,200
포장 설비	1식	45	—	45	기타	139
계		1,169	1,770	2,939	계	2,939

자금조달상 문제점 및 해결방안

구 분	내 용
자금 조달상 문제점	• 주거래은행(중소기업은행)의 차입 한도는 3차년도 이후 최고 한도에 이를 전망이며, 대출담보도 기계시설 비중이 높아 향후 추가 자금 조달상 어려움이 있음 • 매출액 증가에 따라 연도별로 추가적인 자금 소요가 예상됨
해결방안	• 주거래은행 이외에 다양한 은행차입을 강구하고 제2금융권을 통한 소요자금조달량을 늘림과 동시에 기계나 리스가능시설은 시설대여 형식으로 이용할 계획임 • 차입뿐만 아니라 장기 안정자금으로서의 자본금 증자를 창업 투자 회사 등을 통해 확대함으로써 계획된 자금이 원활히 조달될 수 있도록 만전을 기할 계획임

사업추진 일정계획

추 진 계 획	20XX년				20XX년				20XX년			
	1/4	2/4	3/4	4/4	1/4	2/4	3/4	4/4	1/4	2/4	3/4	4/4
• 자본금 증자												
• 조직 확대												
• 공장 중축												
• 공장자동화												
– 1단계												
– 2단계												

4부

창업가정신과
전략

전략적 성장과 창업가정신

전략적 성장과 창업가정신

전략계획과 창업기업

전략의 정의는 크게 기업 내부, 경쟁, 기업 외부라는 3가지 관점으로 정리해 볼 수 있다. 기업 내부 측면에서 전략은 핵심역량 개발과 한정된 자원으로의 효율적 배분이고, 경쟁관점에서는 경쟁우위와 차별화이다. 마지막으로 기업 외부 관점에서 보면 창업기업에서는 전략적 민첩성이 중요하다.

그러나 초기 창업 기업에서는 전략 수립에 체계적인 방법을 따르지 않더라도 성공적으로 전략계획을 수립할 수 있다. 그러나 기업의 확장에 따라 체계적이고 정해진 방법론에 따라 전략수립을 할 필요가 있다. 전략의 큰 그림은 현재 사업영역의 단순한 확장이 아닌 현재 사업이 미래에 새로운 형태의 사업으로 바뀔지를 보는 것이다. 현재 사업의 기계적 확장의 경우, 전략은 현재 관점에서 분석만 하면 누구나 현재 사업의 핵심 성공요인이 무엇이고, 어떤 영역에서 어떻게 경쟁할지를 알 수 있다. 신생 벤처는 체계적인 절차로 운영과 목표들을 보다 정확하게 알 수 있다. 체계적이고 정식화된 계획수립 절차가 있어야 창업자가 성장과 관리를 할 수 있다. 특히 과거와 달리 지금은 불확실한 환경요인이 너무 많다. 게다가 증가하는 경쟁 강도에 따라 각 요인들 간의 관계도 복잡하고 그 요인들 또한 빠르게 변하고 있다. 이런 상황에서 창업자는 자신의 경험에 기반한 사고에만 몰입해서는 안 된다. 지금 창업자에게 중요한 것은 경험과 분석에 기반한 전략적 사고와, 이러한 전략 사고가 실행으로 이어질 수 있도록 해야 한다.

전략수립계획의 본질

전략 수립과 검증을 위한 핵심 질문들은 현실을 직시하는 질문을 던져야 한다. 분명 잘못된 혹은 질문을 던지면 논쟁이 발생할 수 있는, 암묵적으로 용인되고 있는 상황에 대한 질문을 던져야 한다. 그리고 사람이 아닌 솔루션에 중점을 두어야 한다. 질문이 누가 맞고 틀린지를 판가름하는 것이 아닌 무엇을 해야 할지를 알려주어야 한다. 또한 질문이 습관화된 문화를 만들어야 한다.

전략은 끊임없이 변화하는 환경 속에서 새로운 개념들을 제시해 왔다. 과거의 전략은 분석과 계획에 초점을 두지만 지금은 변화와 적응을 통한 새로운 시장의 창출과 혁신에 중점을 두고 있다. 또한 정형화된 툴에 전략을 대입하기보다는 시장에 대한 지속적인 실험과 전략의 수정을 통해 급변하는 환경에 대응하고 있다. 공격전략을 취하는 경우는 영위하고 있는 사업 분야의 잠재시장 규모가 현재 시장보다 클 때로, 정면공격, 측면공격, 우회공격으로 구분된다. 그리고 방어전략을 취하는 경우는 시장이 포화상태에 이르러 현재 시장에서 더 이상 확장하기 어려운 경우로, 진입장벽 및 선제공격, 봉쇄 및 맞대응 공격, 철수 등 3가지로 구분된다. 기업의 전략이 공격과 방어, 둘 중 어느 하나만을 선택해야 하는 것은 아니다. 시장이 수시로 변하고 있는 상황에서 기업은 공격을 하면서도 동시에 방어를 하는데, 중요한 것은 기업이 보유하고 있는 자원과 역량이 공격과 방어를 잘할 수 있게 뒷받침해줄 수 있느냐다. 따라서 전략을 수립함에 있어 공격과 방어의 시기, 방법, 내부자원과 역량 등 3가지를 고려할 필요가 있다. 조직 레벨에 따라 구분되는 전사전략, 사업부 전략, 기능별 전략은 상위부터 하위 레벨까지의 영역을 모두 포괄한다. 이들 각 개별 전략은 기업의 미션에 맞게 전략적 연계성을 확보하는 것이 더 중요한데, 기업 전략이 무엇인지 일단 이해한 후에 사업부 전략이나 기능별 전략을 파악할 필요가 있다.

외부환경 및 내부역량 분석

전략 수립의 첫걸음인 거시환경분석인 PEST 분석은 정치, 경제, 사회, 기술 차원에서 자사에 영향을 미치는 요소가 무엇인지를 살펴보고, 해당 요인이 자사에게 기회 혹은 위협 요인인지를 파악한다. 이런 과정 속에서 자사의 이슈를 파악할 수 있고, 더 나아가 미래 환경 변화에 대비할 수 있다. 마이클 포터의 5Forces 분석은 공급자의 교섭력, 신규 진입자의 위협, 산업 내 경쟁강도, 대체재의 위협, 구매자의 교섭력을 중심으로 시장의 판을 파악하기 위한 것이다. 5Forces 분석은 단순히 어떤 요인이 어떤 것에 영향을 미쳐 위협의 강도가 높고 낮다는 것을 넘어서 시장이 현재 어떻게 흘러가는지를 보는 것이다. 특히 신규 진입자나 대체재의 위협 같은 산업 외부 관점은 산업간 경계의 붕괴와 빠른 기술의 발전으로 중요해지고 있다. 경쟁자들과의 차별화는 과거에도 중요했지만 지금은 더욱 중요해졌다. 기존 경쟁자들과 다른 경쟁자들의 진입으로 인해 새로운 경쟁의 판을 만들어야 하기 때문인데, 우리 회사의 기존 경쟁자들과 다른 새로운 경쟁자라고 볼 수 있는 기업은 누가 있으며 그 기업들과 경쟁에서 이기기 위해 어떤 차별화가 필요한지 생각해봐야 한다.

산업의 핵심 성공요인은 해당 산업에 진입함에 있어 혹은 해당 산업 내에서 경쟁하기 위해 갖춰야할 기본적인 요소이기도 하다. 핵심 성공요인을 기본적으로 갖춰야 경쟁을 할 수 있고, 성공요인의 차별화를 통해 경쟁우위를 확보할 수 있다. 즉, 시장 내 게임의 룰을 파악해야 한다. 전략집단도는 다양한 기준으로 만들 수 있지만 어떻게 만들든지 자사와 유사한 전략집단 형성과 함께 나아가야 할 전략방향을 명확히 파악해야 한다. 전략집단 내 기업들은 자사의 핵심 경쟁자이기 때문에 잘못된 전략집단의 지성은 엉뚱한 경쟁 상황을 만들지 모른다.

기업의 성장성 분석은 신규 사업 확대 시에도 유용한데, 기업이 추구하는 사업을 바탕으로 기업의 정의를 할 수 있게 해줄 뿐 아니라 향후의 성장경로를 어떻게 이끌고 가야 하는지에 대한 힌트를 주기 때문이다. 기업의 성장성 분석에서는 A와 B 사업이 자사에 이념이나 가치 그리고 사업적인 측면에서 어떤 의미가 있었는지를 도출해내는 것이 중요하다. BCG 매트릭스는 시장분류 및 전략 등에서 나오는 방법으로 미국의 보스턴컨설팅그룹(Boston Consulting Group, BCG)에 의해 개발된 전략모형으로 시장성장률과 시장점유율을 토대로 각 사업단위의 위치 및 성과를 평가하여 유지, 철수 여부를 결정하는 전략적 판단을 세울 때 사용한다.

기업의 제품개발과 시장전략 수립을 위해 세로축에는 기업이 종사하는 각 사업의 성장률을, 가로축에는 각 사업에서 기업의 시장점거율을 표시한 도표를 만들어 4개의 분면으로 구성하고 모든 전략사업단위(strategic business unit, SBU)를 다음과 같이 4개의 그룹으로 구분한다.

BCG 매트릭스에서 두 축은 상대적 시장점유율과 시장성장률이다. BCG 매트릭스의 각 셀은 상대적 시장점유율은 낮지만 시장성장률은 높은 물음표, 상대적 시장점유율과 시장성장률 모두가 높은 스타, 상대적 시장점유율은 높지만 시장성장률이 낮은 캐시 카우, 상대적 시장점유율과 시장성장률이 모두 낮은 개로 구성되어 있다.

[그림 13.1] BCG 매트릭스

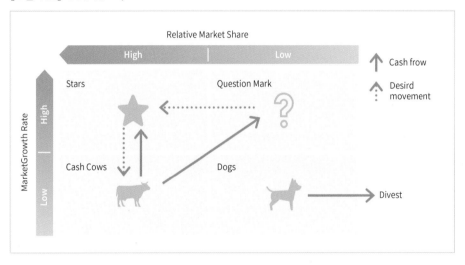

1. Star(별)　　　　시장성장률과 시장점유율이 모두 높아 별처럼 희망을 주는 사업이라고 해서 별로 표시하고 있다. 수익률은 높으나 성장률도 높기 때문에 시장점유율을 유지하기 위해서는 적극적인 투자가 필요하다. 단기적으로 기업에 자금을 공급하지는 못하지만 어느 정도 성장을 하면 수익주종사업으로 이행된다.

◦ 고성장 · 고점유율 사업으로 '스타(star: 유망사업)'라고 한다.
◦ 사업성장률과 기업의 시장점거율이 높기 때문에 수익성과 성장의 기회가 많은 사업이다.

◦ 시장점유율 유지를 위한 적극적인 투자가 필요하나 자금수요가 크다.

2. Cash Cow(젖소) 이곳에 속하는 사업단위는 시장성장율은 작지만 상대적 시장점유율은 높다. 시장의 성장속도가 느리기 때문에 신규투자를 위한 자금이 많이 필요하지 않고 시장점유율은 크기 때문에 판매량이 많아, 많은 이익을 가져다 줄 수 있다. 따라서 여기에 속한 사업단위는 기업에 많은 유동자금을 공급해 줄 수 있다. 또한 여기에 속한 사업단위를 젖소라고 명명한 이유도 젖소가 우유를 공급하는 것과 같이 기업에 자금을 공급하기 때문이다.

◦ 저성장·고점유율 사업으로 '돈이 되는 젖소(자금원천사업)'라고 한다.
◦ 시장지위가 확립되어 있어 비용이 적게 들어 현금수지의 잉여를 가져오기 때문에 현금 흐름이 좋아져 기업의 자금원 역할을 한다.
◦ 시장성장률이 낮아도 시장점유율이 커서 이익이 크다.
◦ 시장성장률이 낮으므로 신규투자 자금이 많이 필요 없다.

* 보통 Cash Cow는 여러 가지로 예를 들 수 있다. 예를 들어, 동아제약의 경우 주력제품이나 시장점유율을 볼 때 "박카스"가 Cash Cow라고 할 수 있다. 시장성장률은 낮으나 꾸준한 매출로 기업의 자금원이 된다.
Cash Cow는 기업을 대표하는 제품으로 꾸준한 매출이 있지만 시장성장률은 낮으나 시장점유율이 높아 지속적인 판매로 기업에 자금원 역할을 하는 제품이다.

3. Dog(개) 시장점유율과 시장성장율이 낮기 때문에 수익성이 낮고 자금의 유출도 적다. 장래성이 없는 사업으로서 조건이 나빠지면 점차 처분이 되어야 한다.

◦ 저성장·저점유율 사업으로 '패배한 개(쇠퇴산업)'라고 한다.
◦ 사업성장률과 기업의 시장점거율이 낮아 수익성은 낮고 비용은 많이 들기 때문에 철수해야 하는 사업이다.
◦ 경쟁력이나 시장전망이 어둡다.

4. Question Marks(미지수) 시장점유율이 낮기 때문에 수익성은 낮으나 성장율은 높기 때문에 시장점유율 유지와 확대를 위하여 많은 자금의 투자를 필요로 한다. 적기에 투자를 성공적으로 하면 성장사업으로 이행되나 그렇지

못한 경우에는 사양사업으로 전락하게 된다.

- 고성장·저점유율 사업으로 '야생고양이' 또는 '문제사업'이라고 한다.
- 성장률이 높아 현금지출이 많고 시장지위가 낮아 현금수입이 적기 때문에 현금수지가 최악인 사업이다.
- 이익을 기대하기 힘들고 장래가 불투명하다.
- 시장점유율 확대를 위한 투자 전략이 필요하다.

BCG 매트릭스의 특징

기업의 모든 사업단위를 BCG 매트릭스에 표시하면 그 기업의 전반적인 건강 상태와 자금조달능력을 한눈에 알 수 있다는 특징을 가지고 있다. 예를 들면 대부분의 사업이 젖소에 위치하고 있다면 기업의 자금동원능력이 상당히 좋은 상태에 있다는 것을 알 수 있으며, 대부분의 사업들이 개에 위치하고 있다면 기업의 유동자금이 부족하고 기업전체가 상당히 어려운 국면에 있다는 것을 알 수 있다. 기업의 가장 이상적인 상태는 젖소에 큰 사업이 몇개 있고 별에 다수의 사업이 존재하는 경우이다. BCG 매트릭스는 기업 경영자에게 각 사업단위의 자원배분에 대한 지침을 제공하며, 존속시킬 사업, 처분해야 할 사업, 기업의 목표를 달성해 줄 수 있는 사업 등 기업의 이상적인 균형을 알 수 있게 해준다.

BCG 매트릭스의 한계점

- 상대적인 시장점유율과 현금흐름 간 정(+)의 관계가 있다는 주장은 설득력이 약하다.
- 기업의 전략선택에 영향을 주는 요인이 시장점유율과 시장성장율 이외의 다른 요인이 더 많이 있을 수 있다.
- 특정한 전략적 사업단위의 시장점유율과 시장성장율을 측정하기가 어렵다.
- 모든 사업들을 네 개의 사업으로 분류하기가 어렵다. 즉 중간에 위치하는 사업이 있을 수 있다.

1. 상대적 시장 점유율이 반드시 경쟁 포지션의 대체 변수가 되는 것은 아니

다. 여기에 대한 예로서 저부가가치 생산기능을 가진 산업, 기술 혁신이나 신상품 도입으로 인한 경험 곡선 이동, 누적 생산량이나 시설 활용보다 더 영향력 있는 장기적 비용 변수 등이 있다.

또한, 높은 시장 점유율이 낮은 시장 점유율보다 반드시 수익성이 높은 것은 아니다. 높은 수익성을 갖는 많은 기업들이 성장률이 낮은 성숙시장에서의 경쟁을 무조건적으로 배제해서는 안 된다는 사실을 보여 줄 뿐만 아니라, 차별화를 전제로 하는 니치 플레이어에 의해서도 끊임없이 도전받고 있다.

2. 고성장 시장이 시장 점유율을 높이는데 낮은 비용을 들인다는 가정은 일관되게 입증되지 않고 있으며, 모든 산업의 성장과 수익성 사이에 명확한 연관성이 존재하는 것도 아니다. 고성장 시장 조건이라 하더라도 경쟁사의 난립, 산업 개편의 위험, 유통 및 자원의 제약, 핵심 성공요인의 변화, 기술의 변화, 우월적 경쟁사의 진입, 실망스런 시장 성장 등이 나타날 경우 이러한 가정은 크게 흔들린다.

3. 시장 점유율은 내생, 또는 종속 변수인 반면, 시장 성장은 외생, 또는 독립 변수로 가정되는데, 시장성장률이 경영의 통제를 넘어서는 외생 변수라는 가정은 효율적인 전략의 인과적 연관성을 혼동하는 것이다. 즉, 전략이 성장을 이끄느냐, 성장이 전략을 이끄느냐는 문제이다.

방향설정 및 전략 수립

가치사슬을 분석하는 이유는 기업의 주요활동 분석과 함께 핵심역량을 파악하기 위해서이다. 동일 산업 내에 있는 모든 기업이 동일한 가치사슬을 가지고 있지만, 기업별 역량 수준은 다르기 때문이다. 이렇게 차별화된 역량을 파악하기 위한 가치사슬 분석 과정은 자사의 가치사슬 작성, 각 가치사슬별로 주요 활동 파악, 주요활동에 따른 필요역량을 도출하고 이 중 우리 회사의 핵심역량 혹은 산업에서 경쟁우위를 확보하기 위한 역량이 무엇인지를 파악하는 것이다. 조직진단을 위해서는 직원 설문조사뿐만 아니라 팀장 및 부문장 인터뷰, 워크숍, 직원 심층인터뷰 등도 병행해야 하는데, 이를 통해 가능한 한 모든 구성원들이 자신의 목소리를 낼 수 있는 기회를 부여해 줘야 한다. 조직 진단의 핵심은 조직구성원의 실제 적인 의견을 어떤 식으로 이끌어내느냐이다. 그렇기 때문에 조직의 불문율에 대한 이해가 선행되어야 한다.

벤치마킹은 국내에서도 여전히 중요한 경영도구 중의 하나인데, 크게 벤치마 킹 목적 설정, 방법 결정, 시사점 도출, 벤치마킹 목적이라는 4단계로 구분된다. 벤치마킹을 할 때는 항상 맥락에 대한 이해가 필요하며, 표면적으로 보이는 것 외 에 맥락 혹은 상황을 이해하고 적용해야 한다.

비전하우스는 기업에 따라 들어가는 항목이 다를 수 있지만 큰 틀에서는 미 션, 비전, 핵심가치, 전략 방향 및 목표, 전략과제 등을 다루고 있다. 이런 비전하 우스는 해당 기업이 나아가고자 하는 방향을 담고 있다. 모든 구성원이 이해하고 수긍할 수 있는 비전하우스가 필요하다.

신사업은 기업의 생존에 있어 매우 중요한데, 신사업 발굴 방법으로는 벤치 마킹, 메가 트렌드 분석, 가치사슬 확대, 고객 및 채널기반 확대 등이 있다. 신사 업은 핵심사업의 인접영역으로의 확대가 필요한데, 지금처럼 급변하는 경영환경 에서는 외부환경 변화에 맞게 핵심 사업을 강화하고 차별화하면서 반복 가능한 성공모델을 개발해야 한다.

전략수립은 단순히 어떤 기업이 나아가야 할 방향만 설정하는 것이 아니다. 해당 전략을 실행하기 위한 구체적인 과제가 나와야 한다. 그래야 전략=실행이 라는 공식이 성립한다.

전략과제는 설정한 목표를 이행하기 위한 구체적인 계획의 일환이다. 그렇기 때문에 이러한 과제는 기업 관점에서 보면 기업의 사업 영역, 해당 사업의 전략목 표, 전략과제, 실행과제 순으로 제시된다. 실행과제 단계로 내려갈수록 과제의 성 격은 구체적이게 되며, 해당 과제를 담당하는 조직 또한 팀이나 파트 단위가 된다.

전략 실행계획 수립 및 유의 사항

전략 로드맵에는 어떤 비전이나 목표를 달성하기 위한 단계가 존재하고 각 단계별 경영목표, 사업구조, 주요 과제 등이 제시된다. 전략이라는 용어에 대해 어 렵게 생각하는 경향이 있는데, 전략보다 로드맵이라는 단어에 초점을 맞춘다면 전략 로드맵을 더 쉽게 만들 수 있다.

실행은 전략의 후순위가 아니라 전략과 동등하게 고려되어야 한다. 전략은 곧 실행이고 이 실행은 하나의 체계를 가지고 있는데, 문서로만 이야기하고 실행하지 않는 조직은 올바른 전략 수립이 문제가 아니라 어쩌면 해당 조직의 잘못된 문화가 문제일 수 있다.

시나리오 플래닝은 앞으로 이러이러한 일이 일어날 수 있다는 미래에 대한 가정이다. 하지만 이 가정은 단순히 경험으로부터 나오는 직관이나 촉이 아니다. 다양한 요인들에 대한 검토를 통해 나온 합리적 가정이다. 그렇기 때문에 시나리오 플래닝을 수립한 이후에는 어떻게 각 시나리오에 대해 대응할 것인지를 고민해야 한다.

과제 및 이슈관리는 사전에 과제에 대한 명확한 역할과 책임 설정을 전제로 한다. 그렇지 않으면 과제 및 이슈관리는 예상치 못한 문제에 대한 관리가 아니라 예상된 문제에 대한 관리가 되어버리기 때문인데, 무엇보다 과제에 대한 세부 계획이 수립되어 있어야 한다.

전략 수립 이후 커뮤니케이션은 우리가 현재 상황을 제대로 이해하고 앞으로 이렇게 해나가겠다는 것을 공유하기 위한 목적이 크다. 기업에서 흔히 말하는 변화관리로, 조직의 변화관리를 통해 현재의 위기상황을 타개하고 기업이 지속적으로 성장할 수 있는 기반을 마련하기 위한 방안이다. 따라서 성공적인 변화관리를 위해서는 변화의 필요성 인식, 변화에 대한 명확한 비전, 변화 가능성에 대한 신념, 계획의 실천 등이 복합적으로 이루어져야 한다.

우리가 전략을 수립할 때 가장 우선시하는 것은 고객이지만 그 고객은 항상 떠날 준비를 하고 있다. 모든 일에는 불확실성이 존재하고 그 불확실성을 없앨 수는 없지만 줄일 수는 있다. 자신이 통제 가능한 것들을 중심으로 이러한 불확실성을 줄일 수 있어야 한다.

전략은 환경변화에 수동적이 아닌 능동적으로 대처해야 하는 존재다. 그것도 기업의 미션에 맞게 신속 정확하게 말이다. 그렇기 때문에 퍼스트무버의 이점을 누리려는 막연한 생각보다는 사람들의 머릿속에 지속적으로 퍼스트무버라는 인식을 심어주는 전략적 이동이 필요하다.

파괴적 혁신은 우리가 알고 있는 제품수명주기를 단계적으로 거치는 것이 아닌 말 그대로 급격한 확산이 일어나고 그 주기 또한 짧아서 거침없는 성장을 한다.

전략적 계획수립의 강점은 첫째, 전략적 결정에 도움을 준다. 둘째, 기업 성과에 긍정적 영향을 준다. 셋째, 경쟁 환경을 예측하게 하는 것 3가지로 정리할 수 있다. 이 3가지가 가능한 것은 전략적 계획 수립 과정이 합리적이며 구조적이기 때문이다.

전략은 기업 성과의 성과를 증진시키기 위한 활동임을 경영자는 잘 알고 있다. 그래서 경영자는 경쟁자보다 탁월한 성과를 위해서 경쟁우위를 만들려고 노력한다. 경영자의 경쟁우위를 만들려는 구상이 곧 비즈니스 모델이다. 비즈니스 모델은 경영자가 수익성과 이익증가율을 '어떻게 높일 것인가?'하는 물음에 대한 논리이고 스토리텔링이다. 이를 구체화하는 것이 '공식적인 전략적 계획수립'이다.

공식적인 전략적 계획수립은 5단계에 걸쳐 완성된다.

1. 기업의 미션과 기업의 주요목표를 선정한다.

미션은 '기업이 무엇을 할 것인가?'에 대한 설명이다. 피터 드러커(Peter Drucker)는 '조직의 비즈니스를 정의하는 단계'라고 했다. 비전은 기업이 향후 달성하고 싶어하는 것을 나타내는 것이고, 가치는 경영자와 종업원이 어떻게 행동을 하여야 하며, 어떻게 비즈니스를 이해하고 어떤 종류의 조직을 만들 것인가에 대한 행동형성을 돕는 것이다. 목표는 미션과 비전을 달성했을 때 달성하게 되는 것이 무엇인지를 정확하고 구체적으로 나타내는 것이다. 또한 목표는 경영자의 성과를 평가하는 수단이 되기도 한다.

2. 외부환경의 기회와 위협을 파악하기 위하여 조직의 외부 경쟁 환경을 분석한다.

외부환경을 분석하는 본질적인 목적은 기업의 미션을 달성하기 위하여 사업의 기회와 위협을 파악하는 것이다. 산업 환경 분석을 통하여 기업의 경쟁 포지션과 주요 경쟁자를 파악할 수 있다. 또한 산업의 성격, 단계, 역동성과 산업이 역사까지도 파악할 수 있어야 한다. 이를 통해 전략의 변화를 꾀할 수 있다.

3. 조직의 강점과 약점을 파악하기 위해 조직의 내부 운영 환경을 분석한다.

내부 환경 분석은 기업이 보유하고 있는 자원, 능력, 역량을 검토하는 것에 초점을 맞춘다.

    4. 외부환경의 기회를 이용하고 위협요인에 대항하기 위하여 조직의 강점을 강화
      하고 약점을 보완하는 전략을 선정한다.

SWOT분석은 강점, 약점, 기회 및 위협을 비교한다. 본래 SWOT분석은 고객의 수요에 기업의 자원과 역량을 가장 잘 연계시킬 수 있는 기업 고유의 비즈니스모델을 만드는 데 있다. 경쟁우위를 창출하고 유지하기 위하여 다양한 전략을 상호 비교하고 전략을 수립하는 데에 유용한 분석이다. SWOT분석을 통한 전략은 서로 조화를 이루어야 한다. 이를 통해 실행 가능한 비즈니스 모델이 완성된다. 경영자는 SWOT분석을 통해 상호 경합하는 비즈니스 모델 중에서 하나를 선택하고 세부 조정하기 위해 노력해야 한다.

    5. 전략을 실행한다.

경쟁우위를 확보하기 위한 적합한 전략이 선정되면 경영자는 그 전략을 실행한다.

이처럼 공식적·전략적 계획수립 과정은 경영자를 안심시킨다. 나아가 외부의 공격으로부터 경영자의 구상을 보호하고 자신감을 높여주며, 설득력을 높인다. 또 다른 측면으로는 전략이 실패했을 때 원인 파악을 쉽기 때문에 재신임을 높일 수도 있다. 반면에 공식적 전략적 계획수립의 약점은 실제로 성공한 많은 전략이 '우연적인 상황의 결과라는 사실'이라는 점이다. 헨리 민츠버그(Henry Minzberg)는 이를 창발적 전략(emergent delibetare strategy)이라 했다. 창발적 전략은 '예측하기 힘든 환경에서 만들어지는 계획되지 않은 전략으로 조직을 잘 아는 개별 경영자의 자율적 행동에 의해 만들어지기도 하고, 뜻밖의 발견과 사건으로부터 만들어지기도 하며, 혹은 변화된 환경에 대응하기 위하여 최고경영자가 계획에 기초하지 않고 기존 전략을 변경할 경우에 만들어지기도 하는 것'을 말한다.

전략적 계획수립의 약점은

1. 변화하는 환경에 신속하게 대응하지 못한다.

이 말은 형식적인 시스템은 유연하지 못하다는 말로 해석할 수 있다. 급격한

신기술 도입은 하위수준 경영자의 자율적인 행동을 중요하게 여긴다. 반면에 최고 경영자는 기업의 현행 전략을 성공적으로 실행하는 데만 관심을 가짐으로서 현실에 집착하는 보수적인 성향을 보임으로써 다른 관점에서 현실을 보지 못하는 우를 범한다. 그러나 하위수준 경영자는 상대적으로 현실에 덜 집착하고, 신기술과 전략을 활용하여 더 많은 수익을 얻으려고 노력한다. 새로운 전략적 사업기회를 인식하고 전략변화를 위한 역할을 한다.

　　2. 뜻밖의 발견은 말 그대로 계획에 전현 없었던 사업 분야이다.

　　그런데 최고경영자가 이 뜻밖의 발견이 위대함을 인식하지 못하고 자신의 전략적 개념과 일관성이 없다는 이유로 포기하는 경우가 많다. 웨스턴 유니온 (Western Union)은 알렉산더 그라함 벨(Alexander Graham Bell)이 발명한 발명품의 권리를 구매할 권리를 포기한 것이나 삼성전자의 퀄컴에 대한 투자 거절이 대표적인 사례라 할 수 있다.

　　3. 대다수의 조직에서 전략은 공식적 · 전략적 계획수립에 따른 의도된 전략과 창발적 전략의 결합으로 이루어진다.

　　그래서 경영자는 전략의 창발 과정을 인정하고 창발적 전략의 가치를 판단할 수 있는 의사결정 능력이 필요하다. 민츠버그는 창발적 전략을 만드는 능력은 조직구조 및 통제시스템을 조장하는 조직문화의 종류에 달려 있다고 강조한다. 공식적 · 전략적 계획수립의 약점은 곧 창발적 전략으로 보완할 수 있다는 말로도 해석이 가능할 것이다. 결국 경영자는 경쟁우위를 만들고 궁극적으로 기업의 성과를 증진시키기 위해서는 공식적 전략적 계획수립에 창의발상적 과정을 구성요소로 담아낼 것인지가 관건이라 할 수 있겠다.

가치평가와
창업가정신

가치평가와 창업가정신

가치평가의 중요성

Josh Lerner가 저술한 『Venture Capital and Private Equity: A Casebook』에 소개된 가치평가 방법 중 하나로, 전체 과정은 다섯 단계로 이루어져 있다. 단순하지만 상당히 합리적이다.

가치평가를 위한 5단계

기업의 가치를 평가하는 방법에는 여러 가지가 있다. 대용기업(proxy com-pany)과의 비교나 순현재가치법(NPV method)을 이용하기도 하고 경우에 따라서는 시뮬레이션 기법(monte carlo simulation)이나 옵션가치(options analysis)를 이용하기도 한다. 이 글에서 소개하고 있는 방법은 'Venture capital method(VC method)'라 불리는 기법으로 평가 자료가 부족한 창업 초기 벤처기업에도 비교적 손쉽게 적용할 수 있는 장점을 가지고 있으며 대용기업과의 비교, 현재가치의 적용 등이 각 단계에 포함되어 있는 특징이 있다.

이러한 VC method의 첫 번째 단계는 그 기업의 미래가치를 결정하는 것에서부터 시작된다. 이렇게 결정된 미래가치는 투자 대상 기업의 현재가치를 결정하게 되며 이는 가치평가를 위한 두 번째 단계가 된다. 세 번째 단계에서는 투자금액과 현재가치를 이용해 투자자의 적정한 지분율을 계산하게 되고 네 번째 단계에 이르러 발행 주식수를 구할 수 있게 된다. 각 단계를 거쳐 산출된 발행 주식수는 마지막으로 발행 주식가격을 결정하는 역할을 하게 되는 것이다. 이렇게 다섯 단계를 거쳐 우리가 얻게 된 발행 주식가격은 단위 지분(주식 1주)의 가치가 된다.

즉, 투자자기업의 가치를 평가하는 이유는 무엇 때문일까? 많은 이유가 있겠지만 가장 중요한 것 중 하나는 투자와 관련이 있다. 기업에 투자하는 것은 그 기업이 가지고 있는 가치에 합당한 대가를 지불하고 지분을 획득하는 것을 의미한다. 이렇게 적정한 지분 가치를 산정하기 위해서는 가치평가의 과정이 필요하며, 따라서 투자를 위해서는 대상 기업에 대한 가치평가가 선행되어야 하는 것이다. 산출된 주식가격으로 벤처기업의 지분을 인수하게 되고 세 번째 단계에서 결정된 지분율만큼 벤처기업의 지분을 소유하게 되는 것이다. 이제부터는 다음의 사례를 통해 각 단계의 자세한 내용을 살펴보게 될 것이다.

가치평가 사례

오프라인 교육 콘텐츠 운영하고 있는 A 기업은 자본금 1억 원(발행가 500원)으로 설립된 신생기업(start-up company)으로, 최근 관심이 증가되고 있는 온라인 교육 콘텐츠의 이점과 함께 오프라인 교육콘텐츠의 장점을 함께 살릴 수 있는 새로운 솔루션의 시험개발에 성공했다. 하지만 상용 솔루션 구축과 서비스 시작을 위해 상당한 투자자금이 필요한 상태이다.

새로운 솔루션은 시간과 장소에 상관없이 교육을 받을 수 있는 온라인 교육의 장점을 그대로 수용하면서 오프라인 교육만이 갖는 실시간 쌍방향 커뮤니케이션이 가능하도록 설계된 획기적인 교육 시스템으로 투자 후 5년 차에 처음으로 총 5억 원의 수익이 예상되며, 향후 온라인 교육의 대안이 될 전망이다.

A 기업은 특허 심사 중인 새로운 솔루션과 Business model을 바탕으로 몇 개의 Venture Capital(VC)들과 접촉할 수 있었고 B ventures라는 VC로부터 긍정적인 반응을 얻어냈다. B ventures는 A 기업의 경영능력과 새로운 솔루션의 시장성을 면밀히 검토하여 존속기간이 5년인 펀드를 통해 10억 원의 자금을 솔루션과 서비스 개발에 투자할 예정이다.

투자는 수익을 얻기 위한 것이기 때문에 투자안의 가치는 그것이 가져다 줄 수익의 크기가 되는 것이다. 그렇다면 A 또는 B라는 투자안이 있어 1,000원을 투자할 기회가 있다고 한다면 어떤 투자안을 선택해야 하는가?

바로 수익이 더 큰 투자안을 선택하는 것이 올바른 답이 된다. 기업도 하나의 투자안으로 볼 수 있다. 기업이라는 투자안이 가져다 줄 수 있는 가치는 '예상 수익'이기 때문에 기업 가치를 평가하는 첫 단계는 그 기업의 현금흐름인 예상 수익(순이익)을 예측하는 것에서부터 시작된다.

Step 1: 벤처기업의 미래가치 결정

초기단계의 벤처기업은 초기 투자비용이 수익을 상회(negative cash flow)하는 특징을 가지고 있기 때문에 VC method는 이러한 점을 고려하여 최초 수익이 달성되는 시점에서 발생하는 현금을 바탕으로 현금흐름(예상 수익)을 예측한다. 이러한 현금흐름의 예측은 벤처기업의 미래가치를 결정하는 중요한 자료가 된다.

사례에서 A 기업이 5년의 기간 동안 순조롭게 경영 활동을 지속한다면, B ventures가 투자자금을 회수(exit)해야 할 시점에 총 5억 원의 순이익을 달성할 것으로 예상됐다. 이러한 현금흐름의 예상은 예측자의 주관적인 경험이 크게 작용하기 때문에 예상 가입자 수와 평균 교육비 결제액, 시스템 개발과 운영에 따른 비용 등을 예상하고 면밀히 분석하는 작업이 필요하게 된다.

필요한 것은 벤처기업의 PER을 구하는 것이다. 주식에 대해 조금이라도 안다면 PER에 대해 들어본 적이 있을 것이다. PER은 Price Earnings Ratio로 주가를 주당 순이익으로 나눈 수치이다. 의미를 부여하자면 기업이 창출한 순이익 1원을 투자자들은 얼마로 평가하고 있느냐를 나타내는 수치이다. 다르게 표현하면 기업이 창출한 1원의 이익을 투자자들은 얼마에 살 것인가를 보여준다고 할 수 있다.

이렇게 기업의 총 예상 수익(Total earnings)에 PER을 곱하면 투자자들이 기업에 지불할 의사가 있는 총 투자금액, 즉 시가총액을 산출할 수 있게 된다. 앞에서 언급한 Negative cash flow는 현금흐름이 투자 종료 시점에 집중된다는 것을 의미하므로 이 시가총액은 현재 시점의 기업가치가 아닌 투자 종료 시점인 5년 후 A 기업의 가치가 된다는 점을 유의해야 한다.

하지만 문제가 하나 있다. 다시 사례로 돌아가 살펴보면 A 기업의 PER이 없다는 사실을 알 수 있다. 당연한 얘기지만 A 기업은 이제 막 공모를 하고 있는 비상장기업이므로 PER에 대한 과거자료가 없다. 어떻게 해야 할까?

여러 투자기법들 중에는 대용기업을 이용한 방법(comparables method)이 있다. 동종업종, 비슷한 규모의 사업 내용을 가진 기업이라면 PER이 어느 정도 비슷할 것이라는 가정 하에 다른 기업의 PER을 빌려 쓰는 것이다. 만약 A 기업과 동일한 온라인 포탈에 비슷한 규모를 가진 경쟁기업이 있고 그 기업의 PER이 20이라고 한다면 A 기업의 PER로 20이라는 수치를 사용하게 되는 것이다.

중요한 점은 단지 비슷한 기업의 PER이라고 해서 그 수치를 그대로 가져다 써서는 안 된다는 것이다. 미래 시점에 A 기업의 가치를 반영할 수 있는 PER을 예상해야 하는 것이다. 현실적으로 PER을 잘못 예측해 막대한 손해를 입는 경우가 자주 있으며, 이것 또한 현금흐름 예측 못지않게 주관적이고 벤처캐피털리스트의 경험이 크게 좌우되는 부분이라고 할 수 있다.

A 기업의 예상 현금흐름이 5억 원이고 대용기업의 PER이 20이라면, A 기업의 미래가치는 100억 원(PER 20×예상수익 5억 원)이 된다.

Step 2: 벤처기업의 현재가치 결정

이렇게 산출된 미래가치는 적절한 할인율을 이용하여 현재가치로 환산된다. 두 번째 단계에서 가장 중요한 문제는 현재가치 산출에 사용될 할인율을 어떻게 결정하는가에 있다. 일반적으로 투자가치 평가를 위한 할인율에는 내부수익률이 사용된다. 하지만 벤처기업 투자의 경우 고수익이 가능한 반면 높은 위험이라는 불확실성을 내포하고 있기 때문에 적정한 할인율을 산정하는 것이 현실적으로 매우 어렵다. 따라서 Venture capital에서는 다음과 같은 벤처투자의 특성을 반영한 Table을 이용하여 할인율을 결정하게 된다. 이러한 Table은 개별 기업의 경영환경과 상황을 무시하는 단점이 있지만 벤처투자가 갖는 불확실성을 예측하는 데 드는 비용과 노력을 줄여 준다는 점에서 의미가 있다고 할 수 있다.

사례에서 B ventures는 5년 이후 매각 또는 상장을 계획하고 있기 때문에 할인율은 40~50%가 되며 대략 50% 정도로 예상하여 적용한다면, A 기업의 현재가치는 100억 원/(1.5)5으로 대략 13억 2천만 원이 되는 것을 알 수 있다.

이제 기업의 미래가치를 구하고 현재가치를 파악하는 단계까지 끝이 났다. 앞으로는 지분율과 투자금액 등의 수치를 이용해 발행할 주식수와 발행 주식 가격을 구하는 방법을 알아보도록 하겠다.

이제까지는 투자자의 경험과 예측이 매우 중요한 영향을 미치는 과정이었다. 예상 수익과 PER 그리고 할인율을 결정하는 각 단계 모두가 기업의 가치를 평가하는 데 핵심적인 역할을 하고 있으며 평가자의 경험과 결정에 의해 그 결과가 크게 좌우되기 때문이다. 반면에 이제부터 설명하게 될 과정들은 주어진 자료를 이용하는 비교적 단순한 과정이라고 할 수 있다.

Step 3: 투자자의 지분율 결정

벤처투자자의 지분율은 벤처기업의 현재가치 중 벤처투자자가 투자한 금액이 차지하는 비중을 나타낸다. 즉, 예정된 투자가 순조롭게 진행되었을 경우를 가정하여 현재 벤처투자자가 얼마만큼의 기업 지분을 소유할 수 있는가를 나타내준다. 이러한 지분율은 벤처투자자의 투자금액을 벤처기업의 현재가치로 나누어 구할 수 있다.

사례에서 B ventures가 결정한 투자 금액은 10억 원이고 벤처기업의 현재가치는 두 번째 단계에서 산출한 13억 2천만 원이 된다. 따라서 VC가 소유하게 된 지분의 비율은, 투자금액/현재가치＝10억 원/13억 2천만 원≒0.7 즉, 70%의 지분을 소유하게 되는 것이다.

Step 4: 발행주식수 결정

앞 단계를 통해 B ventures가 10억 원을 투자할 경우 소유하게 될 지분율이 70%라는 사실을 알았다. 그렇다면 B ventures가 A 기업의 주식 70%를 보유하려면 얼마의 신주를 발행해야 할까?

총 투자금액을 벤처기업의 현재가치로 나누어 벤처투자자의 지분율을 구했다. 하지만 보통의 경우 금액을 통해 산출하는 방법보다는 다음과 같이 주식 수량을 통해 지분율을 구하는 것이 일반적이다. 총 주식수는 기존의 주식수와 발행될 주식수를 합한 값이므로 위의 공식을 발행주식수로 정리하면 다음과 같다. 사례에 기존 주식수는 주어져 있지 않지만 자본금이 1억 원이고 발행가 500원이므로 200,000주가 발행되어 있다는 것을 알 수 있다.

따라서 발행 주식수는 다음과 같이 구할 수 있다. 지분율 70%/(1-70%)×기존 주식수 200,000주≒466,667주, 발행해야 할 주식수는 모두 466,667주이다.

Step 5: 발행 주식가격 결정

신주를 발행할 때 적용해야 할 주식가격은 벤처투자자가 투자한 금액을 발행 주식수로 나누어 주면 간단히 구할 수 있다. 사례에서 B ventures가 투자할 금액은 10억 원이고 발행할 주식수는 앞 단계의 결과와 같이 466,667주이므로 발행 주식가격은 약 2,143원이 된다.

기존 A 기업에 투자했던 사람들이 지불했던 주당 가격은 500원이었다. 하지만 B ventures가 부담해야 할 주당 가격은 2,143원이 됐다. 이러한 차이는 일종의 Premium이다. 기존 주주가 가지고 있던 경영능력과 그동안의 활동 등을 통해 A 기업에 기여한 바를 인정하는 것이라고 할 수 있다.

이로써 모든 단계가 끝이 났다. 다섯 단계를 거치는 동안 A 기업의 적정한 주당 가치를 산출해 낼 수 있고 2,143원이라는 수치를 얻을 수 있었다. 이러한 주당 가치는 매우 중요한 의미를 가지고 있다. 특히 투자를 결정하는 초기 단계에 '투자대상 기업의 1주당 가치를 얼마로 결정해야 할 것인가'하는 의사결정의 근거가 된다는 점에서 더욱 그렇다. 하지만 중요한 사실을 잊어서는 안 된다. 가치 평가의 과정은 평가자의 주관적 판단에 크게 영향을 받으며, 불확실한 상황이 정확히 반영되지 않는다는 점이다.

실전에서는?

선택할 수 있는 여러 가지 가치평가 방법들이 있고, 이론적으로 더 탄탄한 토대를 가진 방법(가령 NPV)들도 있지만 그 간편함으로 인해 대용기업을 활용한 가치평가 방법이 가장 선호되는 것 같다. 물론 PER과 EPS를 정확히 예측해야 하는 부담이 있지만, 우리의 상식적인 기대마저 져버릴 시장이라면 어떤 방법도 유효하지 않을 것이다. 그 절차를 조금 더 간략하게 과정을 설명하면, 평가자가 예상한 EPS와 PER을 곱하면 미래 특정 시점의 주당 시장가치를 산출할 수 있게 된다. 그 주당가격의 현재가치를 구하면, 그 값이 현재 시점의 주가가 되는 것이다. 투자받고자 하는 기업이 요청하는 주당단가가 현재 시점의 예상 주가보다 낮다면 그 투자는 옳은 선택이 될 것이다.

제 15장

신생 벤처의
최종수확

신생 벤처의 최종수확

경영승계

　기업은 사업의 승계여부와 관계없이 태생적이며 원초적으로 고유한 가치를 가지고 있다. 그런 이유는 기업은 그 가치가 시장에서 객관적이고 냉정하게 평가되어 왔기 때문에 현재까지 이어져 오고 있다. 이러한 사업승계 관점에서 보면, 승계 이전의 가치가 승계 이후에 증가한다는 것은 새로운 기업가치가 창출되며 증가된 것을 의미하며 새로운 경영자에 의해서 창조된 가치는 새롭게 출발했다는 시각에서 보면 승계행위는 제2의 창업기업으로 정의될 수 있다(Nakai, 2009; Takehiko, 2005). 중소기업 진흥에 관한 법률 제2조 제10호에 의하면, 가업승계란 중소기업이 기존사업의 연속성과 동일성을 유지하면서 상속 혹은 증여행위를 통하여 그 기업의 소유권과 경영권을 상속세법 기준의 배우자 혹은 자녀, 자녀의 배우자에게 이전하는 것을 뜻한다. 사회적 관계의 유형에 따라, 승계를 구분하면 크게 내부승계와 외부승계로 구분할 수 있다. 벤처기업의 승계유형별 특징에서 내부승계(가족 혹은 종업원)란 같은 기존 기업 조직 내에서 기존에 이미 형성되어 있는 인간관계를 바탕으로 자연스럽게 이루어진 승계를 말한다. 또한 내부승계는 내부자원의 축적된 기술과 자본을 바탕으로 거래처와의 강한 신뢰관계가 확립되어 있는 것이 주요한 특징이다. 반면에 외부승계란 후계자 선정에 어려움을 경험하고 있는 벤처기업이 외부자원의 한 종류인 후계자를 통하여 승계행위를 달성하는 것이다. 외부승계는 후계자가 외부로부터 영입되었기 때문에 독특하고 새로운 외부경험과 지식, 스킬을 가지고 있다. 또한 현 조직 구성원과의 관계에서 비교적 자유롭기 때문에 혁신활동을 강하게 추진하여 경영목표와 성과를 달성하려는 성향이 강하다는 것이 주요특징이라고 할 수 있다.

　산업화 이후, 창업세대의 고령화 속도가 매우 빨라짐에 따라 승계문제의 어려움에 직면해있는 벤처는 매년 급증하고 있는 추세이다. 승계문제가 중소기업에 미치는 영향에 대한 연구는 경영학 전반에 걸쳐 치열하게 논쟁이 되고 있는 실정이다. 성공적인 승계행위를 위해서는 오늘날의 승계개념을 정확하게 재정립해야 하며 합리적이고 체계적인 제도 구축을 통하여 능력 있는 후계자를 다양하게 선택할 수 있도록 대안들이 마련되어야 한다. 그리고 경영승계 이외에 기업공개와 벤처기업 매각을 통한 벤처기업의 수확전략에 대하여 설명한다.

경영승계전략

　창업 CEO들의 연령이 고령화됨에 따라 이제 그들의 가장 큰 관심사는 가업승계다. 그런데 한국의 경우 막대한 상속세율 때문에 후계자에게 안정적으로 가업을 승계하기란 쉽지 않다. 하지만 정부의 가업상속 지원제도를 최대로 활용하여 승계를 준비한다면, 세금에 대한 부담을 한결 덜 수 있다. 한국의 상속세 법정 최고 세율이 세계 최고 수준이며, 이는 기업의 자유로운 경제 활동을 방해한다고 지적한다. 실제 경제협력개발기구(OECD) 주요국의 상속세 최고 세율을 보면, 한국의 최고 세율(50%)은 미국(40%), 영국(40%), 프랑스(45%) 등 주요 국가를 웃돈다. 독일(30%), 이탈리아(4%)에 비하면 현저하게 높다. 아울러 영국이나 프랑스는 배우자가 상속받을 경우 비과세지만, 한국은 상속인 구별 없이 증여액이 30억 원을 넘으면 최고세율(50%)을 적용받는다. 특히 현행법에 따르면 여기에 최대 주주 지분에 적용하는 할증세율(20%)까지 더하면 세율은 더 오른다.

기업내부의 승계와 이해 관계

　사회적인 행위는 사회적 구조와 관계에 배태(embedded)되어 연결되어 있으며 사회적 행위자는 직, 간접적인 이전 경험을 통하여 기존에 알고 있었던 지인과의 관계를 유지, 강화하려는 노력을 한다. 특히 불확실성이 높은 상황에서 사회적 행위자는 기존 사회적 관계망의 연결에 크게 의존하게 된다. 현 사업체를 승계하려고 하는 창업자는 이는 목표를 달성하기 위하여 기존 조직 간, 개인 간의 네트워크를 통하여 사회적 관계를 확장하려는 행동, 즉 사회적 배태성에 기반을 둔 것이다.

Granovetter의 배태성 이론(embeddedness theory)은 모든 경제행위는 사회적 관계로부터 배태된 것이며 과거로부터 형성된 사회적 조건의 제약 속에서 형성되는 것으로 정의된다. 배태성 이론은 자연스럽게 승계이론(succession theory)으로 이어진다. 기업 승계에서 배태적 관계를 통하여 내부승계자인 가족, 친족 종업원을 한 후계자는 기존에 형성되어 있는 조직 구성원과의 탄탄한 유대관계를 바탕으로 지속적으로 상호 간의 정보와 의견을 교환한다. 이를 통하여 더욱 더 지속적이며 강력한 신뢰관계를 구축하게 된다. 그러나 기업의 장기적 성장 관점에서 보면, 오랫동안 배태된 관계는 기업 내부의 혁신활동과 창조적 변화를 어렵게 만들 가능성이 크다. 또한 기존에 만들어진 잘못된 기업관행에 대해서 조직 내 업무혁신 및 개선활동을 힘들게 만드는 위험성도 동시에 내포하고 있다. 불확실한 환경에 처해있는 기업들은 경쟁력 확보를 위해 경쟁사들이 모방하기 어려운 특유 자원(specific resource)과 차별화 능력을 평상시에 보유하고 있어야 한다. Wernerfelt의 자원기반 이론(resource-based theory)에 의하면, 기업의 경쟁력은 기업 외부환경에 의해 영향을 받는 것이 아니라 기업 내부에 보유한 자원에 의해 결정된다. Tapies 와 Ward(2008)의 가족 가치와 가치창출 연구에 의하면, 조직의 가치 인식은 후계자의 유형에 따라 크게 차이를 보인다. 일반적으로 가족기업은 직원 간의 신뢰감이 높은 편이며 회사에 대한 애사심이 강하다. 그에 반해 비가족기업은 기업의 혁신활동과 변화에 대한 관심도가 높은 편이다. 따라서 내부승계는 기존에 근속하고 있는 종업원과의 관계에 익숙하고 거래업체와의 네트워크가 잘 형성되어 있어 기존 인원을 현행대로 유지할 것으로 예상된다.

기업외부의 승계와 이해관계

치열한 글로벌 경쟁 상황에 계속됨에 따라 경영 트렌드의 변화가 가속화되면서 내부자원에 대한 개념이 한계점을 보이기 시작하였다. 이에 발맞추어 각 기업들은 빠르게 변화하는 경영환경에 대응하는 데 필요로 하는 자원을 기업 내부에만 국한하지 않고 외부에서도 탐색하기 시작하였다. Aldrich & Pfeffer는 기존의 내부자원에만 의존하던 기업들은 새로운 형태의 자원을 마련하기 위하여 외부환경으로부터 필요한 자원을 확보해야 기업의 지속성을 유지해 나갈 수 있다는 것을 인지한 것이다. 내부에서 후계자 선정에 어려움을 겪고 있는 벤처기업은 다양한 경로를 통하여 후계자를 물색하여야 할 필요성이 제기되고 있다. 이러한 외부자원에 대한 영입 노력은 기존 내부자원의 한계를 보완해 줌으로써 원활한 승계작업에 긍정적인 결과로 나타나고 있다. Wiersema는 외부승계의 경우, 기존 인원의 축소 혹은 전면적인 조직구조의 변화를 추진할 가능성이 내부 승계 대비 높은 편이라고 하였다. 즉 승계 이후, 승계유형에 따라 새로운 조직에 대한 변화수준에 대한 강도와 요구는 큰 차이를 나타낼 것이다.

경영승계의 법적 규제

국내 경영승계 관련 회사 분할을 추진하는 경우, 분할 사업단위를 어떻게 정해야 하는지 논의가 되고 있으며, 기업승계와 관련하여 민사법 생존 배우자의 상속권 강화가 기업승계의 이념을 충돌되는 개념임을 확인하였고, 승계 이후의 성과수준은 외부 승계기업이, 성과 상승변화율은 가족 승계기업이 높은 것으로 알려져 있다.

승계가족의 응집성과 적응성은 승계준비에 긍정적인 영향을 주고 있으며 산업 환경의 불안정성은 승계준비에 부정적인 영향을 미치는 것을 나타낸다.

가업상속공제 특례　　　창업 '중소기업 등의 원활한 가업승계를 지원'하기 위해 거주자인 피상속인이 생전에 10년 이상 영위한 중소기업 등을 상속인에게 정상적으로 승계한 경우 상속공제를 하여 가업승계에 따른 상속세 부담을 경감시켜주는 가업상속공제 특례 중 하나이다.

※ 가업영위기간: (10년 이상) 300억 원, (20년 이상) 400억 원, (30년 이상) 600억 원

또한 사후관리 기간은 5년으로 한다.

증여세 납부유예　　　중소기업의 경우 가업승계 시 가업상속공제 방식(상속) 또는 가업승계 증여세 특례(증여)와 납부유예 방식 중 선택할 수 있다.

가업승계를 받은 상속인 또는 수증자가 양도·상속·증여하는 시점까지 상속

·증여세를 납부유예하고, 상속인·수증자가 재차 가업승계(상속증여)를 하는 경우에는 계속해서 납부유예를 적용한다. 다만, 상속세 납부 사유가 발생한 경우, 사유발생일이 속하는 달의 말일부터 6개월 이내에 상속세 및 이자상당액을 납부해야 한다.

$$\boxed{\text{상속세 납부액}} \times \boxed{\substack{\text{당초 신고기한의 다음날부터} \\ \text{납부일까지의 일수}}} \times \boxed{\dfrac{\text{국세환급가산금 이자율}}{365}}$$

사후관리 기간은 5년이며, 상속인이 상속받은 지분을 유지하면서 가업에 종사하고, 고용요건을 갖추면 된다.

기업 요건　　　상속개시일이 속하는 과세연도의 직전 과세연도말 현재 '조세특례제한법 시행령'의 중소기업 또는 매출액 5천억 원 미만 중견기업에 적용된다.

수증자 요건　　　증여자는 최대주주이면서 지분을 40%(상장법인 20%) 이상 10년 이상 계속해 보유해야 한다. 수증자는 증여일 현재 18세 이상이어야 하며, 증여세 과세표준 신고기한까지 가업에 종사하면서 증여일로부터 3년 이내에 대표이사로 취임해야 한다. 대표이사직 유지기간은 5년을 충족해야 한다.

증여세 특례 신청요건　　　신고기한까지 과세표준 신고서와 함께 '증여세 과세특례 적용 신청서'를 관할 세무서장에게 제출한다.

증여물건 요건　　　증여자산이 주식 또는 출자 지분이어야 한다.

상속인의 사후 의무 위반 사유　　　수증자가 증여일로부터 5년 후까지 대표이사직을 유지하지 않거나, 가업을 1년 이상 휴·폐업하는 경우에는 가업에 종사하지 않았다고 본다. 또한 지분 감소에 해당하는 사유로는 수증자가 증여받은 주식을 처분하는 경우 유상증자 과정에서 실권으로 수증자의 지분율이 감소하는 경우 수증자의 특수관계인이 주식 처분 또는 유상증자시 실권 등으로 수증자가 최대주주 등에 해당하지 않게 되는 경우 등이다.

가업상속공제를 받은 상속인이 상속개시일부터 5년 이내에 대통령령으로 정하는 정당한 사유 없이 다음 각 호의 어느 하나에 해당하면 제1항에 따라 공제받은 금액에 해당일까지의 기간을 고려하여 대통령령으로 정하는 율을 곱하여 계산한 금액(제1호에 해당하는 경우에는 가업용 자산의 처분 비율을 추가로 곱한 금액을 말한다)을 상속개시 당시의 상속세 과세가액에 산입하여 상속세를 부과한다. 이 경우 대통령령으로 정하는 바에 따라 계산한 이자상당액을 그 부과하는 상속세에 가산한다.

- 가업용 자산의 100분의 40 이상을 처분한 경우
- 해당 상속인이 가업에 종사하지 아니하게 된 경우
- 주식 등을 상속받은 상속인의 지분이 감소한 경우. 다만, 상속인이 상속받은 주식 등을 제73조에 따라 물납(物納)하여 지분이 감소한 경우는 제외하되, 이 경우에도 상속인은 제22조 제2항에 따른 최대주주나 최대출자자에 해당하여야 한다.
- 다음 각 항목에 모두 해당하는 경우
  - 상속개시일부터 5년간 대통령령으로 정하는 정규직 근로자(이하 이 조에서 "정규직근로자"라 한다) 수의 전체 평균이 상속개시일이 속하는 소득세 과세기간 또는 법인세 사업연도의 직전 2개 소득세 과세기간 또는 법인세 사업연도의 정규직근로자 수의 평균의 100분의 90에 미달하는 경우
  - 상속개시일부터 5년간 대통령령으로 정하는 총급여액(이하 이 목에서 "총급여액"이라 한다)의 전체 평균이 상속개시일이 속하는 소득세 과세기간 또는 법인세 사업연도의 직전 2개 소득세 과세기간 또는 법인세 사업연도의 총급여액의 평균의 100분의 90에 미달하는 경우

수증자의 사후 의무 위반 사유 예외   가업상속과 관련해 사후관리 위반에 해당하지 않는 정당한 사유를 규정하고 있다. 가업용 자산 처분과 관련해 법률에 따른 수용·협의 매수, 국가 및 지자체에 증여, 합병 분할 등 조직변경으로 인한 소유권 이전, 내용연수가 종료된 자산 처분, 기업의 주된 업종 변경과 관련한 자산 처분, 자산 처분금액을 조특법상 연구인력개발비로 사용하는 경우는 정당한 사유로 인정된다. 또 가업 미종사 부문에서는 가업상속받은 재산을 국가 및 지자체에 증여하는 경우, 병역의무 이행 및 질병 요양 등 부득이한 사유에 해당하는 경우도 사후관리 위반에 해당하지 않는다. 이와 함께 합병 분할 등 조직변경에 따른

주식 처분, 유상증자로 인한 지분율 감소, 국가 및 지자체에 증여, 상장요건을 갖추기 위한 지분 감소, 무상 균등 감자, '채무자 회생 및 파산에 관한 법률'상 법원 결정에 따른 무상감사 또는 출자전환은 사후관리 위반에 해당하지 않는다.

출구전략

창업 후 성공을 한 창업가와 투자자가 투자한 자금을 현금으로 찾아오는 것을 출구전략(exit strategy)라고 한다. 출구전략의 대표적인 유형은 기업공개인 IPO(Initial Public Offering) 또는 큰 기업과의 인수, 합병(M&A)이 있다. IPO란?

IPO를 활용

IPO(Initial Public Offering)란 비상장기업이 정해진 절차에 따라 일반 불특정 다수의 투자자들에게 새로 주식을 발행하거나 기존 주식을 매출하여 유가증권시장 또는 코스닥시장에 상장하는 행위를 말한다.

[그림 I5.I] IPO 절차

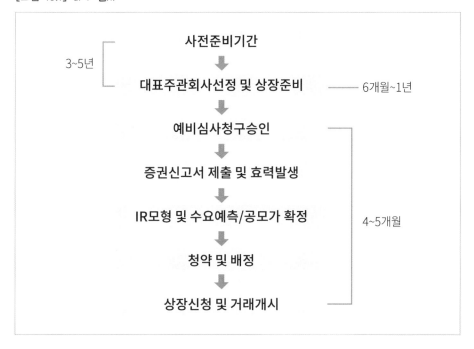

상장예비심사 신청 전 회사의 현황이 형식적, 질적 심사기준에 부합되는지를 준비단계에서 확실히 파악해야 신청서 제출 후 거래소의 심사과정에 적절하게 대응할 수 있다.

[그림 15.2] 상장예비심사절차

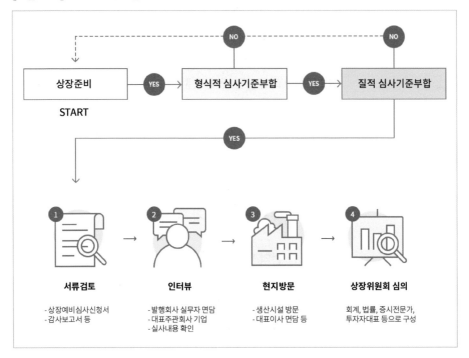

[표 15.1] IPO 준비내용

	구분	주요내용
사전 준비기간	지정감사인 신청/계약 및 지정감사 수감	– 예비심사 청구 직전 사업연도(권고) – 당해 사업연도 분, 반기 감사로 청구 가능 근거: 주식회사의 외부감사에 대한 법률
	K-IFRS (국제회계기준 도입)	K-IFRS 도입/구축 완료 – K-IFRS 기준 재무제표 작성 근거: K-IFRS, 상장규정
	내부회계관리제도 도입	상장 전 내부회계관리제도 구축 및 운영 – 지정감사인으로부터 내부회계관리제도 설계 및 운영에 대한 검토의견 획득 근거: 내부회계관리제도 모범규준
대표주관회사 선정 및 상장준비	정관/사규 등 정비	– 상장기업 요건에 부합하도록 정관 및 사내 규정 등 제도 정비/운영 근거: 상장규정, 상법 등

성장교육 수료증 구비 (코스닥 예비심사청구시)	− 거래소가 개설한 상장지원과정을 위한 교육과정 수료 근거: 코스닥 상장규정
공모구조 설계 및 분산요건	− 신규상장일 현재 소액주주 지분율 25% 이상 & 최 소 10% 공모 필요 − 필요 공모자금 및 상장 후 최대주주의 경영권 지배 구조 등을 감안하여 설계 근거: 상장규정
최대주주 등 보호예수	− 청구 전 관련 규정에 따라 의무보호예수 실시 − Overhang Issue 대비 자발적 보호예수 검토 근거: 상장규정
우리사주조합 설립 및 배경	상장 전 사전 배정 및 IPO 공모물량 20%까지 우리사 주조합에 배정 가능 근거: 자본시장 및 금융투자에 관한 법률 등

형식적 심사기준

거래소는 상장을 원하는 기업이 해당 특성에 맞춰 심사에 지원할 수 있도록 형식적 심사기준에서 기업요건을 크게 3가지 범주로 구분한다.

[표 15.2] 코스닥 상장심사요건

		일반기업	벤처기업	기술성장기업
설립 후 경과 연수		3년 이상	미적용	미적용
규 모 (① or ②)	① 자기자본	30억 원 이상	15억 원 이상	10억 원 이상
	② 기준시가	90억 원 이상		
지분의 분산		다음 요건 중 택일 ① 소액주주 500명 이상, 지분 25% 이상 & 청구 후 모집5% 　(25% 미만시 10%) ② 자기자본 500억 이상, 소액주주 500명 이상, 청구 후 모집지 　분 10% 이상 & 규모별 일정주식수 이상 ③ 공모 25% 이상 & 소액주주 500명		

자본상태	자본잠식 없을 것(대형법인 미적용)	자본잠식율 (10% 미만)
감사의견	최근 사업연도 적정일 것(연결재무제표 작성대상법인의 경우 연결재무제표에 대한 감사의견 포함)	
경영성과	계속사업이익의 시현(대형법인 미적용) (연결재무제표 대상법인의 경우 연결재무제표에 대한 감사의견 포함)	미적용
이익규모 매출액&시가총액	① ROE 10% ② 당기순이익 20억 ③ 매출액 100억 원 & 시가총액 300억 원 ④ 매출액 증가율 20% & 매출액 50억 원 ① ROE 5% ② 당기순이익 10억 ③ 매출액 100억 원 & 시가총액 300억 원 ④ 매출액 증가율 20% & 매출액 50억 원	미적용
최대주주의 지분매각 제한	6개월	1년
기타 외형 요건	주식양도 제한이 없을 것	

질적심사기준은 숫자로 표현되지 않지만 기업이 계속성과 경영투명성, 경영안정성을 유지하고 회사의 잠재 투자자를 보호하기 위해 중요한 요소와 장치들을 확인하고 평가하는데 그 목적을 두고 있다.

1. 영업, 재무상황, 기술력 및 성장성, 그 밖에 경영환경 등에 비추어 기업의 계속성이 인정되어야 한다.
2. 기업지배구조, 내부통제제도, 공시체제, 이해관계자와의 거래, 상장 전 주식거래 등에 비추어 경영투명성 및 경영안정성이 인정되어야 한다.
3. 기타 투자자 보호 및 증권시장의 건전한 발전을 저해하지 않는다고 인정되어야 한다.
   - 상장예비심사청구서와 첨부 서류 내용 허위 기재, 중요사항 기재 누락
   - 최대주주 또는 경영진이 상장법인 경영권을 매각 또는 인수한 사실이 있는 경우 동 과정에서 시장건전성 저해 여부
   - 기타 투자자 보호 및 증권시장의 건전한 발전 저해 가능성

거래소가 질적 심사기준으로 삼고 있는 경영투명성 및 경영안정성은 약 5가지로 분류한다.

기업지배구조, 내부통제제도, 공시체제, 이해관계자와의 거래, 상장 전 주식거래 등에 비추어 경영투명성 및 경영안정성이 인정되어야 질적 심사기준을 통과할 수 있다.

기업지배구조

- 이사회가 최대주주나 대표이사로부터 독립적인 이사로 구성
- 자체적인 경영조직을 갖추고 독자적으로 경영활동을 수행
- 최대주주 등이 기업 가치를 훼손할 가능성이 있는 경우 방지장치 구비 여부
- 전문성과 독립성이 확보된 상근감사를 선임
    → 특수 관계자 위주의 이사회 개선
    → 대외적으로 명확한 조직구조 및 체계 구축

내부통제제도

- 내부회계관리제도를 설계하고 운영하고 있는지 여부
- 경영진의 불법행위 존재 시 영향 최소화
- 각종 규정의 구비
    → 내부회계관리제도 도입을 포함한 내부통제제도의 실질적, 효과적 운영

공시체제

- 신뢰성 있는 회계정보를 산출하고 이를 공시할 수 있는 인력과 규정, 회계시스템을 구축하고 운영하고 있는지 여부
- K-IFRS에 따른 결산체제를 구축하고 있는지 여부
- 동종업계와 회계처리방법에 차이가 있는 경우 그 사유 및 향후 계획을 마련
    → 체계적인 회계시스템을 구축하고 외부 회계감사를 통하여 회계투명성을 사전에 확보

이해관계자와의 거래

- 특수관계인과의 거래는 타당성이 인정되고 거래조건이 공정함
- 특수관계인과의 거래에 대한 내부통제장치 존재
- 특수관계인과의 거래는 예비심사신청서 및 감사보고서에 충실히 기재
- 특수관계인과의 부당거래 이익을 반환
  - → 특수관계인과의 거래 파악 및 거래 조건 등의 타당성과 공정성을 구비

상장전 주식거래

- 지분구조의 변동내역 등을 고려하여 경영권의 실질적 변동이 없는지 확인
- 상장심사 전 유, 무상 증자 및 지분 양도는 공정한 가격으로 거래됨
  - → 상장예비심사신청 1년 전부터 최대주주의 지분변동에 주의, 변동이 있
    는 경우 경영권변동 여부 검토

M&A란?

M&A란 합병(Mergers)과 인수(Acquisitions)가 합성된 용어로 기업의 경영지배
권에 영향을 가져오는 일체의 경영 행위를 의미한다.

경영전략적 동기

- **지속적 성장**: 내적성장의 한계를 탈피하여 외부자원의 인수, 합병으로 외적
  성장
- **효율의 극대화**: 비수익 사업부문의 처분으로 주력사업에 집중
- **세계화 추구**: 무역마찰이나 환율변동을 피하기 위해 해외에 생산, 판매 거
  점을 확보
- **첨단기술의 도입**: 기술의 라이프사이클이 짧아짐에 따라 R&D 비용과 시간
  을 절감

영업적 동기

- **위험분산 효과**: 동종 기업 간의 M&A로 생산규모가 확대되어 직간접 생산비 절감
- **자금조달 능력 확대**: 수평적 M&A로 시장점유율을 증가시키고 경쟁력을 강화
- **조세절감**: 진입시간과 비용을 줄이고 진입장벽에 따른 마찰을 감소

재무적 동기

- **위험분산 효과**: 사업다각화가 이루어져 경제 환경 변화에 따른 적응력 제고
- **자금조달 능력 확대**: 기업규모가 커지고 파산위험이 줄거나 부채비율 낮은 기업을 인수할 경우
- **자본이득 실현**: 저평가 기업을 레버리지를 일으켜 인수 후에 정상화시켜 재매각
- **조세절감**: 흑자기업과 적자기업이 합병함으로써 이월결손금으로 인한 조세 혜택

일반적인 매각절차 개요

- 매각 주관사 전체 프로세스의 지원, 매각 전략 수립 및 프로세스 주간 진행, 잠재인수자 발굴 및 협상
- 회계법인 매각 전 세무위험의 파악 및 대응 제시, 부담세 최소화 구조 검토, 정확한 손익/자산/재무 파악
- 법무법인 거래구조에 대한 법률 자문, 제반 법률 문서의 검토, 매각 관련 합의서 및 계약서 작성 및 자문

[표 l5.3] M&A 프로세스

	Set-up단계 약 2주 소요	Marketing단계 약 3-4주	MOU 단계 약 2-4주	Closing 단계 약 2-4주
목표	M&A전략최적화	잠재적인수자 Pool구성 및 관리	매각대금 극대화	계약체결 및 대금 완납
주요 Task	매각전략수립 약식Sell-side 마케팅자료작성	잠재인수자 접촉 Buy-side DDR준비 Bye-side DDR 이슈 대응	우선 협상자 선정 MOU 체결 정밀 실사	투자계약서 체결 및 대금지급
위험 요인	인수자 유인	잠재적 인수자 요구대응	Closing 이슈 협의	안전한 거래종결

- DDR(Due Diligence Review): 기업의 전반적인 상황에 대하여 조사·검토를 하는 활동

IR의 개념

　　IR이 무엇인지 알기위해서는 먼저, 현재 IR에 관한 가장 권위 있는 세계적인 기관의 하나라고 할 수 있는 전미IR협회인 NIRI(The National Investor Relations Institute)가 정하고 있는 IR의 정의를 알아볼 필요가 있다. 1969년 설립된 NIRI는 1988년 최초로 IR의 정의를 제정한 이래, 여러 번의 개정작업을 거쳐 오늘에 이르고 있다. 그 변천사를 통해 IR이 무엇인지 알아보기로 한다.

　　1988년에 제정된 최초의 IR정의는 'IR이란, 기업의 재무기능과 커뮤니케이션 기능을 결합하여 행하는 전략적이고 전사적인 마케팅활동으로 투자자에게 기업의 업적이나 장래성에 관한 정확한 실태를 제공하는 것이다. 따라서 그 활동은 궁극적으로 기업의 자본비용을 낮추는 효과를 지닌다.'였다. 이때는 미국산업계에서 M&A열풍이 일어나, 연금·투신 등 기관 투자자가 거대화되고 그들의 영향력이 증가하던 그 당시의 시대상이 반영된 정의였음을 알 수 있다. 그 다음으로, 2001년에는 'IR이란, 기업의 상대적 가치를 극대화하는 것을 목표로 기업의 재무·커뮤니케이션 및 마케팅 기능을 활용하여 금융기관을 비롯한 여러 관련기관에 전달되

는 기업정보의 흐름과 내용을 관리하는 전략적인 경영 책무이다'로 개정하였다. 이 당시 개정의 핵심은 IR이 '전사적인 마케팅활동'에서 '전략적인 경영책무'로 비약적으로 향가되었다는 것이다. 그 뒤, 2003년에 NIRI는 'IR이란, 기업 가치를 공정하게 평가받기 위해서, 필수적인 기업과 기타 이해관계자들 간의 쌍방향 커뮤니케이션을 실현하는데 필요한 재무·커뮤니케이션·마케팅활동 그리고 증권관계법령 준수를 통합하는 전략적 경영 책무이다.'로 이를 다시 정리하면, 기업의 공정가치 실현을 위해 기업과 재무적 이해관계자 간의 효과적인 쌍방향 커뮤니케이션을 지원하는 통합적, 전략적 책임경영수단으로 IR의 정의를 다시 개정하기에 이른다. 3차 개정의 핵심은 '증권관계법령 준수'이다. 이는 엔론, 월드콤 등 일련의 기업들의 회계부정사건을 계기로 2002년 제정된 사베인스·옥슬리법(Sarbanes–Oxley Act)의 영향을 받은 것이다.

IR의 정의, 목적 그리고 기능 등 IR의 역할이 점증적으로 확대되어 왔다. 정의는 단순한 활동에서 책무 내지는 의무로 가중되었으며 기능 또한, 재무 및 커뮤니케이션 기능에서 재무는 물론, 커뮤니케이션 기능도 쌍방향으로 확장되었고 마케팅에다 증권관계법령 준수기능까지 추가되었다. 이렇듯이, IR은 기업에서 있어도 그만, 없어도 그만인 역할이 아니라, 승자독식시대(Winner takes it all)의 기업의 생존에 필요한 필수요소가 되었다.

그러면, 회사의 가치는 어떻게 나타낼 수 있나? 회사의 가치를 평가하는 방법은 지금까지 무수히 많이 개발되어 왔다. 흔히, 기업 가치는 PER, EV, EVA 등의 다양한 지표를 사용해서 평가해 왔다. PER(Price Earning Ratio: 주가수익률)은 해당 기업의 주가를 주당순이익으로 나눈 값이다. 주당순이익이 똑같이 1만 원인 A, B 두 개 기업이 있는데 A의 주가는 1만 원, B의 주가는 2만 원이라고 하자. 그렇다면 A사는 PER이 1배, B사는 PER이 2배가 되어, B사가 A사보다 주가가 두 배나 고평가돼 있는 셈이다. 다시 말하자면, PER이 낮을수록 주가가 저평가돼 있는 셈이 되어 앞으로 상승가능성이 크다고 할 수 있다. 또한, 주가는 현재가 아닌 미래의 기업 가치를 반영하기 때문에 업종이나 개별기업의 성장성, 또한 고려해야 한다. 일반적으로 성장성이 높은 업종의 PER이 시장평균보다 훨씬 높은 반면, 성장성이 낮은 업종은 평균치보다 낮은 것은 바로 이런 연유에서이다. 따라서 PER은 같은 업종 내에서 취급품목이 비슷한 기업들 간에 적정주가를 서로 비교하는 데 보다 더 유용하다. 이런 PER의 단점을 보완하기 위해 개발된 지표중의 하나가 바로 EV(Enterprise Value: 기업가치)이다. EV는 기업의 미래수익 창출능력을 현재가치로 환산한 것인데, 기업이 앞으로 벌어들일 총수익을 이자율로 할인해 현재 시점에서 그 기업의 가치를 산출한 값이다. 이 수치가 현 주가보다 높은 기업은 앞으로 주가가 오르리라고 예상할 수 있다. 또 다른 평가지표로서 사용되는 EVA(Economic Value Added: 경제적 부가가치)는 주주 및 채권자의 자본비용과 기업의 수익을 비교해 주주의 부라는 관점에서 기업 가치를 평가하는 것이다.

이외에도 재무관리 등 경영학 책에서 언급하는 기업가치 평가방법은 수익가치법·자산가치법·상대가치법 등으로 구분한다. 수익가치법은 기업의 장래 현금흐름을 추정하고, 이를 위험률이 반영된 할인율로 할인하여 평가시점에서의 당해 기업의 기업 가치를 구한다. 그리고 자산가치법은 기업의 재무상태에 기초한 방법으로 회사의 자산·부채 및 자본항목을 평가하여 수정대차대조표를 작성한 후 자산총계에서 부채총계를 공제한 기업체의 순자산가치를 기준으로 평가하는 기법이다. 또한 상대가치법은 유사기업의 시장가치에 기초한 방법으로 평가대상기업과 동일 업종의 상장법인 중에서 매출액규모·자본금규모·납입 자본 이익률·매출액 성장률 및 부채비율 등을 고려하여 유사기업을 선정하여 비교 평가한다.

이같이 수많은 기업가치 평가방법 중 어느 것도 완벽한 것은 아니다. 따라서 이중, 당해회사에 알맞은 평가방법이 무엇인지를 파악하고, IR수행 시, 적절히 활용할 필요가 있다고 여겨진다. 단순히 생각하자면, 주가만큼 객관적이고 간편한 시장가치 평가방법도 없다. 또한, 오늘날 기업 가치에 대한 평가기준이 이익에서 주가로 바뀌었다고 말한다. 즉, 과거에는 주가가 좀 낮거나 주가변동이 심하더라도 이익을 많이 내거나 현금흐름이 좋으면, 투자대상으로 고려되었지만, M&A라는 경영기법이 활성화되면서 지금 당장 돈을 잘 번다는 사실만으로는 이 회사가 살만한 회사인지 아닌지 구분하기가 힘들게 된 것이다. 지금까지 IR활동 평가방법으로 주가를 당해기업의 시장가치로 많이 이용하여 온 이유인 것이다.

IR의 역할과 범위

　　IR은 당해회사와 투자자사이에서 이들 사이의 가교(Bridge)역할을 수행해야 하는데, 당해회사의 규모와 시기에 따라, 다소 차이가 있기 마련이다.

　　기업은 생태적으로 집단유기체라서, 예측치가 결과치에 영향을 미치지 않는 외생변수가 아니라 예측치가 결과치에 영향을 미치는 내생변수인 까닭에, 기업의 초창기시절, 외부와 어떻게 교우하느냐에 따라 회사의 미래가 달려있다고 보아도 과언이 아니다. 유아기 때 외부로부터의 긍정적인 강화가 부정적인 강화보다 성장에 유리하듯이 말이다. 게다가 업종으로 보자면, 제조업보다는 서비스업이 이 부분에 더 큰 영향력을 지닌다할 것이다. 또한, 기업의 규모나 성격에 따라, IR의 범위도 달라질 수밖에 없음을 인식할 필요가 있다. 미국의 심리학자 메슬로우(Maslow)가 주창한 '욕구5단계설'에 의하면, 인간의 욕구는 하위단계에서 상위단계로 계층적으로 배열되어 있어서 하위단계의 욕구가 충족되어야 그 다음단계인 상위욕구가 발생한다고 주장하였듯이, 유기체인 기업도 마찬가지이다. 즉, 동물적인 감각이 우세하고 생존자체가 급급한 기업의 초창기에 있어서, IR의 역할은 경영책무라기보다는 전략적 마케팅활동일 수밖에 없을 것이다. 이런 기업을 여기서는 'survival−company(생존적 기업)'이라 고 칭하고자 한다. 그 다음으로 이제 생존에 대한 위협은 벗어났으나, 존립기반이 확고하지 못한 중견기업에게 있어서의 IR은 전략적 마케팅활동과 경영책무 둘 다를 염두에 둔 과도기단계로 이런 부류의 회사는 'intergrade−company(중간적 기업)'이라고 한다. 마지막 단계로 업계에서 두각을 나타내고 자립기반을 확고히 굳혀 생명력을 지닌, 도덕성이 살아있는 기업을 'ethical−company(도덕적 기업)'이라고 칭하고자 한다. 이렇듯이, 회사의 규모와 성격에 따라, IR에 대한 정의부터 범위, 역할 등 당해기업이 IR에 느끼는 모든 것이 다를 수 있다고 생각한다. 즉, 모든 기업에게 'IR은 이런 것이다!'라고 천편일률적으로 이야기 할 수 없다는 것이다.

IR의 필요성 및 효과

　　기업에서 IR의 필요성 내지 효과는 다양하다. 그중 중요한 몇 가지 내용을 보

면, 다음과 같다

자본조달비용 감소　　　과거 우리나라 기업들의 주요 자본조달방법은 은행 등 간접금융을 통한 차입(Debt)형태였다. 하지만 외환위기를 겪으면서, 무분별하게 차입을 해준 은행들의 부실과 도산으로 국제결제은행(BIS)의 자기자본비율기준치인 8%가 은행의 퇴출기준이 되면서, 간접금융을 통한 기업의 자금조달이 사실상 어렵게 되었고, 기업의 부채비율을 200% 이하로 낮추도록 한정부의 조치로 더 이상 차입경영에 발목이 잡힌 기업들은 직접금융을 통한 즉, 주식시장을 통한 자금조달로 눈을 돌리지 않을 수 없게 되었다. 그러나 유상증자, 전환사채, 교환사채 및 신주인수권부사채 등 주식 관련자금 조달(equity financing)을 하기 위해서는 불특정다수인 투자자들로부터 신뢰를 얻어야하기 때문에 성장성 및 수익성을 담보할 수 있는 경영자의 비전과 주주가치증대에 대한 경영계획 및 전략을 제시하고 투자자를 설득해야만 한다.

주가의 적정평가 및 안정　　　주식시장도 시장(market)의 한 형태인지라, 수요가 늘면 가격이 상승하고 반면에 공급이 늘면 가격이 하락하는 수요·공급원칙이 작용하는 것이 사실이다. 수요공급원칙은 단기간의 현상이고 시장이 대규모화되고 안정화되면서 수급동향이나 산업동향보다는 기업의 내재가치(intrinsic value)에 의해 주가가 형성되고 있다. 따라서 한 기업의 주가는 당해 기업의 가치평가의 중요한 척도로 자리매김하게 되었으며 최고경영자 능력평가의 기준이 되어온 것 또한 사실이다. 기업의 자체평가와시장의 평가 사이에는 항상 괴리가 존재하게 되는데 이러한 양측의 괴리를 축소시키기 위해서는 쌍방향 커뮤니케이션인 IR을 통해 이를 해소할 수 있다는 것이다. 더 나아가서 IR을 훌륭히 수행하면, 공정평가(fair valuation)을 뛰어넘어 outperform하여 주가프리미엄(premium)도 누릴 수 있을 것이다. 즉, 가치프리미엄은 높은 경영성과 뿐만 아니라, 투자자가 경영진을 신뢰하고 불확실성이 적다고 판단할 때도 발생한다는 것이다. 실제로 같은 업종에서 동일하게 20% 정도의 수익성장률을 보이는 두 기업에 있어서, 한 기업은 PER이 10인 반면, 다른 기업은 PER이 20인 경우가 있다. Fundamental적으로 거의 같은 이 두기업의 이러한 가치차이는 바로 이들 기업에 대한 인식의 차이, 즉 정량적(quantitative)으로 설명이 부족한 정성적(qualitative)인 부분의 차이 때문이다. Thomas

M, Ryan은 이 부분을 과학적인 면(science side) 대 예술적인 면(art side)의 차이라고 보았다. 그는 또한, IR은 과학이라기보다는 예술에 가깝다고 하였다.

경영권 보호　　　주가가 적정한 평가를 받고 안정적이면, 투자자들은 회사를 믿고 장기적인 투자를 하게 될 것이고 이는, 우호주주 및 안정주주의 확보로 기업은 M&A 등 외부의 위협으로부터 자유로울 수 있어 회사경영에 모든 역량을 집중시킬 수 있기 때문에 적극적이고 능동적인 IR활동은 경영권 보호는 물론, 기업의 안정적 성장에도 필수요소가 된 것이다. 결국 다양한 IR활동을 통해 투자자와 신뢰가 쌓이면, 이런 신뢰관계는 주주가치와 경영진의 평판을 지켜줄 든든한 보험이 될 수 있음을 잊어서는 안 될 것이다.

기업의 내실 강화 및 이미지 개선　　　적극적인 IR활동을 통한 주가상승은 기업이 의욕적으로 투자할 때 필요한 자본조달 비용을 감소시킨다고 앞에서 언급하였으나 이는, 이것으로 끝나는 것이 아니라, 이를 시작으로 기업에게 선순환 고리를 형성하여, 원활한 자금조달은 성장사업에 투자하고 인수하는 등에 필요한 자금조달을 가능케 해, 당해회사에게 성장기회를 제공해 주고 수익성을 개선시켜주며, 기업의 수익성이 개선되어 직원들에게 보상이 돌아가면, 직원들의 사기를 진작시키고 이는 구전효과를 통해 언론에 긍정적인 메시지를 전달하게 되어, 역량 있는 인재확보, 우수한 파트너 및 공급업체의 확보로 이어져 다시 해당기업의 주가를 상승시키는 선순환 구조를 이룩하게 되는 것이다.

기업의 경영책무 강화　　　글로벌 금융위기를 겪으면서 기업들의 모럴헤저드와 대리인문제(agency problem)가 새롭게 재인식되면서 기업을 둘러싼 다양한 이해관계자들로부터의 요구조건이 증가하였고 투자자들 역시 보다 냉정한 눈으로 기업을 바라보게 되었다. 따라서 기업도 변화된 환경에 살아남기 위해 자발적으로 투명성(clarity), 신뢰성(credibility) 강화에 스스로 나서고 있으며 이에 정부당국도 집중투표제, 대표소송제 등의 도입과 소수주주권의 강화, 기관 투자자에게 투표권 부여 등 예전보다 더 엄격한 룰을 적용하게 되었다. 따라서 회사의 경영진은 기업 가치의 극대화, 지속가능기업 으로의 도약을 위해 경영역량을 십분 발휘해야 하며 아울러 주주 및 투자자들로부터 경영에 대한 공감을 얻고 지원을 받기 위해서는 적극적이고도 지속적인 IR활동을 추진해야 할 것이다.

IR의 범위

IR은 일종의 고객서비스다. 따라서, 당연히 고객인 투자자 관점에서 업무를 진행해야함에도 불구하고 대부분의 기업들은 생산자의 관점 즉, 회사입장에서 사고하고 판단하는 오류를 범하고 있다. 기업은 투자자들이 자신의 회사에 관심을 가지도록 모든 역량을 경주해야한다. 기업도 상장 시 실시하는 IPO IR로 끝나는 것이 아니라, 투자자들로부터 지속적인 관심을 받기 위해서는 IR의 3대원칙이라 할 수 있는 투명성(clarity), 신뢰성(credibility), 그리고 계속성(consistency)하에서 꾸준히 부단한 IR에 대한 노력을 경주해야 할 것이다.

IR을 위한 준비 절차

요령 있는 Fact 전달: 장기적인 안목으로 대응하기 　　　시장가치의 형성 단계에서 가장 기초적이면서 실행하기 힘든 것이 Fact의 전달이다. Fact 전달의 장소는 기관 투자자와의 One-on-One Meeting일 수도, 개인 투자자와의 전화응대일 수도 있다. 모든 투자자가 IR팀과 연락을 취했을 때, 원하는 것은 단 한가지일 것이다. "나한테만 살짝, 미리 정보를 알려주세요!!"라는 말을 들어보지 못한 IR팀원은 없을 것으로 생각한다. 이러한 경우, 어떤 태도가 당사의 장기적인 기업 가치를 극대화할 수 있을까? 단기적인 관점에서 쉬운 대응방법은 있다. 공시를 핑계로 아예 정보를 차단하는 방법과 투자자와의 친분 또는 다투는 것보다는 편하기 때문에 공정 공시 의무를 무시하고 정보를 제공하는 방법이 그것이다. 하지만, 기업의 대소를 불문하고, 위의 두 가지 방법은 다 Risky할 수 밖에 없다. 민감한 정보 요청에 대하여 공시 또는 방어적인 태도를 취하면서 정보를 전면적으로 차단하는 것은 반발 심리를 자극할 수 있으며, 불친절한 IR이라는 평을 얻게 할 수 있다. IR은 단순히 일방적인 정보 소통의 창구만이 아니다. IR은 기업의 얼굴로, IR이 불친절하다는 인상을 전달하면 기업도 불친절하다는 인식을 전달할 수 있다. 친절하게, 현명하게 거절하는 방법을 터득하자. 특히, 중소기업의 IR은 지나치게 친절하게 정보를 제공하다가 향후 숫자의 늪에 빠질 수 있다. 경기가 좋고 주식시장이 좋을 때 정보를 제공하는 것은 쉽다. 극심한 경기 침체 중 특히 실적에 대한 정보를 쉽게 밝힐 수 있는 기업이 몇이나 되겠는가. 세상은 좁고 정보는 돌고 돈다. 한번 정보를 제공하기 시작하면 끊기 힘들다. 또 관계된 회사가 없는 독립적인 기업은 쉽게 찾기 힘들다. 부품업체의 IR팀이 제공하는 정보로 완성품업체의 트렌드를 찾고자 하는 똑똑한 투자자들은 이 세상에 너무 많다. 지금 당장의 친절보다는 장기적으로 꾸준하게 제공할 수 있는 정보수위를 사전에 정하고 제공하자. 경험에 따르면, 투자자는 꼭 정보를 얻고자 연락을 하는 것은 아니다. 때로는 주가가 빠져도 긍정적이고 밝게 답변하는 IR의 목소리를 통해 마음의 안정을 취하고자, 또는 주가가 빠진 것에 대한 하소연을 하고자 연락을 하는 경우가 많다. 늘 서두에는 '요즘 실적 어떻습니까? 잘 나옵니까'라는 실적에 대한 문의로 시작한다. 실적에 대해서 직접적인 언급은 못해도, 사업의 동향 내지는 긍정적인 뉴스, 중장기 전략 및 비전을 IR Story line으로 구비하고 대응하자. 그러면 어느새 투자자는 실적에 대한 단기적인 관심 보다는 회사가 미래에 달성할 수 있는 중장기 비전을 경청하고 있을 것이다. IR Story line을 가진다는 것은 회사의 IR팀이 통일된 목소리로 시장참여자(국내외 기관과 개인투자자, Analyst 등)들과 꾸준한 Communication Channel을 유지할 수 있다는 것을 의미하며, 이 또한 IR 팀의 주요 덕목의 하나라고 판단한다.

투자자에 대한 세심한 배려: 미팅 직후 메모하는 습관 기르기　　　IR은 사람을 상대하는 직업이다. 때로는 회사의 주식을 판매하는 영업직원의 역할도, 회사의 좋은 사업내용을 홍보하는 홍보직원도, 회사의 재무상태에 대한 정보를 제공하는 회계직원의 역할을 총체적으로 담당해야 한다. 이러한 다양한 역할을 하기 위해서는 최우선적으로 투자자의 투자 포인트를 찾아서, 구미에 맞는 IR을 진행하는 것이 베스트 IR의 덕목일 것이다. 그럼, 이러한 IR은 어떻게 시작되는 것인가? 사업과 재무 지식, 언어 능력으로 무장을 해도 투자자 성향별 알맞은 IR을 처음부터 실행할 수는 없다. 투자자와의 Relationship Building의 기간이 필요하다. 'Relationship Building'이라고 하면 상당 기간이 소요될 것이라고 느껴질지 모른다. 물론 시간도 중요한 요소이다. 다만, 이러한 기간을 상당히 감소시킬 수 있는 방법은 투자자와의 One-to-One Meeting 이후 주요 Q&A 등에 대한 기록을 남기는 것이다. 이 정보를 꾸준히 Follow-Up하다 보면, 투자자의 성향 및 Small Talk의 대화거리도 생길 수 있다. 지난번에 나눴던 Topic에 대한 현재 상황, 마지막 만남 이후의 회사 변화 등 투자심리를 자극하고, 긍정적인 인상을 남김으로써, 넘쳐나는 상장법인 중 기억에 남는 기업이 될 것이다.

IR조직의 구성

1. 시가총액 규모에 따른 조직구성   IR조직의 구성에 앞서 사전적으로 점검해야 할 요소는 일반적인 IR활동의 업무수행 범위를 두고 회사의 상황에 맞추어 조직의 구성을 고려하는 것이 합리적이다.

상장기업이나 IPO를 앞둔 비상장기업의 경우 예상되는 시가총액 규모에 따라 IR활동 범위가 다르게 나타나는 만큼 현재의 시가총액 규모와 향후 경영계획에 따라 예상되는 시가총액 규모를 두고 조직구성을 탄력적으로 운용하는 것이 바람직할 수 있다.

모든 회사의 경영진은 '우리 회사가 최고다'라는 자부심이 있으나 주식시장이라는 새로운 시장에 기업을 공개하는 것은 그러한 회사가 새로운 시장에 새로운 제품, 즉 회사를 상품으로 내놓는 자본시장에의 일개 상품이라는 개념으로 상장을 준비하는 것이며, 우리 회사가 백화점의 Show case에 진열될 명품 브랜드인지 아니면 특별행사 매장에 이벤트 제품일 지에 대해 냉정한 판단을 요하는 것이다. 이러한 판단은 IR조직을 고려하는 회사의 경영진이 하는 것이 아니며 주식시장의 참여자들이 판단한다는 것이 상장을 준비하는 기업의 기본이 되어야 할 것이다. 다시 말해, 회사의 경영진과 IR조직이 고민해야 할 일은 백화점의 층별 코너에서 어떻게 해야 프리미엄 매장으로 제품(기업)을 옮길 수 있을까를 고민하고 실행하는 조직이다.

그럼 우리 회사의 판매부스는 어디일까? 최근 주식시장에서 분류되는 시가총액별 구분은 대체로 Large-Mid-Small Cap으로 구분되며 업종에 따라 Sector 구분이 이루어지게 된다.

상장사의 경우 대부분 IR업무 경험이 있는 만큼 조직 구성에는 특별한 문제점은 없을 것이나 신규 상장사의 경우 혹은 IR조직을 신설, 재편하고자 하는 경우 예상 가능한 시가총액 규모에 따라 적절한 인적 구성을 유지하는 것이 필요하다. 전담 조직을 구성하고자 한다면 최소 2인을 기본으로 시가총액 규모에 따라 업무분장을 진행하는 것이 효율적이라 할 수 있을 것이다.

2. 업무범위에 따른 조직구성   Investor Relations라는 IR의 업무범위는 회사의 투자자를 대한다는 점에서 업무범위가 광범위할 수밖에 없다. 운용하는 자금의 성격에 따라 운용자의 업무 경험에 따라 자금이 요하는 투자 포인트가 다르기 때문이며, 불특정 다수라는 주식시장의 투자자라는 점에서 업무범위가 확대되는 것이다.

이에 따라 매출구조(영업)에서부터 원가구조(생산, 연구), 판관비 구조와 영업외 손익, 변동 가능한 법인세율에 대한 정보에 이르기까지 투자자가 투자판단을 위해 필요로 하는 정보는 회사의 경영활동에 관한 전반적인 정보를 요한다. 따라서 내부 조직 운영상의 관점에서 이러한 기업의 전반적인 정보를 다룰 수 있는 부서에서 IR업무를 관장하는 것이 가장 바람직하며, Fortune 500대 기업을 비롯하여 대부분의 글로벌 기업들의 IR조직이 CFO의 주관 하에 이루어지는 것도, CFO가 적어도 30% 이상의 시간을 IR활동에 사용하는 것도 이러한 이유에서라고 할 수 있다.

그러므로 내부적으로 IR조직을 구성하는 데 있어 가장 이상적인 조직형태는 이러한 투자자의 대응범위에 주안점을 두고 IR조직을 구성하는 것이 가장 이상적인 조직형태라고 할 수 있다. 먼저, IR 전담조직의 구성에 있어 업무범위를 어떻게 운용할 것인지를 판단하는 것이 필요하다.

즉, 회사가 제조업, 유통업, 서비스업 등 업태를 고려하여 공시, 주주총회 업무를 포함한 주식관리업무와 언론사 Press Kit을 포함하는 PR업무를 같이 운용하는 것이 효율적인가에 대한 판단이 필요하다.

또한 투자자의 경우, IR담당자와의 첫 대면에서 주고받는 명함에 표기된 소속부서를 보고 기업의 IR에 대한 업무비중을 간접적으로 판단할 수 있는 척도가 되므로 IR조직의 구성은 기업의 수익성이나 시장가치를 판단하기에 앞서 주식시장에서의 상품가치에 대한 첫 이미지를 형성하는 요소이기도 하다. 일반적인 기업들의 IR조직의 운영상 드러나는 장단점들은 다음과 같다. 다만 아래의 내용들은 담당자의 지식수준이나 투자자와의 미팅에 대한 경험치를 제외한 조직적인 측면에서의 장단점을 일반화한 내용이다.

재무조직에서 운용하는 IR

- **장점**: 전통적 회계 자금 부서에서 IR업무를 주관하는 경우 가장 큰 장점은 보수적이라는 점이라 할 것이며, 애널리스트들이 요하는 각 계정별 변화내용이나 회계처리 방법 등에 대해 설명이 이루어질 수 있다.
- **단점**: 일부 회사의 경우이겠으나 투자자들이 요하는 산업에 대한 이해가 부족하여 큰 그림에서의 산업의 흐름으로 회사의 투자 메리트를 도출하는 데는 한계를 드러내는 회사들이 있다. 이는 아마도 한국기업의 대부분의 CFO가 글로벌 기업들이 요하는 Controller의 역할을 하는 것이 아니라 재무회계업무에 국한되어 있어 '나는 회계통이다', '제품이나 사업은 잘 모른다.', '익숙하지 않다'는 점 등이 큰 요인으로 작용할 것이다. 이는 외국인을 대상으로 하는 IR에서 Management Risk로 작용할 수 있어 경계해야 할 부분이기도 하다.

기획조직에서 운용하는 IR

- **장점**: 재무 조직에서 운용하는 것에 비해 향후 전망에 대해 더욱 심층적인 정보제공이 가능하다는 장점이 있으며, 미래가치를 부각시킬 수 있다는 큰 장점이 있다. 더불어 산업전망에 따른 회사의 포지션이나 장단점을 부각시키거나 설득하는 데 가장 큰 장점으로 활용할 수 있다.
- **단점**: 투자자가 평가하는 기업의 미래가치는 기업이 추구하는 도전에 투자하는 직접적인 투자대상이나, 이를 얼마나 달성하느냐의 문제는 투자자에게 실망과 선입견을 심어주는 부분이다. 즉 얼마나 달성하였으며, 달성하지 못했을 경우 대안은 무엇인가를 찾는 것이 가장 중요한 요인이다. 이에

따라 기획조직에서 IR을 운용하는 단점은 얼마나 달성 가능한 목표를 제시하는가라는 측면에서 많은 문제를 야기할 수 있다.

홍보조직에서 운용하는 IR

- **장점**: IR과 PR을 병행할 수 있어 효율적인 IR활동을 할 수 있다는 장점이 가장 크다고 할 수 있다. 공시자료에서의 한계를 보도 자료를 통해 보완하는 방법으로 국내 IR/PR 컨설팅사들이 가장 많이 제안하고 활용하는 방안이다.

- **단점**: 기업의 PR(Press Release)활동과 IR(Investor Relations)활동은 그 성격과 범위가 다르다는 점에서 운용의 효율성을 맞추기가 매우 어려운 부분이 있다. 더불어 조직운영상의 부담도 매우 크다. 가령 제품개발에 대한 로드맵 정보를 IR활동에서 투자자들을 설득하기 위해 활용할 경우, 이는 향후 회사의 PR개념의 Promotion 정책과 결부되어 자칫 경쟁사의 제품 개발정보로 활용될 수도 있으며, 기업정보가 IR창구를 통해 공공연하게 유포될 수 있다는 점에서 한계가 있다. 또한 한국거래소 규정상의 공정 공시정보가 PR활동에는 다양하게 활용될 수 있으나 이를 공시제도의 관점에서 제약하는 요인들이 많이 발생하여 외국의 상장사들처럼 보도자료 배포와 같은 내용들이 공시정보로 활용하도록 부담을 줄이는 제도적인 장치들이 필요하다.

관리조직에서 운용하는 IR

- **장점**: 지원 부서에서 운용하는 IR은 회사의 전반적인 운영에 관하여 많은 정보를 얻을 수 있다는 장점이 있다. 조직운영상의 효율성이나 인적 구성의 한계를 모면하기 위해 조직을 구성하는 경우가 있겠으나 기업내부의 효율과 투자자 관점에서의 이해도는 별개의 사안이 될 수 있음을 항상 경계하여야 한다.

- **단점**: 대부분의 경우, 최대주주의 지분율이 높아 IR활동의 비중이 적거나, 독점적인 사업구조로 인해 정보보안이 우선시되는 경우, 시가총액이 500

억 미만으로 국내 펀드편입이 어렵거나 주주총회나 공시 등 의무사항 위주의 수동적인 활동에 국한되는 경우가 많다. 즉, 기업의 구조적인 측면에서 IR활동의 한계가 나타나는 경우에는 구체적인 투자판단에 한계를 나타내는 부분이 있다. 다만, 담당자의 회사 내에서의 위치나 정보 접근성 등에 따라 이러한 조직적인 단점을 극복하는 경우들도 있을 것이다.

직속조직에서 운용하는 IR

- **장점**: 통상 시가총액이 2,000억 원 이상이 되는 IR활동이 활발한 기업에서 독립적으로 CEO 또는 CFO 직속 조직으로 운영하여 정보접근이나 업무권한 등 조직운영의 효율성 측면에서 가장 뛰어날 수 있다.
- **단점**: 담당자의 업무나 기업에 대한 Loyalty가 매우 중요한 요소로 부각되며, 그에 맞는 성과보상 시스템을 구축하는 것이 가장 중요하다. 담당자의 이직으로 인해 업무공백이 발생한다거나 주가에 대한 책임을 부과하는 경우 직속조직을 운영하는 것은 득보다 실이 많다.

위에서 본 것처럼 IR조직을 회사에서 어떻게 운용할 것인가는 회사의 업종과 시가총액 규모에 따라 달라질 것이다. 물론 어느 조직에 있더라도 투자자의 관점에서 IR조직을 구성한다면 문제가 없을 것이며, 담당자의 IR 업무경험과 Skill에 따라 조직구성의 의미가 다소 퇴색할 수도 있음을 간과해서는 안 될 것이다. IR의 Relations라는 단어가 말하는 것처럼 투자자와의 관계형성을 위한 채널로서 내부 조직적인 정보체계의 수립과 투자자에 대한 정책설정은 IR활동을 성공적으로 수행할 수 있는 밑거름이 될 것이다.

색 인

[ㄱ]

가젤형 기업　25

가치평가　368

개인기업　184

거시적 관점　17

공동기업　185

급진적 혁신　60

기업 벤처링　53

기업가정신　9

기업공개　154

기업혁신　51

기회 포착　92

[ㄴ]

내부승계　376

노동 생산성　289

New－New 접근방식　119

New－Old 접근방식　120

니치마케팅　229

니치버스터　230

[ㄷ]

대차대조표　275

동기부여　46

디자인(의장)권　178

[ㄹ]

라이센싱　85

Risk Taker　37

[ㅁ]

미시적 관점　20

[ㅂ]

배태성 이론　378

베네핏 기업　78

부가가치세　298

부채　280

부채비율　286

BCG 매트릭스　357

비전하우스　361

[ㅅ]

사내자본　66

사모펀드　155

사업계획서　319

4P 믹스　250

사회적 창업가정신　74

사회적금융　150

상표권　178

소득세　296

손익계산서　282

순이익률　133

시나리오 플래닝   362
실패 예측 모델   113

[ㅇ]
IR   390
IPO   382
S 주식회사   199
STP 분석   247
SWOT   237
엔젤 금융   155
L3C   201
M&A   388
외부승계   376
원천징수   301
유동성 비율   133
윤리   40
2차 자료   224
1차 자료   214

[ㅈ]
자본예산   289
재무제표   273
점진적 혁신   60
정치적 위험   86
제품수명주기   251

[ㅊ]
창발적 전략   364
창업가   8
창업사업계획   323
책임   42
초과이익할인법   131
총괄평가법   131

[ㅋ]
크라우드펀딩   147

[ㅌ]
특허권   175

[ㅍ]
PEST분석   235
팩토링   152
프랜차이즈   125
프로필 분석   114
PER   370

[ㅎ]
합작투자   83
확률적 사고   100

최주철

경영학 박사
현) 경희대학교 경영대학원 경영컨설팅 MBA 주임교수
통상정보학회 상임이사
중소벤처기업부 심사위원
서울산업진흥원 심사위원
정보통신산업진흥원 심사위원
기술거래사

개정판
미래 CEO를 위한
창업경영과 기업가정신

| 초판 발행 | 2021년 2월 28일 |
| 개정판 발행 | 2023년 3월 1일 |

지은이	최주철
펴낸이	안종만·안상준
편 집	탁종민
기획/마케팅	정연환
표지디자인	우윤희
제 작	고철민·조영환
펴낸곳	(주) **박영사**
	서울특별시 금천구 가산디지털2로 53, 210호(가산동, 한라시그마밸리)
	등록 1959. 3. 11. 제300-1959-1호(倫)
전 화	02)733-6771
f a x	02)736-4818
e-mail	pys@pybook.co.kr
homepage	www.pybook.co.kr
ISBN	979-11-303-1738-0 93320

* 파본은 구입하신 곳에서 교환해 드립니다. 본서의 무단복제행위를 금합니다.
* 저자와 협의하여 인지첩부를 생략합니다.

| 정 가 | 19,000원 |